REVISTA
DE CONCORRÊNCIA
E REGULAÇÃO

ANO I • NÚMERO 2
ABRIL – JUNHO 2010

REVISTA DE CONCORRÊNCIA E REGULAÇÃO

direcção
JOÃO ESPÍRITO SANTO NORONHA • LUÍS SILVA MORAIS

presidência do conselho científico
EDUARDO PAZ FERREIRA • MANUEL SEBASTIÃO

presidência do conselho de redacção
PAULO DE SOUSA MENDES

REVISTA DE CONCORRÊNCIA E REGULAÇÃO
Ano I • Número 2
Abril – Junho 2010

PROPRIETÁRIOS
AUTORIDADE DA CONCORRÊNCIA
Av. de Berna, 19
1050-037 Lisboa
NIF: 506557057

IDEFF
FACULDADE DE DIREITO
Alameda da Universidade
1649-014 LISBOA
NIF: 506764877

EDITOR
EDIÇÕES ALMEDINA, SA
Avenida Fernão Magalhães, 584, 5.º andar
3000-174 Coimbra, Portugal
T: 239 851 904
F: 239 851 901
editora@almedina.net
www.almedina.net

EXECUÇÃO GRÁFICA
G.C. GRÁFICA DE COIMBRA, LDA.
Palheira – Assafarge
3001-453 Coimbra, Portugal
producao@graficadecoimbra.pt

Preço avulso desta Revista € 25,00
Assinatura anual da Revista (4 números) € 90 (desconto de 10%)

MAIO 2010

DEPÓSITO LEGAL
304538/10

TIRAGEM
500 EXEMPLARES

Os dados e as opiniões inseridos na presente publicação
são da exclusiva responsabilidade do(s) seus(s) autor(es).

Toda a reprodução desta obra, por fotocópia ou outro
qualquer processo, sem prévia autorização escrita do editor,
é ilícita e passível de procedimento judicial contra o infractor.

ÍNDICE

7 EDITORIAL

19 DOUTRINA

21 Doutrina Geral

23 Jaime Andrez – *Propriedade industrial e concorrência – Uma leitura económica da sua inevitável complementaridade*

65 Carlos Pinto Correia/António Soares – *Tender Offers and Merger Control Rules*

81 José Danilo Tavares Lobato – *Princípio da subsidiariedade do Direito Penal e a adoção de um novo sistema jurídico na tutela ambiental*

123 Dossier Temático
Regulação Financeira

125 René Smits – *Europe's Post-Crisis Supervisory Arrangements – a Critique*

167 José Nunes Pereira – *A caminho de uma nova arquitectura da supervisão financeira europeia*

209 Pedro Gustavo Teixeira – *The Evolution of the Law and Regulation of the Single European Financial Market until the Crisis*

253 Paulo de Sousa Mendes – *How to deal with transnational market abuse? – The Citigroup Case*

263 Luís Máximo dos Santos – *A reforma do modelo institucional de supervisão dos sectores da banca e dos seguros em França*

289 José Renato Gonçalves – A *sustentabilidade da zona euro e a regulação do sistema financeiro*

321 Paulo Câmara – *"Say On Pay": O dever de apreciação da política remuneratória pela assembleia geral*

345 LEGISLAÇÃO

347 Legislação nacional – Janeiro a Abril de 2010

353 JURISPRUDÊNCIA

355 Comentário de Jurisprudência da União Europeia

Acórdão do Tribunal de Justiça de 4 de Junho de 2009 (3.ª Secção) no Processo C-8/08, *T-Mobile Netherlands BV e o. c. Raad van bestuur van de Nederlandse Mededingingsautoriteit* (Práticas concertadas entre empresas, troca de informações e infracções concorrenciais por objecto e/ou efeito) – João Pateira Ferreira

371 Jurisprudência Geral

371 Jurisprudência nacional de concorrência – Janeiro a Abril de 2010

373 Jurisprudência nacional de regulação (CMVM) – Janeiro a Abril de 2010

375 Jurisprudência de concorrência da União Europeia – Janeiro a Abril de 2010

377 BIBLIOGRAFIA

379 Recensões

379 Christopher Townley, *Article 81 EC and Public Policy*, Oxford / Portland, Oregon: Hart Publishing, 2009.

387 Richard A. Posner, *A Failure of Capitalism: the Crisis of 2008 and the Descent into Depression*, Harvard: Harvard University Press, 2009.

391 Novidades Bibliográficas – Janeiro a Abril de 2010

393 ACTUALIDADES

407 NOTAS CURRICULARES

415 Colaboração com a *Revista de Concorrência e Regulação*

417 Órgãos Sociais

EDITORIAL/*EDITORIAL NOTE*

João Espírito Santo Noronha
Luís Silva Morais

O n.º 1 da Revista de Concorrência e Regulação (C&R), publicado em Janeiro de 2010, traduziu o lançamento de um novo projecto editorial com características originais, que se pretende agora aprofundar e consolidar, tendo-se recebido entretanto muitos sinais encorajadores, quer em Portugal, quer por parte de múltiplas entidades intervenientes nas áreas da concorrência e da regulação na UE, nos EUA e também no Brasil. Nessa conformidade, o n.º 2 da C&R confere a necessária e adequada continuidade a este projecto, seguindo as linhas de orientação definidas no seu número inaugural e reiterando aos seus leitores o firme compromisso de manter uma publicação regular com

The N.º 1 of Competition & Regulation Review (C&R) published in January 2010 has marked the launching of a new editorial Project with original features that we now want to foster and consolidate, having received, in the meantime, many encouraging signs, in Portugal, and from various stakeholders in competition and regulation issues in the EU in the US and in Brasil as well. Accordingly, the N.º 2 of C&R gives the proper and necessary continuity to this Project along the lines stated in the inaugural number and restating with our readers our firm commitment of maintaining a regular publication

observância da periodicidade trimestral prevista no respectivo estatuto editorial.

Como também se afirmou nesse primeiro número, pretende-se abordar de modo equilibrado entre si os dois pilares essenciais que subjazem a este projecto editorial, a saber, as áreas do *direito da concorrência* e da *regulação económica*. Deste modo, após um número inaugural predominantemente dedicado à área da *concorrência*, o presente número da C&R inclui um dossier temático cobrindo a área da *regulação económica* e, em especial, a *reforma da regulação e supervisão financeiras*.

Esta opção editorial dispensa praticamente justificação, atenta a discussão alargada que foi desencadeada à escala mundial sobre as causas da recente crise do sector financeiro e, sobretudo, a propósito das perspectivas e necessidade de iniciativas de reforma global da regulação financeira. O nosso dossier temático neste domínio representa, enquanto tal, o contributo da C&R para esta discussão em curso e de desfecho ainda incerto. Compreensivelmente, esse dossier tem o seu enfoque essencial orientado para a prospectiva reforma da regulação financeira na UE na sequência do Relatório Larosière, mas apresenta um objecto mais amplo. Cobre ainda, por um lado, as perspectivas de reforma dos modelos

on the basis of the quarterly format established in its editorial status.

Also, as originally stated, we intend to cover with an adequate balance the twin pillars underlying this editorial project, meaning the areas of competition law *and* economic regulation. *Therefore, after an inaugural number predominantly focused in the* competition area, the current N.º of C&R *comprehends a thematic file covering the area of* economic regulation *and, in particular, the* reform of financial regulation and supervision.

This editorial option is almost self explanatory, given the extensive discussion that has been launched worldwide on the causes of the recent financial sector crisis and, above all, on the prospects and necessary initiatives for a comprehensive reform of financial regulation. Our thematic file in this domain represents, as such, our own contribution to this ongoing and still uncertain discussion. Understandably, it is chiefly oriented towards the prospective reform of financial regulation in the EU, following the Larosière Report, but it has a broader object. It covers

de supervisão do sector financeiro nalguns Estados membros da UE, incluindo, como seria de esperar, o caso Português (na sequência da consulta pública lançada pelo Governo no último quadrimestre de 2009 através do documento intitulado "*Reforma da Supervisão Financeira em Portugal*") e, por outro lado, as tendências de reforma nessa área que podem ser identificadas a nível mundial, em particular no que respeita ao contexto norte-americano e a iniciativas ou ideias que vêm sendo discutidas no seio de diversas organizações ou fóruns de discussão internacionais (designadamente, o '*G20*', o '*Finantial Stability Board*' e o '*Comité de Basileia para a Supervisão Bancária*').

Na realidade, apesar do actual consenso predominante em relação à necessidade de reforma da regulação financeira, subsistem visões muito conflituantes sobre a extensão e as principais linhas orientadoras de uma tal reforma. Tem cabimento, pois, neste momento, um justificado receio quanto ao risco quer de se verificarem intervenções reformadoras insuficientes, quer de essas intervenções poderem assumir um carácter excessivo. No primeiro caso, verificar-se-ia claramente uma oportunidade perdida após a mais séria crise financeira sistémica que atravessámos após a Grande Depressão do século transacto. A reforma da regulação

both, on the one hand, prospects for reform of the supervisory models of the financial sector in some EU Member States, including, as should be expected, Portugal (on the wake of the public consultation held by the Government, through a document entitled "Reform of Financial Supervision in Portugal" *in the last quarter of 2009), and, on the other hand, it covers reform trends that may be apprehended worldwide, particularly as regards the US context and initiatives or ideas discussed at several international organizations or fora (namely, the G20, the Financial Stability Board and the Basel Committee on Banking Supervision).*

Although there is currently a prevailing consensus towards the need of reform of financial regulation, there remain highly conflicting views as regards the extent and the fundamental coordinates of such reform. In fact, legitimate concerns may exist at this stage over the risk of either doing too little or of excessive regulatory interventions. In the first case, there would clearly be a missed opportunity following the most serious systemic financial crisis that we have lived

financeira deveria conciliar objectivos ambiciosos com pressupostos realistas, começando pelo reconhecimento de que nenhum modelo de regulação, por mais eficiente e equilibrado que seja, pode evitar o surgimento periódico de crises do sector financeiro (com o potencial de desequilíbrio daí decorrente para toda a economia, como sucedeu ao longo dos últimos dois anos). Ainda assim, a regulação financeira pode e deve reduzir a frequência das crises, atenuar a severidade dos seus efeitos ou o seu potencial alastramento a toda a economia, bem como reduzir as tendências mais negativas de funcionamento *pro-cíclico* das instituições financeiras individualmente consideradas (tal processo regulatório deverá também permitir um equilíbrio adequado entre os interesses de agentes estruturalmente diversos no sector financeiro, designadamente entre os consumidores menos sofisticados de produtos financeiros e intervenientes mais profissionais no sector financeiro).

Tem-se como praticamente certo que a regulação financeira não cumpriu adequadamente estas funções e não assegurou uma correcta gestão do risco, que se encontra no próprio cerne do funcionamento do sector financeiro. Esse aspecto é evidenciado não apenas devido às características e severidade da crise de 2008-

through after the great depression of the past century. Regulatory reform should combine ambitious goals with realistic premises, starting with the recognition that no form of financial regulation, however efficient and balanced, may prevent the periodic irruption of crisis in the financial sector (with its potential imbalances for the whole economy, as it happened in the course of the two latest years). Nevertheless, financial regulation can and should reduce the frequency of crisis, attenuate the severity of its effects or its potential for spill over effects to the whole economy and to reduce the procyclical tendencies of individual financial institutions (in the process, financial regulation should also provide an adequate balance between the interests of structurally different players in the financial sector, namely between less sophisticated consumers of financial products and more sophisticated or professional sellers of such products).

It is somehow undisputed that financial regulation did not fulfil properly these functions and did not ensure an adequate management of the risk which is at the core of the financial

2009 – cuja espiral perversa só foi travada devido à intervenção massiva dos governos, que conduziu, por seu turno, a um novo problema estrutural de dívida pública e a uma sobrecarga indevida dos cidadãos contribuintes –, mas também pelo facto, por vezes menos recordado, de a crise actual corresponder à terceira crise bancária de grandes dimensões verificada desde o início da década de noventa do século passado.

A necessidade de uma *nova orientação global* (*"new thinking"*), quer a propósito da economia em geral, quer a propósito da reforma dos modelos de regulação para o sector financeiro, tem sido amplamente proclamada, mas enquanto não se materializar a definição de um corpo estruturado de novas políticas regulatórias essenciais, de bases normativas e de instrumentos e técnicas financeiras consubstanciando tal reforma global da regulação financeira, subsiste o risco de essa dinâmica de reforma se perder ou ser grandemente comprometida.

Deste modo, atribuímos decisiva importância a uma discussão crítica acerca das principais iniciativas dirigidas a essa reforma da regulação financeira, para a qual a C&R se propõe contribuir através do dossier temático incluído neste n.º 2. Os Artigos que compõem este dossier temático analisam a partir de diversos ângulos tais iniciativas de refor-

sector functioning, not only due to the characteristics and severity of the 2008-2009 crisis – whose spiral was only stopped due to massive government intervention leading to a new structural problem of state debt and to an undue overburden of taxpayers – but also on account of the sometimes less remembered fact that the current crisis corresponds to the third major banking crisis since the early 1990s.

The need of a new thinking, both about economics in general and about reform of regulatory paradigms for the financial sector has been widely proclaimed but as long as a structured body of essential policy options, normative basis and financial instruments and techniques embodying such an overriding goal fail to materialise, there is every possibility that the momentum for reform may be lost or seriously compromised.

We, therefore, attach the greatest importance to an independent and critical discussion about the main initiatives for reform to which C&R purports to contribute, through the thematic file included in this N.º 2. The Articles included in such thematic file

ma, com particular ênfase para o procedimento de co-decisão da UE, actualmente em curso na sequência das propostas da Comissão Europeia de Setembro de 2009, tendo em vista a incorporação de uma parte significativa das recomendações do Relatório Larosière no Direito Europeu, por forma a colocar em funcionamento um novo enquadramento para a regulação e supervisão financeiras a partir de 2011.

Os mais do que prováveis ganhos significativos, mas também, em contrapartida, algumas possíveis limitações ou insuficiências dessa prospectiva reforma da regulação financeira na UE, devidas quer a condicionamentos jurídicos associados à base normativa assegurada pelos Tratados Europeus alterados pelo Tratado de Lisboa, quer a factores políticos e institucionais, são deste modo aqui discutidos. O dossier temático deste n.º 2 da C&R acentua também a natureza dinâmica e, em certos casos, gradual desse processo de reforma da regulação financeira (largamente devidas no caso da UE ao facto de, no seguimento das recomendações Larosière, o novo enquadramento regulatório a vigorar a partir de 2011 dever ser globalmente reavaliado no prazo de três anos, o que, por seu turno, poderá abrir caminho para que seja globalmente repensado o modelo tripartido de supervisão financei-

analyse from several angles those reform initiatives with a particular emphasis in the EU co-decision procedure currently underway and following the September 2009 European Commission's proposals in order to translate a significant part of the recommendations of the Larosière Report into European Law that should put in place a new framework for financial regulation and supervision since 2011.

The probable widespread gains but also some possible limitations of such prospective EU reform, due to both legal constraints in the context of the normative basis provided by the Treaty of Lisbon and to political or institutional factors, are thus hereby discussed. The thematic file of N.º 2 of C&R also streamlines the dynamic and, in some cases, gradual nature of this regulatory reform process (largely due, in the EU case, to the fact that, following the Larosière recommendations, the new framework to be implemented as from 2011 should be globally re-evaluated in a three years time, which, in turn, may lead to a comprehensive rethinking of the tripartite model of financial supervision, based on banking, insurance

ra, baseado nos subsectores bancário, segurador e de mercados de valores mobiliários, essencialmente mantido por ora ao nível da UE).

Um dos maiores desafios deste processo de reforma da regulação ao nível da UE envolve a adopção de um nível macro-prudencial de supervisão financeira, através da criação de um Comité Europeu do Risco Sistémico (CERS) ("*European Systemic Risk Council*") vocacionado para o enquadramento do denominado *risco-sistémico* (cuja detecção e gestão parece ter sido tão insuficiente no quadro da presente crise financeira). Apesar de subsistirem ainda muitas dúvidas quanto à eficácia do novo Comité Europeu do Risco Sistémico e à adequada interligação entre os níveis da *microsupervisão* e da *macrosupervisão prudencial*, a qual constitui inegavelmente um território inexplorado, este último nível de supervisão parece estar a constituir-se à escala global como um novo pilar da regulação e supervisão financeiras (como decorre, *v.g.*, dos planos de reforma da regulação nos EUA, sujeitos a intenso debate após a recente adopção da reforma do sistema de saúde, os quais incluem também propostas para a criação de alguma forma de supervisão macro-prudencial). Saber se um tal modelo de supervisão macro-prudencial pode ser posto em prática de modo

and securities, that is essentially kept in place at the EU level).

One of the major challenges of this EU regulatory reform process has to do with the adoption of a macro-prudential level of supervision through the establishment of a European Systemic Risk Council (ESRC) that should address the so-called systemic risk *(which seems to have been so poorly apprehended and managed in the current financial crisis). Although several doubts remain about the effectiveness of the new ESRC and about the proper interplay between micro and macro levels of prudential supervision, these being uncharted waters, this new level of supervision seems to be worldwide a new pillar of financial regulation and supervision (as results from US regulatory reform plan which is also being actively discussed after the adoption of health care reform and that also includes proposals to put in place some form of macro-prudential supervision). Whether such macro-prudential supervision can be made truly operational is, in fact, one of the major questions to be answered in the course of the following years. Other*

efectivo e operacionalmente consistente constitui uma das questões maiores ou centrais do actual processo de reforma regulatória para a qual só no decurso dos próximos anos obteremos resposta. Outras questões decisivas com as quais estamos confrontados num futuro próximo dizem respeito à extensão ou profundidade da reforma das denominadas *"Regras Basileia II"* (reportamo-nos aqui, naturalmente, ao Comité de Basileia para a Supervisão Bancária e ao enquadramento revisto que este adoptara a partir de 2004, estabelecendo um regime global para avaliar e fixar rácios ou padrões mínimos de adequação do capital das entidades bancárias). Na realidade, apesar de terem sido estabelecidas em data ainda muito recente, as referidas *"Regras Basileia II"* terão inelutavelmente de ser ajustadas em face da recente crise e turbulência do sector financeiro e, nesse contexto, uma especial atenção deverá ser concedida à *extensão desejável de maiores exigências de capitalização* ou a *novos requisitos no que respeita à supervisão da gestão de riscos de liquidez bancária*, tomando em consideração, *inter alia*, diversas propostas e sugestões apresentadas por peritos internacionais nesta área.

Finalmente, outras questões controversas no processo de reforma da regulação financeira estarão relacionadas com a possível adopção da

decisive questions looming ahead of us have to do with the extension of the reform of the so-called 'Basel II rules' (we refer here, naturally, to the Basel Committee on Banking Supervision and to the revised framework it had put in place in 2004 establishing comprehensive measure and minimum standards for capital adequacy of banks). Despite being very recently established such 'Basel II rules' will have to be adjusted in light of the recent turmoil of the financial sector and, in that context, particular attention will be given to the desirable extent of higher capital requirements to be established *or to* new requirements as regards the supervision of Bank liquidity risk management, *taking into consideration,* inter alia, *several proposals and suggestions put forward by international experts in this field.*

Finally, other controversial issues in the process of regulatory reform will have to do with the possible adoption of the so-called 'Volcker rule', or similar solutions – named after proposals delineated by Paul Volcker, the former US Federal Reserve Chairman – envisaging a limitation on certain

denominada *"regra Volcker"* ou de soluções comparáveis – assim designadas a partir das propostas delineadas pelo antigo presidente da Reserva Federal Norte Americana (FED), Paul Volcker – contemplando a limitação de certas actividades de comercialização de activos por parte de bancos com um segmento essencial de captação de depósitos junto do público e, em particular, estabelecendo limites no que respeita ao crescimento através de processos de aquisição por parte das instituições financeiras de maior dimensão ou ainda ponderando a imposição por parte das entidades reguladoras de rácios ou requisitos de capitalização mais exigentes às maiores instituições financeiras, cujo posicionamento tenha impacto sistémico no sector.

Para além do núcleo de matérias objecto de discussão no dossier temático, o n.º 2 da C&R, na sua Secção de Doutrina Geral, aborda ainda – seguindo uma perspectiva interdisciplinar (jurídica e económica) que constitui também um traço saliente do seu programa editorial – um conjunto de matérias criteriosamente seleccionadas que se encontram no centro das discussões académicas e institucionais no domínio da concorrência (e também da regulação). Referimo-nos, designadamente, a matérias como a da fundamental interacção entre o direito da pro-

trading activities of deposit-taking banks and, in particular, establishing some limits as regards growth via acquisition by top institutions or considering the imposition by regulators of higher capital charges to financial entities identified as systemically significant.

Beside the core of issues discussed in the thematic file, the N.º 2 of C&R in its General Doctrine section addresses – under an interdisciplinary (legal and economic) approach that is also a fundamental feature of its editorial program – a set of carefully selected issues that remain at the top of the academic and institutional discussions in the field of competition (and regulation as well). We refer, namely, to issues concerning the decisive interplay between industrial and intellectual property and competition law and policy, to the poorly studied but often critical interplay between competition rules on merger control and securities rules on public acquisition offer and to implementation of environmental law.

On a different level, we congratulate ourselves for the fact that this N.º 2 of C&R, beside the usual participation

priedade industrial e intelectual e o direito e a política da concorrência, à delicada articulação entre as regras jusconcorrenciais de controlo de concentrações e os regimes de direito dos valores mobiliários disciplinadores de ofertas públicas de aquisição (que tão escassa atenção tem merecido) e às questões de aplicação de direito do ambiente.

Num plano distinto, congratulamo-nos com o facto de este n.º 2 da C&R, para além da já usual participação de académicos de primeiro plano de outros Estados da UE e dos EUA, envolver também a participação inaugural de um académico brasileiro.

À medida que vamos avançando neste ano de 2010 parece emergir uma percepção crescente de que a crise económica internacional não se veio a traduzir, afinal, numa espécie de ocaso ou crepúsculo da política de concorrência, para trazer aqui à colação uma sugestiva imagem do antigo Comissário Europeu de Concorrência, Mario Monti, à qual já nos tínhamos referido no Editorial do n.º 1 da C&R. Assim, as tomadas de posição públicas, por um lado, da liderança da *"Antitrust Division"* e da *"Federal Trade Commission"* nos EUA e, por outro lado, do novo Comissário Europeu da Concorrência, Joaquín Almunia, para além de outros actores significativos em termos mundiais

of leading academics from the EU and the US, also marks the inaugural participation of a Brazilian academic.

As the year of 2010 unfolds there seems to be a growing awareness of the fact that the current economic crisis has not translated in a kind of competition policy 'night' or 'twilight', to quote here an expression of the former EU Commissioner Mario Monti we had already referred to in the Editorial of N.º 1 of C&R. The public stance of the leadership of the Antitrust Division and of the Federal Trade Commission of the US, on the one hand, and of the new EU Competition Commissioner Joaquín Almunia, on the other hand, beside other relevant stakeholders worldwide in the field of competition policy, seem to indicate that such policy will be actively and continuously pursued even in the aftermath of the economic crisis. That does not mean, conversely, that some degree of evolution or adjustment of the chief competition policy goals and even of its economic and legal methodology is excluded in the next couple of years (in some cases probably induced by a new economic thinking advocated by numerous leading economists).

no plano da política da concorrência, parecem indiciar que esta política continuará a ser activa e efectivamente prosseguida no rescaldo da crise económica internacional. Tal não significa, em contrapartida, que algum grau de evolução ou de ajustamento dos principais objectivos de política de concorrência e até da sua metodologia jurídica e económica esteja excluído nos anos mais próximos (em alguns casos por influência provável de um "*new economic thinking*" preconizado por vários economistas de primeiro plano). A Revista C&R assume uma vez mais o propósito de acompanhar e analisar criticamente essas tendências nos próximos meses e anos (assim contribuindo entre nós para a afirmação crescente de uma *cultura especializada de concorrência* em todos os planos da sua *praxis*, incluindo o judiciário, com novas perspectivas agora abertas em Portugal).

C&R will make a point of following and critically analysing such trends in the next months and years (thus making a contribution to the growing development of a truly specialised competition culture in Portugal, at every level of its praxis, including the judiciary level, with new prospects now unfolding).

DOUTRINA

Doutrina Geral

Dossier Temático
Regulação Financeira

DOUTRINA GERAL

PROPRIEDADE INDUSTRIAL E CONCORRÊNCIA UMA LEITURA ECONÓMICA DA SUA INEVITÁVEL COMPLEMENTARIDADE

Jaime Andrez[1]

ABSTRACT: *Sustaining an 'inevitable complementarity' between competition and intellectual property laws with the aim of innovation, economic growth and consumer welfare, this article analyses the alleged conflicts between the concepts of those two law groups. In this analysis, we deal with the essential concepts for its understanding, in connection with innovation, competition and intellectual property, the questions related to the interface between the laws of competition and intellectual property, the main sources of anti-competitive conflicts that may occur with the abusive use of intellectual property rights and the economic reading of the paths that assure the mentioned 'inevitable complementarity' of those law and economics schemes, suggesting a 'meso-analytical' and integrated approach (the English version of the article is available at www.concorrencia.pt).*

SUMÁRIO: Introdução. 1. Conceitos envolvidos. 1.1. A dinâmica da inovação. 1.2. Concorrência. 1.3. Propriedade Intelectual. 2. A interface entre a LdC e os DdPI. 2.1. Justificação económica da PI. 2.2. Diferentes noções de monopólio que importa consensualizar. 2.3. Duração e âmbito. 2.4. Garantia da inovação na patente. 3. Potenciais conflitos concorrenciais da PI. 3.1. Recusa de licença (Venda). 3.2. Práticas unilaterais de licença. a) Vendas (licenças) subordinadas. b) Obrigação de concessão inversa da licença. c) Outros casos de práticas unilaterais. 3.3. Acordos entre empresas ou práticas concertadas de licenças de DdPI. 4. A complementaridade das políticas. 4.1. A abordagem meso-analítica da complementaridade. 4.2. Uma abordagem 'mais económica' da complementaridade. 4.3. Movimento para regular contratualmente o licenciamento de patentes. 5. Conclusões: o que fazer?

---

1 Vogal do Conselho da Autoridade da Concorrência e Professor Associado Convidado do Instituto Superior de Economia e Gestão (ISEG) da Universidade Técnica de Lisboa.

INTRODUÇÃO

O desenvolvimento da economia orientada para o conhecimento e a consolidação de uma Sociedade de Informação exige, cada vez mais, a utilização crescente de factores dinâmicos de competitividade, dos quais a inovação é uma componente central.

Se, por um lado, as legislações da concorrência e da propriedade intelectual (PI) são fundamentais para assegurar o quadro regulatório adequado a essa dinâmica competitiva, por outro lado, discute-se por vezes a sua coexistência, apontando-se contradições entre as vias de promoção da inovação prosseguidas por cada uma.

É a velha controvérsia entre a alegada criação de monopólios no âmbito da concessão de direitos de propriedade intelectual (DdPI[2]), dada a sua natureza exclusiva, e os objectivos subjacentes às legislações da concorrência, segundo os quais o monopólio é algo a evitar.

Mas há uma diferença entre a 'existência' de um DdPI e o seu 'exercício', e, principalmente, o 'exercício abusivo' desse direito. Aliás, como refere Kallay (2004: 124), só o exercício abusivo de um DdPI, mais do que a sua existência, deve ser sujeito à avaliação no contexto concorrencial da legislação da concorrência (LdC).

Importa, no entanto, ter em conta que as legislações da concorrência e da PI tendem a intervir em diferentes estádios do processo inovativo e da vida económica dos DdPI, enquanto activos intangíveis. Na verdade, a propriedade intelectual surge de imediato à concessão do direito, enquanto a LdC só intervém quando se verifica o exercício desse direito e, designadamente, na presença de um comportamento que suscita preocupações jus-concorrenciais.

De facto, em determinadas circunstâncias, poder-se-ão verificar abusos concorrenciais resultantes de uma indevida utilização dos DdPI, quando tal é facilitado por um certo poder de mercado.

Esta situação tem gerado leituras diversas sobre a articulação entre os normativos da concorrência e da PI, que vão desde o extremo de negar a utilidade da propriedade intelectual, até aos esforços para assegurar a sua complementaridade, passando por leituras generalizadas de conflito entre os dois conjuntos normativos a partir da simples lógica de que os direitos exclusivos de PI excluem, sempre, a concorrência.

---

2 Utilizaremos esta sigla tanto no plural como no singular, conforme o sentido da frase.

CONCORRÊNCIA E PROPRIEDADE INTELECTUAL | 25

Estamos convictos de que o desafio para as políticas da concorrência e da PI é o de encontrarem o equilíbrio adequado entre as protecções da concorrência e os DdPI .

Neste artigo procuramos analisar esta temática, abordando os conceitos essenciais para a sua compreensão (Secção 1), as questões relativas à interface entre as legislações da concorrência e da PI (Secção 2), as principais fontes de geração de conflitos anti-concorrenciais passíveis de ocorrer no âmbito da utilização abusiva dos DdPI (Secção 3) e a leitura económica das vias que asseguram a complementaridade entre aqueles dois importantes conjuntos normativos (Secção 4). Nas conclusões, procuraremos sintetizar o que fazer para conciliar estes dois conjuntos normativos, tendo em atenção a análise previamente desenvolvida ao longo deste artigo (Secção 5).

1. CONCEITOS ENVOLVIDOS

Antes do desenvolvimento da temática relacionada com a interface entre as legislações da concorrência e da PI, e os riscos anti-concorrenciais e as trajectórias de complementaridade a elas inerentes, importa clarificar os conceitos fundamentais associados, por um lado, à concorrência e à PI, e, por outro lado, à inovação e ao processo inovativo a que estão profundamente ligadas em termos de objectivos e de impactos.

1.1. A dinâmica da inovação

No mundo complexo de hoje, ditado por paradigmas económicos associados à transformação da economia numa dimensão global sem paralelo na história da humanidade – onde todos competem com todos, onde tudo serve para competir e onde se procede à desmaterialização dos factores competitivos –, as políticas de inovação são vias estratégicas determinantes para gerarem eficiência e diferenças competitivas fundamentais que sejam capazes de assegurar a manutenção e o desenvolvimento das empresas no mercado.

A Inovação é entendida, aqui, em termos genéricos, como a introdução no mercado de ideias novas, que acrescentem valor económico às actividades da empresa[3]. De acordo com Schumpeter, referido no Manual de Oslo da OCDE (2005: 17), o conceito de inovação, em termos estratégicos, é amplo e cobre, nomeadamente:

---

3 Greenhalgh & Rogers, 2008: cap. 1.

26 | JAIME ANDREZ

– A introdução de um novo produto ou a mudança qualitativa de um produto existente;
– A introdução de um processo novo numa determinada indústria;
– A abertura de um novo mercado;
– O desenvolvimento de novas fontes de abastecimento de matérias-primas ou de outros materiais; e
– Uma alteração na organização empresarial (a nível industrial).

A inovação é, pois, uma das mais importantes estratégias competitivas das empresas e está associada à maior parte de outros factores de competitividade, como são os casos da produtividade, do *design*, da qualidade, da organização e do *marketing*.

Na realidade, a inovação é responsável por externalidades positivas importantes para o reforço da eficiência e da diferenciação, que se podem sintetizar nas seguintes:

– Cria novidade, promovendo a diferenciação (efeito diversidade), o que permite gerar a diferença competitiva capaz de influenciar a escolha dos clientes actuais e potenciais (consumidores finais ou intermédios);
– Melhora os procedimentos a favor da produtividade, da qualidade, da organização e do *marketing* (efeito eficiência), reforçando os factores de competitividade; e
– Gera valor económico, conferindo um 'prémio de preço' que aumenta o valor do produto (efeito valor) que, por sua vez, favorece o crescimento económico (efeito volume) das empresas e das regiões.

Na verdade, é geralmente aceite e fundamentado o ponto de vista de que a inovação é a principal fonte do crescimento económico[4] diríamos, qualificado.

Por outro lado, a inovação beneficia os consumidores através da oferta de novos e melhores produtos e serviços, promove o crescimento económico e, com ele, o emprego e o bem-estar. Uma economia com vocação para a invenção e a inovação favorece a dinâmica do seu crescimento económico e melhora o nível de vida das pessoas (FTC[5], 2003: cap. 1, p. 1).

---

4 Kolstad, 2008: 4.

5 *Federal Trade Commission (United States)*.

CONCORRÊNCIA E PROPRIEDADE INTELECTUAL | 27

A eficácia das estratégias de inovação dependerá, decisivamente, de um ambiente de negócios que as promovam, nomeadamente através de:

- Uma concorrência dinâmica, capaz de estimular uma competição saudável, assente em capacidades competitivas sustentadas e sustentáveis, oferecendo novidade, diversidade, qualidade e quantidade necessária na oferta de bens e serviços à Sociedade;
- Um sistema empresarial completo e qualificado, em termos de serviços de apoio técnico e tecnológico e de financiamento a estratégias empresariais assentes em oportunidades de inovação inspiradas nos produtos e nos mercados, e não nas dimensões empresariais;
- Uma *better regulation*[6], que facilite uma aplicação adequada dos dois conjuntos normativos essenciais para a promoção de um ambiente competitivo, capaz de induzir estratégias empresariais de inovação, isto é, as legislações da concorrência e da propriedade industrial.

1.2. Concorrência

A Teoria Económica diz-nos que a concorrência efectiva é um mecanismo que permite atingir uma combinação óptima de produtos e serviços, em relação a quantidades, preços, qualidade e escolhas do consumidor[7]. Por essa razão, considera-se a Concorrência como um Bem Público (*public good*) que, no dizer de Moura e Silva (2008: 9), é juridicamente protegido.

Por bens públicos entendem-se aqueles que têm dois aspectos distintos: a "não exclusão" e o "consumo sem rivalidades"[8]; "não exclusão" significa que todos os podem consumir, paguem ou não; "consumo sem rivalidades" quer dizer que o seu consumo por alguém não exclui o seu consumo por outrem[9].

Para Kolsatd (2008: 4) é claro que há uma relação directa entre o mecanismo de funcionamento de mercado e os incentivos que os agentes económicos têm para inovar no mercado. De facto, a concorrência entre empresas

---

6 A *better regulation* é a designação utilizada pela Comissão Europeia para se referir ao desígnio estratégico da U.E. de se conseguir um ambiente regulatório de negócios adequado a influenciar a competitividade empresarial (ver site informativo sobre as iniciativas comunitárias neste âmbito: http://ec.europa.eu/enterprise/policies/better-regulation/index_en.htm).

7 FTC, 2003: cap. 1, p. 3.

8 Cowen, 2001: 23.

9 Os bens privados são, assim, exclusivos e rivais; o direito ao seu consumo deve ser pago e o seu consumo por alguém impede o consumo por outrem.

28 | JAIME ANDREZ

leva os inventores a quererem ser os primeiros no mercado, com novos produtos e serviços ao preço e com a qualidade que os consumidores desejam[10].

Neste âmbito, a concorrência é entendida numa tripla acepção[11]:

– Tipo de comportamento, sendo sinónimo de rivalidade activa, que implica estratégias diversas para captação de clientes e de quotas de mercado, tais como de preço, de qualidade de produto ou de serviço após venda, ou em todos os factores aos quais os clientes atribuem importância; opõem-se a comportamentos de *dominação* ou de *colusão* com os seus pares;

– Princípio de organização de mercado, sendo uma forma eficiente de organização da vida económica; é um complemento da livre iniciativa e da livre formação dos preços;

– Representação conceptual, assumindo um critério de classificação das formas de mercado[12], opondo-se ao conceito de monopólio e, por isso, com a ausência da manifestação de poder de mercado[13].

Entende-se, aqui, por poder de mercado a capacidade de impor, de maneira lucrativa e duradoura, preços superiores aos competitivos, com a quantidade a um nível inferior à procura do mercado (Araújo & Fortes, 2008: 6 e Kallay[14], 2004: 21).

Em Portugal, a concorrência é regulada pela Lei da Concorrência[15], que tem o objectivo de promover e proteger a concorrência e o processo competitivo por meio da prevenção e da repressão de práticas que impeçam o livre mercado, ou seja, por meio da promoção e defesa da concorrência, nomeadamente através:

---

10 FTC, 2003: cap. 1, p. 1.

11 Bangy & Ferreira, 1998: 30.

12 Para além do monopólio, oligopólio e concorrência monopolística.

13 Também denominado *Poder de Monopólio*.

14 Citando o parágrafo 0.1 da *Horizontal Merger Guidelines* (de 2 de Abril de 1992, revistas em 8 de Abril de 1997) da DOJ FTC (consultável em http://www.usdoj.gov/atr).

15 Tal como aprovada pela Lei n.º 18/2003, de 11 de Junho.

CONCORRÊNCIA E PROPRIEDADE INTELECTUAL | 29

- Do controle das operações de concentração que diminuam substancialmente a concorrência[16], envolvendo, também, activos intangíveis associados aos DdPI ;
- Da proibição de práticas restritivas (ou proibidas) da concorrência[17], incluindo as que implicam o uso de DdPI .

No que se refere às práticas restritivas, e porque elas serão analisadas no contexto dos ilícitos concorrenciais que podem ocorrer no âmbito da utilização dos direitos de propriedade intelectual, poderíamos, de uma maneira muito sintética, identificá-las da seguinte forma:

- Práticas colectivas, das quais se destacam os acordos de empresas (*cartels*), decisões de associação de empresas e outras práticas concertadas entre empresas, para fixar preços e outras condições de transacção, limitar ou controlar a produção e distribuir ou repartir mercados, tanto de natureza horizontal como vertical; incluiríamos também nestas práticas o abuso colectivo de posição dominante que impeça, falseie ou distorça a concorrência;
- Práticas individuais de abuso de poder de mercado, face a clientes e concorrentes, por parte de grandes empresas, designadamente:
  - A exploração abusiva de uma posição dominante[18], com o objectivo de impedir, falsear ou distorcer a concorrência;
  - A exploração abusiva de uma dependência económica em relação a um fornecedor ou cliente que não disponha de alternativa equivalente;
  - A discriminação de preços, a recusa de compra ou de venda e a imposição abusiva de condições contratuais suplementares.

Em termos gerais poderíamos dizer que o Direito da Concorrência visa reprimir o abuso do poder económico tendente à dominação dos mercados, à eliminação da concorrência e ao aumento arbitrário dos lucros[19].

---

16 Tal como disposto, em Portugal, nos artigos 4.º e seguintes da Lei da Concorrência.

17 Tal como disposto, em Portugal, nos artigos 8.º e seguintes da Lei da Concorrência.

18 Entende-se por empresa com posição dominante, aquela que actua num mercado no qual não sofre concorrência significativa ou assume preponderância relativamente aos seus concorrentes [ver alínea *a*), do n.º 2, do artigo 6.º, da Lei da Concorrência]; envolvendo duas ou mais empresas, poder-se-á considerar posição dominante colectiva, [ver alínea *b*) do artigo citado].

19 Araújo & Fortes, 2003: 1.

1.3. Propriedade Intelectual

A Propriedade Intelectual[20] inclui a Propriedade Industrial, o Direito de Autor[21] e os Direitos Conexos[22] e confere o direito à utilização exclusiva da respectiva informação técnica, comercial e industrial.

Embora a quase totalidade dos autores citados se refira a PI, na verdade os direitos que estão em causa no contexto desta análise são essencialmente os de Propriedade Industrial – nomeadamente quando abordamos a sua relação com a inovação e o crescimento económico, por um lado, ou o licenciamento de direitos, por outro lado – e, mais propriamente, as patentes. De um modo geral, manteremos, por uma questão de harmonização terminológica, essa opção de nos referirmos, de forma ampla, aos direitos de Propriedade Intelectual (DdPI). Numa opção livre, preferiríamos *Propriedade Industrial*. Para a essência do debate e dos argumentos utilizados, não releva a utilização de um ou do outro termo. Particularizaremos as referências à propriedade industrial, ou mesmo às patentes, quando entendermos justificado.

Assim, e mais concretamente, a propriedade industrial designa um conjunto de direitos exclusivos inicialmente associados à actividade industrial e, posteriormente, também comercial[23], visando, por isso, a protecção de invenções, criações estéticas (*design*) e sinais usados para distinguir produtos e empresas no mercado.

A propriedade industrial é regulada, em Portugal, pelo Código da Propriedade Industrial[24] (CPI).

Importa ter em conta, numa leitura económica, que esse conjunto de direitos de utilização exclusiva – temporários ou permanentes[25] – incidem sobre o resultado de investimentos em inovação, resultantes de:

---

20 Utiliza-se a definição constante do Portal da Empresa disponível em:
http://www.portaldaempresa.pt/CVE/pt/AreasdeInteresse/Inovacao_Tecnologia_Qualidade/Proprie dadeIntelectual/).

21 Corresponde aos direitos sobre as criações intelectuais do domínio literário, científico e artístico, por qualquer modo exteriorizadas, entre os quais se inscreve o *copyright*.

22 Corresponde aos direitos sobre as prestações dos artistas, intérpretes ou executantes, dos produtores de fonogramas e de videogramas e dos organismos de radiodifusão.

23 Moura e Silva, 2008: 477.

24 Aprovado pelo Decreto-Lei n.º 36/2003, de 5 de Março, alterado pelos Decretos-Lei n.º 318/2007, de 26 de Setembro, e n.º 360/2007, de 2 de Novembro, pela Lei n.º 16/2008, de 1 de Abril, e pelo Decreto-Lei n.º 143/2008, de 25 de Julho, que o republicou.

25 Como é o caso das marcas, desde, evidentemente, que a mesma seja regularmente renovada.

CONCORRÊNCIA E PROPRIEDADE INTELECTUAL | 31

– Iniciativas de investigação, desenvolvimento e inovação (IDI[26]), isto é, de invenções, através de Patentes[27] (de invenção)[28];
– Actividades de criação (*design*), através de Desenhos ou Modelos[29], isto é, a aparência da totalidade ou de parte de um produto[30];
– Acções de promoção da imagem dos produtos ou da empresa (*marketing*), através de Marcas[31] ou de outros sinais[32].

Em termos económicos, a propriedade industrial também produz, no âmbito do processo inovativo, externalidades positivas que importa reter:

– Por um lado, ao proteger os resultados dos investimentos em IDI e em criações, com impacto na sua rendibilidade (beneficiando da exclusividade e do tempo em que esta é concedida), (re)incentiva a própria inovação;
– Por outro lado, ao disponibilizar informação sobre as invenções e criações objecto de pedidos de protecção, estimula a IDI e as invenções futuras e permite a defesa dos DdPI associados através da vigilância do estado jurídico desses direitos;
– Finalmente, ao conceder direitos exclusivos, viabiliza o mercado de tecnologia (de activos intangíveis de direitos de propriedade industrial), conferindo o direito, e o respectivo título de propriedade (por exemplo, uma patente) de uma *commodity*.

Considera-se mercado de tecnologia o conjunto de conhecimentos técnicos passíveis de transmissão a terceiros, patenteáveis ou sujeitos a segredo,

---

26 Utilizaremos esta expressão sempre que nos referirmos a qualquer actividade de investigação tecnológica com o propósito da inovação (Norma Portuguesa, NP 4456:2007).

27 Ver artigo 51.º e seguintes do CPI.

28 Em Portugal, poder-se-á proteger os direitos sobre uma invenção através do Modelo de Utilidade, cujo procedimento administrativo é mais simplificado e mais célere do que o das patentes (ver artigo 117.º e seguintes do CPI).

29 Ver artigo 173.º e seguintes do CPI.

30 Resultante, nomeadamente, das características de linhas, contornos, cores, forma, textura ou materiais do próprio produto e da sua ornamentação.

31 Ver artigo 222.º e seguintes do CPI.

32 A marca pode ser constituída, de um modo geral, por um sinal ou conjunto de sinais susceptíveis de representação gráfica, nomeadamente palavras, incluindo nomes de pessoas, desenhos, letras, números, sons, a forma do produto ou da respectiva embalagem, desde que sejam adequados a distinguir os produtos ou serviços de uma empresa dos de outras empresas.

32 | JAIME ANDREZ

enquanto saber-fazer, podendo a própria tecnologia ser encarada como um bem passível de ser transaccionado[33] .

A Política de Patentes leva, assim, os inventores a investirem tempo e dinheiro em invenções em razão de se lhes conceder o direito exclusivo para fazer, usar e vender a invenção durante o período de tempo considerado suficiente para o inventor realizar os rendimentos suficientes para recuperar o investimento realizado[34].

Existem duas importantes diferenças entre a PI e a propriedade real (física ou tangível): a PI tem fortes características de um Bem Público e tende a gerar uma quantidade significativa de informação socialmente útil, fazendo da difusão dessa informação uma questão importante[35].

A informação gerada no âmbito do processo de concessão de DdPI é considerada, no âmbito da Teoria Económica, também ela, como um Bem Público a promover, a proteger e a disseminar[36].

Saibamos, neste contexto, reconhecer a função da propriedade industrial, tanto como elemento regulador, como de estímulo à inovação, salientando o esforço recente para a assumpção da "função de disseminação", a par do reforço da "função de protecção", como *core-business* tradicional do sistema da PI[37].

Acresce, ainda, em Portugal e noutros países, o contributo da propriedade industrial para a promoção e a protecção da concorrência leal[38], ou, noutras palavras, para o combate à concorrência desleal.

O regime da concorrência desleal distingue-se do da defesa da concorrência na medida em que, por um lado, se centra na tutela de interesses privados, ainda que com uma vertente pública, como seja a confiança no mercado; e, por outro, a concorrência desleal tipifica actos que, independentemente do seu objecto ou efeito na concorrência, contrariem as "normas e usos honestos de qualquer ramo de actividade económica"; quer isto dizer que a sua censu-

---

33 Moura e Silva, 2008: 563.

34 FTC, 2003: cap. 1, p. 1.

35 Régibeau & Rocket, 2004: 5.

36 Gallini & Trebilcock, 1997: 325.

37 Andrez & Maurício, 2002: 4.

38 O artigo 1.º do CPI português determina que a "propriedade industrial desempenha a função de garantir a lealdade da concorrência, pela atribuição de direitos privativos sobre os diversos processos técnicos de produção e desenvolvimento da riqueza".

CONCORRÊNCIA E PROPRIEDADE INTELECTUAL | 33

rabilidade decorre, não de um dano ou de um perigo para o funcionamento da concorrência, mas do desvalor ético que a comunidade atribui a certos métodos de concorrência, cuja qualificação como desleais os afasta dos meios a que os concorrentes podem recorrer, independentemente da sua dimensão ou impacto no mercado[39].

Um inquérito realizado entre 2000 e 2008, pela Comissão Europeia (CE) sobre a concorrência no sector farmacêutico[40], para compreender a origem de atrasos na colocação de produtos genéricos no mercado e a diminuição da entrada de novos medicamentos no mercado, demonstra a prática de actos de concorrência desleal por recurso a medidas dilatórias pelas empresas proprietárias dos medicamentos originais, para atrasar ou bloquear a entrada dos genéricos, criando-se um ambiente anti-concorrencial condenável, nomeadamente através de campanhas de *marketing* anti-genéricos, para além de outras práticas mais complexas, tais como:

– Pedidos múltiplos de patente para o mesmo medicamento (num exemplo extremo, um produto originou 1300 pedidos);
– Celebração de acordos com empresas de genéricos para restringir a capacidade de comercialização de genéricos ou para pôr termo a litígios[41];
– Introdução no mercado de medicamentos de 2.ª geração ou medicamentos de 2.º uso (*follow-on products*).

Refira-se que o combate à concorrência desleal não é exclusivo da propriedade industrial; aliás, Oliveira Ascensão (2002: 266), embora reconheça que a concorrência desleal seja do domínio formal do CPI, sustenta que não é, ela própria, propriedade industrial; será antes sanção de formas anómalas da concorrência[42].

---

39 Moura e Silva, 2008: 482.

40 Disponível em http://ec.europa.eu/competition/sectors/pharmaceuticals/inquiry/index.html.

41 No âmbito destes acordos, foram pagos mais de € 200 Milhões às empresas produtoras de genéricos por parte das empresas detentoras das patentes que caíram no domínio público.

42 Esta citação inspirou o Acórdão do Tribunal da Relação de Lisboa n.º 9426/2003-7 em considerar que "é da competência do Tribunal cível e não do Tribunal do Comércio o julgamento de uma acção indemnizatória (...)" no âmbito da concorrência desleal.

34 | JAIME ANDREZ

Na verdade, o combate à concorrência desleal faz-se também, por exemplo, através do combate às práticas restritivas do comércio[43] (como são os casos das práticas de vendas com prejuízo, de ausência de tabelas de preços ou condições de venda exorbitantes relativamente às restantes condições gerais de venda, entre outras), entendidas como complementos à promoção da concorrência.

2. A INTERFACE ENTRE A LdC E OS DdPI

Como atrás se disse, tem-se assumido que as legislações da concorrência e da PI geram, pela sua própria natureza, potenciais conflitos na sua aplicação.

Estes conflitos resultam de vários paradoxos:

– Primeiro, para corrigir uma falha do mercado, receita-se o remédio mais oposto à liberdade de mercado, isto é, o monopólio[44];

– Segundo, se por um lado a Sociedade pode ter perdas durante o período de exploração de patentes (restrição à concorrência estática), por outro, beneficia em eficiência dinâmica (diversidade, qualidade e inovação) e bem-estar do consumidor[45];

– Finalmente, um verdadeiro paradoxo da própria concorrência, que é a falha de mercado, ou a impossibilidade do funcionamento adequado da livre concorrência, que retira incentivos à inovação e conduz ao aparecimento do conjunto de restrições à concorrência que consistem na PI[46].

De uma forma geral, aceita-se que o direito de autor, e até as marcas e os desenhos industriais, geram menos poder de mercado (Landes & Posner[47], 2003, *apud* Barbosa, 2006: acetato 41). Dada a necessidade de economia do espaço de escrita, concentrar-nos-emos, essencialmente, nas Patentes quando tratarmos de DdPI.

Quatro aspectos de maior sensibilidade e controvérsia são normalmente tidos em conta nesta discussão:

---

43 Cujo regime consta, em Portugal, do Decreto-Lei n.º 370/93, de 29 de Outubro, alterado pelo Decreto-Lei n.º 140/98, de 16 de Maio.

44 Barbosa, 2006: acetato 13.

45 Jasper, 2007: acetato 9.

46 Barbosa, 2006: acetato 12.

47 Landes & Posner, 2003: 374.

CONCORRÊNCIA E PROPRIEDADE INTELECTUAL | 35

- A justificação económica da PI[48];
- A noção aplicável de monopólio;
- O âmbito e a duração da patente; e
- A justeza da concessão da patente.

2.1. Justificação económica da PI

Do ponto de vista económico, os DdPI são uma condição necessária para se atingir a eficiência. O conceito económico de eficiência assenta na noção de custo de oportunidade, sendo o custo de oportunidade do uso de qualquer recurso o rendimento que se obteria desse recurso na alternativa da sua melhor utilização[49].

Aqueles autores (p. 10) sublinham, neste âmbito, que os dois grandes factores que explicam a necessidade de conceder direitos sobre os activos de PI são o efeito de recompensa, que estimula o investimento e assegura que o investidor possa obter benefícios significativos da inovação, e a difusão da informação, ou efeito disponibilização (*disclosure*) a favor da evolução tecnológica.

Neste contexto, um dos primeiros dados a reter é o de que a PI é um bem imaterial, normalmente dispendioso para adquirir e barato para transmitir (custo marginal de cópia baixo), o que provoca uma externalidade negativa que reduz o incentivo à inovação[50].

Noutras palavras, é da natureza da PI que os custos fixos para produzi-la tendem a ser muito elevados, ao passo que os custos marginais são virtualmente zero, por ser quase nulo o custo da cópia e o uso da ideia depois de inventada[51].

É por isso que, por vezes, o proprietário de uma patente, devido à possibilidade da sua desapropriação (*misappropriability*), só descobre que a sua invenção está a ser utilizada por outrem quando as suas vendas começam a diminuir. Para preservar os incentivos para inventar, a Política de Patentes protege os inventores dessa desapropriação (*misappropriation*)[52] .

---

48 Neste contexto, estaremos mais a referir-nos a propriedade industrial.

49 Régibeau & Rocket, 2004: 5.

50 Jasper, 2007: acetato 7.

51 Tom, 1997: 24.

52 FTC, 2003: 6.

36 | JAIME ANDREZ

Segundo Barbosa (2006, acetatos 5 e 8), existe um problema no mercado: a natureza dos bens imateriais, como é o caso do conhecimento ou da informação associados à invenção, faz com que, em grande parte das hipóteses, um bem dessa natureza, uma vez colocado no mercado, seja susceptível de imediata dispersão:

- A principal desvantagem dessa dispersão do conhecimento é que não há rendimento na actividade económica de investigação (IDI) ou da criação (criatividade);
- Consequentemente, é preciso resolver o que os economistas chamam de falha de mercado, que é, no caso, a tendência à dispersão dos bens imateriais, principalmente aqueles que pressupõem conhecimento ou criação.

Duas vias existiriam, assim, para resolver esta falha de mercado[53]:

- Através de uma compensação financeira ou de uma concessão de preferências nos contratos públicos ao inventor (o que, do nosso ponto de vista, é impraticável), ou
- Através de um mecanismo jurídico que crie uma segunda falha de mercado, que veio a ser a concessão de DdPI, restringindo assim o acesso ao que tenderia a ser a sua dispersão, por utilização indevida.

Esta posição é também defendida pela CE ao considerar que a IDI é uma área de excelência de produção de externalidades (nomeadamente no que diz respeito à informação divulgada), gerando falhas de mercado; a menos que o inventor seja compensado pela sua invenção e pelo seu investimento, terá poucos incentivos para desenvolver actividades de IDI, o que originaria ineficientes afectações de recursos a essas actividades, com efeitos negativos sobre o bem-estar social. A solução para esta falha de mercado é, assim, a concessão de DdPI sobre as suas invenções[54].

---

53 Barbosa, 2006: acetatos 10 e 11.

54 CE, 1997: 274.

2.2. Diferentes noções de monopólio que importa consensualizar

Uma fonte de conflitos entre as áreas jurídicas da concorrência e da PI é, precisamente, a presunção de que os DdPI geram, sempre, monopólios e poder de mercado e, por isso, põem em causa a concorrência[55].

Realmente, em termos gerais, ao longo da maior parte do século XX, os tribunais e as agências federais (dos EUA) consideraram que as patentes conferem poder de monopólio e, consequentemente, consideraram a concorrência sempre oposta ao poder de monopólio (da PI). Neste caso, gerou-se um conflito nos tribunais para determinar qual das duas políticas deveria "primar" à outra para fundamentar uma decisão[56].

Releva-se que a exclusividade não é, por si só, um monopólio. De facto, ao contrário do que muitos afirmam, a exclusividade gerada pela PI não cria um monopólio sob a perspectiva económica, na medida em que é possível que diversos DdPI concorram entre si. No entanto, é inegável que a exclusividade restringe a concorrência no curto prazo (concorrência estática), criando por vezes monopólios temporários[57].

Por outro lado, o monopólio da patente (tal como é referido na jurisprudência dos EUA) não tem a mesma natureza, nem confere o mesmo poder de mercado, que o monóplio no âmbito da concorrência, uma vez que a patente representa informação, um recurso escasso, como um terreno e, por isso, uma *commodity*; não se pode dizer que quem possui um terreno, tem um monopólio nos termos da concorrência (Landes & Posner[58], 2003, *apud* Barbosa, 2006: acetato 41).

A noção de monopólio da patente identifica-se mais com a propriedade em geral (direitos reais) pelo facto de ser um direito de exclusão oponível *erga omnes*, embora com a característica de que o que se exclui é a concorrência. Aliás, como refere Moura e Silva (2008: 477), os direitos de propriedade industriaI, independentemente da polémica da sua eventual qualificação como direitos reais, partilham com estes a natureza *erga omnes* da protecção que conferem.

Saliente-se, ainda, que o direito de excluir *certa* concorrência, sem eliminar todo o tipo de concorrência, depende da existência de DdPI alternativos.

---

55 Tom, 1997: 23.

56 FTC, 2003: cap. 1, p. 14.

57 Araújo & Fortes, 2008: 4.

58 Landes & Posner, 2003: 374.

38 | JAIME ANDREZ

Parece haver um consenso internacional nesta leitura. Na verdade:

– Para a Organização Mundial do Comércio (OMC)[59], a existência de DdPI substitutos determinará, caso a caso, se existe monopólio e poder de mercado; de qualquer forma, mesmo havendo poder de mercado, isso não constitui necessariamente um abuso de posição dominante;
– Nos EUA, as instituições públicas assumem esta nova posição desde há já algum tempo:

- É referido nas *Guidelines* da FTC (1995) que não se presume que a PI cria poder de mercado no contexto da concorrência, dependendo essa constatação de haver ou não substituibilidade do produto ou da tecnologia objecto da patente[60];
- São reiteradas decisões do Tribunal Federal neste sentido, tal como refere Jones (2008: 239), ao citar a decisão do Tribunal relativamente ao caso *Illinois Tool Works Inc. ET AL v. Independent Ink, Inc.*, de 1 de Março de 2006: "(…) uma patente não confere necessariamente poder de mercado sobre o patenteado";

– O Tribunal Europeu de Justiça clarificou, também, que a simples posse de um DdPI não confere uma posição dominante (Tom, 1997: 23)[61].

Aliás, Jones (2008: 239) reconhece que, nos EUA, embora uma avaliação da articulação entre as legislações da concorrência e da PI ainda esteja em aberto, é inquestionável que existe um novo ou foi reposto o alinhamento em relação ao abuso do poder de mercado nas legislações da concorrência e da PI.

Nestes termos, poderíamos concluir, como Foyer & Vivant[62] (*apud* Barbosa, 2006: acetato 42), que nos direitos de exclusividade há "monopólio jurídico" e não um monopólio económico. O mesmo conceito de "monopólio jurídico" é adoptado por Araújo & Fortes (2009: 2).

---

59 *Report (1998) of the Working Group on the interaction between trade and competition policy to the General Council*, Wt/Wgtcp/2, 8 December 1998.

60 Consultável em http://www.FTC.gov/opa/1995/04/intellec.htm.

61 *Deutch Gramaphon Gmbh v. Metro-SB-Grossmarkt Gmbh*, decidido em 8 de Junho de 1971, ECR 487 (1971), CMLR (631, CMR § 8106).

62 Foyer & Vivant, 1991: 266.

CONCORRÊNCIA E PROPRIEDADE INTELECTUAL | 39

Para além disso, importa ainda referir que o poder económico nem sempre implica um abuso, e, uma vez aquele alcançado por meio de maior eficiência, é legítimo[63].

2.3. Duração e âmbito

Os conceitos distintos, mas relacionados, de âmbito (*breadth/scope*) e de duração (*lengh*), de uma patente podem afectar o processo inovativo através daquilo que se denomina por "opção entre o inovador subsequente (ou secundário) e o inovador anterior ou inicial[64] (Tom, 1997: 26).

Hovenkamp[65] identifica a forte incerteza acerca da dimensão e do âmbito óptimos da protecção da PI como importante fonte do conflito ou tensão entre as legislações da concorrência e da PI[66].

Mais refere Jones, ainda citando Hovenkamp, que ainda não sabemos responder a questões importantes como:

- Qual é a duração óptima para uma patente?
- Qual é o âmbito adequado de uma reivindicação?
- Quando é que uma tipologia de tecnologias é patenteável?
- (E, talvez a fundamental) Qual é o equilíbrio adequado entre a protecção de novas ideias e a possibilidade que um inovador deve poder ter para trabalhar sobre inovações dos seus antecessores?

Recorde-se que o direito sobre uma patente (invenção) não é um direito absoluto, estando, pelo contrário, sempre delimitado em função do que se pretende proteger; na patente, por exemplo, o direito está delimitado pelo seu âmbito[67], o que é definido pelo conteúdo das reivindicações[68]. Estas devem definir o objecto da protecção requerida, isto é, o objecto da própria invenção; na verdade, uma invenção, para ser protegida por uma patente, deverá reflectir uma solução técnica nova para um problema técnico, previamente

---

63 Araújo & Fortes, 2008: 2.

64 Situação conhecida por *"trade-off between subsequent (or secondary) innovators and primary innovators"*.

65 Hovenkamp, 2005: 3.

66 A*pud* Jones, 2008: 255.

67 Conforme disposto no n.º 1 do artigo 97.º do CPI português.

68 Previstas na alínea *a*), do n.º 1, e no n.º 3, do artigo 62.º do CPI.

40 | JAIME ANDREZ

identificado nas reivindicações[69]. Na descrição da invenção[70] deverá ser, pois, explicado de forma pormenorizada pelo menos um modo da sua realização, "de maneira que qualquer pessoa competente na matéria a possa executar".

As reivindicações de uma patente inicial podem ser suficientemente extensas para que o inovador original se torne apto a restringir, não somente a própria investigação dos produtos em causa (*research itself*), mas também na chamada investigação sequencial (*follow-on research)*[71].

Convém neste contexto reter que o progresso técnico e tecnológico é sequencial, na maioria das actividades industriais, pelo que as invenções de hoje dão lugar, não apenas aos actuais novos produtos e tecnologias, mas também constituem um ponto de partida para inovações futuras[72].

Seria, assim, possível aumentar ou diminuir tanto a expectativa de recompensa do inovador e, por isso, afectar o incentivo para inovar, como a dificuldade, o custo e o risco da inovação, pelo facto de qualquer um poder vir a considerar (e contestar) que a inovação infringe um DdPI anterior[73/74]. O Supremo Tribunal dos EUA sublinhou que, limitando a duração de uma patente, melhor se promove o equilíbrio entre a necessidade de encorajar a concorrência e de evitar monopólios que travam o avanço do 'progresso da ciência'[75].

Segundo Northaus[76] (*apud* Gallini & Trebilcock, 1997: 32), o âmbito da patente delimita o modo como as invenções similares podem existir sem infringir a patente originalmente concedida. Assim, se o âmbito for restrito, outras empresas podem desenvolver substitutos próximos. Por outro lado, Tandom (1984) e Gilbert & Shapiro (1990), citados pelos mesmos autores (p. 327), concluem que a restrição do âmbito permite controlar o preço do inovador.

---

69 Andrez *et al*, 2004: 6.

70 Prevista no n.º 4 do artigo 62.º do CPI.

71 CE, 1997: 273.

72 CE, 1997: 271.

73 *Prior industrial property right.*

74 Tom, 1997: 26.

75 FTC, 2003: 8.

76 *Apud* Gallini & Trebilcock, 1997: 32.

Continuando a citar Gallini & Trebilcock (1997: 328), diremos que o âmbito da patente fixa a margem de manobra de negociação entre o inovador e o licenciado. Daí que o âmbito da patente e a Política de Concorrência sejam instrumentos distintos para criar incentivos à IDI e à transferência de tecnologia; um estabelece as restrições (*threat points*) ou o custo de oportunidade de entrada num acordo de licença e, o outro, estabelece a viabilidade e a licitude contratual.

Gallinni (1992), citada pelos mesmos autores (p. 327), sugere que o âmbito da patente é definido como o lucro que o inovador pode ganhar (ou, equivalentemente, o preço que pode praticar).

Pode bem acontecer que a partir de um certo grau de protecção da PI, qualquer ampliação do âmbito de tal protecção seja contraproducente, isto é, possa dissuadir futuras inovações, mais do que promovê-las. Isto porque o processo inovativo é sequencial por natureza, nomeadamente porque uma inovação se constrói sobre outra anterior[77].

No entanto, nenhum sistema concederá, simultaneamente, ao inovador original e ao inovador seguinte, incentivos adequados para inovar no quadro do sistema de patentes. Para compensar o inovador original das inovações seguintes ele deveria receber parte do *surplus* originado pelas *follow-on innovations*[78].

Em geral, a maioria dos autores tem a opinião de que o inovador original deveria receber a maior parte do rendimento das inovações sucessivas, porque[79]:

- Se o valor da invenção original é alto e, ou, o valor da invenção seguinte é limitada, é eficiente conceder ao inventor original um alto grau de protecção;
- Se o valor da inovação original é baixo, mas vai originar uma elevado valor de inovações futuras, poderia ser um risco não conceder a patente ao inventor original, porque ele poderia optar por não disponibilizar a informação sobre a sua invenção.

---

77 Kallay, 2004: 49.

78 CE, 1997: 271.

79 CE, 1997: 271.

42 | JAIME ANDREZ

Em qualquer caso, o DdPI concedido como prémio para compensar o investimento em IDI deve, por isso, ser limitado em termos de duração e âmbito. A LdC age sobre estes limites, procurando restringir certas práticas nocivas à concorrência[80].

Realmente, quando consideramos apenas a duração do período de protecção, o efeito de recompensa produz dois efeitos contrários: quanto mais longa for a duração da protecção, maior são a recompensa e o custo social resultante do poder de monopólio[81].

2.4. Garantia da inovação na patente

Normalmente é questionada a bondade da concessão de uma patente ao contestar-se a efectividade da inovação que lhe está subjacente. Por vezes, são as próprias autoridades nacionais da concorrência que questionam se as patentes são (sempre) bem concedidas ou justificadas (*warranted*).

Em resposta àquela questão, a agência de propriedade industrial dos EUA (USPTO[82]) respondeu que não concede patentes inválidas e que os tribunais não permitem a manutenção de patentes inválidas[83].

Trata-se não só de uma questão de natureza técnica (ou tecnológica) associada à invenção, mas também – e neste caso, sobretudo – de uma questão de natureza económica associada à inovação ou, mais precisamente, à perspectiva e viabilidade da inovação. Afinal, trata-se da justificação económica da patente.

Com efeito, a invenção, para ser economicamente justificável, deve ser realmente inovadora, isto é, nova, original e útil[84]. Ou, de outra forma, ao representar um monopólio temporário, a patente deve provar ser útil para a Sociedade, dando lugar a produtos novos nos mercados a jusante[85].

Em qualquer caso, não se pode exigir certezas absolutas relativamente à concessão da patente no que diz respeito a uma inovação. Recorde-se que há uma diferença importante entre invenção e inovação, sendo que esta resulta

---

80 Gallini & Trebilcock, 1997: 326.

81 Régibeau & Rocket, 2004: 11.

82 *United States Patent and Trademark Office.*

83 FTC, 2003: 9-12.

84 Jasper, 2007: acetato 9.

85 Régibeau & Rocket, 2004: 47.

do sucesso comercial da primeira, ou seja, da aplicação com valor económico da invenção no mercado.

Note-se, neste domínio, que para uma Patente (ou Modelo de Utilidade) ser concedida, a invenção deve cumprir os seguintes requisitos que são avaliados pelas agências da PI[86]:

– Ser nova, isto é, não estar compreendida no estado da técnica;
– Implicar actividade inventiva, ou seja, se, para um perito na especialidade, "não resultar evidente do estado da técnica[87]";
– Ser susceptível de aplicação industrial, ou por outras palavras, o seu objecto poder ser fabricado ou utilizado em qualquer género de indústria ou na agricultura.

Os relatórios de pesquisa (*search reports*) elaborados pelas agências nacionais ou regionais da propriedade industrial, como é o caso do Instituto Europeu de Patente[88] (IEP), garantem a novidade e a actividade inventiva, o que é complementado com a opinião escrita (*written opinion*); por outro lado, os relatórios de exame[89], elaborados também por aquelas entidades, garante apenas, mas em definitivo, a verificação da totalidade dos requisitos de patenteabilidade ao atribuir uma decisão final de concessão (ou recusa) sobre o pedido de patente.

Naturalmente que os relatórios de exame de determinadas agências da propriedade industrial, mais uma vez, oferecem níveis diferentes de credibilidade. Por exemplo, a NASDAQ[90] (*National Association of Securities Dealers Automated Quotations*) confere uma credibilidade superior aos relatórios de pesquisa apresentados pelo IEP, em relação a outras agências, para efeitos de valorização dos activos empresariais. Paralelamente, muitas empresas, ou inventores, preferem depositar os seus pedidos de patentes, não na agência

---

86 Ver artigos 51.º e 55.º do CPI.

87 De acordo com o artigo 55.º do CPI português, o estado da técnica é constituído por tudo o que, dentro ou fora do país, foi tornado acessível ao público antes da data do pedido de patente, por descrição, utilização, ou qualquer outro meio.

88 Sediado em Munique, responsável pela concessão da Patente Europeia.

89 No CPI português, está previsto no artigo 68.º.

90 Bolsa de valores electrónica sediada em Nova Iorque; caracterizando-se por compreender as empresas de alta tecnologia em electrónica, informática, telecomunicações, biotecnologia, etc., é actualmente a segunda maior bolsa de valores dos EUA.

44 | JAIME ANDREZ

do seu país, mas numa determinada agência nacional de outro país (tendo em conta a estratégia de internacionalização, celeridade, qualidade do *search report*, custos, etc., dessa agência).

Para resolver esta questão da credibilidade da patente, o Congresso dos EUA estabeleceu, já em 1980, um procedimento administrativo de reexame de patentes "duvidosas", com o objectivo de reforçar a confiança do investidor; assim, ao assegurar a validade da patente, podem evitar-se litígios na discussão do âmbito e da duração de patentes (FTC, 2003: 27).

3. POTENCIAIS CONFLITOS CONCORRENCIAIS DA PI

De acordo com Moura e Silva (2008: 561), os efeitos positivos da propriedade industrial devem ser contrabalançados com os potenciais riscos anticoncorrenciais que os acordos de transferência de tecnologia colocam quanto à manutenção da concorrência efectiva[91].

Para Kallay (2004: 2-3), os cenários de conflitos, no que respeita a comportamentos unilaterais ou individuais, são – para além daqueles resultantes de aspectos procedimentais[92], que também considera – os seguintes:

- Recusa de licença (venda);
- Práticas de licença, que compreende uma variedade de comportamentos tais como[93]:

  - Acordos subordinados;
  - Concessão inversa de patentes *(grantback)*;
  - Restrições territoriais;
  - Imposição de preços na licença;
  - Discriminação de preços;
  - *Royalties* que são baseados nas vendas totais;
  - Restrições por domínio de utilização; e
  - Dissuasão dos esforços de inovação por parte dos concorrentes[94].

---

91 Ver parágrafos 141-5 das Orientações.

92 Surgem da aplicação dos DdPI, tais como cláusulas arbitrárias de aplicação, patentes mal obtidas, incluído por fraude, contestações de má fé, entre outras práticas (não se trata de uma questão de concessão *(grant)* mas de obtenção *(obtain)*.

93 Ordem de apresentação alterada relativamente à da autora.

94 Também conhecida por *vaporware* (autor citado).

Moura e Silva (2008: 568-9) considera, ainda, entre as práticas unilaterais, as limitações da produção e de clientela; por sua vez, Jasper (2007: acetato 11) refere, entre os Ilícitos de PI mais comuns no âmbito do Direito da Concorrência, e a par das práticas unilaterais ou individuais, os acordos entre empresas (cartelização).

Não trataremos os casos que poderiam inscrever-se no âmbito das preocupações relativas ao controlo das concentrações, designadamente quando estão em causa aquisições horizontais de empresas envolvendo a aquisição de DdPI ou mesmo de aquisições horizontais desses direitos[95].

3.1. Recusa de licença (Venda)

Ao representar um monopólio temporário, a patente deve ser útil à Sociedade através da produção de um número de bens e serviços que correspondem a vários mercados a jusante. Se conferir poder de mercado, o que nem sempre acontece, deve ser tratada como qualquer outra fonte de poder de mercado e, por isso, ser considerada em termos de uma avaliação de posição dominante.

Em particular, qualquer recusa de acesso a um activo protegido por um DdPI deve ser avaliada de forma consistente no âmbito da política concorrencial das restrições verticais[96].

Na U.E., por exemplo, a recusa de licenciamento de DdPI pode não ser considerada um abuso. Na verdade, a CE e o Tribunal de Primeira Instância[97] (TPI) consideraram que "a recusa de conceder uma licença, mesmo num contexto de posição dominante, não infere por si só o seu abuso"; não obstante isso, consideraram que "o exercício de um direito exclusivo pelo seu proprietário pode, em casos excepcionais, envolver uma conduta abusiva" quando, nomeadamente, não sendo produzido e não havendo produto substituto, a recusa envolve um produto novo com procura potencial por parte dos consumidores[98].

Nos EUA, em paralelo, a recusa de licenciamento de DdPI não pode, por si só, ser considerada um acto de monopolização pelo que alguns tribunais têm

---

95 Por exemplo, se dois concorrentes dependem de uma mesma patente, a aquisição desta por um deles pode eliminar a concorrência e gerar um monopólio; o mesmo efeito pode ser gerado por uma fusão (Tom, 1997: 27-9).

96 Régibeau & Rocket, 2004: 47.

97 Agora Tribunal Geral.

98 Tom, 1997: 33.

46 | JAIME ANDREZ

assumido que a simples recusa não pode justificar uma contestação anti-concorrencial (*claim antitrust*); de qualquer forma, nos EUA admite-se a licença obrigatória caso se ultrapasse um comportamento de simples recusa, nomeadamente em casos de fusões horizontais que implicam excessivo controlo sobre o mercado[99].

Em qualquer caso, numa avaliação concorrencial de uma recusa de licenciamento, é importante perceber o que motiva essa recusa e se há produtos alternativos[100].

3.2. Práticas unilaterais de licença

Em termos gerais, existe uma abertura relativamente aos acordos de transferência de tecnologia, podendo dizer-se que os acordos entre concorrentes são mais restringidos que os acordos entre não concorrentes. Outra tipologia que também pesa na posição da CE é o facto de o acordo ser, ou não, recíproco. Este último é, na maioria das situações, também mais restritivo.

Assim, na linha da evolução seguida ao longo da década de 90 do século XX, a CE assume actualmente uma perspectiva amplamente favorável relativamente aos acordos de licença de tecnologia, indo ao ponto de considerar que a maior parte destes não restringem a concorrência – pelo que não infringem o n.º 1 do artigo 101.º do Tratado sobre o Funcionamento da União Europeia (TFUE) – e geram ganhos de eficiência pró-concorrenciais, mesmo na presença de efeitos restritivos da concorrência, sendo então objecto de ponderação à luz do n.º 3 daquele artigo[101/102].

Neste contexto, a U.E. aprovou em 2004 um novo Regulamento de Isenção (*block exemption*) da aplicação das regras da concorrência (artigo 101.º do TFUE)[103] a certas categorias de acordos de transferência de tecnologias.

A isenção distingue o seu campo de aplicação em função da natureza da relação de concorrência subjacente ao acordo de licença, prevendo que se aplique aos acordos horizontais, desde que as partes não detenham mais de 20% do mercado em causa (produto ou tecnologia), e aos acordos verticais,

---

99 Tom, 1997: 33.

100 Régibeau & Rocket, 2004: 48.

101 Parágrafo 9 das Orientações.

102 Moura e Silva, 2008: 559.

103 Regulamento (CE) n.º 772/2004.

CONCORRÊNCIA E PROPRIEDADE INTELECTUAL | 47

em harmonia com o Regulamento sobre Restrições Verticais[104], caso as partes não excedam os 30% de quota de mercado[105]. Acima daqueles limiares, prevê-se uma zona de protecção complementar reconhecida pelo parágrafo 131 das Orientações[106] que permite considerar um acordo de licença compatível com o artigo 101.º, desde que existam quatro ou mais tecnologias concorrentes que possam ser substituíveis face à tecnologia licenciada a um custo comparável (Moura e Silva, 2008: 567).

a) *Vendas (licenças) subordinadas*

As vendas subordinadas (*tying selling*) constituem uma prática associada ao licenciamento de DdPI[107]. Segundo Moura e Silva (2008: 573-4), verifica-se uma prática de subordinação quando a concessão da tecnologia (produto subordinante) é condicionada à aquisição de uma licença sobre outra tecnologia ou à compra de um produto, seja ao licenciante ou a outra pessoa por ele indicada. Quando o licenciante junta a tecnologia subordinante a uma tecnologia ou produto subordinado e os vende como um único bem ou em pacote, estamos perante o que a Comissão designa de "agrupamento" ou *bundling*. Dentro dos limites das quotas de mercado estabelecidas pelo regulamento, tais cláusulas são abrangidas pela isenção. Acima desses limites a Comissão define uma metodologia de análise inspirada nas orientações sobre restrições verticais[108].

Trata-se, na verdade, de condicionar a venda de um produto ao fornecimento de outros produtos numa estratégia que pode, por sua vez, condicionar o preço global.

Uma questão importante neste contexto é a de existir ou não posição dominante relativamente ao produto licenciado. Aliás, sobre esta matéria, Jones (2008: 239), ao citar a decisão judicial do caso *Illinois Tool Works Inc.*

---

104 Regulamento (CE) n.º 2790/1999 da Comissão, de 22 de Dezembro de 1999, relativo à aplicação do n.º 3 do artigo 101.º do TFUE a determinadas categorias de acordos verticais e práticas concertadas [a partir de 1 de Junho de 2010 entrará em vigor o Regulamento (UE) N.º 330/2010 da Comissão, de 20 de Abril de 2010, que substituirá o regulamento referido, que, por sua vez, caducará em 31 de Maio de 2010]; Comunicação da Comissão – Orientações relativas às restrições verticais [COM (2000/C 291/01). Jornal Oficial C 291 de 13.10.2000].

105 Artigo 3.º, n.ºs 1 e 2, respectivamente.

106 Comunicação da Comissão – Orientações relativas à aplicação do artigo 101.º do TFUE relativamente aos acordos de transferência de tecnologia [Jornal Oficial nº C 101 de 27.04.2004].

107 Kallay, 2004: 3.

108 Acima de 50% a jurisprudência comunitária tende a presumir a existência de posição dominante.

ET AL v. Independent Ink, Inc., de 1 de Março de 2006, recorda que "em todos os casos que envolvam acordos subordinados, o queixoso deve provar que o acusado tem poder de mercado no produto subordinado".

b) *Obrigação de concessão inversa da licença*
Algumas empresas impõem aos seus licenciados que lhes concedam 'de volta' (*grant back*) as melhorias que tenham obtido sobre a invenção original. Esse *grant back* pode envolver, ou não, encargos por parte do licenciante que pode ficar, ou não, com o exclusivo dessas melhorias[109].

– Restituição unilateral, no caso em que as melhorias vão para o licenciante;
– Restituição mútua, em que o licenciado também beneficia das melhorias.

De acordo com os mesmos autores (p. 42), a CE não se opõe, em geral, a cláusulas contratuais de *grant back*, desde que sejam não exclusivas e mútuas (artigo 101.º do TFUE); para o efeito a CE distingue entre melhorias:

– Independentes (*severables*), as quais podem ser usadas independentemente da patente original; neste caso, o licenciado tem o direito de usar e obter a licença da melhoria;
– Dependentes (*non severables*), que apenas podem ser exploradas juntamente com a tecnologia original; neste caso, o licenciante deverá ter o direito a um ganho sobre a melhoria.

Na U.E., as isenções (*block exemption*) previstas no Regulamento dos acordos de transferência de tecnologia incluem algumas regras que são relevantes no que respeita à inovação sequencial[110] e que poderíamos sintetizar nas seguintes:

– Uma concessão da patente ao licenciante de uma licença não exclusiva relativa a melhorias do conhecimento licenciado não é, na generalidade, restritiva da concorrência se o licenciado tiver o direito, pelo contrato, de partilhar no futuro os conhecimentos, a experiência e as invenções obtidas pelo licenciante (artigo 21.4);

---

109 Régibeau & Rocket, 2004: 42.

110 CE, 1997: 273.

CONCORRÊNCIA E PROPRIEDADE INTELECTUAL | 49

– Um efeito restritivo da concorrência surge quando o acordo obriga o licenciado a conceder ao licenciante direitos da melhoria da tecnologia original licenciada que ele próprio desenvolveu (artigo 3.6);

– Os *grantbacks* podem, no entanto, ser exclusivos se as melhorias feitas pelo subcontratante forem insusceptíveis de ser usadas independentemente da patente do contratante.

O efeito óbvio do *grant-back* é o da diminuição do incentivo ao investimento e à obtenção de melhorias por parte do licenciado, o que pode ser evitado se o licenciante e o licenciado estabelecerem cláusulas contratuais de reciprocidade com pagamentos adequados[111].

c) *Outros casos de práticas unilaterais*

Outros casos poderão ser considerados como geradores de ilicitudes concorrenciais veiculadas pelos DdPI, tais como:

– Política de *royalties*:

- Imposição de preços; as diferentes modalidades de cálculo de *royalties* são objecto de isenção no âmbito do Regulamento, mesmo quando calculados em função do preço de venda do produto final produzido com a tecnologia licenciada. A questão dos *royalties* é particularmente sensível no caso de acordos entre concorrentes, sendo certo que a fixação de preços constitui uma restrição grave[112]/[113];
- Discriminação de preços; todas as estratégias das empresas com um certo poder de mercado tendem para a captura dos vários extractos do excedente do consumidor e para a sua conversão em excedente do produtor, o que implica estratégias de *price discrimination* em função das diferentes elasticidades da procura do consumidor, o que pode dar lugar a abusos de posição dominante[114];
- Fixação de *royalties* baseados nas vendas totais (*reach-through royalties ou royalties based on total sales*), usada para controlar se o licenciado usa,

---

111 Régibeau & Rocket, 2004: 44.

112 Alínea *a*) do n.º 1 do artigo 4.º.

113 Moura e Silva, 2008: 576.

114 CE, 1997: 277.

ou não, a tecnologia licenciada; é, em geral, anti-competitivo, porque desincentiva o uso da tecnologia concorrente[115];

– Restrições ao negócio:

- Restrições territoriais; o Regulamento de transferência de tecnologias não isenta as restrições recíprocas entre concorrentes, pois permite uma repartição horizontal do mercado; pelo contrário, as não recíprocas favorecem a disseminação[116]. Não sendo as partes concorrentes entre si, a Comissão inclui no âmbito da isenção todas as limitações territoriais[117/118];
- Exclusividade de negócio (*deal exclusivity*); esta prática alarga a exclusividade do produto para o negócio através, nomeadamente, de cláusulas de não concorrência (*exclusive dealing–non-compete*); esta prática de licenciamento constitui uma restrição anti-concorrencial grave quando a licença impede ou restringe o licenciado a licenciar, vender, distribuir ou a usar tecnologias concorrentes (*non competition clause*) e difere da licença exclusiva (*exclusive license*), em que o licenciante acorda em não licenciar mais ninguém[119];
- Restrições por domínios de utilização, isto é, das aplicações da tecnologia ou do invento, identificáveis nas reivindicações; independentemente de o acordo ser ou não recíproco, a isenção abrange a limitação dos licenciados a um ou mais domínios de utilização ou mesmo a mercados de produtos específicos; não sendo as partes concorrentes entre si, o Regulamento isenta todas as limitações de domínio desde que a quota de mercado das partes não exceda 30%[120];
- Limitações da produção, quando se limita a quantidade; o Regulamento qualifica como restrições graves (recíprocas, ou não) a limitação da produção entre concorrentes, pois permite a compartimentação do

---

115 Tom, 1997: 30-2.

116 Alínea *b*) do n.º 1 do artigo 4.º.

117 Alínea *b*) do n.º 2 do artigo 4.º.

118 Moura e Silva, 2008: 570.

119 Tom, 1997: 30.

120 Moura e Silva, 2008: 571.

mercado; não sendo as partes concorrentes entre si, a Comissão inclui no âmbito da isenção todas as limitações da produção[121];

- Limitações de clientela, quando o licenciante ou o licenciado ficam obrigados a vender apenas a um determinado grupo de clientes; o Regulamento qualifica como graves as restrições recíprocas entre concorrentes, uma vez que permite uma repartição do mercado; não sendo as partes concorrentes entre si, a Comissão inclui no âmbito da isenção todas as limitações de clientela[122].

3.3. Acordos entre empresas ou práticas concertadas de licenças de DdPI

O licenciamento de DdPI pode assumir uma natureza horizontal, gerando uma cartelização condenável no âmbito da LdC. As licenças cruzadas (*cross licensing*) e a reunião de patentes (*patent pool*) são as práticas mais representativas da PI que podem facilitar comportamentos de colusão.

As *patent pool* e o *cross-licencing* ocorrem quando dois ou mais proprietários de diferentes DdPI licenciam os seus direitos uns aos outros. No caso da *patent pool*, eles tipicamente fazem-no designando ou licenciando exclusivamente alguma entidade 'administrativamente' separada que, daí em diante, controla a gestão das licenças da carteira de patentes[123].

Um exemplo disso é o da criação de uma *patent pool* através da aquisição cruzada de patentes, por forma a que o licenciante e o licenciado evitem a concorrência entre si e estejam em melhores condições de fixar preços altos; para a LdC, esta estratégia de *licensing agreement* não se distingue de um cartel[124].

Ainda segundo estes autores (p. 35) é necessário avaliar se as tecnologias envolvidas são, de uma forma geral:

- Substitutas entre si, isto é, se competem umas com as outras, e, neste caso, são normalmente contrariadas pela LdC;
- Complementares entre si, servindo, por exemplo, para melhorar a sua qualidade ou diminuir o seu custo; neste caso, são normalmente aceites pela LdC (por vezes as licenças cruzadas são mesmo a única forma de obter uma nova tecnologia).

---

121 Moura e Silva, 2008: 568-9.

122 Moura e Silva, 2008: 569.

123 Tom, 1997: 27.

124 Régibeau & Rocket, 2004: 35.

52 | JAIME ANDREZ

Em qualquer caso, o Regulamento de transferência de tecnologia é mais tolerante quanto aos acordos de *pooling*. Na verdade, dada a diversidade de abordagens do *pool agreement*, é assumido que esta prática não pode ser regulada por um único Regulamento, devendo as situações serem avaliadas caso a caso[125].

4. A COMPLEMENTARIDADE DAS POLÍTICAS

Ao discutirmos os 'conflitos' entre as legislações da concorrência e da PI estaremos a desviar-nos da questão essencial deste debate, que é a da procura da articulação entre aqueles dois conjuntos normativos, a favor do seu objectivo comum, isto é, a promoção da inovação, do crescimento económico e do bem-estar social, através do bom funcionamento do mercado.

4.1. A abordagem meso-analítica da complementaridade

O desafio, na verdade, é o de desenvolver uma abordagem meso-analítica[126] entre a LdC e a PI de forma a incluir os efeitos de uma concorrência e de uma eficiência dinâmicas na análise de comportamentos alegadamente contrários à LdC. Isto é especialmente importante para a análise do comportamento baseado em DdPI.

Na verdade, segundo Hovenkamp *et al.*[127] (*apud* FTC, 2003: 7), a LdC e a PI representam esforços complementares para se atingir, no longo prazo, um mercado eficiente e uma dinâmica de inovação.

Dir-se-ia mesmo que as políticas de concorrência e de PI estão ligadas entre si pela economia da inovação e por um conjunto de regras que procuram equilibrar o âmbito e os efeitos de cada política[128].

Importa, pois, reconhecer, desde logo, que a LdC e a PI partilham o objectivo comum de "estimular a inovação" e, por isso, quando devidamente aplicadas, essas duas áreas normativas tendem a complementar-se e a reforçar os propósitos de cada uma. Pelo contrário, a aplicação de cada uma sem ter em conta a outra, tende a pôr em causa os propósitos de ambas. Assim,

---

125 Tom, 1997: 28.

126 O termo "meso" é aqui aplicado enquanto o espaço de análise que recorre simultaneamente aos conceitos e aos normativos da concorrência e da PI.

127 Hovenkamp, Janis & Lemley, § 1.3.

128 FTC, 2003: Cap. 2, p. 2.

CONCORRÊNCIA E PROPRIEDADE INTELECTUAL | 53

- Se a aplicação da LdC impede, desnecessariamente, o proprietário de um DdPI de rendibilizar a sua invenção, poderá comprometer o objectivo, que é comum, da LdC; por outro lado,
- Uma inadequada ou excessiva protecção dos DdPI pode prejudicar a concorrência que, por sua vez, inibirá a inovação e será contraproducente com os propósitos da própria PI.

Assim, e como refere Kallay (2004: 7), hoje em dia, esta abordagem (de conflitos) tem sido precisamente abandonada por académicos e tribunais, bem como pelas agências federais (nos EUA) e por juristas, tornando-a inconsistente com a moderna doutrina da concorrência.

Afinal, como diz Kolstad (2008: 3), as legislações da concorrência e da PI partilham os mesmos objectivos económicos. Se os dois conjuntos normativos são vistos como tendo por base um objectivo comum, os conflitos potenciais entre as legislações da concorrência e da PI podem ser reduzidos.

É por tudo isso que deveremos considerar que o conflito entre as legislações da concorrência e da PI é menos "inevitável" do que possa parecer[129], desde que o propósito da avaliação concorrencial da PI seja, sempre, o da complementaridade profícua dos dois normativos.

O referido conflito entre as legislações da concorrência e da PI pode surgir quando as analisamos *de per se*, e não quando procedemos, como deveríamos, a uma avaliação no âmbito do que liga uma à outra, nos dois sentidos dessa ligação, normalmente associado aos seus objectivos comuns. E não se trata de um simples confronto de níveis de preços com a natureza dos produtos oferecidos no mercado.

Relativamente à opção entre produtos simples a preços baixos e produtos mais sofisticados a preços mais elevados, têm surgido críticas no âmbito da literatura económica no que respeita à tradicional focalização da política da concorrência nas estruturas de mercado estáticas, bem como à microeconomia tradicional, por estar focada apenas na aptidão das empresas para influenciar os preços. Esta crítica baseia-se na alegação de Dasgupta & Stiglitz, de que "uma parte substancial do aumento do *output* das nações industrialmente avançadas é essencialmente atribuída ao progresso tecnológico"[130].

---

129 Régibeau & Rocket, 2004: 26 e 27.

130 *Industrial Structure and the Nature of Innovative Activity, The Economic Journal*, 90 (Junho de 1980), pp. 266-293, *apud* CE, 1997: 274.

Assim, a "inovação é mais importante que o preço competitivo, em termos do bem-estar social". A implicação para a concorrência é a de que "a promoção da inovação no longo prazo poderá exigir, em casos específicos, estruturas de mercado, no curto prazo, nas quais as empresas exercem um certo grau de poder de mercado e, ou, nas quais as empresas concorrentes colaboram, por exemplo, em actividades de IDI[131].

Finalmente, é importante considerar que a abordagem económica de natureza meso-analítica dos comportamentos de âmbito concorrencial impõe, por outro lado, uma abordagem integrada de todos os outros conjuntos normativos que contribuem, directa ou indirectamente, para a promoção do crescimento, do emprego e do bem-estar do consumidor, através da promoção da inovação, para além da política de (promoção e defesa) da concorrência e da política de propriedade intelectual. Embora centrando-nos na concorrência para a promoção da inovação (e da criação), teremos de ter, efectivamente, em conta, o contributo de outros conjuntos normativos associados à Concorrência Desleal, à Regulação Sectorial e ao combate às práticas restritivas do comércio. O esquema seguinte procura apresentar, de forma naturalmente sintética, a interacção dos diversos conjuntos normativos e dos seus respectivos resultados ou objectivos comuns.

A REGULAÇÃO AO SERVIÇO DA INOVAÇÃO, DA COMPETITIVIDADE EMPRESARIAL, DO CRESCIMENTO E DO BEM-ESTAR DO CONSUMIDOR

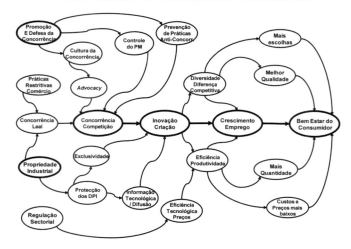

---

[131] CE, 1997: 274.

4.2. Uma abordagem 'mais económica' da complementaridade

A abordagem meso-analítica da complementaridade entre as legislações da concorrência e da PI exige um maior peso da sua vertente económica (e social), ligada, aliás, à razão de ser de qualquer normativo de direito económico.

É neste sentido que Drexl (2008: 28) refere que a LdC Comunitária tem um objectivo económico, e que o objectivo económico dos artigos 101.º e 102.º do TFUE é a protecção e a promoção da concorrência efectiva com vista a, também, uma efectiva eficiência do funcionamento do mercado.

De acordo com Kolstad (2008: 3), aquelas normas não protegem a concorrência por si só, mas sim a eficiência dos mercados, com uma diversidade de produtos a preços mais competitivos.

É, por isso, que a legislação europeia da concorrência tem sofrido uma reforma fundamental ao longo dos vários anos. O *Leitmotiv* desta reforma, geralmente conhecida como uma 'abordagem mais económica', foi descrita pelo ex-comissário Mário Monti[132] com as seguintes palavras: "fazendo esta revisão, fizemos a mudança de uma abordagem legalista para uma interpretação das normas baseada em princípios de inspiração económica"[133].

É neste contexto que se justifica o balanço económico por vezes exigido na aplicação da LdC[134] pelos tribunais. De acordo com Bangy & Ferreira (1998: 126-127), é através deste critério do balanço económico que é possível ajustar a Política da Concorrência à realidade económica e conciliar as restrições à concorrência com o imperativo dos objectivos gerais de desenvolvimento económico e social.

Aliás, foi considerando que a Comissão não tinha justificado suficientemente a sua decisão em três decisões impugnadas judicialmente[135], que o TPI, revogando-as, pressionou esta entidade à melhoria da sua fundamentação económica. Foi em consequência desta situação, que a Comissão criou, em

---

132 Discurso no *Fordham Corporate Law Institute*, Nova Iorque, 24 de Outubro de 2003 (http://.www.eurunion.org/news/speeches/2003/031024mm.htm).

133 Drexl, 2008: 27.

134 Em Portugal, previsto no n.º 1 do artigo 5.º da Lei da Concorrência; no âmbito comunitário, previsto no n.º 3 do artigo 101.º do TFUE.

135 Ver caso T-342/99, *Airtours v. Comission*, [2002] ECR II-4381; caso T-5/02, *Tetra Laval v. Comission*, [2002] ECR II-4381; caso T-310/01, *Schneider Electric v. Comission*, [2002] ECR II-4071.

2004, o novo posto de Economista Chefe com a responsabilidade de avaliar as decisões da Comissão na perspectiva económica[136].

Ainda como refere o mesmo autor (2008: 28), no processo de implementação de uma abordagem 'mais económica', a Comissão deu maior atenção aos DdPI ao adoptar o Regulamento de Isenção da Transferência Tecnológica em 2004[137].

Não se trata aqui, mais uma vez, de detectar um primado entre as legislações da concorrência ou da PI. Até porque:

- Por um lado, a LdC parte da premissa de que o bem-estar do consumidor é melhor conseguido, removendo (temporariamente e de forma limitada[138]) as restrições à concorrência[139]; e,
- Por outro lado, a política de patentes reconhece que certos limites sobre as mesmas são precisas para evitar desnecessárias restrições à concorrência (Harmon[140], *apud* FTC, 2003: cap. 1, p. 8).

Em paralelo, é necessária uma visão económica de longo prazo associada à ideia de que o bem-estar do consumidor depende não só dos produtos existentes, mas sobretudo dos produtos e serviços a desenvolver no futuro[141].

Esta visão económica de longo prazo implica, necessariamente, uma leitura dinâmica da concorrência, que importa relevar. Para Kallay (2004: 40), a concorrência dinâmica está ligada à inovação e o significado deste termo considera a concorrência como uma "sucessão de eventos".

Na verdade, é inquestionável que, no longo prazo, a protecção fomenta a concorrência numa perspectiva dinâmica. Por outro lado, na medida em que estimula investimentos em IDI para a criação de novas tecnologias, a patente torna-se um instrumento fundamental para fomentar a concorrência dinâmica[142].

---

136 Drexl, 2008: 30.

137 Regulamento (CE) n.º 772/2004, de 27 de Abril.

138 Nota do autor.

139 Gallini & Trebilcock, 1997: 326.

140 Robert L Harmon, *Patents and the Federal Circuit*, § 1.2 p. 12, 1998.

141 Gallini & Trebilcock, 1997: 326 e FTC, 2003: cap. 1, p. 3.

142 Araújo & Fortes, 2009: 4-6.

CONCORRÊNCIA E PROPRIEDADE INTELECTUAL | 57

A qualidade e a forma de manifestação desses 'eventos' são responsáveis, por sua vez, pela qualidade e pela dinâmica do processo de desenvolvimento de empresas e regiões.

4.3. Movimento para regular contratualmente o licenciamento de patentes

Este *mainstream* do pensamento teórico e institucional sobre estas questões tem conduzido à alteração de posições na aplicação da LdC e da PI nos diversos espaços económicos a nível internacional.

É assim que desde meados da década de 90 do século XX se tem evidenciado um movimento no sentido da regularização contratual do licenciamento de patentes (Fels & Allan[143], 2002: Appendix A, pp. 1-5). Na verdade:

- Em 1995, o *United States Department of Justice* (DOJ) e a *Federal Trade Comission* (FTC) aprovaram as orientações (*Guidelines*) para o licenciamento da PI; nos seus princípios reconhece-se que os DdPI são comparáveis a qualquer outra forma de propriedade, que a PI não cria poder de mercado no contexto da LdC e que o licenciamento da PI permite às empresas combinar factores de produção complementares, o que é pró-competitivo;
- Em 1999, a *Fair Trade Comission* do Japão aprovou as *Guidelines* sobre Acordos de Licenciamento de Patentes e de *Know-How*, considerando, também, que o licenciamento da PI é pró-competitivo; identifica-se, em paralelo, algumas práticas passíveis de serem restringidas;
- Em 2000, o *Competition Bureau Industry* do Canadá aprovou as suas *Guidelines* para a aplicação da PI, distinguindo as situações de mero exercício dos DdPI daquelas em que esse exercício vai para além desses direitos; em geral, considera-se que o licenciamento da PI é pró-competitivo, incentivando as empresas a investirem em IDI, o que cria novos mercados para novas tecnologias e produtos;
- Em 2001, o *Office of Fair Trade* (OFT) do Reino Unido aprovou um projecto de *Guidelines* sobre o modo como aquela agência aprecia situações envolvendo os DdPI, relativamente à LdC; de uma forma geral, reconhece a importância do DdPI para incentivar a inovação em benefício do consumidor, identificando também certas práticas que caem na alçada da LdC (como por exemplo, a fixação de preços);

---

143 Presidente da *Australian Competition and Consumer Commission.*

58 | JAIME ANDREZ

– A União Europeia assume, como já referimos, uma abordagem diferente que isenta (*block exemption*) da aplicação das regras da concorrência (artigo 101.º do TFUE) certas categorias de acordos de *Transferência de Tecnologias* [Regulamento (CE) n.º 772/2004][144], que inclui algumas regras relevantes no que respeita à inovação sequencial.

Em paralelo, o Regulamento (CE) n.º 2659/2000[145] procede à mesma isenção relativamente a certas categorias de acordos de Investigação e Desenvolvimento, desde que a quota conjunta das empresas contratantes não ultrapasse 25% do mercado relevante (desde 1985).

O poder económico nem sempre vai implicar um abuso, e, uma vez alcançado por meio de uma maior eficiência, é legítimo. Para além disso, a evolução desta concepção de análise conjunta dos referidos institutos está presente em algumas normas do acordo TRIPS (*Trade-Related Aspects on Intellectual Property Rights*), tratado internacional integrante do conjunto de acordos assinados em 1994, no âmbito da Organização Mundial do Comércio[146].

A questão passou, desde então, a ser regulada, na esfera internacional, pelo disposto nos seguintes números do artigo 40.º do TRIPS[147]:

1. *Os Membros concordam que algumas práticas ou condições de licenciamento relativas a direitos de propriedade intelectual que restringem a concorrência podem afectar adversamente o comércio e impedir a transferência e disseminação de tecnologia.*

2. *Nenhuma disposição deste Acordo impedirá que os Membros especifiquem nas suas legislações condições ou práticas de licenciamento que possam, em determinados casos, constituir um abuso dos direitos de propriedade intelectual que tenha efeitos adversos sobre a concorrência no mercado relevante.*

O reconhecimento do legítimo papel da política de concorrência, no confronto dos DdPI com as práticas de licenciamento, é um importante contributo para o referido equilíbrio global entre os dois conjuntos normativos em causa, assumido no TRIPS[148].

---

144 O primeiro regulamento (n.º 240/96) sobre esta matéria data de 1996.

145 O primeiro regulamento (n.º 418/85) sobre esta matéria data de 1985.

146 Araújo & Fortes, 2009: 2.

147 Araújo & Fortes, 2009: 3.

148 Anderson, 2008: 451.

5. CONCLUSÕES: O QUE FAZER?

Considerando o quadro de análise anterior, porquê então discutir se as legislações da concorrência e da PI são complementares? Porquê não discutir o que fazer, alterando normas ou criando normas regulamentares, como o fez a U.E. com o Regulamento de Transferência de Tecnologias, para assegurar aquilo que poderia designar-se por "complementaridade necessária".

Afinal, como a juíza norte americana Pauline Newman notou, "as patentes visam a inovação. Este é o seu propósito e, claro, afectam a concorrência. É como elas funcionam. É a única maneira como funcionam (…)"[149]. Encontremos, pois, em ambos os conjuntos normativos, o que deve ser lido de forma diferente, ou adaptado, para garantir a ausência de conflitos sem pôr em causa as razões de ser de cada um deles.

Assim, importa garantir a "utilização" pela sociedade dos benefícios subjacentes aos direitos privativos concedidos no âmbito da propriedade industrial, prevenindo o controlo do monopólio "prejudicial"[150] , isto é, os comportamentos que tornem abusivas as utilizações dessa exclusividade.

Dir-se-ia mais, se queremos uma "política de coesão para o crescimento e emprego"[151] na U.E. e no mundo, e até se conceber outro paradigma económico neste âmbito, estamos condenados a desenvolver uma estratégia útil para assegurar a complementaridade entre os dois conjuntos normativos, facilitada pela referida abordagem meso-analítica. Aliás, como também o referimos, a abordagem meso-analítica deveria envolver outros conjuntos normativos para uma promoção integrada do crescimento, do emprego e do bem-estar do consumidor, através da promoção da inovação, para além das políticas da concorrência e da propriedade industrial.

A abordagem meso-analítica da complementaridade entre os dois conjuntos normativos exige, em paralelo, um maior peso da vertente económica na fundamentação das decisões concorrenciais. A defesa de uma abordagem mais económica não significa, no entanto, qualquer diminuição da densidade da abordagem jurídica. Até porque, como refere Drexl (2008: 31), o preço a

---

149 FTC, 2003, p. 9.

150 Maurício & Andrez, 2002: 6.

151 "Uma política de coesão para apoiar o crescimento e o emprego – Orientações estratégicas, 2007-2013", Comunicação da Comissão, de 5 de Julho de 2005 [COM(2005) 299 final] (disponível em: http://eur-lex.europa.eu/LexUriServ/site/en/com/2005/com2005_0299en01.pdf).

pagar por uma maior precisão económica poderá constituir uma redução da certeza jurídica.

Segundo Gallini & Trebilcock (1997: 329), um princípio que deveria orientar a Política de Concorrência, na sua relação com a PI, seria o de não presumir que a PI gera generalizadamente poder de mercado. Um relatório da OCDE[152] verifica que, em apenas 27% dos casos, a empresa licenciada não encontrou alternativas. Até porque, de acordo com os próprios postulados da concorrência, o poder de mercado adquirido através de uma capacidade superior e de uma eficiente actividade não deveria ser condenado.

Na verdade, ao contrário da visão de Joseph Shumpeter, a fragmentação do mercado pode conduzir a uma maior concorrência e estimula um mais rápido e intenso apoio à IDI. Mas, quando a dispersão se torna demasiado extensa, nenhuma empresa isoladamente pode apropriar-se de rendimentos suficientes para cobrir os custos de IDI e a inovação pode ser prejudicada. Assim, algum grau de poder de mercado será preferível para a concorrência perfeita para promover a inovação[153]. Se elevados graus de poder de mercado podem retardar a inovação, o mesmo acontece com a ausência total de poder de mercado[154].

No fundo, a base de partida é a de que o DdPI, como a posição dominante, não é condenável pela LdC; o abuso na sua utilização é que pode colidir com preceitos concorrenciais. Trata-se, na verdade, e como já o dissemos, de distinguir entre 'existência' e 'utilização' de DdPI.

De qualquer forma, como referem Elhauge & Geradin (2007: 201) as autoridades da concorrência deverão aplicar aos comportamentos que envolvam a PI os mesmos princípios gerais da concorrência que aplicam aos comportamentos associados a outros activos tangíveis ou intangíveis.

Em qualquer caso, os DdPI promovem a inovação e o progresso tecnológico e se isto não for reconhecido pela análise da LdC, corre-se o risco de proibir iniciativas que têm efeitos positivos na eficiência dinâmica do mercado[155].

---

152 *Competition Policy and Intellectual Property,* Paris, OECD, 1989 (*apud* Gallini & Trebilcock, 1997, p. 329).

153 No original: "*some degree of market power will be preferable to perfect competition for fostering innovation*".

154 CE, 1997: 274.

155 Kolstad, 2008: 5.

É assim que, mais uma vez, recordamos a necessidade de uma abordagem meso-analítica desta matéria. A questão fundamental, por isso, é a de uma relação triangular, e não de uma relação bipolar: inovação e o crescimento económico qualificado no vértice superior, e a concorrência e a PI nos outros dois vértices; na verdade, se é certo que a concorrência se traduz num bem juridicamente protegido por normas e princípios jurídicos[156], não é menos verdade que a inspiração dessas normas são os imperativos e os princípios económicos e sociais subjacentes às políticas públicas, associadas a outros bens públicos ou interesses superiores da Sociedade.

Fundamental, também, será garantir um processo de escrutínio das iniciativas de legislação no âmbito dos DdPI, mais concretamente, dos direitos de propriedade industrial, por parte das autoridades da concorrência.

Aliás, dado que os problemas de concorrência podem também surgir de falhas de regulação no âmbito dos sistemas de PI, a Direcção Geral da Concorrência da U.E. deveria estar também mais envolvida na legislação europeia de PI. A legislação orientada *ex ante* para a concorrência é uma forma mais eficaz de proteger a concorrência que o controlo *ex post*, nos termos do artigo 102.º do TFUE[157].

As questões fundamentais em todo este debate são, afinal, as seguintes: Podem as empresas existir sem inovação? Pode a inovação existir sem a PI? Pode a PI existir sem a concorrência? Tendo em conta a análise desenvolvida, as respostas a estas questões são todas negativas.

BIBLIOGRAFIA

ANDERSON, Robert D.
2008   "Competition policy and intellectual property in WTO: more guidance needed?", in *Research Handbook on Intellectual Property and Competition Law*, Cheltenham: Edward Elgar, pp. 451-474.

ANDREZ, Jaime (coord.), EMPIS, José, NAZARÉ, Helena, PISSARRA, Pedro Noronha & PORTELA, Luís
2004   "A Aplicação do Sistema de Patentes em Portugal", Parecer elaborado pelo Grupo de Trabalho da Propriedade Industrial, Conselho Superior de Ciência, Tecnologia e Inovação (30 de Novembro de 2004), in *Relatório Anual*

---

156 Moura e Silva, 2008: 9.

157 Drexl, 2008: 53.

62 | JAIME ANDREZ

do Conselho Superior de Ciência, Tecnologia e Inovação 2004 (pp. VI.1-22) (disponível em http://contanatura-hemeroteca.weblog.com.pt/arquivo/Relat%F3rio%20CSCTI%20(04)%20part%202.pdf).

ANDREZ, Jaime & MAURÍCIO, José Maria

2002 "Os novos desafios da Propriedade industrial – O sistema de patentes", in *Marcas & Patentes* (n.º 1 de 2002), Lisboa: INPI.

ARAÚJO, Lucas Bernardes & FORTES, Flávia Teixeira

2009 "O direito da concorrência e direito de propriedade intelectual. Uma análise de sua interface", in *Jus Navigandi*, Teresina, ano 14, n.º 2350, 7 Dez. 2009 (disponível em: http://jus2.uol.com.br/doutrina/texto.asp?id=13969).

BANGY, Azeem Remtula & PINTO FERREIRA, João E.

1999 *Guia Prático do Direito da Concorrência – Em Portugal e na União Europeia*, Lisboa: AJE – Sociedade Editorial.

BARBOSA, Denis Borges

2006 "Propriedade Intelectual e o Direito Público da Concorrência", apresentação em PowerPoint no Centro de Estudos das Sociedades de Advogados, em São Paulo, em Abril de 2006 (disponível em http://denisbarbosa.addr.com/cesa.ppt).

CAMPINOS, António (coord. geral) & COUTO GONÇALVES, Luís (coord. científica)

2010 *Código da Propriedade Industrial (*Anotado), Coimbra: Almedina.

COWEN, Tyler

2001 "Bens Públicos e Externalidades", in *Enciclopédia de Economia* (coord. Henderson, David R. & César das Neves, João), Cascais: Principia.

DREXL, Josef

2008 "Is there a 'more economic approach to intellectual property and competition law?", in *Research Handbook on Intellectual Property and Competition Law*, Cheltenham: Edward Elgar, pp. 27-53.

ELHAUGE, Einer & GERADIN, Damien

2007 *Global Competition Law and Economics*, Oxford: Hart Publishing.

EUROPEAN COMMISSION

1997 "Difference between primary and secondary innovation", in *OECD Policy Round Tables – Competition Policy and Intellectual Property Rights*, Paris: OCDE, pp. 271-286.

FEDERAL TRADE COMMISSION

2003 *To Promote Innovation: The Proper Balance of Competition and Patent Law and Policy*, Report by The Federal Trade Commission, FTC, Washington, Outubro 2003 (disponível em http://www.ftc.gov/os/2003/10/innovationrpt.pdf).

FELS, Allan

2002   "Intelectual property and Competition", discurso no âmbito da Conferência "Protecting Intellectual Property or Protecting Consumers: is there a trade-off?", Melbourne Business Schooll, Melbourne, 6 de Dezembro de 2002 (disponível em: http://www.accc.gov.au/content/item.phtml?itemId =88752&nodeId=95cf8b35d72f716953312e250086eb5f&fn=Fels_Mel_ Bus_61202.pdf).

GALLINI, Nancy & TREBILCOCK, Michael

1997   "Intellectual Property Rights and Competion Policy: A Framework for Analyisis of Economic and Legal Issues", in OECD Policy Round Tables – Competition Policy and Intellectual Property Rights, Paris: OCDE, pp. 325-364.

JASPER, Eric Hadmann

2007   *Propriedade Intelectual e Concorrência*, DPDE (Departamento de Protecção e Defesa Económica) da Secretaria de Direito Económico/Ministério da Justiça (Apresentação em p.p. no Ministério de Desenvolvimento, Indústria e Comércio, Brasília, em 5 Setembro: http://portal.mj.gov.br/data/Pages/ mj34431be8itemid4022b1d525c3404a828d4f07352cf1e1ptbrnn.htm).

JONES, Clifford A.

2008   "Patent power and market power – Rethinking the relationship between intellectual property rights and market power in antitrust analysis", in *Research Handbook on Intellectual Property and Competition Law*, Cheltenham: Edward Elgar, pp. 239-257.

KALLAY, Dina

2004   *The Law and Economics of Antitrust and Intellectual Property – an Austrian approach*, Cheltenham: Edward Elgar.

KOLSTAD, Olav

2008   "Competition Law and intellectual property rights – outline of an economics-based approach", in *Research Handbook on Intellectual Property and Competition Law*, Cheltenham: Edward Elgar, pp. 3-26.

MOURA E SILVA, Miguel

2008   *Direito da Concorrência – Uma introdução jurisprudencial*, Coimbra: Almedina.

OCDE/EUROSTAT

2005   *Oslo Manual – Guidelines for Collecting and Interpreting Innovation, Paris* (disponível em http://www.oecd.org/dataoecd/35/61/2367580.pdf).

OLIVEIRA ASCENSÃO, José de

2002   *Concorrência Desleal*, Coimbra: Almedina.

PITTA E CUNHA, Paulo (org.)

2008 *Tratado de Lisboa*, Lisboa: IE (Instituto Europeu da Faculdade de Direito de Lisboa).

RÉGIBEAU, Pierre & ROCKET, Katharine

2004 *The Relationship between Intellectual Property Law and Competition Law: An Economic Approach*, Essex: University of Essex / CEPR (disponível em: http://www.essex.ac.uk/economics/discussion-papers/papers-text/dp581.pdf).

TOM, Willard K.

1997 "Background Note", in *OECD Policy Round Tables – Competition Policy and Intellectual Property Rights* Paris: OCDE, pp. 21-44.

TENDER OFFERS AND MERGER CONTROL RULES

Carlos Pinto Correia/António Soares

ABSTRACT: *The Portuguese merger control rules and the tender offer procedures under the securities code have to be applied in parallel when a tender offer results in change of control of the target company. However, the two sets of rules raise several issues as to its coordination, in particular in what concerns the deadlines and time limits. This article analyses those issues on the basis of the existing cases and practice, with a reference to the European merger control rules.*

SUMMARY: 1. Introduction. 2. The tender offer procedure and its interplay with the merger control filing. 2.1. The rules applicable to public tenders under the Competition Act. 2.2. The possibility of multijurisdictional filings. 3. The securities registration procedure and the merger control filing: scope and objectives. 3.1. The securities registration procedure 3.2. The merger control procedure. 4. The coordination of the merger control filing and the tender offer registration obligations. 4.1. The duration of the proceedings before the AdC and the deadline for decisions. 4.2. The issues arising from the articulation between the powers of the AdC and the sector regulators. 4.3. The position of bidders that are not subject to merger control obligations.

1. INTRODUCTION

A tender offer for the acquisition of shares in a company may have the objective of, or at least result in, the acquisition of its control. Under the Código dos Valores Mobiliários (Securities Code, hereinafter "CVM"), a tender offer may have as its object the totality of the shares of the target company (including necessarily its control) but, even in the case of a partial bid, it may lead to the acquisition of control. Thus, if the tender offer is successful, it may imply a change of control of the target company[1].

---

1 The text refers to a tender offer that aims at the acquisition of shares, which is the more frequent case. It should be noted that tender offers may have other kinds of securities as its object, such as bonds, warrants, etc.

When change of control is qualified as a concentration under the Competition Act[2], it can only be effected if a notification is filed with the Competition Authority ("AdC") – or, in the event of concentrations that have a Community dimension, with the European Commission under the European Merger Control Regulation ("EUMR")[3] –, and if an express or implicit decision of authorization is obtained under article 12 of the Competition Act – or, in the case of the European Commission, a decision declaring the concentration compatible with the common market under article 8 of the EUMR. Under article 9 of the Competition Act there is a concentration when an undertaking acquires or increases a market share above 30% in any relevant market, or when an undertaking whose turnover is above €150 million acquires control of another company which turnover is at least €2 million[4]. In the event of acquisition of joint control, those turnover and market share limits have to be met by the undertakings that acquire joint control.

The launching of a tender offer is itself subject to specific procedural and substantive requirements, through the registration with the securities regulator, Comissão do Mercado de Valores Mobiliários ("CMVM"). However, since the registration procedure can only be concluded when all other approvals have been obtained, including those of the merger control authorities, it follows that two separate regulatory procedures have to be lead in parallel:

1) the bid is subject to a preliminary announcement, immediately after any triggering event occurs. The preliminary announcement triggers several obligations, both for the offering company and for the target[5];
2) the merger filing with the AdC, or the European Commission, has then to be made and, once the approval is obtained;
3) the registration with the CMVM is completed and the tender offer is launched.

---

2 Law No. 18/2003, of 11 June (hereinafter "Competition Act"). The reform of Portuguese Competition Law was launched by Decree Law No. 10/2003, of 10 January, which created *Autoridade da Concorrência*, the national competition authority and approved its statutes.

3 Council Regulation No. 139/2004 of 20 January 2004 on the control of concentrations between undertakings.

4 The thresholds defining concentrations with community dimension, and thus the jurisdiction of the European Commission, are set in article 1 of the EUMR.

5 On the duties that fall on the board of the target, see Soares & Pinto, forthcoming.

This article aims at analysing the legal framework that applies to these parallel procedures and, on the basis of the existing cases and precedents, at identifying the main issues that arise from them. We will mostly review the law and precedents under the CVM and Competition Act and will not systematically consider EUMR issues.

2. THE TENDER OFFER PROCEDURE AND ITS INTERPLAY WITH THE MERGER CONTROL FILING

Under the CVM an offer to acquire securities is considered as a public offer and, in consequence, must comply with the tender offer rules, when (i) it takes place through multiple standard communications (even if addressed to identified addressee), (ii) is addressed to all shareholders of a public company, (iii) is preceded or accompanied by prospecting or solicitation of investors or by use of advertising or (iv) is addressed to more than 100 non-qualified investors with a residence or establishment in Portugal.

The primary duty of the offering company is to effect the announcement and preliminary register of the offer.

As soon as the resolution to launch a tender offer is taken by the empowered corporate body of the offeror (normally, the Board of Directors), the offeror must immediately publicly disclose its intention and submit the preliminary announcement of the tender offer. The tender offer procedure starts with such disclosure.

Until the publication of this announcement, all persons involved in the preparation of the offer are subject to a duty of confidentiality. The statutory contents of the preliminary announcement are set forth in Article 176 of the CVM.

The publication of the preliminary announcement obliges the offeror (i) to launch the offer on terms no less favourable to the addressees than those contained in this announcement, (ii) to apply for registration of the offer within a period of 20 days, extendable by the CMVM for up to 60 days for public offers for exchange and (iii) to inform the employees' representatives, or in their absence the employees, of the contents of the offer documents as soon they become public. The contents of the preliminary announcement are extremely important since they define the scope of the obligations of the offeror towards the market. The principle of the stability of the offer and the definition of the scope of the equality between the investors (see below) is to be determined primarily by reference to the preliminary announcement.

The registration filing with the CMVM must contain several documents relating to the offeror, the target company and the tender offer itself (project of the offer announcement and the prospectus). The CMVM's decision to grant or refuse the registration must be taken within 8 days of filing all the required documents (or, if additional information is requested by the CMVM, from the delivery of such information), otherwise the registration shall be considered as implicitly refused.

The authorization by the competent merger control authorities, when required, is one of the documents that have to be evidenced to the CMVM in order to complete the registration procedure. The merger control authorization (or equivalent act) is a condition to which the offer is subject, or, more precisely, it is a condition to which the registration of the offer is subject, since if that condition is not met the registration procedure will not be completed. The offeror has thus the duty to self assess any merger control needs to which it may be subject.

Although in practical terms the merger control decision is certainly one of the more important conditions that has to be met to allow the registration of the tender, it is not subject to any specific reference in the CVM. An obvious example of the difficulties that arise from this approach is the timing for the CMVM to adopt a registration decision. As explained above, the offeror has 20 days, which can be extended to 60 days in case of an exchange offer, to apply for the registration of the offer. These deadlines do not allow for the completion of a merger control filing under the Competition Act in the event the AdC opens an in depth investigation, which can take at least 90 business days. As a matter of experience, even a decision in Phase I, which, under Articles 34 and 35, takes at least 30 business days, may not be possible within the deadline of the CVM. If the 30 days period is suspended to seek further information from the parties, as it frequently happens, it is possible that the deadline foreseen in the CVM expires without a merger decision. As we shall see below, the amendment of the Competition Act by Decree Law No. 219/2006, which apparently aimed at solving the timing issue, did not meet its objectives.

The timing issue is not specific to mergers subject to the rules in the Competition Act. The same would happen under the EUMR, where a Phase I procedure takes at least 25 business days.

The position of the CMVM is to suspend its deadline for the registration until the merger control process is completed. Although this may solve the problem from a practical perspective, in view of the possible consequences of the merger filing process, it would have been preferable that some sort of explicit coordination between the CMVM and the AdC was foreseen by the CVM, recognising the specific requirements of the analysis that the AdC has to undertake. It would also be advisable that the law foresees a formal contact between the AdC and the CMVM. When seen from the perspective of the filing undertaking, it is unusual that the law does not explicitly coordinate the roles of two independent regulators whose powers in a sense overlap.

Since, under article 11 (3) of the Competition Act, mergers filed but not yet approved are suspended (*i.e.* the acquirer cannot complete the transaction or, in any event, it cannot exert the rights associated to the shares purchased), the offeror cannot exert its controlling rights under the Competition Act, although it may purchase shares pending the conclusion of the tender offer proceeding.

2.1. The rules applicable to public tenders under the Competition Act

The specific situation of the offeror in a public tender is foreseen by the Competition Act. Under Articles 9 (2) and 11 (3), the preliminary announcement of a public tender is a triggering event for the merger control filing. Thus it is from this announcement that the seven business days for the merger control filing period starts running. Article 11 (3) allows for the launching of a public tender, which includes the acquisition of shares in the target, as long as the voting rights are not used. In itself this is an exception to the general rule that, pending the authorization, the undertaking that is acquiring control cannot close the underlying transaction. The offeror can purchase shares but cannot use the voting rights that are part of it, while in a merger that is not effected through a public tender the acquisition of shares will not be allowed.

Article 11 (3) and (4) also allows that, by way of an exceptional decision, the AdC can authorise the offeror to use its voting rights solely to protect the value of its investments. Conceptually, it may be easy to separate the mere protection of the value of an investment from the active use of any rights that may affect the competitive behaviour of the target company, but in practical terms the distinction may easily be blurred.

The law does not provide any tests or criteria for what can be acceptable as protection of the value of the investment made. In itself, this possibility is a consequence of the fact that the offeror is authorised to buy shares, and not simply to undertake to buy them. Without the exceptional provision in article 11, the offeror could be put in the strange situation where he already owns shares (which are thus outside the control of the former shareholder) but is not allowed to use any of the rights related to them.

It should be assumed that such decisions by AdC are exceptional and, in view of the lack of a clear definition of what is the protection of value, any merger control authority would be cautious in granting the derogation. In the context of an hostile bid such derogations may be extremely important since the offeror may find itself in a more limited position than another shareholder that is not subject to a public tender obligation.

This exceptional procedure is a parallel to the rule in EUCR article 7 paragraph 2, although the European regulation, through the reference that the Commission will grant an *ad hoc* decision under Article 7 paragraph 3, may be construed as providing a detailed list of the issues, as mentioned in the latter rule, that the Commission will have to consider when assessing a request for the authorization to use voting rights.

We are not aware of any cases where the AdC has authorised the use of voting rights by an offeror in a tender offer, but there is clear practice of the Commission. Following the established practice of the AdC refering to european experience, it can be expected that any such request will be assessed considering the decisions of the Commission[6].

2.2. The possibility of multijurisdictional filings

Public tenders of companies subject to the jurisdiction of the CMVM will probably concern mostly companies that have limited activities outside the Portuguese market. However, there is a distinct possibility that tender offers trigger merger control filings in other jurisdictions. This will be the case in the following situations:

a) filing in another EU jurisdictions if the transaction does not have a Community dimension;
b) filings in other non-EU jurisdictions, whether or not there is a filing under the Competition Act or the EUMR.

---

6 On article 7 paragraph 2 EUMR and the existing practice of the Commission, see Boyd, 1996: 604 ss. and Koppenfels, 2006: 514 ss. For an example of a derogation under the 1989 merger control regulation (Regulation 4064/89), see the *Tetra Laval/Side*, case COMP/M.2416, although the existence of such a derogation does not appear from the final decision itself; see Christensen, Fountoukakos & Sjöblom, 2007: 545.

Since the EUMR relies on the principle of the "one stop shop", the jurisdiction of the European Commission is exclusive. In those cases, it may however be necessary to file under the national laws of non-EU countries where the transaction triggers the need to file.

When the transaction does not have a Community dimension but affects EU markets, it may have to be filed under those countries' rules. Also in this case, the transaction may also be subject to merger control filings in other non-EU countries.

In all the possibilities above, the CMVM should have the same approach, accepting the need to obtain the relevant merger control decision, or decisions, as a condition that has to be met for the conclusion of the registration process.

The possibility of several independent merger control filings may add substantial complexity to the registration process, in particular because there is no timing coordination between those procedures. The deadlines applicable to the proceedings, their triggering events and level of analysis may vary enormously. Since the merger control conditions, as set in the preliminary announcement, are cumulative, the (definitive) announcement can only proceed when all the conditions are met.

A recent interesting example is the public tender launched by Brasilian company CSN over Portuguese cement producer Cimpor. The preliminary announcement subjected the tender to the approval of merger control authorities, which were subsequently identified as the European Commission and the Chinese, Turkish and South African merger control authorities[7]. However, the offeror eventually decided to drop the condition related to the merger control authorizations[8].

The possibility of dropping conditions that have been initially set by the offeror is interesting in the perspective of the securities rules. If the offeror drops a condition that he had initially set, the consequence is that he will be bound by the terms of the announcement whatever the decisions of the merger control authorities. Even if one of the jurisdictions involved eventually decides to refuse to authorize the transaction, the offeror would still be bound on the terms of the announcement. Thus, even if the decision refusing to

---

7 See the announcements and documents available at the site of the CMVM, www.cmvm.pt. The tender was announced on 18/12/2009 and subsequently the offeror disclosed the list of the merger control authorities involved.

8 See Announcement of 27/01/2010, at §12.

authorise the transaction in a certain market affects the value of the company whose shares are the object of the offer, the offeror will continue to be bound by the scope, price and conditions included in the announcement.

A related issue is the possibility that the transaction also affects markets where filing is not made *ex ante* but may be required by the authorities after the transaction[9]. Here the risk that a decision is taken *ex post* that affects the value of the assets is also clear.

Registration with the CMVM implies the verification of the conditions and the approval of the tender offer prospectus. Approval of the prospectus and registration does not involve any guarantee as to the content of the information, the offeror's, issuer's or guarantors economic and financial situation, the feasibility of the tender offer or the quality of the securities which are the object of the offer.

3. THE SECURITIES REGISTRATION PROCEDURE AND THE MERGER CONTROL FILING: SCOPE AND OBJECTIVES

The public tender registration procedure and the merger control filing have different objectives and scopes, and those differences affect and condition the enforcement of the applicable rules. These objectives can also collide and give rise to specific conflicts.

3.1. The securities registration procedure

The registration with the CMVM is included in the supervision powers of that body. Public offers are subject to two main principles, the equality of treatment among investors and the stability of the offer, and the registration procedure aims, *inter alia*, at guaranteeing that those principles are applied, as well as the legality of the offer[10].

The protection of the equality of the investors follows a standard definition of the principle of equality: all investors are entitled to be treated equally (and fairly) and the offering company is not allowed to differentiate between the investors. The protection of public interest in the issuing and trading of securities, seen in particular as the protection of the equality between

---

9 This is the case in the UK, where filing is not mandatory but, if the thresholds are exceeded, the Office of Fair Trading may start an investigation and, within four months of the conclusion of the transaction or the moment when it became public, refer the case to the Competition Commission.

10 See Câmara 2009: 585 e ss. and, for the acquisition tender offers, 646 ss.

investors, and therefore of the capital markets, is thus an essential part of the CMVM registration procedure.

A related objective is the stability of the public offer, a principle that is usually interpreted as having a triple effect:

a) stability of the content of the offer, which has to be kept essentially the same along the tender offer procedure. This does not mean that the economic conditions of the offer have to be kept, since they can be reviewed upwards, notably as a reaction to the positions of other shareholders or the target company;

b) stability of the offer process, since it can only be interrupted or suspended through the CMVM;

c) non revocability of the offer, since the revocation can only take place under the control of the CMVM.

Since the merger control authorization is a condition for the conclusion of the tender offer, it may affect it. The tender offer procedure is conditioned by the timing of the merger control procedure and by the content of its final decision. Obviously, if the competent merger control authority refuses to authorise the merger, the tender offer will be withdrawn. In this case, the merger decision will effectively condition the outcome of the registration process. In what concerns the offer stability objective, there is at least one area where it can clash with the outcome of the merger control process. In the course of the filing process, it is possible that the offering undertaking accepts remedies, following discussions with the AdC, or that the agency imposes conditions that affect the substance of the offer. In this case, the offer should be revised in order to make it reflect the consequences of the situation created by the new conditions.

3.2. The merger control procedure

The merger control procedure has a very specific objective, namely the prevention of the creation or strengthening of a dominant position which may result in significant barriers to effective competition through the concentration of undertakings. This objective has to be seen in the context of the system (or systems) of competition law. Those systems are built around two different prohibitions, namely of agreements that restrict competition and of abusive behaviour by dominant undertakings (respectively articles 101 of the Treaty

74 | CARLOS PINTO CORREIA & ANTÓNIO SOARES

on the Functioning of the European Union (TFUE) and article 4 of the Competition Act; and article 102 TFUE and article 6 of the Competition Act).

As the evolution of the enforcement of EU competition law clearly shows, depending on the public policy views and requirements of the competition regulatory agency, these two prohibitions have almost universally came to be considered insufficient. The rules that prohibit agreements or abuses of dominant position are inherently ill suited to be used to prevent the creation of excessive market power, as the controversy surrounding the European Court of Justice Continental Can decision of 1973 shows[11]. This lead the Commission to develop the need to create an autonomous system of merger control in the EU[12]. Although at the time of the adoption of the first merger control regulation, in 1989, only Germany had an effective system of merger control, other Members States followed the example enacting specific merger control rules[13].

Thus the objective of the merger control procedure is to avoid a very specific outcome. Under Portuguese law this is defined by article 12 paragraphs 3 and 4: concentrations that create or strengthen a dominant position that results in significant barriers to effective competition in the Portuguese market or in a substantial part of it shall be prohibited[14]. Contrarily to what happens in the CMVM tender offer proceedings, which aim at guaranteeing what appears to be a purely juridical objective – a rule of equality –, the assessment made by AdC under the Competition Act aims at a material or substantive result, which relies, or should rely, on an economic concept. The duty to guarantee that investors are treated equally can be construed as having a formal content. However, the decision on the authorization of a merger has to rely on a substantive test that has to be shown to meet the requirements of the applicable law (Competition Act or EUMR).

---

11 *Europemballage and Continental Can /Commission*, C-6/72, Col. (1973) 215.

12 On the origin of the European merger control regulation, Drauz & Jones 2006: 2 ss. and Morais, 2006: 607 ss.

13 When the first merger control regulation, 4064/89, was adopted, the Portuguese Competition Act was Decree Law 422/83, which did not include any merger control rules. Subsequently Decree Law 422/88 created a system of preliminary notification of certain mergers. Both acts were revoked by Decree Law 371/93, which included rules on both anti-trust and merger control.

14 For convenience of reference, all quotations from the Competition Act use the English translation made available at the site of the AdC, www.autoridadedaconcorrencia.pt, although some of the solutions used are disputable.

4. THE COORDINATION OF THE MERGER CONTROL FILING AND THE TENDER OFFER REGISTRATION OBLIGATIONS

The need to conduct in parallel the tender offer registration with the CMVM and the merger control filing under the Competition Act rules clearly suggests that there are several possible instances where the scopes of both procedures may conflict, or at least where there is a difficult articulation between them.

In view of the limited number of relevant decisions available, there is not a level of practice or number of precedents that allow for the clarification of those issues and indeed some of them remain mere possibilities. Under the Competition Act there have been until now three tender offers registered with the CMVM where merger control filings have been done: Sonae/PT (filed on 20.02.2006, final decision of non opposition with conditions, after an in depth investigation, on 22.12.2006); BCP/BPI (filed on 31.03.2006, final decision of non opposition with conditions, after in depth investigation, on 16.03.2007); and Ongoing/Vertix/Mediacapital (filed on 8.10.2009; on 30.03.2010 AdC announced a decision of opposition to the concentration, without opening an in depth investigation, since the sector regulator, the Entidade Reguladora da Comunicação, had refused to authorise the merger on grounds that are specific to the media sector, namely the plurality of the media). To this can be added the CSN/Cimpor case, where a public tender was launched in Portugal but the transaction had Community dimension and was filed with the European Commission (filing of 14.01.2010; approval on phase 1 on 15.02.2010).

It is striking to realise that none of these four public tenders was successful. In both Sonae/PT and BCP/BPI the "success condition" was not met. Ongoing/Vertix/Mediacapital was eventually withdrawn after the decision of the ERC and AdC. CSN/Cimpor was also not successful.

On the basis of these cases, we can identify at least three issues that may arise in the context of the articulation between the public tender registration with the CMVM and the merger control filing with the AdC. The first is obviously the problem of calendar and timing, an issue that was discussed in the Sonae/PT and BCP/BPI cases and which lead to an amendment in the Competition Act. Two other issues may be identified at this stage, although they remain an hypothesis: the articulation with the sector regulators, to which the AdC is subject and the comparative position of other bidders that are not bound by any merger control duties.

4.1. The duration of the proceedings before the AdC and the deadline for decisions

The first, and most obvious of the potential problems arising from the need to coordinate the CMVM registration and the merger filing is the timing or calendar issue.

Under the CVM, the CMVM has up to 8 days to close the registration procedure (art. 118.º, n.º 1, al. *a*) CVM). Since this registration procedure obliges the offeror to submit all authorizations required to complete the transaction, including the merger control authorization, it follows that the offeror should have such decision within 28 days (the 20 days period that the offeror has to file the request for the registration within CMVM plus the 8 days period that CMVM has to make the register).

This necessarily collides with the timing for the decision of the AdC. Under the Competition Act, AdC has 30 business days, from the moment the merger control file is deemed complete, to issue a Phase 1 decision. Even if the offeror files under the merger control rules at the same time that he publishes the preliminary announcement, the deadline may be not sufficient unless the bid concerns an exchange offer, in which case the CMVM may extend the period that the offeror has by a further 40 days (article 175.º, n.º 2, al. *b*) do CVM).

The rules of the CVM are not aligned with the Competiton Act since the 28 days period (or 68, in case of an exchange offer) for the completion of the registration is a hard and fast rule that does not allow for an extension. In practical terms, the CMVM avoids any conflicts with the AdC timing by simply suspending its registration deadline until the procedure is complete. Although this is a commendable solution, it would be obviously better to have a coordination rule or procedure that would rely in something more solid than a mere administrative practice, no matter how sound it may be.

On the merger control procedure, the situation is more complex since the Competition Act does not accommodate any specific timing issues arising from the securities rules.

It is true that the Competition Act recognises the specifity of the launching of a public offer as a triggering event for the filing of a merger control procedure (see articles 9 and 11). It is also true that, in principle, the AdC could allow a shareholder to take control of the target company. But these are, and probably will remain, exceptional decisions.

In both the Sonae/PT and BCP/BPI cases, referred to above, the duration of the analysis undertook by the AdC was criticised. It is true that, with the number of markets affected in both cases, it is extremely difficult to limit the time required for the merger control assessment, particularly in an in depth investigation where a detailed market assessment is required. But it is also true that a lengthy merger control analysis has a serious impact both on the offeror and the target. These are not so much legal problems but the simple practical consequence of the suspension of the transaction – a necessary outcome of the merger control proceeding –, on the side of the offeror; and of the limited powers of the target board during the offer, which is a necessary outcome of the securities rules.

On the side of the offeror, it is extremely difficult to keep all the necessary commitments, in particular in what concerns the funding of the tender, for a period that, as experience shows, can take up to one year. Also, he may be obliged to amend the offer if the outcome of the merger control proceeding affects its economic substance.

On the side of the target it is also difficult to remain with the limited powers of a simple caretaker management for such a long period.

There is no simple solution to these issues. Following the discussions on the Sonae/PT and BCP/BPI cases, the Competition Act was amended, by Decree Law No. 219/2006, of 2 November. Since one of the reasons for the duration of the AdC merger filing was the suspension of the procedure in order to request for further information, article 36 of the Competition Act was amended in order to limit the in depth investigation to a maximum duration of 90 days, which start to run from the filing and not from the end of the phase I proceeding. The original wording of this provision started the 90 days in depth investigation period from the day of the phase I decision. Thus, in practice the AdC "lost" at least the 30 days of a standard phase I.

Moreover, the law now also limits the duration of the suspensions of the deadlines, which can be for no longer than 10 business days. The amendment will obviously put extreme pressure on both the parties to the concentration and the AdC, since it will have to solve whatever information needs it has within a preset time limit. This will be contrasted to the situation under the EUMR, where the Commission is allowed to suspend the time for the final decisions if one of the undertakings does not respect the time to reply to a

78 | CARLOS PINTO CORREIA & ANTÓNIO SOARES

request for information[15]. It is submitted that a more flexible solution, as that in the European regulation, is certainly more reasonable that the imposition of a strictly limited possibility of extension, as is now the case.

The amendments to the Competition Act introduced by Decree Law No. 219/2006 are probably a hasty reaction to a specific problem (what was perceived as the excessive duration of the two merger filings in Sonae/PT and BCP/BPI), which is rarely the source of good law.

The AdC, faced with the amendment to Article 36 of the Competition Act, issued an interpretative note where it states that the 10 days limit for the requests for information is to be construed as applying only to the in depth investigation and not to phase I proceedings[16]. The reading of the AdC is based on the fact that Article 34, paragraph 2, of the Competition Act empowers the AdC to suspend the 30 days period of phase I whenever it needs further information, and to issue requests for documents or information to the parties. Thus, arguably, the new rule in article 36, where such requests for information are limited to 10 days, is solely applicable to in depth investigations and phase I proceedings can be suspended to request for information, regardless of the length of the suspension.

Ultimately it is for the courts to decide what is the best reading of the new amendment. It could be argued that Article 34 paragraph 2 merely clarifies the issue of the powers of the AdC to decide on the allocation of time to respond to requests for information. Whatever the doubts that arise from the cross reading of articles 34 and 36, the latter can be construed as imposing an absolute limit to the suspension of proceedings to reply for requests for information.

The consequences of uncertainty in this field are extremely serious. If the reading defended by AdC is not followed by the courts, there could be a situation of tacit approval of a merger, which, considering the complexity of the issues raised in in depth investigations, and the interests affected by a public tender, are certainly an outcome to be avoided.

---

15 See EUMR, articles 10, paragraph 4 and 11. See also the comments of Christensen, Fountoukakos & Sjöblom, 2007: 547 and 556. On the scope of powers of the Commission on this matter, Case T-310/01, *Schneider Electric/Commission*, ECR (2002) II-4071.

16 Orientação Geral dos Serviços da Autoridade da Concorrência definida pelo seu Conselho e relativas às alterações à Lei n° 18/2003, de 2 de Novembro, de 1 de Fevereiro de 2007.

4.2. The issues arising from the articulation between the powers of the AdC and the sector regulators

Article 39 of the Competition Act requests the AdC to hear and consult the sector regulators whenever a public tender affects a regulated market[17]. This obliges the AdC to consult and hear the sector regulators, which may result (in the case Entidade Reguladora da Comunicação – "ERC" – is one of the concerned regulators) in an extension of the duration of merger control proceedings, since the AdC has to consult and hear, but the position taken by the sector regulator is not binding for the AdC.

However, in the recent Ongoing/Vertix/Mediacapital public tender, the main asset of the targets was a television channel. Since the television act subjects the change of ownership of television channels to the binding decision of ERC, the scope of analysis of the AdC is effectively emptied if, as happened in this case, the sector regulator either is opposed to the merger or submits it to conditions that are not acceptable to the parties. There is no overlap of competences between the ERC and the AdC, since the former overviews the pluralism of the media. However, in practical terms the effect of the intervention of the ERC can be the blocking of a merger. It is interesting in this context to note that, even in the context of the EUMR, the plurality of the media is one of the exceptional circumstances that, under article 21, paragraph 4, allows a Member State to adopt measures that affect the scope of the control undertaken by the Commission. However, as is settled case law, the fact that a Member State uses the exceptional clause in this article is subject to a discussion with the Commission, who has to approve the request made. At least the system is clear inasmuch as the final decision (on whether or not to accept the competence of the Member State) lies with the agency that is competent for merger control.

4.3. The position of bidders that are not subject to merger control obligations

It is possible that, in the context of a public tender that is under registration, a third party launches a parallel competing tender. Under the rules of the CVM, the initial tender benefits from a form of "priority", since it will be the first to complete the registration procedure and any competing bids will have to wait for the approval of such registration by the CMVM. Thus, although the

---

17 See in general Ferreira & Anastácio, 2009, and the input by one of the authors of this article, Correia, 2009: 720.

initial offeror has to face the delay that arises from the merger control decision timing, the CVM rules effectively oblige the competing offeror to wait for the end of merger proceedings before it can proceed with its registration.

REFERENCES

BOYD,

2006   "Control of Concentrations", in Blanco Ortiz, Luis (ed.), *European Community Competition Procedure,* Oxford: Oxford University Press.

CÂMARA, Paulo

2009   *Direito dos Valores Mobiliários,* Coimbra: Almedina.

CHRISTENSEN, FOUNTOUKAKOS & SJÖBLOM

2007   *Mergers,* in Faull, Jonathan & Nikpay, Ali (ed.), *The EC Law of Competition,* 2nd ed., Oxford: Oxford University Press, pp. 421-591.

CORREIA, Carlos Pinto

2009   "As entidades reguladoras sectoriais e a lei da concorrência" in Ferreira, Eduardo Paz & Anastácio, Gonçalo (eds.), *Regulação em Portugal,* Coimbra: Almedina.

DRAUZ, G. & JONES, C.

2006   *European Competition Law,* Vol. II, Leuven: Claeys & Casteels.

FERREIRA, Eduardo Paz & ANASTÁCIO, Gonçalo (eds.)

2009   *Regulação em Portugal,* Coimbra: Almedina.

MORAIS, Luís

2006   *Empresas comuns Joint Ventures no Direito Comunitário da Concorrência,* Coimbra: Almedina.

SOARES, António & PINTO, Rita Oliveira

forthcoming "Os Deveres do Órgão de Administração da Sociedade Visada na Pendência de uma Oferta Pública de Aquisição", in *Estudos em Homenagem ao Professor Dr. Carlos Ferreira de Almeida.*

PRINCÍPIO DA SUBSIDIARIEDADE DO DIREITO PENAL E A ADOÇÃO DE UM NOVO SISTEMA JURÍDICO NA TUTELA AMBIENTAL

José Danilo Tavares Lobato[1]

ABSTRACT: *This paper analyzes the repressive legal instruments with more aptitude to protect the environment, taking into consideration the respect due to the principle of the Rule of Law and the State demand of legal mechanisms able to work on the environment protection. The investigation carried on this paper was conducted using Comparative Law in a way that opens a possibility in Brazil to reduce the presence of the Criminal Law on the environment protection and to introduce the Law on Regulatory Offences ("Contra-ordenações").*

SUMÁRIO: 1. Considerações iniciais. 2. Princípio da subsidiariedade. 3. Infrações penais e administrativas. 4. Direito Administrativo Sancionador. 5. Direito de Contra-ordenações. 5.1. Noções gerais sobre o Direito de Contra-ordenações. 5.2. Considerações dogmáticas sobre o Direito de Contra-ordenações. 6. Tutela do ambiente – Um Direito de Contra-ordenações brasileiro *versus* a vigente Lei de Crimes Ambientais. 7. Considerações finais. 8. Referências bibliográficas.

1. CONSIDERAÇÕES INICIAIS

Este artigo objetiva empreender a verificação do instrumental jurídico – mais adequado – a ser utilizado na tutela do ambiente frente aos obstáculos originados na prática de condutas infracionais. Para a consecução deste fim, deve-se ter sempre como norte decisório, o princípio – constitucional implícito – da

---

1 Doutor em Direito. Defensor Público do Estado do Rio de Janeiro/Brasil.

subsidiariedade do Direito Penal, seja para trabalhar com o Direito Administrativo Sancionador[2] ou com o Direito de Contra-ordenações em substituição ao sistema jurídico-penal. Assim, discorrer-se-á, segundo os termos do axioma da *ultima ratio*, sobre o cerne das infrações penais e administrativas e dos modelos jurídico-sistemáticos alternativos ao atual vigente, no Brasil, Direito Penal do Ambiente.

2. PRINCÍPIO DA SUBSIDIARIEDADE PENAL

Como leciona Figueiredo Dias, o debate teórico reside na função precípua do Direito Penal, já que ela pressupõe ser o Direito Penal um instrumento de tutela subsidiária, ou seja, *ultima ratio* na proteção de bens jurídico-penais[3]. O axioma da subsidiariedade é um dos pilares do Direito Penal de cunho liberal, tanto que, como explica Figueiredo Dias, o conceito material de crime constitui-se fundamentalmente pela violação de bens jurídicos dotados de dignidade penal[4]. Apesar de a explicação de Figueiredo Dias ser, em certa medida, tautológica, ela é suficiente para que se compreenda que somente algumas lesões de bens jurídicos são, legitimamente, tuteláveis pelo Direito Penal.

Em outros termos, há, sim, violações de bens jurídicos que não são passíveis de tutela pelo sistema penal. Nestas hipóteses, diz-se que falta dignidade penal à lesão ou ameaça ao bem jurídico, posto que, ponderando, o valor do bem jurídico é inferior e não compensa os custos do emprego do Direito Penal, já que este instrumental jurídico produz uma restrição desnecessária de direitos e danos a relações sociais. Como acertadamente expõe Bustos Ramírez, ao discorrer sobre a política criminal, o sistema de controle penal, a coação e a violência estatal sempre implicam em grave afetação dos direitos dos cidadãos[5]. No mesmo sentido, Karam, que clarifica a questão ao explicar que a expansão e a ampliação da intervenção do sistema penal aumentam "a violência, a seletividade, a irracionalidade, os danos e as dores que lhe são inerentes", sendo que o sistema penal produz "situações muito mais graves e

---

2 Ao mencionar-se o termo "Direito Administrativo Sancionador" não se olvida do "Direito Urbanístico Sancionador", apenas omite-se tal referência por se entender que o primeiro conceito é mais amplo e engloba o segundo.

3 Figueiredo Dias, 1999: 79.

4 Figueiredo Dias, 1999: 78.

5 Bustos Ramírez, 1994: 205.

dolorosas do que os conflitos qualificados como crimes, que, enganosamente, anuncia poder resolver"[6].

A partir de uma simplificação, seria defensável afirmar que a questão refere-se à ponderação do mal menor, isto é, a indiferença estatal à lesão do bem jurídico ou o emprego do Direito Penal para proteger e evitar lesões e ameaças ao bem jurídico. No entanto, tal formulação não seria correta, posto que o não uso do Direito Penal não é sinônimo de indiferença estatal à lesão de bens jurídicos, já que o Estado dispõe do Direito Administrativo – entendido em sentido lato –, que pode e deve ser o primeiro instrumental jurídico do Estado para a tutela de bens.

De forma direta e clara, Mir Puig consigna, com base no princípio da subsidiariedade, que o Direito Penal, por ser a *ultima ratio*, é desnecessário para a proteção da sociedade quando tal objetivo puder ser atendido por meios outros menos lesivos aos direitos dos cidadãos[7]. Inclusive, Mir Puig recorda que o princípio da subsidiariedade deu origem ao princípio da fragmentariedade[8]. A função deste sub-princípio consiste em restringir o sancionamento penal às "modalidades de ataque mais perigosas" aos bens que ele protege, ou seja, nem toda e qualquer ofensa a um bem jurídico penalmente tutelável pode ser criminalizada[9].

Desse modo, tem-se claro que nem todas as violações e ameaças a bens jurídicos devem ser resolvidas na seara penal, de modo que é necessário que se busque uma mudança de pensamento na tutela do ambiente. Este novo paradigma depende do reconhecimento de que a maior parte das infrações ambientais criminais tipificadas na legislação brasileira vigente possui caráter administrativo e não penal, sendo-lhes ausente a dignidade penal. Ao se lograr este reconhecimento, será possível ir adiante, momento em que se negará a qualidade de crime às infrações que não devem continuar a ser tratadas como tal pelo ordenamento jurídico.

3. INFRAÇÕES PENAIS E ADMINISTRATIVAS

A distinção das infrações entre penais e administrativas é um problema que, de longa data, atormenta aqueles que procuraram realizá-la. Eduardo Correia, por

---

6 Karam, 2009: 14.

7 Mir Puig, 2007: 93-94.

8 Mir Puig, 2007: 94.

9 Mir Puig, 2007: 94.

exemplo, assume que esta missão não é exitosa e consigna que, para realizá-la, os administrativistas estão mais legitimados[10]. Não obstante, foi a doutrina penal que, ao longo do último século, envidou os principais esforços para solucionar esta problemática. Hungria analisa a questão partindo da premissa de que não há duplicidade na ilicitude jurídica, uma vez que, em seu entender, a ilicitude jurídica é una, tal como o dever jurídico é uno[11]. Apesar de ontologicamente não distinguir o ilícito administrativo do ilícito penal, reconhecia Hungria, ao citar Beling, a existência de uma diferença quantitativa entre as respectivas espécies de ilícito[12]. Hungria, então, refutava a adoção de um discrímen qualitativo entre os ilícitos administrativo e penal. Para ele, só se transporta para o Direito Penal – convertendo em ilícito penal – o ilícito administrativo de "maior gravidade objetiva ou que afeta mais diretamente o interesse público", pois a infração administrativa de "menor entidade não reclama a severidade da pena criminal, nem o vexatório *strepitus judicii*"[13].

Frente a estas considerações, pode-se perceber que o princípio da subsidiariedade do Direito Penal deve ter, como norte, o critério quantitativo de diferenciação dos ilícitos penal e administrativo. Todavia, este princípio não se deve limitar às formulações quantitativas, posto que o critério qualitativo também é capaz de moldar o princípio da subsidiariedade penal. Neste sentido, Roxin, que adota um critério qualitativo-quatitativo na distinção da espécie de ilícito; não obstante expressamente reconhecer que o posicionamento das infrações, enquanto ilícitos administrativo e penal, depende, muitas vezes, da escolha do legislador[14]. O critério defendido por Roxin, segundo sua narrativa, seria quantitativo em razão de excluir do âmbito penal infrações de baixa periculosidade social e qualitativo por perceber a existência de um âmbito nuclear a ser necessariamente regulado pelo Direito Penal, vide as condutas de homicídio e roubo a banco, em razão de violarem bens jurídicos de muita relevância[15].

---

10 Correia, 2001: 24.

11 Hungria, 1945: 24.

12 Hungria, 1945: 24.

13 Hungria, 1945: 27.

14 Roxin, 2006: 59.

15 Roxin, 2006: 59.

Verifica-se, contudo, em Roxin, a defesa de dois critérios, um relativo e um absoluto, que se destacam apenas pela dificuldade de se medir a gravidade de cada conduta, mas que essencialmente se confundem. Pelo critério relativo – quantitativo – determinadas condutas podem ou não ser do âmbito penal, estando em uma zona cinzenta conforme o grau de gravidade ético-social, enquanto que, pelo critério absoluto – qualitativo –- outras condutas seriam necessariamente tuteladas pelo Direito Penal, já que comporiam seu núcleo. Em verdade, ambos os critérios não passam de faces diversas de uma mesma moeda, isto é, Roxin trabalha com um critério puramente quantitativo. Este critério quantitativo está mascarado pela impossibilidade de se quantificar, em uma escala objetiva, a gravidade das condutas. Entretanto, o fato de se afirmar que há condutas necessariamente penais, face à gravidade da lesão ao bem jurídico, demonstra apenas que, nesta medição, há uma área de certeza positiva, onde a gravidade da conduta é consensualmente percebida.

Apesar da crítica, o melhor caminho está na defesa de um critério qualitativo-quantitativo. Contudo, frente à lesão ou ameaça ao bem jurídico, este critério será necessariamente quantitativo, já que se refere à gravidade ético-social da conduta. Para ser qualitativo, o critério deverá ser fundado em outro discrímen. Este não poderá ser baseado no grau de importância do bem jurídico e de sua lesão, mas deverá servir à verificação de se a infração lesiona ou ameaça um bem jurídico. Recorde-se que o Direito Penal somente pode incriminar condutas quando esta incriminação servir à tutela de bens jurídicos, não podendo, portanto, punir condutas que não tragam risco ou lesão a bens jurídicos.

O Direito Administrativo – em sentido lato – pode servir, também, de instrumento de tutela de bens jurídicos, mas, em contrapartida, pode sancionar condutas que representem meras desobediências e não lesionem e nem ameacem bens jurídicos. Neste momento, encontra-se o critério qualitativo-quantitativo diferenciador das infrações administrativas das penais. Enquanto o Direito Penal só pode servir à tutela bens jurídicos, o Direito Administrativo não se vincula a esta tutela de bens na determinação de suas infrações. Nesta medida, este é o critério qualitativo possível de ser defendido. Assume-se, por conseqüência, que se determinada conduta violar bens jurídicos, continuar-se-á no ponto de partida original e, para dele sair e avançar, será necessário valer-se do critério quantitativo consistente na determinação da gravidade ético-social da conduta frente à lesão ou ameaça ao bem jurídico tutelado. Não há dúvidas de que este critério não traz um consenso sobre qual posição, na escala de gravidade, deve cada conduta ser alocada, o que faz com que se continue manejando um critério relativo.

Seguindo esta linha, poder-se-ia trabalhar com os fundamentos utilizados por James Goldschmidt, Erik Wolf e Eberhard Schmidt, que, além de interessantes por terem contribuído na pré-elaboração científica do Direito de Contra-ordenações alemão, fornecem as bases desta problemática. Como expõe Wolf, o processo de abstrativização do bem jurídico tornou cada vez mais difícil esta ponderação do grau de gravidade[16]. Em 1902, Goldschmidt procurou diferenciar o injusto penal do administrativo a partir da lesão do bem jurídico. Em seu entender, a antijuridicidade administrativa forma-se do não apoio do indivíduo ao fomento do bem comum ou do bem estatal, este último que se materializa na Administração Pública[17]. Para Goldschmidt, a proteção jurídica de bens, que se realiza pelo Direito Penal, diferencia-se da do "Direito Administrativo de Sanção" em razão de este último proteger um bem comum, isto é, um fim, enquanto que o primeiro protege um resultado, que pode ser lesionado, ao contrário da finalidade que não se lesiona, mas que pode deixar de ser fomentada[18]. A diferença, então, seria a mesma que se faz no Direito Civil entre o dano emergente e o lucro cessante[19].

Dessa forma, Goldschmidt preceitua que esta finalidade de fomento é desatendida quando se infringem as prescrições administrativas por meio da prática de condutas tipicamente proibidas e passíveis de sancionamento no âmbito Administrativo[20]. Assumindo em certa medida este pensamento, Schmidt postula que o crime caracteriza-se pela lesão de bens jurídicos originados dos interesses sociais da vida, de modo a se diferenciar da infração administrativa, que se limita à lesão a bens de interesse da Administração Pública, mas que não passam de contrariedades a suas prescrições e que não atingem as necessidades funcionais da Administração Pública[21].

---

16 Explica Wolf que a proteção jurídica que se limitava a bens jurídicos valorados a partir de uma relação direta com bens jurídicos concretos, como, vida, posse e honra, passou a tutelar também direitos abstratos, tais como propriedade, autorizações e concessões administrativas. Wolf, 1969: 537-538.

17 Goldschmidt, 1969: 548.

18 Goldschmidt, 1969: 545.

19 Goldschmidt, 1969: 545.

20 Goldschmidt, 1969: 577.

21 Schmidt, 1950: 21, 26-27.

Não se pode negar o valor destas formulações para o desenvolvimento deste estudo e de um "Direito Administrativo de Sanções". Todavia, elas sofrem do mesmo mal que o criticado critério quantitativo: a incerteza do critério no momento de empregá-lo concretamente, ou seja, ao tentar-se definir o âmbito em que cada conduta se encaixa. Apesar das tentativas destes Autores, permanece difícil caracterizar o que é bem jurídico penalmente tutelável e o que é mera infração administrativa.

No entanto, mesmo frente a este grau de incerteza, deve-se reconhecer que esta teoria teve coro, tanto que houve outros defensores, que procuraram reforçar a sua adoção. Nesta linha, por exemplo, Hofacker, que defendeu, na sua proposta de reforma do sistema penal alemão, que o Direito Penal deveria lutar contra as lesões a bens jurídicos e o Direito Administrativo deveria se limitar ao combate das infrações administrativas com sanções pecuniárias[22]. Explica Roxin, unificando estas formulações em uma única linha de raciocínio, que o pensamento central delas consistiria na idéia de que o Direito Penal teria de proteger bens jurídicos previamente dados, enquanto que as infrações das regulações estatais – "desobediências eticamente incolores" – deveriam ser castigadas com sanções não criminais, uma vez que estas últimas, diferentemente das primeiras, não protegeriam bens com existência prévia, mas, sim, bens que, apenas, foram ditados ao serviço das missões públicas de ordem e bem-estar[23]. Há-de se pontuar que, não obstante, o esforço e a energia empregados, legislativamente, este critério nunca foi adotado como parâmetro, tanto que Roxin reconhece a existência de contra-ordenações, que afetam diretamente bens jurídicos preexistentes do indivíduo e a existência de crimes cujo objeto só se cria a partir da regulação estatal, não sendo, por conseqüência, previamente dado, tal como ocorre nos crimes econômicos[24].

Em realidade, não é possível delimitar o delito e a infração administrativa segundo o critério de que, respectivamente, uma ação lesiona bens jurídicos preexistentes e a outra somente infringe normas criadas pelo Estado. Como mostrou Roxin, nada impede que as contra-ordenações e os crimes lesionem bens jurídicos, o que prova a inexistência de uma tal diferença qualitativa entre ambos. A distinção entre delitos e contravenções encontra-se em um

---

22 Hofacker, 1919: 496-497.

23 Roxin, 2006: 53.

24 Roxin, 2006: 54.

amplo terreno fronteiriço determinado pelo arbítrio do legislador[25]. Assim, é de extrema relevância não perder de vista, nesta problemática, as considerações de Roxin, que, mesmo sendo passíveis de crítica, apontam para a existência de um campo nuclear do Direito Penal e de uma zona cinzenta entre a esfera administrativa e a penal que será distinguida pelo legislador.

4. DIREITO ADMINISTRATIVO SANCIONADOR

O estudo do Direito Administrativo Sancionador é, em realidade, a teorização do poder punitivo estatal na aplicação de sanções de caráter administrativo, portanto, não há que se esperar o surgimento de um novo ramo jurídico, mas, sim, a sistematização e a compreensão das dimensões material e formal da sanção administrativa. Ou seja, trata-se de Direito Administrativo.

O primeiro passo para seguir neste caminho consiste em se perceber a necessidade de inserir a sanção administrativa "no âmbito mais geral do poder punitivo estatal"[26]. A partir desta premissa unificadora, enxerga-se que, se o poder punitivo é único, as garantias existentes no âmbito penal devem ser estendidas à esfera administrativa, ainda que em graus diversos. Não há o que se objetar, uma vez que a fonte punitiva é una. O Direito Penal e o Direito Administrativo possuem "origem comum"[27], leia-se a Constituição, apenas, o primeiro apresenta limites dogmáticos estritos de contenção da punição, enquanto que o segundo apresenta um caráter mais aberto, chegando às raias da discricionariedade na competência para a realização de alguns atos[28]. No entanto, através do desenvolvimento do Direito Administrativo Sancionador, abre-se uma porta para a reconstrução desta parcela do Direito Administrativo, de modo a que ele possa se tornar menos discricionário na determinação das infrações e mais efetivo e prioritário na tutela do ambiente. Dessa forma, é necessário conhecer as diretrizes do Direito Administrativo Sancionador para que, assim, esta via possa ser considerada em uma eventual substituição majoritária da tutela penal do Meio Ambiente pela administrativa.

Defendendo a unidade do *jus puniendi*, Estévez Goytre expõe que toda infração urbanística, seja penal ou administrativa, enquanto manifestação do poder de punir do Estado, tem, entre suas características, tipicidade, anti-

---

25 Roxin, 2006: 73.

26 Osório 2006: 81.

27 Osório, 2006: 166.

28 Mello, 2000: 675.

juridicidade, culpabilidade e que a imposição da sanção, a partir da norma violada, é o resultado da aplicação do grau médio de reprovabilidade da conduta, independentemente da adoção de medidas para a restauração da ordem urbanística vulnerada[29]. No que toca especificamente às infrações urbanísticas, Carceller Fernández adota um conceito restritivo, limitando o termo ao âmbito administrativo. Neste diapasão, Carceller Fernández expõe que as infrações urbanísticas são ações ou omissões que infringem as prescrições previstas, tipificadas e sancionadas na legislação e no planejamento urbanístico, de modo que são elas tipos específicos do gênero infrações administrativas, mas que estão referidas à vulneração do planejamento e da legislação[30]. Em verdade, as infrações urbanísticas, neste conceito restritivo, nada mais são do que espécies do gênero infrações administrativas, o que significa que devem ser regidas pelo Direito Administrativo, assim, rejeita-se a utilização do termo em sentido lato, o que poderia abrir espaço para a inclusão das infrações penais em seu bojo e, por conseqüência, levar à ocorrência de mal-entendidos no emprego do termo.

O que salta aos olhos, no estudo do Direito Administrativo Sancionador, é a defesa de que as infrações administrativas possam estar sujeitas a uma estrutura similar à do conceito analítico de crime. Por esta linha, a estrutura do conceito estratificado de crime passa a servir à configuração da infração administrativa, sendo, então, esta última, também, um fato típico, antijurídico e culpável. Ressalva-se, porém, que esta conceituação não é adotada majoritariamente pela doutrina. Alejandro Nieto, por exemplo, trabalha o ilícito administrativo em termos materiais e desconsidera, em seu tratado, a ilicitude como um elemento autônomo no conceito de infração administrativa e, por conseqüência, todos os problemas que lhe são decorrentes passam ao largo[31]. Em termos bastante similares ao posicionamento de Alejandro Nieto, encontra-se Gallardo Castillo[32], o tratado organizado pela Advocacia Geral de Espanha[33] e a monografia de Domínguez Vila[34].

---

29 Estévez Goytre, 2005: 333-334.

30 Carceller Fernández, 1997: 109.

31 Nieto, 2006: 194-196.

32 Gallardo Castillo, 2008.

33 Espanha, 2005.

34 Domínguez Vila, 1997.

No entanto, a maior contribuição do Direito Administrativo Sancionador espanhol reside no debate sobre a vinculação da potestade estatal, na seara administrativa, às limitações existentes no Direito Penal. López Ramón, analisando as infrações urbanísticas, defende esta vinculação, ao discorrer sobre a necessidade da unificação da disciplina urbanística em terras espanholas, a partir dos fundamentos das competências do Estado frente aos princípios gerais da potestade sancionadora[35] e aos princípios do procedimento sancionador[36]. Diferentemente do esboçado por Di Pietro[37], Carceller Fernández consigna que o Direito Urbanístico Sancionador está submetido às diretrizes do Direito Penal, isto é, a potestade sancionadora só será legitimamente exercida se houver uma infração concreta, se a conduta estiver tipificada no preceito legal aplicável e exista um cuidado extremo na determinação das infrações e das sanções[38]. Neste sentido, a infração administrativa submete-se à exigência da tipicidade e da anterioridade que expressa que somente haverá aplicação de sanção administrativa se houver, em obediência ao princípio da legalidade, uma lei formal, certa e prévia definindo a infração e a sanção aplicável. Compete ao Poder Legislativo definir, em Lei, anteriormente à prática do ato a ser reprovado, o teor da infração e da sanção aplicável, de maneira a vedar que se imponha qualquer espécie de sanção administrativa sem a existência de *lex scripta, lex certa* e *lex previa*.

Reconhece-se, contudo, que tal imposição, justamente por visar à redução do poder das autoridades públicas competentes, causa enormes inconvenientes à Administração Pública, mormente quando esta não se encontra organizada e em busca de eficiência. No entanto, argumentos de "ordem prática" deste nível não podem servir para obstar o incremento e o desenvolvimento dos princípios básicos do Estado de Direito, salvo quando haja um sobrepeso neste processo, o que, sob pena de erro, não pode ser analisado em abstrato, mas sim em cada caso concreto e a partir de uma ponderação dos interesses

---

35 Princípios da legalidade, da irretroatividade, da tipicidade, da responsabilidade, da proporcionalidade, da prescrição e do *ne bis in idem*.

36 López Ramón, 2005: 186.

37 Di Pietro afirma que "não há, com relação ao ilícito administrativo, a mesma tipicidade que caracteriza o ilícito penal. A maior parte das infrações não é definida com precisão[...]. Isto significa que a Administração dispõe de discricionariedade no enquadramento da falta dentre os ilícitos previstos na lei". Di Pietro, 2001: 485.

38 Carceller Fernández, 1997: 108-109.

em conflitos. Gallardo Castillo, acertadamente, consigna que o problema é o "como"[39].

Por outro lado, a exigência de que a infração administrativa seja culpável, mesmo representando um pensamento bem difundido nos estudos que tratam do Direito Administrativo Sancionador, encontra-se tão mal trabalhada que termina por trazer fortes dúvidas quanto à factibilidade e à relevância de se proceder a uma correção do conteúdo e dos possíveis efeitos decorrentes da utilização de um conceito analítico de infração administrativa que a enquadre como culpável. É como se o Direito Administrativo revivesse a era naturalista do início do século passado. Veja-se, neste sentido, Alejandro Nieto, que se filia à doutrina administrativa majoritária de Espanha e insere, em seu conceito de culpabilidade, o dolo, a culpa, toda teoria do erro e a teoria do concurso de pessoas, além da problemática referente à pessoa jurídica[40]. Alejandro Nieto reconhece que a questão da culpabilidade no Direito Administrativo Sancionador é o mais confuso, contraditório, incoerente e obscuro problema, tanto que o próprio Nieto chega ao ponto de, surpreendentemente, aceitar a responsabilidade objetiva[41].

Na hipótese de se levar em conta estas ponderações, dever-se-ia reconhecer que a contribuição mais importante dos teóricos espanhóis do Direito Administrativo Sancionador limita-se à externalização da necessidade de se desenvolver e aprimorar os fundamentos constitutivos da infração administrativa. Gallardo Castillo, por exemplo, lamenta o conservadorismo da jurisprudência espanhola, que tem gerado um enfraquecimento das garantias e dos direitos dos cidadãos reconhecidos nas leis administrativas de Espanha, uma vez que cada passo adiante dado pela jurisprudência foi seguido por um passo de retrocesso[42].

A associação do conceito sanção administrativa à sanção aplicada pela Administração Pública por meio de seus órgãos é uma idéia contestada por parte da doutrina administrativa. Para esta linha de pensamento, não há a descaracterização da sanção administrativa quando a mesma é aplicada por uma autoridade judiciária, desde que não no exercício da função jurisdicional. Osório, por exemplo, argumenta que, para haver a imposição de sanção

---

39 Gallardo Castillo, 2008: 20.

40 Nieto, 2006: 389 ss., 403 ss., 440 ss. e 455 ss.

41 Nieto, 2006: 467.

42 Gallardo Castillo, 2008: 21-22.

administrativa, não se necessita de autoridade administrativa atuando nesta qualidade, vide, no Brasil, o Estatuto da Criança e do Adolescente, que confere o poder de aplicar sanções administrativas à autoridade judiciária[43]. Para esta doutrina, não se pode confundir a sanção administrativa com medidas de polícia, posto que estas possuem um viés de regulação e não um viés punitivo, já que procuram compelir alguém a um fazer ou não-fazer, tendo, por escopo, uma determinada finalidade. A partir destas premissas, Osório defende que a sanção administrativa tem efeitos aflitivos, sendo, por isso, caracterizada como castigo[44]. No entanto, tal exclusão conceitual não pode implicar que as referidas medidas de polícia sejam deixadas à margem das limitações existentes nas infrações administrativas, o que significa que elas devam ser inseridas no bojo do Direito Administrativo Sancionador, pois, mesmo sem caráter aflitivo, as medidas de polícia antecipam e completam a tutela administrativa de bens, interesses e funções, e valem-se de instrumentos de força para condicionar e regular a atuação do particular.

Impende compreender que, nesta teorização sobre o poder sancionatório administrativo, o cerne material dos debates reside no novo paradigma, que se apresenta na necessidade de que a aplicação de sanção, em razão do cometimento de uma infração administrativa, enquanto exercício de poder pelo Estado, seja somente cabível se a infração passar por um filtro material. É neste sentido que o Direito Administrativo se apresenta como uma via para cuidar das agressões e ameaças ao Meio Ambiente, pois, além de possuir os instrumentos repressivos – que não possuem os efeitos sociais negativos do sistema penal –, tem um instrumental preventivo e de regulação, tal como as medidas de polícia, meios estes que o sistema penal não contém.

O Direito Administrativo tem a possibilidade de se adiantar às infrações e às lesões, regulando e condicionando as atuações humanas, sem que isto lhe faça perder o seu instrumental repressivo, que apenas necessita sofrer um reforço nos parâmetros de garantia dos cidadãos frente ao exercício do poder punitivo de um Estado Democrático de Direito. Em virtude do atual estágio de desenvolvimento do Direito Administrativo Sancionador desenhado pela doutrina espanhola, defende-se que este reforço de garantia aos cidadãos, a ser dado pelo Direito Administrativo, deva ocorrer a partir do Direito de Contra-ordenações, como se verá nas linhas subseqüentes.

---

43 Osório, 2006: 92-93.

44 Osório, 2006: 104.

SUBSIDIARIEDADE PENAL E TUTELA AMBIENTAL | 93

5. DIREITO DE CONTRA-ORDENAÇÕES

5.1. Noções gerais sobre o Direito de Contra-ordenações

Frente às teorizações espanholas do Direito Administrativo Sancionador, cujas formulações estão em fase experimental, o Direito de Contra-ordenações possui a vantagem de estar metodologicamente mais avançado e temporalmente consolidado[45]. Segundo Treder, o Direito de Contra-Ordenações alemão atualmente vigente integra a denominada parte especial do Direito Administrativo e se divide em parte geral, disposições procedimentais e parte especial, sendo que os tipos contra-ordenacionais encontram-se dispersos, em menor número, na lei geral alemã de Contra-ordenações[46] e, em maior quantidade, em normas outras de cunho administrativo[47].

---

45 Como informa Göhler, o Direito de Contra-ordenações se desenvolveu na Alemanha a partir de 1945 com o fim de restringir o emprego do Direito Penal. Göhler, 1995: 1.

46 OWiG – *Ordnungswidrigkeitengesetz*.

47 Treder, 1996: 6-7. Treder é um dos poucos Autores alemães dedicados ao estudo do Direito de Contra-ordenações a se posicionar expressamente sobre se as contra-ordenações são Direito Administrativo ou Direito Penal propriamente dito. Em regra, os Autores alemães que se dedicam ao estudo do Direito de Contra-ordenações não se posicionam quanto a que ramo jurídico ocupa o Direito de Contra-ordenações. A real preocupação dos Autores alemães que escrevem sobre o tema é descrever as diferenças do injusto no Direito de Contra-ordenações e no Direito Penal, o que poderia levar à afirmação de que o Direito de Contra-ordenações assume a condição de um ramo autônomo do Direito, que se posiciona entre o Direito Penal e o Direito Administrativo. Neste sentido, o entendimento majoritário da Comissão Constitucional portuguesa no Parecer n.º 4/81 na fiscalização preventiva da constitucionalidade do DL n.º 232/79. Lumbrales, 2006: 101 e 105. A adoção desta posição, não blindaria as críticas, tanto quanto não se está blindado ao se assumir as contra-ordenações como Direito Administrativo. No mesmo sentido, Jescheck e Weigend, ao considerarem expressamente as contra-ordenações como infrações administrativas. A ressalva de Jescheck e Weigend de que o Direito Administrativo Sancionador faz parte do Direito Penal em sentido amplo não diverge de posicionamento defendido, uma vez que esta referência é dirigida ao *jus puniendi* estatal, que, como já se expôs, é uno e não ao Direito Penal propriamente dito. Jescheck, 2002: 62. Incluindo, também, as contra-ordenações neste Direito Penal de sentido amplo, tem-se Mitsch. Não obstante este Autor não fazer qualquer referência a termos como infrações administrativas ou Direito Administrativo Sancionador, entende-se que seu pensamento não diverge do de Jescheck e Weigend, já que o Direito de Contra-ordenações é descrito como exercício do *jus puniendi*. Mitsch, 2005: 3-4. Contudo, sabe-se que o grande volume de análises das contra-ordenações ocorre a partir do Direito Penal, em especial, do Direito Penal Econômico, e não do Direito Administrativo. No entanto, este fato não conduz, necessariamente, a que todo penalista se ponha a defender a inclusão das contra-ordenações no bojo do Direito Penal. Por exemplo, Dannecker, que parte do Direito Penal Econômico, deixa expresso que, em 1952, com a entrada em vigor da lei de contra-ordenações, prevendo os tipos contra-ordenacionais, houve a descriminalização de inúmeros tipos penais de origem nacional-socialista, a retirada da competência da Administração Pública para aplicar penas de caráter criminal e foram realizados diversos princípios do Estado de Direito. Dannecker, 2007: 39. Dessa forma, concorda-se com a posição de Treder, porque o Direito de Contra-ordenações é um Direito Administrativo voltado e teorizado para a aplicação de sanções a partir da atuação da Administração Pública. Este sistema fornece tudo o que o Direito Administrativo Sancionador espanhol almeja, tanto que Jescheck e Weigend usam o termo Direito Administrativo Sancionador em determinados momentos, ao se referirem às contra-ordenações, ou seja, o Direito de Contra-ordenações é

94 | JOSÉ DANILO TAVARES LOBATO

Na Alemanha e em Portugal, respectivamente, as contra-ordenações são regidas pelo princípio da legalidade, conforme o artigo 1.º da OWiG[48] e os artigos 1.º e 2.º do Decreto-Lei n.º 433/82[49]. No entanto, Bohnert adverte que o legislador, freqüentemente, cria tipos contra-ordenacionais em branco a serem preenchidos por outras normas, freqüentemente, de cunho infra-legal[50]. Neste ponto, não há o que se objetar, uma vez que se trata de Direito Administrativo e não de Direito Penal. Inclusive, o ato administrativo apresenta um importante papel na verificação do conteúdo da infração, sem que com isso haja violação ao princípio da legalidade. A legalidade administrativa comporta esta flexibilidade, necessária ao funcionamento efetivo da Administração Pública na consecução do bem comum. Mitsch demonstra que os atos administrativos, por meio de disposições e comandos preenchem as normas de contra-ordenações em branco[51]. Veja-se, por exemplo, que o ato administrativo pode autorizar uma conduta, em princípio, proibida[52].

Apesar de se trabalhar tranqüilamente com esta maior margem de flexibilidade na forma de fixar o conteúdo das contra-ordenações, tal abertura não significa jamais que as infrações sejam de conteúdo livre. Rosenkötter relembra que o artigo 3.º da OWiG[53] obriga o Estado a determinar a conduta

---

uma teoria geral do sancionamento de caráter administrativo que tem a vantagem de estar consolidado. Contrariamente a este entendimento, mesmo admitindo a legitimidade da inclusão das contra-ordenações no Direito Administrativo, Moutinho, que, a partir de argumentos meramente classificatórios, acusa este entendimento de ser insuficiente, ao não explicar suficientemente os domínios materiais das contra-ordenações. Moutinho, 2008: 74-75.

48 OWiG: § 1.º Determinação de Conceito: (1) Uma contra-ordenação é uma ação antijurídica e reprovável, que realiza o tipo legal e que dá origem a um sancionamento por meio de uma pena pecuniária. (2) Mesmo se a ação cometida não for reprovável, é a conduta ameaçada com uma pena pecuniária, se ela for antijurídica e realizar um tipo legal conforme o item anterior. No que se refere a este item (2), Lemke expõe que ele expressa o sancionamento daquele que atuou antijuridicamente, apesar de no momento de sua ação ter tido a capacidade de se comportar conforme o Direito. Lemke, 1999: 15. Todavia, esta parece uma interpretação estreita da norma, posto que a inexigibilidade de conduta diversa da conduta individual vem expressa no item 2 do § 12.º da OWiG. Esta norma está voltada primordialmente ao sancionamento do injusto contra-ordenacional praticado pela pessoa jurídica.

49 DL n.º 433/82: Art. 1.º Constitui contra-ordenação todo facto ilícito e censurável que preencha um tipo legal no qual se comine uma coima. Art. 2.º Só será punido como contra-ordenação o facto descrito e declarado passível de coima por lei anterior ao momento da sua prática.

50 Bohnert, 1996: 2.

51 Mitsch, 2005: 32.

52 Rotberg, Kleinewefers & Wilts, 1969: 51.

53 OWiG: § 3.º Nenhum sancionamento sem Lei – Uma ação somente pode ser sancionada como contra-ordenação se a possibilidade do sancionamento estiver determinada em lei antes de seu cometimento.

proibida ou exigida do cidadão, para que ele possa reconhecer o comportamento contra-ordenacional proibido, de maneira que seja manifesta e induvidosa a proibição do emprego da analogia no Direito de Contra-ordenações[54]. Neste modelo, desde que determinada a substância da conduta de contra-ordenação, a exigência de se observar o princípio da legalidade administrativa encontra-se plenamente atendida e, ainda, proporciona à Administração Pública a flexibilidade necessária para atuar conforme as mudanças dos ventos sociais. Bohnert também esclarece que o Direito de Contra-ordenações alemão em vigência abandonou a técnica de mistura dos tipos penais com os contra-ordenacionais e garantiu autonomia típica para seus tipos[55]. À época da legislação anterior, expressões como "em casos especialmente graves" faziam a diferença das condutas penalmente típicas daquelas do Direito de Contra-ordenações[56].

Um fator interessante a ser considerado no Direito de Contra-ordenações alemão, uma vez que também se aplicaria ao Brasil, reside na competência legislativa comum dos entes federativos. Na Alemanha, a União e os Estados, são os entes competentes para legislarem sobre a matéria. No Brasil, sem dúvida, os Municípios iriam participar desta competência legislativa. A advertência feita por Bohnert consiste na necessária obediência pelos Estados dos preceitos gerais do Direito de Contra-ordenações e da parte procedimental fixados pela União[57]. É válido recordar que, no Brasil, caso venha-se a adotar tal sistema, cada Ente federativo terá a autonomia para dispor de seu próprio procedimento, obedecidas as disposições de caráter geral fixadas nacionalmente, posto que esta parte procedimental do Direito de Contra-ordenações não se confunde com o Direito Processual, cuja competência é exclusiva da União. Como expõe Schwacke, o procedimento de contra-ordenação é levado adiante por autoridades pertencentes aos quadros da Administração Pública[58], logo se trata de procedimento administrativo

---

54 Risenkötter, 1995: 22-23. Em relação a Portugal, pode-se dizer que estas considerações são perfeitamente aplicáveis, neste sentido: Passos, 2006: 53.

55 Bohnert, 1996: 3.

56 Bohnert, 1996: 3.

57 Bohnert, 1996: 3.

58 Schwacke, 2006: 111.

96 | JOSÉ DANILO TAVARES LOBATO

e não de processo judicial[59], o que, no Brasil, terminaria por conferir a cada Ente federativo o exercício de autonomia legislativa própria.

Lembra Schmitt que o Direito de Contra-ordenações não se limita a punir condutas individuais, mas abrange também condutas realizadas por pessoas jurídicas e coletividades não estruturadas juridicamente[60]. Ou seja, há razão em se buscar o desenvolvimento e o fortalecimento do Direito de Contra--ordenações. O assentamento da punibilidade dos entes coletivos, tende a diminuir aquelas vontades, mais apaixonadas e menos racionais, em favor de uma (des)/(re)construção da dogmática penal. Não se verifica qualquer necessidade em se negar um dos pilares do Direito Penal – existência de uma conduta exclusivamente pessoal em desconformidade com a norma criminal – para administrativizar seus fundamentos. Concorda-se com Feijoo Sánchez, quando afirma que o ente coletivo, diferentemente da pessoa física, não é uma pessoa imputável no processo[61], mas, sim, o objeto sobre o qual se discute em sede judicial, logo o processo criminal segue somente contra a pessoa física que é quem possui a autoria do crime[62].

Faz-se necessário destrinchar o Direito de Contra-ordenações. Somente a partir deste caminho será possível perceber que seu estádio de desenvolvimento encontra-se à frente do que os espanhóis vêm defendendo como Direito Administrativo Sancionador e, também, verificar que a sua adoção proporcionará mais garantia ao cidadão no âmbito administrativo, além de mitigar as restrições desnecessárias, pelo Estado, à esfera de liberdade das pessoas. O ponto alto do Direito de Contra-ordenações está em trazer para a esfera administrativa a estrutura infracional do Direito Penal, o que garante

---

59 Esta afirmação refere-se à possibilidade de a Administração Pública poder atuar sem o intermédio do Poder Judiciário. A exceção a ser feita refere-se à hipótese trazida por Schwacke em que uma única conduta seja, ao mesmo tempo, crime e contra-ordenação. Nesta situação o Poder Judiciário terá competência para juntamente com o processo criminal avaliar o cabimento de uma condenação pelo cometido de um fato contra-ordenacional. Outrossim, Schwacke demonstra que tal cumulação não ocorria com base na lei alemã de 1952 de Contra-ordenações e entende que esta fusão ocorre com base no princípio da economia processual e por ser mais interessante ao envolvido. Schwacke, 2006: 160.

60 Schmitt, 1970: 26.

61 A afirmativa ora defendida não desconsidera a redação expressa do art. 3.º da Lei n.º 9.605/1998 e nem a do § 3.º do art. 225.º do CP, apenas questiona dogmaticamente a interpretação da última e a legitimidade da primeira. Acertadamente, Bitencourt ao expor que "a *obscura previsão* do art. 225.º, § 3.º, da Constituição Federal, relativamente ao *meio ambiente*, tem levado alguns penalistas a sustentar, *equivocadamente,* que a Carta Magna consagrou a *responsabilidade penal da pessoa jurídica.* No entanto, a *responsabilidade penal* ainda se encontra limitada à *responsabilidade subjetiva* e individual. Bitencourt, 2008: 110.

62 Feijoo Sánchez, 2002: 222.

ao cidadão uma maior margem de segurança frente ao aberto sistema de infrações e punições encontrado no Direito Administrativo brasileiro[63], posto que, para o Estado punir alguém pelo cometimento de uma contra-ordenação, terá que haver o atendimento dos diversos estádios de formação das infrações contra-ordenacionais.

Rotberg, Kleinewefers e Wilts expõem que, tal como o delito no Direito Penal, as contra-ordenações possuem as mesmas características, uma vez que ambas somente se constituem se forem ações típicas, antijurídicas e reprováveis[64]. Para estes Autores, a única característica específica das contra-ordenações consiste na imposição de uma pena pecuniária[65]. Não há a imposição de pena privativa de liberdade no Direito de Contra-ordenações, já que esta fica a cargo exclusivamente do Direito Penal. Göhler demonstra que os tipos contra-ordenacionais trazem como conseqüência penas pecuniárias não privativas de liberdade[66], posto que o Código Penal alemão, de forma expressa, em seu § 12.º, dispõe que a pena privativa de liberdade se restringe aos crimes e às infrações penais de menor gravidade[67].

---

63 Gasparini se limita a afirmar que aplicação de sanções é fixada por lei, não sendo admissíveis decretos e nem qualquer outro ato infra-legal. Gasparini, 1993: 121. Cretella Júnior, tal como Gasparini, se limita, de forma vaga, a informar que a faculdade estatal repressiva é limitada e está sujeita a limites jurídicos: leis, direitos, prerrogativas individuais e liberdades públicas previstas na Constituição. Cretella Júnior, 1986:601. Di Pietro, por exemplo, não chega sequer a vislumbrar o caráter punitivo do atuar da Administração Pública, que, em seu entender, seria simplesmente repressivo. Di Pietro, 2001: 111 ss. Em verdade, da leitura dos administrativistas brasileiros clássicos, percebe-se que a punição estaria, propriamente, ligada ao exercício do Poder Hierárquico, na relação entre a Administração Pública e seus servidores, e não ao exercício do Poder de Polícia. Neste sentido, Bandeira de Mello tenta reduzir o Poder de Polícia à imposição de um dever negativo de não fazer finalisticamente orientado a conformar o comportamento dos particulares "aos interesses sociais consagrados no sistema normativo". Mello, 2000: 675. Entretando, discorda-se desta postura, uma vez que eles mascaram, deixando oculto, o emprego do poder punitivo exercido no âmbito administrativo, o que acaba abrindo espaços para a violação dos direitos individuais.

64 Rotberg, Kleinewefers & Wilts, 1969: 49.

65 Rotberg, Kleinewefers & Wilts, 1969: 49. Em Portugal, esta afirmação tem o mesmo grau de validade, assim: Fernandes, 2002: 22.

66 Göhler, 1995: 3.

67 Código Penal alemão – § 12.º – Crimes e Infrações Penais de Menor Gravidade
(1) Crimes são fatos antijurídicos que dão ensejo à aplicação de pena privativa de liberdade de 1 ano ou mais. (2) Infrações Penais de Menor Gravidade são fatos antijurídicos, que dão ensejo à aplicação de pena privativa de liberdade inferior a 1 ano.
Obs.: ressalva-se que, na tradução, optou-se pelo uso do termo infrações penais de menor gravidade em razão de não haver, no Brasil, distinção entre crimes e delitos; assim, entendeu-se que o conceito empregado é mais próximo do sistema jurídico brasileiro e evitará confusões hermenêuticas, principalmente por serem utilizados, ao longo do texto, os vocábulos crime e delito como sinônimos.

No entanto, principiologicamente, poder-se-ia, partindo de Schmitt, afirmar que a diferença entre o crime e a contra-ordenação residiria na antijuridicidade do primeiro estar ligada à lesão de bens jurídicos, enquanto que a do segundo a mera desobediência administrativa[68]. Este critério é compatível com a nossa visão de bem jurídico penalmente tutelável. A vantagem deste critério está em sua claridade[69]. Ou seja, em uma situação legislativa ideal, valendo deste discrímen, perceber-se-iam os fatos que são crimes e os que são contra-ordenações, simplesmente encontrando ou não o bem jurídico em cada tipo normativo. Entretanto, nada obsta, como anteriormente fora exposto, que um bem jurídico venha a ser tutelado por uma contra-ordenação.

Por outro lado, na legislação penal econômica, em especial, na Lei brasileira de Crimes Ambientais, vê-se que o legislador não seguiu este norte e criou diversas normas penais para punir simples desobediências a preceitos administrativos e não condutas lesivas a bens jurídicos. Em realidade, o critério tem o mérito de apontar, idealmente, o caminho a ser perseguido pelo legislador, logo os erros legislativos e a ilegitimidade de certos tipos penais tornam-se evidentes. Contudo, deve-se reconhecer que, na prática, é a vontade político-legislativa que decide se determinado fato será regulado ou não em Lei e, assim, concebido como crime, infração administrativa ou um nada jurídico. Cabe ao intérprete realizar um juízo crítico frente a esta escolha política, que, em grau mais intenso, pode invalidá-la, vide a declaração judicial de inconstitucionalidade, mas que não será capaz corrigi-la além de sua invalidação.

Outra distinção apontada por Schmitt consistiria na existência de um conteúdo ético na reprovação daquele que comete um crime, em virtude de lesionar um bem jurídico, e na ausência desta reprovação ético-pessoal na conduta de quem comete uma contra-ordenação, uma vez que a contra-ordenação teria cunho neutro e seria avalorada eticamente em sua condição de desobediência administrativa[70]. De fato, este critério poderia ser válido para o

---

68 Schmitt, 1070: 11. Este posicionamento não é pacífico; Lemke, por exemplo, o refuta com uma crítica geral e desfundamentada, acusando-o de ser "inequivocadamente muito estreito". Lemke, 1999: 6-7.

69 Sobre o pensamento de Schmitt, Mattes, neste ponto, o percebe como suficientemente claro. Todavia, acusa todo o pensamento de Schmitt de incerto e de confundir suas premissas, isto em razão de o injusto administrativo não ser apreensível e nem fixado concretamente. A crítica de Mattes se fundamenta na defesa de Schmitt de que o aumento da quantidade pode ter como conseqüência uma mudança na qualidade do injusto. Mattes, 1982: 91.

70 Schmitt, 1070:11.

SUBSIDIARIEDADE PENAL E TUTELA AMBIENTAL | 99

pensamento majoritário da doutrina penal, isto porque é corrente o entendimento de que a culpabilidade no Direito Penal tem o papel de realizar um juízo ético-moral de reproche da conduta daquele que cometeu um injusto penal, era imputável, tinha consciência potencial do ilícito e podia agir de modo diverso. Recusa-se este critério em razão de refutar-se a culpabilidade enquanto um juízo de reproche do indivíduo. Como já se teve a oportunidade de defender, a culpabilidade deve ser vista como um juízo de inadequação da conduta com a exigência normativa[71]. Entretanto, mesmo que se filiasse à doutrina majoritária, o critério do juízo ético-pessoal não traria qualquer resultado expressivo. Roxin, por exemplo, o critica, lembrando que há contra-ordenações com conteúdo socialmente ético[72].

5.2 Considerações dogmáticas sobre o Direito de Contra-ordenações

Enquanto, em Portugal, utiliza-se o termo coima, *Geldbuße* é o termo utilizado, na Alemanha, para designar a pena pecuniária oriunda do cometimento de uma contra-ordenação[73]. Antes que surjam as contestações pelo fato de, em algumas hipóteses, a lei penal brasileira também impor pena de multa e de forma autônoma, perceba-se que a pena pecuniária do Direito de Contra-ordenações é de cunho administrativo e não penal, o que, por si só, já apresenta a vantagem de não rotular ninguém como criminoso e com isto evitar que se impinja ao imputado, desnecessariamente, todos os efeitos deletérios que vêm ao lado de uma pena criminal[74]. Schmitt, ao comparar a multa criminal com a das contra-ordenações, traça algumas distinções, com base no Direito alemão, dentre as quais, que interessa por servir ao Direito brasileiro: a imposição de uma pena pecuniária por uma contra-ordenação não gera um registro criminal, pode ser aplicada a pessoas jurídicas e a coletividades não regularizadas e é imposta por uma autoridade administrativa e não pela via jurisdicional, além de não

---

71 No tocante, ver: Tavares, 1998:1 50 ss.; Lobato, 2008: 293 ss.

72 Roxin, 2006: 58.

73 Eduardo Correia explica que sua sugestão, no Projeto do novo Código Penal português, da designação da expressão coima, tal como emprega Marcelo Caetano o termo "coima-ammenda", advém de seu sentido enquanto "actividade *preventiva-ordenadora da Administração*" e reação ao cometimento de um ilícito relativo à violação de normas de ordenamento social. Eduardo Correia, 1998: 17.

74 "O respectivo ilícito não pertence ao direito criminal, na medida em que as respectivas sanções estão desligadas do *pathos* que as caracteriza e não desqualificam o agente, a quem são impostas com mácula de uma reprovação ético-jurídica". Eduardo Correia, 1998: 16-17. Para um estudo mais detalhado, remete-se o Leitor à literatura sobre a "Criminologia Crítica", em especial: Baratta, 1999.

100 | JOSÉ DANILO TAVARES LOBATO

poder ser convertida em pena privativa de liberdade[75]. Este último argumento seria, no Brasil, válido até 1996, quando, então, adveio a Lei n.º 9.268 que, ao alterar a redação do artigo 51.º do Código Penal, proibiu a conversão da pena criminal de multa por privativa de liberdade e a transformou em dívida de valor. No entanto, substancialmente, as penas de multa tanto no âmbito criminal quanto no administrativo em quase nada divergem, o que muda em ambos os campos são os consectários e as regulações oriundos de cada sistema.

Neste sentido, se o objetivo estatal é evitar, por meio da imposição de uma sanção, certos comportamentos não-desejados, que, em si mesmos, não representam qualquer violação significante de bem jurídico penalmente tutelável e, em verdade, não passam de meras desobediências, deve o Estado atender ao princípio constitucional implícito da *ultima ratio* e se valer do meio jurídico proporcional ao fim almejado. Em termos mais concretos, se o Estado quer, por exemplo, evitar que as pessoas pisem e, conseqüentemente, destruam as plantas, que ornamentam os passeios públicos, pode ele, para tal fim, se utilizar de uma multa administrativa do Direito de Contra-ordenações. O Estado terá à sua disposição, então, um sistema mais efetivo, sob o ponto de vista estatal e mais garantístico para o cidadão, sem que tenha que marcar e etiquetar os cidadãos desobedientes como criminosos ou os obrigar a transacionar o não oferecimento da ação penal. Recusa-se a política criminal do Estado de pôr uma espada extremamente pesada e desnecessária sobre a cabeça dos cidadãos, a partir da edição de leis penais simbólicas que não se aplicam no dia-a-dia, mas que, ao acaso, podem recair com todo o peso legal em cima de um indivíduo sorteado pelo Poder Punitivo em função de sua "má-sorte". Não se esqueça da seletividade que é inerente a todo sistema penal[76].

As conseqüências da prática de um tipo de contra-ordenação não se limitam à aplicação de multas. Thieß recorda que a Administração Pública pode, por exemplo, cassar o direito concedido, vedar a prática de determinada atividade e apreender o ganho auferido com a prática da contra-ordenação[77]. Se, por um lado, é verdade que, em regra, as contra-ordenações giram em torno da aplicação de uma pena de multa, por outro, é errado limitar seu emprego a esta forma de sanção. Quanto ao quesito efetividade, não se pode ter dúvidas, a título de exemplo, de que será mais efetivo transferir as penas previstas nos

---

75 Schmitt, 1970: 12.

76 Ver Zaffaroni & Batista, 2003: 46 ss.

77 Thieß, 2002: 105.

SUBSIDIARIEDADE PENAL E TUTELA AMBIENTAL | 101

artigos 21.º e 22.º da Lei de Crimes Ambientais[78] contra as pessoas jurídicas para o âmbito de um futuro Direito brasileiro de Contra-ordenações, do que permanecer com as mesmas na seara penal e manter as incongruências e limitações, que tal escolha política equivocada vem trazendo.

É válido repetir que o entendimento defendido de que o emprego do sistema de Contra-ordenações é mais garantístico ao cidadão funda-se em sua comparação com o sistema sancionador tradicional do Direito Administrativo brasileiro. O princípio da legalidade no Direito de Contra-ordenações baseia-se nos mesmos pilares que o seu similar na seara penal. Como lembra Mitsch, o princípio da legalidade no Direito de Contra-ordenações escora-se nos seguintes pilares: vedação a punições com base em analogias e costumes (*lex scripta*), determinação da proibição (*lex certa*) e vedação da retroatividade da lei (*lex praevia*)[79]. Já a maior efetividade deste sistema para o Estado reside na sua aplicação diretamente pela Administração Pública[80] a partir de suas prerrogativas, como auto-executoriedade e imperatividade. Inclusive, como ressalva Thieß, a determinação da proibição não impede o emprego de cláusulas gerais e conceitos jurídicos valorativos indeterminados, mas, em contrapartida, exige que o conteúdo da proibição possa ser conhecido, com suficiente certeza, pelo cidadão e que ele não precise se socorrer de conhecimentos jurídicos especiais[81].

Em respeito ao princípio da legalidade, há-de se verificar que o tipo de contra-ordenação apresenta tipicidade objetiva e subjetiva, sendo que o tipo de imprudência, que é exceção, também precisa ter suas características previstas em lei para serem realizadas, sob pena de inexistir injusto na conduta praticada[82]. No tipo objetivo deve-se verificar a exteriorização da conduta do autor, que poderá ser tanto comissiva, quanto omissiva. Então, se a con-

---

78 Art. 21.º. As penas aplicáveis isolada, cumulativa ou alternativamente às pessoas jurídicas, de acordo com o disposto no art. 3.º, são: I – multa; II – restritivas de direitos; III – prestação de serviços à comunidade. Art. 22.º. As penas restritivas de direitos da pessoa jurídica são: I – suspensão parcial ou total de atividades; II – interdição temporária de estabelecimento, obra ou atividade; III – proibição de contratar com o Poder Público, bem como dele obter subsídios, subvenções ou doações.

79 Mitsch, 2005: 35.

80 Esta afirmação não olvida a existência de um processo administrativo de cunho contra-ordenacional e nem o *Verwarnungsverfahren* (§ 56.º, I, OWiG) destinado a evitar o início formal de um processo de imposição de uma pena pecuniária pelo cometimento de uma contra-ordenação bagatelar.

81 Thieß, 2002: 24.

82 Mitsch, 2005: 43, 65 e 71.

102 | JOSÉ DANILO TAVARES LOBATO

duta do autor for a mesma que estiver descrita no tipo de contra-ordenação, afirmar-se-á, positivamente, a tipicidade objetiva de seu atuar. No entanto, este é apenas o primeiro passo na avaliação da imposição da pena de multa. O segundo passo refere-se à presença do dolo ou da imprudência do autor na prática da conduta objetivamente típica. Como adverte Bohnert, com base no §10 da OWiG[83], no Direito de Contra-ordenações alemão, somente as condutas objetivamente típicas praticadas com dolo; poderão ser punidas, já as condutas imprudentes, em princípio, são indiferentes jurídicos, salvo se a lei expressamente prever a punição de uma conduta praticada por imprudência[84]. Pelo que se verifica, a mesma garantia fornecida pela tipicidade do Direito Penal, enquanto desdobramento dogmático-material do princípio da legalidade, é encontrada no Direito de Contra-ordenações. Neste tocante, o Direito de Contra-ordenações não fica atrás do Direito Penal, mas fornece condições similares de garantia ao cidadão contra o Estado. A única diferença é que muitas concessões ilegitimamente procedidas, na seara penal, pelo legislador no conteúdo do princípio da legalidade, tal como a dependência do tipo ao ato administrativo, são legítimas no Direito de Contra-ordenações, posto ser este um desdobramento do Direito Administrativo.

Como conseqüência lógica da assunção de um desenvolvimento dogmático-garantístico do princípio da legalidade na estrutura dos tipos de contra-ordenação, percebe-se que o problema do erro tem tratamento especial no Direito de Contra-ordenações. Ao contrário do que ocorre no Direito Administrativo clássico, em que os Autores não chegam a trabalhar a possibilidade de o administrado cometer uma falta administrativa e não ser punido em razão de estar em uma situação de erro quanto à percepção dos fatos que estão a sua volta, o Direito de Contra-ordenações traz esta previsão[85]. Tal como no Direito Penal, expõe Cramer que, nos casos de erro de tipo, falta dolo na conduta do agente e não lhe será aplicada pena pecuniária, salvo se a

---

83 OWiG: § 10.º Dolo e Imprudência: Por contra-ordenação apenas será sancionado aquele que praticar uma ação dolosa, salvo se a lei expressamente punir com pena pecuniária quem atuar de forma imprudente.

84 Bohnert, 1996: 13.

85 No Direito Administrativo, o instituto do erro surge apenas no bojo do Direito Administrativo Sancionador, ficando esquecido no Direito Administrativo clássico. Apesar da incorporação da teoria do erro no Direito Administrativo Sancionador, esta questão é tratada *in totum* como um problema de culpabilidade, em razão da incorporação do dolo e da culpa como elementos da culpabilidade. Assim: NIETO, 2006: 349 ss.; OSÓRIO, 2006: 442 ss.; Munhoz de Mello também inclui o estudo do erro na culpabilidade, mas o divide em erro de tipo e de proibição, seguindo a doutrina penal mais avançada, que abandonou a distinção entre erro de fato e de direito. Mello, 2007: 196 ss.

contra-ordenação for punível na forma imprudente[86]. Não há que se negar o avanço desta concepção frente à prática cotidiana de um "Direito Administrativo punitivo de responsabilidade objetiva".

Por outro lado, não apenas o erro de tipo é utilizado com naturalidade no Direito de Contra-ordenações, mas também o erro de proibição. Na OWiG[87] foi previsto o erro de proibição no item (2) do § 11.º, já que no item (1) houve a previsão do erro de tipo. A OWiG menciona expressamente a (in) evitabilidade do erro no item (2) referente ao erro de proibição[88]. Entretanto, a sua não menção expressa no item (1) não significa que sua análise esteja excluída do erro de tipo. A sua omissão deve-se ao fato de ser implícita sua pesquisa na própria ação imprudente, pois não há ação imprudente frente a situações inevitáveis. No Direito de Contra-ordenações, a ação imprudente representa a violação do dever de cuidado[89], não diferindo do conceito existente no Direito Penal. A desconsideração da inevitabilidade do erro de tipo para excluir a punição do administrado, pelo cometimento de uma contra-ordenação, a título de imprudência, não é uma tese que possa ser cogitada em um Estado Democrático de Direito, pois a sua prática implica em responsabilidade sem culpa, ou seja, responsabilidade por fatos objetivos ou por ocorrências oriundas do acaso, o que deve ser tido como inadmissível, face o retrocesso desta postura[90].

Ultrapassado o primeiro estádio na formação de uma contra-ordenação, isto é, a tipicidade, há-de se investigar o segundo, que se refere à antijuridicidade. A antijuridicidade deve ser entendida como a contrariedade da con-

---

86 Cramer, 1971: 54.

87 OWiG: § 11.º Erro: (1) Quem no cometimento de uma ação desconhecer alguma circunstância, que pertença ao tipo legal, não atua dolosamente. A possibilidade de se impor um sancionamento permanece inalterada frente à ação culposa. (2) Faltando ao autor no cometimento da ação a percepção da proibição de seu fazer, nomeadamente porque desconhecia a existência ou a vigência de uma prescrição jurídica, não atua ele de forma reprovável, se este erro não pudesse ter sido evitado.

88 Menciona-se o erro de proibição neste momento em razão de sua previsão vir em conjunto com o erro de tipo. No entanto, a fim de evitar qualquer equívoco, consigna-se que apenas o erro de tipo interfere na formação da tipicidade, posto que o erro de proibição é uma questão afeta à culpabilidade no Direito Penal e à reprovabilidade no Direito de Contra-ordenações.

89 Göhler, 1995: 72.

90 De forma oposta, no Direito Administrativo Sancionador, Nieto afirma que a existência de responsabilidade objetiva em certas hipóteses não implica na desconsideração total do princípio da culpabilidade, mas, sim, o seu reconhecimento. Nieto, 2006: 467. Esta afirmativa, por si só, basta para que se verifique que o Direito Administrativo Sancionador não trabalha com um verdadeiro conceito de culpabilidade, mas, sim, com um saco de gatos, onde se lançam diversos institutos não tratados na tipicidade.

104 | JOSÉ DANILO TAVARES LOBATO

duta ao ordenamento jurídico. Apesar de doutrinariamente haver uma antiga divergência de se a realização do tipo é *ratio essendi* ou *ratio cognoscendi* da antijuridicidade, pode-se filiar com certa tranquilidade ao posicionamento prevalente de que o tipo legal é um indício de antijuridicidade. A contrariedade ao ordenamento jurídico que configura a antijuridicidade não é sinônimo de violação do tipo legal, uma vez que a conduta pode violar o tipo legal, formando tipicidade, mas não contrariar o ordenamento, logo não subsistirá antijuridicidade na conduta típica. Não há dúvidas de que a realização do tipo legal traz junto de si a presunção de que a conduta praticada é antijurídica. Entretanto, esta presunção, por ser relativa, poderá ou não se confirmar conforme estejam ou não presentes algumas situações fático-jurídicas. O conceito de antijuridicidade utilizado pelo Direito Penal deve ser transferido para o Direito de Contra-ordenações, uma vez que a antijuridicidade da conduta é una, logo os sistemas também devem ser. Tal como no Direito Penal, o Direito de Contra-ordenações alemão prevê os institutos da legítima defesa e do estado de necessidade como causas de justificação da conduta típica[91]. No entanto, em razão de estas duas causas atuarem da mesma forma que as suas respectivas no Direito Penal, deixa-se de proceder a comentários outros que não a ressalva de que, apesar de a redação das citadas causas ser diferente da prevista no Código Penal brasileiro, as mesmas são reproduções idênticas das previstas no Código Penal alemão, o que indica uma divergência entre o Direito Penal alemão e o Direito Penal brasileiro e não entre o Direito Penal e o Direito de Contra-ordenações.

A causa de justificação que mais interessa é a "autorização administrativa"[92], pois a mesma é de cunho extra-legal. Não se esqueça de que a permissão administrativa irá excluir o tipo, quando a ausência do ato administrativo for elementar típica. Entretanto, quando não houver referência no tipo penal ao

---

91 OWiG: § 15.º Legítima Defesa: (1) Quem praticar uma ação em situação de legítima defesa não atua antijuridicamente. (2) Legítima defesa é a defesa que se faz necessária para evitar uma agressão antijurídica atual contra si ou contra outrem. (3) Ultrapassando o autor os limites da legítima defesa em razão de confusão, temor ou medo, não será a ação sancionada.

§ 16.º Estado de Necessidade Justificante: Quem comete uma ação em um perigo atual que não seja de outro modo evitável, contra a vida, o corpo, liberdade, honra, propriedade ou um outro bem jurídico, para evitar um perigo contra si ou contra outrem, não atua antijuridicamente, se na ponderação dos interesses em conflito, nomeadamente os bens jurídicos afetados e o grau do perigo de ameaça a eles, prevalecer o interesse protegido mais relevante. Esta regra vale, todavia, enquanto a ação se valha de um meio adequado para afastar o perigo.

92 O termo traduzido é *Behördliche Genehmigung*. Apesar do emprego do vocábulo autorização, não se deve interpretá-lo em sentido estrito e técnico, pois o mesmo engloba as permissões e etc.

ato administrativo, a discussão da permissão administrativa deixará de ser um problema de tipicidade e passará a ser matéria afeta à antijuridicidade. A extra-legalidade da "autorização administrativa" deve-se à sua não inclusão no rol da lei de contra-ordenações alemã como causa de justificação e, assim, de exclusão da antijuridicidade da conduta típica de contra-ordenação. Entretanto, como ressalta Mitsch, a "autorização administrativa" é legalmente regida, ou seja, ela é um ato administrativo e como tal rege-se pelo Direito Administrativo, logo sua efetividade dependerá dos critérios previstos no âmbito do Direito Administrativo[93]. Por tal razão, Mitsch defende que uma autorização administrativa nula não produzirá efeitos válidos no Direito de Contra-ordenações tanto quanto não produz no Direito Administrativo[94]. Objeta-se esta consideração, já que se vislumbra a necessidade de se, também, aplicar o princípio da confiança no Direito de Contra-ordenações.

O princípio da confiança deve ser visto como um princípio de Direito e não de Direito Penal apenas. Antes que venham as críticas por se estar trazendo um novo princípio para o Direito Administrativo, lembre-se que o princípio da confiança no Direito Administrativo não passa de um desenvolvimento do princípio constitucional da moralidade, que deve reger a atuação da Administração Pública brasileira[95]. Fere não só o princípio da confiança, mas a própria moralidade administrativa editar atos administrativos inválidos em favor do cidadão de boa-fé, fazendo-o atuar ilicitamente. Certo é que o ato administrativo inválido, em razão de uma conduta de má-fé do cidadão, não produzirá efeitos. Por outro lado, frente ao ato administrativo autorizador anulável, posiciona Mitsch que, se o ato sofrer de um vício de anulabilidade, o posicionamento doutrinário majoritário é de que ele será uma causa de justificação válida, pois estará produzindo efeitos no Direito

---

93 Mitsch, 2005: 89.

94 Mitsch, 2005: 89-90.

95 Moreira Neto expõe que "as dimensões éticas do Estado contemporâneo se viram imensamente ampliadas no decorrer do último século, não só com a definitiva sedimentação da *legalidade*, essencial à realização do Estado de Direito, mas com o viçoso ressurgimento autônomo da *legitimidade*, essencial à realização do Estado Democrático e, ainda, como conquista *in fieri*, na introdução da *licitude*, também como valor autônomo, capaz de levar à realização de um Estado de Justiça no próximo milênio. A juridicidade, assim, não mais se reduz à *legalidade*, mas só se realiza plenamente associada à *legitimidade* e à *licitude*, desdobramento esse que pode ser claramente observado na ordem constitucional inaugurada em 1988 no Brasil. [...] Já não mais basta às conscientes e exigentes sociedades contemporâneas saberem que o Estado se submete à *vontade da maioria*, mas, ainda, que os governantes se submetem *às exigências da moral*". Moreira Neto, 2007: 50-51.

Administrativo[96], pensamento este que também não difere do ora defendido. No entanto, o mais relevante é perceber que a sistemática da antijuridicidade no Direito de Contra-ordenações, dogmaticamente, equipara-se à do Direito Penal, uma vez que em ambas as searas a função e a lógica da antijuridicidade são iguais, ainda que se defenda uma diferença qualitativa ou quantitativa entre os injustos penal e contra-ordenacional.

Na comparação da estrutura infracional do Direito Penal com a do Direito de Contra-ordenações, poder-se-ia encontrar diferença apenas no terceiro estádio da infração, que, respectivamente, refere-se à culpabilidade ou reprovabilidade. A diferença percebida por parte da doutrina, que já foi apontada e criticada, seria a existência de juízo ético-pessoal de reprovação no primeiro e a sua ausência no último, em razão de as contra-ordenações referirem-se a condutas neutras e avaloradas. Neste ponto, pensa-se que tanto o juízo de culpabilidade do Direito Penal quanto o de reprovabilidade do Direito de Contra-ordenações devem ser vistos de igual modo, como juízos de inadequação da conduta do agente à exigência normativa, de forma a que, metodologicamente, se abra a porta para a verificação da proporcionalidade da exigência normativa frente aquele indivíduo e se refute a simples rotulação: culpado ou reprovável. Entretanto, esta defesa não leva a diferenciações no conteúdo de ambos os institutos, apenas permite avaliar a legitimidade da proibição estatal. Göhler, por exemplo, que não trabalha no sentido desta crítica, admite que, realmente, o conceito de reprovabilidade do Direito de Contra-ordenações tem o mesmo conteúdo do conceito penal de culpabilidade[97].

Como se pode verificar, a estrutura da reprovabilidade do Direito de Contra-ordenações é igual à dá culpabilidade penal, uma vez que seus elementos formadores são os mesmos. Mitsch aponta a imputabilidade, a consciência da ilicitude e a inexistência de causas desculpantes como os elementos formadores da reprovabilidade no Direito de Contra-ordenações[98].

---

96 Mitsch, 2005: 90.

97 Göhler, 1995: 23.

98 Mitsch, 2005: 96. No mesmo sentido: Treder, 1996: 15-16. Adotando uma posição que se denominaria de causalista por incluir o dolo e a culpa na reprovabilidade: Thieß, 2002: 61; Schwacke, 2006: 31 ss.

6. TUTELA DO AMBIENTE – UM DIREITO DE CONTRA-ORDENAÇÕES BRASILEIRO *VERSUS* A VIGENTE LEI DE CRIMES AMBIENTAIS

Poder-se-ia seguir discorrendo sobre as facetas do Direito de Contra-ordenações, apresentando as suas disposições, dentre outras, sobre condutas omissivas e por meio de outrem, punibilidade da pessoa jurídica, tentativa e participação. No entanto, pára-se neste ponto, em razão de o objetivo pretendido já se encontrar atingido. O propósito não é a análise exauriente do Direito de Contra-ordenações, mas trazer seu sistema, a partir dos principais e mais marcantes traços, a fim de que se pudesse tê-lo como um novo norte na regulação do controle e proteção do Meio Ambiente, para que, então, possa vir a ser utilizado em substituição ao Direito Penal, que vem sendo empregado como a solução de todos os males do mundo, quando, em verdade, não passa de um placebo jurídico.

Não se defende que o Direito de Contra-ordenações ingresse no controle e tutela do ambiente de maneira irrestrita. Ele há-de tomar o seu papel na regulação ambiental sim, mas tal ingresso não significa que ele deva ser transformado em um instrumento destinado a atender todas as vozes punitivas. Impende ressalvar que o fato de o Direito de Contra-ordenações não ser Direito Penal não o legitima a regular toda e qualquer situação fática, uma vez que, se o legislador optar por seu emprego em demasia, oprimirá o cidadão tal como o Direito Penal o faz, além de levar este sistema a cair em descrédito por falta de efetividade no dia-a-dia. Deve-se perceber que o sancionamento do administrado, ainda que não ocorra por uma pena criminal, isto é, sem a perda da liberdade e sem a etiquetagem de criminoso – cidadão de segunda classe –, é uma situação extrema de intervenção estatal na vida do indivíduo e de restrição de direitos fundamentais. A inexistência de pena de prisão e o não maculamento social do cidadão não autorizam o Estado, por meio do Poder Legislativo, a dispor de um instrumento punitivo a ser usado arbitrariamente e no mero deleite estatal.

Não há-de se esquecer que a liberdade de agir da pessoa é a regra e seu condicionamento, independentemente do grau de limitação imposto pelo Estado, deve ser razoável e proporcional. Ao Estado não se permite limitar a liberdade de agir do cidadão se tal restrição não se apresentar funcionalmente proveitosa à coletividade e ao funcionamento estatal, que deve, ainda que indiretamente, ser revertido em favor da vida das pessoas no seio social em que vivem. Restringir o âmbito de liberdade do indivíduo, sancionando-lhe, em caso de descumprimento, não é legítimo e, por tal razão, inconstitucio-

108 | JOSÉ DANILO TAVARES LOBATO

nal, por violar o princípio da proporcionalidade, na hipótese de esta restrição ser fundada somente na vontade irracional do Estado de aumentar sua esfera de controle e interferência na vida das pessoas. Dessa forma, pode-se consignar que a defesa em favor da adoção do Direito de Contra-ordenações, como instrumento primário na regulação e controle da tutela do Meio Ambiente, não abona o uso indiscriminado deste instrumental e nem a redação de novos tipos, uma vez que, se fosse convertida a maior parte dos tipos penais previstos na Lei brasileira de Crimes contra o Meio Ambiente em tipos de contra-ordenações, já se possuiria, na seara ambiental, um Direito de Contra-ordenações muito forte e invasivo. A questão a ser enfrentada consiste em saber quais os tipos penais poderiam ser convertidos e quais não, seja porque devam continuar integrando o Direito Penal ou em razão de sua tipificação ser ilegítima por falta de razoabilidade, hipótese em que tais tipificações devam ser banidas do Direito Penal e devam passar longe do Direito de Contra-ordenações.

Com o fim de empreender esta separação, cabe verificar o primeiro crime previsto na Lei brasileira de Crimes Ambientais. O artigo 29.º[99] é um exemplo crasso de uso grosseiramente equivocado do Direito Penal. Esta norma penal incrimina o cidadão, rotulando-o como criminoso e trazendo-lhe todos os efeitos sociais deletérios do processo e de eventual pena criminal, que, além de outras condutas, caça ou guarda animal silvestre sem a devida autorização administrativa. Ainda que se argumentasse que a conduta daquele que caça animais silvestres, ressalvada a presença do estado de necessidade, é ignóbil por levar à matança, mutilação ou comercialização de seres vivos, veja-se que

---

99 Art. 29.º. Matar, perseguir, caçar, apanhar, utilizar espécimes da fauna silvestre, nativos ou em rota migratória, sem a devida permissão, licença ou autorização da autoridade competente, ou em desacordo com a obtida: Pena – detenção de seis meses a um ano, e multa. § 1.º Incorre nas mesmas penas: I – quem impede a procriação da fauna, sem licença, autorização ou em desacordo com a obtida; II – quem modifica, danifica ou destrói ninho, abrigo ou criadouro natural; III – quem vende, expõe à venda, exporta ou adquire, guarda, tem em cativeiro ou depósito, utiliza ou transporta ovos, larvas ou espécimes da fauna silvestre, nativa ou em rota migratória, bem como produtos e objetos dela oriundos, provenientes de criadouros não autorizados ou sem a devida permissão, licença ou autorização da autoridade competente. § 2.º. No caso de guarda doméstica de espécie silvestre não considerada ameaçada de extinção, pode o juiz, considerando as circunstâncias, deixar de aplicar a pena. § 3.º São espécimes da fauna silvestre todos aqueles pertencentes às espécies nativas, migratórias e quaisquer outras, aquáticas ou terrestres, que tenham todo ou parte de seu ciclo de vida ocorrendo dentro dos limites do território brasileiro, ou águas jurisdicionais brasileiras. § 4.º A pena é aumentada de metade, se o crime é praticado: I – contra espécie rara ou considerada ameaçada de extinção, ainda que somente no local da infração; II – em período proibido à caça; III – durante a noite; IV – com abuso de licença; V – em unidade de conservação; VI – com emprego de métodos ou instrumentos capazes de provocar destruição em massa. § 5.º A pena é aumentada até o triplo, se o crime decorre do exercício de caça profissional. § 6.º As disposições deste artigo não se aplicam aos atos de pesca.

estas condutas em si mesmas não são abjetadas pelo Estado brasileiro, já que ele pode autorizar o particular a praticá-las, como a própria lei penal expressa em sua redação típica. A proibição penal reside especificamente na desconsideração do controle estatal sobre estas condutas. Pune-se penalmente a não obtenção da autorização e não propriamente a caça ou a guarda de animais silvestres. Contudo, mesmo que se tente refutar esta crítica, não se pode superar o fato de o legislador não ter considerado a conduta do artigo 29.º penalmente grave, posto que a pena-base é de 6 meses a 1 ano de detenção. Na prática, este é um crime de menor potencial ofensivo, conforme os parâmetros da Lei n.º 9.099/95, o que indica que, em regra, o cidadão que cometeu culpavelmente este injusto penal não sofrerá qualquer pena de prisão, posto que ser-lhe-á facultade valer-se dos institutos despenalizadores da citada lei processual, como indica diretamente a criticada Lei de Crimes Ambientais em seus artigos 27.º e 28.º[100], ao tentar aprimorar, ou melhor, refinar o seu uso na tutela do Meio Ambiente.

Resta claro o emprego desproporcional do Direito Penal pelo legislador, isto porque o mesmo utiliza um canhão para acertar um passarinho. O legislador pretende ver respeitado seu poder de controle e, assim, emprega o instrumento jurídico mais gravoso para o cidadão com o fim de obter o respeito às suas prescrições e, na hipótese de desobediência, a reparação do dano causado e o retorno do *status quo*. Ocorre que este objetivo estatal pode ser atendido integralmente por meio do Direito Administrativo, em especial, a partir da adoção do Direito de Contra-ordenações, atendendo, desse modo, ao princípio da subsidiariedade do Direito Penal enquanto desmembramento

---

100 Art. 27.º Nos crimes ambientais de menor potencial ofensivo, a proposta de aplicação imediata de pena restritiva de direitos ou multa, prevista no art. 76.º da Lei nº 9.099, de 26 de Setembro de 1995, somente poderá ser formulada desde que tenha havido a prévia composição do dano ambiental, de que trata o art. 74.º da mesma lei, salvo em caso de comprovada impossibilidade. Art. 28.º. As disposições do art. 89.º da Lei n.º 9.099, de 26 de setembro de 1995, aplicam-se aos crimes de menor potencial ofensivo definidos nesta Lei, com as seguintes modificações: I – a declaração de extinção de punibilidade, de que trata o § 5.º do artigo referido no caput, dependerá de laudo de constatação de reparação do dano ambiental, ressalvada a impossibilidade prevista no inciso I do § 1.º do mesmo artigo; II – na hipótese de o laudo de constatação comprovar não ter sido completa a reparação, o prazo de suspensão do processo será prorrogado, até o período máximo previsto no artigo referido no caput, acrescido de mais um ano, com suspensão do prazo da prescrição;III – no período de prorrogação, não se aplicarão as condições dos incisos II, III e IV do § 1.º do artigo mencionado no caput; IV – findo o prazo de prorrogação, proceder-se-á à lavratura de novo laudo de constatação de reparação do dano ambiental, podendo, conforme seu resultado, ser novamente prorrogado o período de suspensão, até o máximo previsto no inciso II deste artigo, observado o disposto no inciso III; V – esgotado o prazo máximo de prorrogação, a declaração de extinção de punibilidade dependerá de laudo de constatação que comprove ter o acusado tomado as providências necessárias à reparação integral do dano.

110 | JOSÉ DANILO TAVARES LOBATO

do princípio constitucional da proporcionalidade, já que o critério da necessidade não está presente no crime do artigo 29.º. A crítica segue o espírito da análise correntemente feita, no âmbito dos crimes tributários, contra o uso do Direito Penal enquanto instrumento de cobrança de tributos. Nesse sentido, não há de restar dúvidas de que o criticado artigo 29.º deva ser descriminalizado e venha a se tornar um tipo de contra-ordenação.

Este posicionamento vale, inclusive, para as formas agravadas do artigo 29.º. Ainda que a pena privativa de liberdade tenha sido elevada, ela não se justifica em razão de não haver fato novo com dignidade penal, mas, e tão somente, circunstâncias que dificultam a operacionalização do controle das atividades pela Administração Pública, o que apenas reforça a crítica de que o Direito Penal está sendo utilizado para tutelar a função estatal de controle e não o alegado bem jurídico "Meio Ambiente". No mesmo diapasão desta crítica, refuta-se a criminalização das condutas previstas nos artigos 30.º, 31.º, 34.º, 39.º, 44.º, 50.º-A, 51.º, 52.º, 55.º e 60.º da Lei de Crimes Ambientais[101],

---

101 Art. 30.º. Exportar para o exterior peles e couros de anfíbios e répteis em bruto, sem a autorização da autoridade ambiental competente: Pena – reclusão, de um a três anos, e multa.

Art. 31.º. Introduzir espécime animal no País, sem parecer técnico oficial favorável e licença expedida por autoridade competente: Pena – detenção, de três meses a um ano, e multa.

Art. 34.º. Pescar em período no qual a pesca seja proibida ou em lugares interditados por órgão competente: Pena – detenção de um ano a três anos ou multa, ou ambas as penas cumulativamente. Parágrafo único. Incorre nas mesmas penas quem: I – pesca espécies que devam ser preservadas ou espécimes com tamanhos inferiores aos permitidos; II – pesca quantidades superiores às permitidas, ou mediante a utilização de aparelhos, petrechos, técnicas e métodos não permitidos; III – transporta, comercializa, beneficia ou industrializa espécimes provenientes da coleta, apanha e pesca proibidas.

Art. 39.º. Cortar árvores em floresta considerada de preservação permanente, sem permissão da autoridade competente: Pena – detenção, de um a três anos, ou multa, ou ambas as penas cumulativamente.

Art. 44.º. Extrair de florestas de domínio público ou consideradas de preservação permanente, sem prévia autorização, pedra, areia, cal ou qualquer espécie de minerais: Pena – detenção, de seis meses a um ano, e multa.

Art. 50.º-A. Desmatar, explorar economicamente ou degradar floresta, plantada ou nativa, em terras de domínio público ou devolutas, sem autorização do órgão competente: (Incluído pela Lei nº 11.284, de 2006) Pena – reclusão de 2 (dois) a 4 (quatro) anos e multa. (Incluído pela Lei n.º 11.284, de 2006) § 1.º Não é crime a conduta praticada quando necessária à subsistência imediata pessoal do agente ou de sua família. (Incluído pela Lei n.º 11.284, de 2006) § 2.º Se a área explorada for superior a 1.000 ha (mil hectares), a pena será aumentada de 1 (um) ano por milhar de hectare. (Incluído pela Lei n.º 11.284, de 2006).

Art. 51.º. Comercializar motosserra ou utilizá-la em florestas e nas demais formas de vegetação, sem licença ou registro da autoridade competente: Pena – detenção, de três meses a um ano, e multa.

Art. 52.º. Penetrar em Unidades de Conservação conduzindo substâncias ou instrumentos próprios para caça ou para exploração de produtos ou subprodutos florestais, sem licença da autoridade competente: Pena – detenção, de seis meses a um ano, e multa.

Art. 55.º. Executar pesquisa, lavra ou extração de recursos minerais sem a competente autorização, permissão, concessão ou licença, ou em desacordo com a obtida: Pena – detenção, de seis meses a um ano, e multa. Parágrafo único. Nas mesmas penas incorre quem deixa de recuperar a área pesquisada ou explorada, nos termos da autorização, permissão, licença, concessão ou determinação do órgão competente. Art. 60.º. Construir, reformar, ampliar, instalar ou fazer funcionar, em qualquer parte do território uma vez que o legislador alega a existência de um bem jurídico a ser protegido contra determinadas práticas, mas o próprio Estado não o protege, posto que ele mesmo autoriza estas práticas em tese proscritas, de forma que o Estado termina por, simplesmente, incriminar a desconsideração, pelo cidadão, de sua função de controle. Se estas condutas forem descriminalizadas e convertidas em tipos de contra-ordenação, o cidadão poderá ser exemplarmente punido e obrigado a reparar o dano na esfera administrativa, ao mesmo tempo em que a Administração Pública terá em suas mãos um instrumental jurídico mais ágil e eficiente e proporcional.

Como mais um exemplo do erro legislativo gritante desta equivocada política criminal de tutela do Meio Ambiente, tem-se o crime do artigo 46.º[102]. Por intermédio deste tipo penal, o legislador pretendia reprimir o comércio ambiental ilícito e punir aqueles receptadores, que adquirem produtos vegetais de origem criminosa, contudo, terminou por punir com menor rigor aqueles que atuam com fins comerciais ou industriais frente àquelas pessoas que adquirem estes bens sem qualquer finalidade empresarial. A conduta dos receptadores ambientais sem finalidade empresarial não é punida com pena de detenção de 6 meses a 1 ano, mas sim com pena de reclusão de 1 a 4 anos, com base no crime de receptação previsto no artigo 180.º do Código Penal[103]. Ou seja, neste afã punitivo, o legislador violou o princípio da razoabilidade de maneira injustificável, contradizendo seu próprio objetivo, já que estimula o exercício de atividade ilícita economicamente organizada com produtos ambientais. Fato este que denota a impossibilidade de se levar a sério a política criminal esboçada na Lei brasileira de Crimes Ambientais.

---

nacional, estabelecimentos, obras ou serviços potencialmente poluidores, sem licença ou autorização dos órgãos ambientais competentes, ou contrariando as normas legais e regulamentares pertinentes: Pena – detenção, de um a seis meses, ou multa, ou ambas as penas cumulativamente.

102 Art. 46.º. Receber ou adquirir, para fins comerciais ou industriais, madeira, lenha, carvão e outros produtos de origem vegetal, sem exigir a exibição de licença do vendedor, outorgada pela autoridade competente, e sem munir-se da via que deverá acompanhar o produto até final beneficiamento: Pena – detenção, de seis meses a um ano, e multa. Parágrafo único. Incorre nas mesmas penas quem vende, expõe à venda, tem em depósito, transporta ou guarda madeira, lenha, carvão e outros produtos de origem vegetal, sem licença válida para todo o tempo da viagem ou do armazenamento, outorgada pela autoridade competente.

103 Art. 180.º – Adquirir, receber, transportar, conduzir ou ocultar, em proveito próprio ou alheio, coisa que sabe ser produto de crime, ou influir para que terceiro, de boa-fé, a adquira, receba ou oculte: (Redação dada pela Lei nº 9.426, de 1996) Pena – reclusão, de um a quatro anos, e multa. (Redação dada pela Lei nº 9.426, de 1996).

112 | JOSÉ DANILO TAVARES LOBATO

Por outro lado, os delitos previstos nos artigos 32.º, 33.º e 35.º[104], enquanto ações de maus-tratos a animais, são penalmente legitimadas. Sem dúvidas, que tais condutas poderiam ser descriminalizadas para se tornarem tipos de contra-ordenações, todavia, tal mudança dependeria do Poder Legislativo e não do Poder Judiciário. O instrumento jurídico para a proibição desta conduta depende de uma escolha eminentemente política, logo fundamentada em bases democráticas no âmbito do Poder Legislativo, o que significa que o Poder Judiciário não está legitimado a realizar a escolha da forma pela qual os maus-tratos a animais serão reprimidos. Não se verifica na norma prevista no parágrafo 3.º do artigo 225.º da CRFB[105] um mandato de criminalização para toda e qualquer atividade lesiva ao Meio Ambiente, já que este mesmo artigo prevê a responsabilidade administrativa em grau não inferior à responsabilização penal. Compete ao povo, por meio de seus representantes legitimamente eleitos, realizar esta escolha. Ao Poder Judiciário compete exercer o controle jurídico da escolha legislativa, que no tocante aos artigos 32.º, 33.º e 35.º, não há o que deva ser declarado inconstitucional.

Por outro lado, os crimes previstos nos artigos 38.º, 38.º-A, 40.º, 41.º, 42.º, 45.º, 48.º e 50.º da Lei n.º 9.605/98[106], em maior ou menor medida, visam a

---

104 Art. 32.º. Praticar ato de abuso, maus-tratos, ferir ou mutilar animais silvestres, domésticos ou domesticados, nativos ou exóticos: Pena – detenção, de três meses a um ano, e multa. § 1.º Incorre nas mesmas penas quem realiza experiência dolorosa ou cruel em animal vivo, ainda que para fins didáticos ou científicos, quando existirem recursos alternativos. § 2.º A pena é aumentada de um sexto a um terço, se ocorre morte do animal. Art. 33.º. Provocar, pela emissão de efluentes ou carreamento de materiais, o perecimento de espécimes da fauna aquática existentes em rios, lagos, açudes, lagoas, baías ou águas jurisdicionais brasileiras: Pena – detenção, de um a três anos, ou multa, ou ambas cumulativamente. Parágrafo único. Incorre nas mesmas penas: I – quem causa degradação em viveiros, açudes ou estações de aqüicultura de domínio público; II – quem explora campos naturais de invertebrados aquáticos e algas, sem licença, permissão ou autorização da autoridade competente; III – quem fundeia embarcações ou lança detritos de qualquer natureza sobre bancos de moluscos ou corais, devidamente demarcados em carta náutica. Art. 35.º. Pescar mediante a utilização de: I – explosivos ou substâncias que, em contato com a água, produzam efeito semelhante; II – substâncias tóxicas, ou outro meio proibido pela autoridade competente: Pena – reclusão de um ano a cinco anos.

105 Art. 225.º. Todos têm direito ao meio ambiente ecologicamente equilibrado, bem de uso comum do povo e essencial à sadia qualidade de vida, impondo-se ao Poder Público e à coletividade o dever de defendê-lo e preservá-lo para as presentes e futuras gerações [...] § 3.º – As condutas e atividades consideradas lesivas ao meio ambiente sujeitarão os infratores, pessoas físicas ou jurídicas, a sanções penais e administrativas, independentemente da obrigação de reparar os danos causados

106 Art. 38.º. Destruir ou danificar floresta considerada de preservação permanente, mesmo que em formação, ou utilizá-la com infringência das normas de proteção: Pena – detenção, de um a três anos, ou multa, ou ambas as penas cumulativamente. Parágrafo único. Se o crime for culposo, a pena será reduzida à metade. Art. 38.º-A. Destruir ou danificar vegetação primária ou secundária, em estágio avançado ou médio de regeneração, do Bioma Mata Atlântica, ou utilizá-la com infringência das normas de proteção: (Incluído pela Lei nº 11.428, de 2006). Pena – detenção, de 1 (um) a 3 (três) anos, ou multa, ou ambas as penas

SUBSIDIARIEDADE PENAL E TUTELA AMBIENTAL | 113

tutelar o bem jurídico Meio Ambiente, enquanto condição para a habilidade e a vida humana digna no planeta. É certo que a Constituição autoriza o uso do Direito Penal para – tentar – proteger o Meio Ambiente. Neste ponto, então, não se pode superar, por meio da hermenêutica, a escolha do legislador brasileiro em favor do Direito Penal. No entanto, pode-se, sim, demonstrar o erro na forma como esta decisão política se exteriorizou na criticada lei. O legislador pecou por excesso. Ao invés de criar estes 8 tipos penais, punindo toda e qualquer agressão ao Meio Ambiente, a lei deveria ter criado um único tipo penal, seguindo o exemplo português[107]. O artigo 278.º do Código Penal português abarca tanto os danos contra a flora quanto a fauna. Poder-se-ia seguir o exemplo português e revogar os artigos 38.º, 38.º-A, 40.º, 41.º, 42.º, 45.º, 48.º e 50.º da Lei n.º 9.605/98, além dos artigos 33.º e 35.º. Como o crime do artigo 32.º tem um propósito mais humanista, sob o ponto de vista axilógico, do que o dos artigos 33.º e 35.º, este poderia permanecer inalterado. O primeiro mérito do legislador português reside no respeito ao princípio da subsidiariedade do Direito Penal, posto que apenas as condutas graves serão punidas com penas de caráter criminal. O segundo mérito está no fato de ter sido facilitado o conhecimento da lei penal ao cidadão, isto porque os fins

---

cumulativamente. (Incluído pela Lei nº 11.428, de 2006). Parágrafo único. Se o crime for culposo, a pena será reduzida à metade. (Incluído pela Lei nº 11.428, de 2006).Art. 40.º. Causar dano direto ou indireto às Unidades de Conservação e às áreas de que trata o art. 27.º do Decreto n.º 99.274, de 6 de junho de 1990, independentemente de sua localização: Pena – reclusão, de um a cinco anos.§ 1.º Entende-se por Unidades de Conservação de Proteção Integral as Estações Ecológicas, as Reservas Biológicas, os Parques Nacionais, os Monumentos Naturais e os Refúgios de Vida Silvestre. (Redação dada pela Lei nº 9.985, de 18.7.2000) § 2.º A ocorrência de dano afetando espécies ameaçadas de extinção no interior das Unidades de Conservação de Proteção Integral será considerada circunstância agravante para a fixação da pena. (Redação dada pela Lei nº 9.985, de 18.7.2000) § 3.º Se o crime for culposo, a pena será reduzida à metade. Art. 41.º. Provocar incêndio em mata ou floresta: Pena – reclusão, de dois a quatro anos, e multa. Parágrafo único. Se o crime é culposo, a pena é de detenção de seis meses a um ano, e multa. Art. 45.º. Cortar ou transformar em carvão madeira de lei, assim classificada por ato do Poder Público, para fins industriais, energéticos ou para qualquer outra exploração, econômica ou não, em desacordo com as determinações legais: Pena – reclusão, de um a dois anos, e multa. Art. 48.º. Impedir ou dificultar a regeneração natural de florestas e demais formas de vegetação:Pena – detenção, de seis meses a um ano, e multa. Art. 50.º. Destruir ou danificar florestas nativas ou plantadas ou vegetação fixadora de dunas, protetora de mangues, objeto de especial preservação: Pena – detenção, de três meses a um ano, e multa.

107 Código Penal português – Artigo 278.º – Danos contra a natureza – 1 – Quem, não observando disposições legais ou regulamentares, eliminar exemplares de fauna ou flora ou destruir habitat natural ou esgotar recursos do subsolo, de forma grave, é punido com pena de prisão até 3 anos ou com pena de multa até 600 dias. 2 – Para os efeitos do número anterior o agente actua de forma grave quando: a) Fizer desaparecer ou contribuir decisivamente para fazer desaparecer uma ou mais espécies animais ou vegetais de certa região; b) Da destruição resultarem perdas importantes nas populações de espécies de fauna ou flora selvagens legalmente protegidas; c) Esgotar ou impedir a renovação de um recurso do subsolo em toda uma área regional. 3 – Se a conduta referida no n.º 1 for praticada por negligência, o agente é punido com pena de prisão até 1 ano ou com pena de multa.

protetivos almejados, neste tocante, se resumem em um único tipo penal, que foi incluído no Código Penal português e permitiu ao cidadão uma real possibilidade de conhecer a proibição penal, bem diferente do que ocorre com as legislações penais de emergência, tão comuns no Brasil, que se espalham por meio de inúmeras leis extravagantes.

É válido lembrar que esta emergência legislativa tem feito com que muitos profissionais do Direito sequer tenham ciência da existência do conteúdo das leis. Por outro lado, antes que se objete a crítica feita, por deixar o Meio Ambiente "desprotegido", ou seja, ao largo da tutela penal, quando da ocorrência de danos contra a flora e a fauna de níveis médio e leve, lembre-se que para este fim, deve o Estado se socorrer do Direito Administrativo em sentido amplo. Assim, terá à sua disposição o Direito de Contra-ordenações.

O artigo 54.º[108] da Lei brasileira de Crimes Ambientais tem o mérito de atender à finalidade desenhada no parágrafo anterior. Contudo, o crime previsto no artigo 56[109] é excessivo quando se refere ao Meio Ambiente e não à saúde humana, uma vez que pune a mera presunção do perigo ambiental no mesmo grau e medida em que a ocorrência da poluição ambiental propriamente dita é reprimida no artigo 54.º, isto é, com pena de reclusão de 1 a 4 anos. Uma reformulação correta do artigo 56.º depende da exclusão da referência típica às substâncias prejudiciais ao meio ambiente, limitando o tipo penal a restringir a circulação dos produtos e substâncias ao perigo de lesão à saúde humana. Eventuais produtos ou substâncias que não sejam perigosos

---

108Art. 54.º. Causar poluição de qualquer natureza em níveis tais que resultem ou possam resultar em danos à saúde humana, ou que provoquem a mortandade de animais ou a destruição significativa da flora: Pena – reclusão, de um a quatro anos, e multa. § 1.º Se o crime é culposo: Pena – detenção, de seis meses a um ano, e multa. § 2.º Se o crime: I – tornar uma área, urbana ou rural, imprópria para a ocupação humana; II – causar poluição atmosférica que provoque a retirada, ainda que momentânea, dos habitantes das áreas afetadas, ou que cause danos diretos à saúde da população; III – causar poluição hídrica que torne necessária a interrupção do abastecimento público de água de uma comunidade; IV – dificultar ou impedir o uso público das praias; V – ocorrer por lançamento de resíduos sólidos, líquidos ou gasosos, ou detritos, óleos ou substâncias oleosas, em desacordo com as exigências estabelecidas em leis ou regulamentos: Pena – reclusão, de um a cinco anos. § 3.º Incorre nas mesmas penas previstas no parágrafo anterior quem deixar de adotar, quando assim o exigir a autoridade competente, medidas de precaução em caso de risco de dano ambiental grave ou irreversível.

109 Art. 56.º. Produzir, processar, embalar, importar, exportar, comercializar, fornecer, transportar, armazenar, guardar, ter em depósito ou usar produto ou substância tóxica, perigosa ou nociva à saúde humana ou ao meio ambiente, em desacordo com as exigências estabelecidas em leis ou nos seus regulamentos: Pena – reclusão, de um a quatro anos, e multa. § 1.º Nas mesmas penas incorre quem abandona os produtos ou substâncias referidos no caput, ou os utiliza em desacordo com as normas de segurança. § 2.º Se o produto ou a substância for nuclear ou radioativa, a pena é aumentada de um sexto a um terço. § 3.º Se o crime é culposo: Pena – detenção, de seis meses a um ano, e multa.

à saúde e à vida humanas, mas que tragam risco apenas ao Meio Ambiente, deverão ter a sua circulação restringida pelo Direito de Contra-ordenações, uma vez que o crime de poluição já se encontra regulado no artigo 54.º da Lei n.º 9.605/98.

Por outro lado, os artigos 42.º e 49.º[110] da Lei brasileira de Crimes Ambientais não justificam as incriminações neles previstas em razão de não atenderem ao princípio da lesividade. O artigo 42.º fere o princípio da lesividade, não ao proibir que as pessoas soltem balões em regiões habitadas ou de florestas, mas ao incriminar a fabricação, venda e transporte de balões, presumindo o perigo de que estes balões sejam soltos em regiões de floresta ou habitadas. É certo que todo e qualquer balão em uso possui aptidão para provocar incêndios, já que em sua composição há papel, combustível e fogo. No entanto, esta potencialidade somente se realizará se se soltar o balão em região de floresta ou região habitada. Como é possível soltar balões em áreas desabitadas, onde não haja perigo de incêndios, quando da queda dos balões, não pode o legislador incriminar a fabricação, venda e transporte de boa-fé de balões, presumindo absolutamente que o balão vá ser solto e cair em área de floresta ou onde haja assentamento humano. Inclusive, em determinadas regiões do Brasil, soltar balões é uma prática culturalmente aceita, socialmente adequada e, por conseqüência, não há antijuridicidade nesta conduta. Se o legislador pretende controlar o risco da prática de soltar balões, deve riscar o artigo 42.º e trazê-lo para o Direito de Contra-ordenações, exigindo que todo aquele que venha a soltar balão, obtenha uma autorização prévia da Administração Pública, que estará condicionada, dentre outros critérios, à inocuidade do local em que esta atividade será realizada.

Entretanto, violação maior ao princípio da lesividade cometeu o legislador no artigo 49.º. Utilizar o Direito Penal para punir quem pisa nas plantas de ornamentação de logradouro público é um disparate, que se eleva ainda mais, quando a pena criminal também sanciona aquele que apenas atuou negligentemente. Qualquer pessoa que tenha um mínimo de bom senso, sabe que, em uma situação como esta, a aplicação de uma multa será bastante e sufi-

---

110 Art. 42.º. Fabricar, vender, transportar ou soltar balões que possam provocar incêndios nas florestas e demais formas de vegetação, em áreas urbanas ou qualquer tipo de assentamento humano: Pena – detenção de um a três anos ou multa, ou ambas as penas cumulativamente. Art. 49.º. Destruir, danificar, lesar ou maltratar, por qualquer modo ou meio, plantas de ornamentação de logradouros públicos ou em propriedade privada alheia: Pena – detenção, de três meses a um ano, ou multa, ou ambas as penas cumulativamente. Parágrafo único. No crime culposo, a pena é de um a seis meses, ou multa.

116 | JOSÉ DANILO TAVARES LOBATO

ciente para coibir esta conduta nada elogiável. Para tal fim, não se necessita de Direito Penal, mas de Direito de Contra-ordenações ou qualquer outra forma de exteriorização do Direito Administrativo. Em acréscimo, não se olvide também do artigo 68.º[111], norma que viola frontalmente o princípio da legalidade. Esta violação decorre da não concretização no tipo penal do conteúdo da omissão reprimida normativamente, criando assim um tipo omissivo indeterminado. Perceba-se que, em verdade, há dois tipos omissivos indeterminados, uma vez que o legislador incriminou esta curiosa omissão também em sua forma culposa, deixando, por consequência, latente sua total desconsideração com os parâmetros mínimos de um Direito Penal vigente no Estado de Direito. Este tipo penal também não atende ao princípio da exclusiva proteção de bens jurídicos, posto que, inclusive, o Meio Ambiente serve apenas como mera referência argumentativa na redação típica.

Como é possível acertar, mesmo quando se erra em demasia, credita-se mérito ao legislador brasileiro ao tipificar o crime previsto no artigo 61.º[112]. No entanto, o demérito do legislador brasileiro na elaboração dos crimes ambientais na Lei n.º 9.605/98 foi consideralvemente superior. O afã punitivo conduziu à tipificação de inúmeros artigos, muitos ilegítimos, desnecessários e excessivos, quando não, repetitivos. O mais preocupante é a ingenuidade ou a falta de vontade de grande parte dos integrantes da ciência penal brasileira em se pôr contra este *status quo*. As críticas e as refutações à Lei brasileira de Crimes Ambientais não chegam a um nível minimamente comprometido. O Direito de Contra-ordenações se apresenta como uma solução viável e muito superior, tanto em operabilidade quanto em preservação das liberdades públicas, do que o Direito Penal, cuja insistência fundamenta-se no dogma de fé da obediência do povo a partir da ameaça estatal da imposição da pena de prisão, que, por ser uma crença, qualifica esta escolha político-jurídica pela irracionalidade e impossibilita a comprovação, no mundo empírico, da realidade de suas premissas.

A falácia desta fé ambientalista punitiva no Direito Penal pode ser comprovada sem muito esforço. Basta que se verifiquem as estatísticas oficiais. Por exemplo, a partir da análise das estatísticas do Ministério do Meio Ambiente

---

111 Art. 68.º. Deixar, aquele que tiver o dever legal ou contratual de fazê-lo, de cumprir obrigação de relevante interesse ambiental: Pena – detenção, de um a três anos, e multa. Parágrafo único. Se o crime é culposo, a pena é de três meses a um ano, sem prejuízo da multa

112 Art. 61.º. Disseminar doença ou praga ou espécies que possam causar dano à agricultura, à pecuária, à fauna, à flora ou aos ecossistemas: Pena – reclusão, de um a quatro anos, e multa.

do relatório Prodes 2007-2008[113], descobre-se que no período entre 2007 e 2008 o desmatamento na região da Amazônia Legal, isto é, nos Estados do Acre, Amapá, Amazonas, Maranhão, Mato Grosso, Pará, Rondônia, Roraima e Tocantis, foi estimado na ordem de 11.968 km2, representando uma aumento de 4% se comparado com período anterior. Se a Lei brasileira de Crimes Ambientais, em sua década de existência, não coibe desmatamentos em extensas áreas, que, por sua grandiosidade, não ficam ocultos das autoridades públicas, como se pode acreditar nela para impedir crimes ambientais de menor porte e mais difíceis de serem descobertos pelas agências de persecução criminal? A inefetividade do Direito Penal Ambiental é tão patente, que somente não a percebe, aqueles que depositam a sua fé na ameaça da pena de prisão. Como a fé não é uma questão de razão, mas de irracionalidade, não é ela um elemento constitutivo da ciência, o que inclui a Ciência do Direito.

7. CONSIDERAÇÕES FINAIS

Ao fim deste artigo, verifica-se que a exposição do tema, que envolve os sistemas de tutela repressiva do ambiente, foi elaborada de forma crítica, todavia, construtiva. Se por um lado, discorre-se sobre as dificuldades que o emprego do instrumental jurídico-penal, nesta seara, tem trazido para a preservação dos princípios constitucionais de garantia do cidadão oriundos do Direito Penal Liberal e, também, para o fortalecimento do Estado de Direito, por outro, procura-se apresentar um sistema jurídico alternativo, ainda desconhecido do legislador brasileiro, mas que, por suas características, detém maior aptidão para cumprir a missão que atualmente se encontra equivocadamente delegada ao Direito Penal. A proposta é ir além da crítica ao Direito Penal simbólico.

O sancionamento de caráter extra-penal é defendido como o norte a ser observado, primariamente, na tutela repressiva do Meio Ambiente. O ganho de qualidade a ser obtido, no Estado de Direito, a partir desta mudança de paradigma, é sensível. Por óbvio, este almejado fortalecimento dos direitos e garantias individuais somente ocorrerá se o Direito de Contra-ordenações não vier a ser utilizado de forma indiscriminada, uma vez que as interven-

---

113 Ministério do Meio Ambiente. Disponível na Internet http://www.mma.gov.br/estruturas/imprensa/_arquivos/96_10122008100832.pdf. Acesso em 27 de dezembro de 2008. Veja-se, também, as elevadíssimas médias anuais de infrações ambientais, na Alemanha, entre os anos 1993 e 2003: Suilmann, 2006: 31.

ções administrativas sancionadoras também configuram fortes restrições aos direitos e garantias fundamentais dos cidadãos.

O Direito de Contra-ordenações surge como uma solução dupla. A primeira refere-se ao Estado em sua política de regulação ambiental. O Direito de Contra-ordenações, por ser, em sua essência, Direito Administrativo, confere à Administração Pública um instrumental jurídico mais rápido e flexível às suas necessidades na realização das políticas públicas constitucionais de repressão. A segunda solução trazida, em uma futura adoção do Direito de Contra-ordenações, no Brasil, refere-se ao cidadão, que passará a enfrentar um sistema administrativo repressivo mais fechado, garantístico e menos aberto ao arbítrio de um administrador público, que se encontra historicamente acostumado a manejar um Direito Administrativo repressivo de cunho extremamente discricionário, isto é, fundado na conveniência e na oportunidade da Administração Pública.

Outrossim, sabe-se que a incorporação deste novo paradigma defendido, na legislação brasileira, dificilmente, ocorrerá a curto e a médio prazos, posto que criar leis penais é uma política ainda vantajosa. Esta é uma política de baixo custo que, ainda, costuma agregar pontos na carreira política, principalmente, porque se demonstra à sociedade a preocupação dos parlamentares em envidar esforços contra a prática de certas condutas indesejáveis, o que termina por render votos aos parlamentares desejosos em se perpetuar no poder nas eleições vindouras. No entanto, a preocupação, neste momento, é apontar o caminho a ser seguido pela Ciência do Direito. Desconstruir a lógica imperante de legitimação acrítica do poder punitivo, refutar o emprego indiscriminado do Direito Penal, condicionar e limitar o seu uso às hipóteses inevitáveis e trazer um sistema jurídico mais adequado a garantir uma tutela do Meio Ambiente que, a partir da concretização do direito constitucional à qualidade de vida, não venha a gerar mais violência no seio social, são os desafios e as considerações que se lançam à reflexão crítica do Leitor.

BIBLIOGRAFIA

BARATTA, Alessandro
1999   *Criminologia Crítica e Crítica do Direito Penal – Introdução à Sociologia do Direito Penal.* 2.ª ed., Rio de Janeiro: Freitas Bastos Editora.

BITENCOURT, Cezar Roberto

2008   "A (I)-responsabilidade Penal da Pessoa Jurídica", in *Incompatibilidades Dogmáticas. Temas de Direito Penal – Parte Geral*, Greco, Luís & Lobato, Danilo (orgs.), Rio de Janeiro: Renovar.

BOHNERT, Joachim

1996   *Grundriß des Ordnungswidrigkeitenrechts*, Berlin: Walter de Gruyter.

BUSTOS RAMÍREZ, Juan

1994   *Introducción al Derecho Penal*, 2.ª ed., Santa Fé de Bogotá: Editorial Temis.

CARCELLER FERNÁNDEZ, Antonio

1997   *Introducción al Derecho Urbanístico*, 3.ª ed., Madrid: Editorial Tecnos.

CORREIA, Eduardo

1998   *Direito Penal e Direito de Mera Ordenação Social. Direito Penal Econômico e Europeu: Textos Doutrinários – Volume I – Problemas Gerais*, Coimbra: Coimbra Editora.

2001   *Direito Criminal*, vol. I, reimpressão, Coimbra: Almedina.

CRAMER, Peter

1971   *Grundbegriffe des Rechts der Ordnungswidrigkeiten – Eine Einführung an Hand von Fällen*, Stuttgart: W. Kohlhammer.

CRETELLA JÚNIOR, José

1986   *Curso de Direito Administrativo*, Rio de Janeiro: Editora Forense.

DANNECKER, Gerhard

2007   "Die Entwicklung des Wirtschaftsstrafrechts", in *Der Bundesrepublik Deutschland. Handbuch des Wirtschaftes- und Steuerstrafrechts*, Wabnitz e Janovsky (orgs.), 3.ª ed., München: C.H. Beck.

DIAS, Jorge de Figueiredo

1999   *Questões Fundamentais do Direito Penal Revisitadas*, São Paulo: Editora Revista dos Tribunais, 1999.

ESPANHA, Abogacía General del Estado

2005   *Manual de Derecho Administrativo Sancionador*, Cizur Menor: Editorial Aranzadi.

ESTÉVEZ GOYTRE, Ricardo

2005   *Manual Básico de Derecho Urbanístico*, 2.ª ed., Granada: Editorial Comares.

FERNANDES, António Joaquim

2002   *Regime Geral das Contra-ordenações – Notas Práticas*, 2.ª ed., Lisboa: EDIFORUM.

GALLARDO CASTILLO, Maria Jesús

2008   *Los Princípios de la Potestad Sancionadora – Teoria y Práctica*, Madrid: Iustel.

GASPARINI, Diogenes

1993   *Direito Administrativo*, 3.ª ed., São Paulo: Editora Saraiva.

GÖHLER, Erich

1995   *Gesetz über Ordnungswidrigkeiten*, 11.ª ed., München: C.H.Beck.

GOLDSCHMIDT, James

1969   *Das Verwaltungsstrafrecht – Eine Untersuchung der Grenzgebiete zwischen Strafrecht und Verwaltungsrecht auf rechtsgeschichtlicher und rechtsvergleichender Grundlage*, reimpressão, Darmstadt: Scientia Verlag Aalen.

HOFACKER, Wilhelm

1919   *Die Staatsverwaltung und die Strafrechtsreform*, Berlin / Stuttgart / Leipzig: W.Kohlhammer.

HUNGRIA, Nélson

1945   "Ilícito Administrativo e Ilícito Penal", in *Revista de Direito Administrativo*, vol. 1.º, n.º 1, Jan./Mar., Rio de Janeiro.

JESCHECK, Hans-Heinrich & WEIGEND, Thomas

2002   *Tratado de Derecho Penal – Parte General*, tradução Miguel Olmedo Cardenete, 5.ª ed., Granada: Editorial Comares.

KARAM, Maria Lúcia

2009   *Recuperar o Desejo da Liberdade e Conter o Poder Punitivo*, vol. I, Escritos sobre a Liberdade, Rio de Janeiro: Lumen Juris.

LEMKE, Michael

1999   *Heidelberger Kommentar zum Ordnungswidrigkeitengesetz*, Heidelberg: C.F.Müller.

LOBATO, José Danilo Tavares

2008   "Da Evolução Dogmática da Culpabilidade", in *Temas de Direito Penal – Parte Geral*, Luís Greco & Danilo Lobato (orgs.), Rio de Janeiro: Renovar.

LÓPEZ RAMÓN, Fernando

2005   *Introducción al Derecho Urbanístico*, Madrid: Marcial Pons.

LUMBRALES, Nuno B. M.

2006   *Sobre o Conceito Material de Contra-ordenação*, Lisboa: Universidade Católica Editora.

MATTES, Heinz

1982   *Untersuchungen zur Lehre von den Ordnungswidrigkeiten – Geltendes Recht und Kritik*, Tomo II, Berlin: Duncker & Humblot.

MELLO, Celso Antônio Bandeira de

2000   *Curso de Direito Administrativo*, 12.ª ed., São Paulo: Malheiros Editores.

MELLO, Rafael Munhoz de

SUBSIDIARIEDADE PENAL E TUTELA AMBIENTAL | 121

2007 *Princípios Constitucionais de Direito Administrativo Sancionador – As Sanções Administrativas à Luz da Constituição Federal de 1988*, São Paulo: Malheiros Editores.

MINISTÉRIO DO MEIO AMBIENTE

Disponível na Internet: http://www.mma.gov.br/estruturas/imprensa/_arquivos/96_10122008100832.pdf. Acesso em 27 de dezembro de 2008.

MIR PUIG, Santiago

2007 *Direito Penal – Fundamentos e Teoria do Delito – Fundamentos e Teoria do Delito*, tradução Cláudia Viana Garcia & José Carlos Nobre Porciúncula Neto, São Paulo: Editora Revista dos Tribunais.

MITSCH, Wolfgang

2005 *Recht der Ordnungswidrigkeiten*, 2.ª ed., Berlin / Heidelberg: Springer.

MOUTINHO, José Lobo

2008 *Direito das Contra-ordenações – Ensinar e Investigar,* Lisboa: Universidade Católica Editora.

NETO, Diogo de Figueiredo Moreira

2007 *Mutações do Direito Administrativo*, 3.ª ed., Rio de Janeiro: Renovar.

NIETO, Alejandro

2006 *Derecho Administrativo Sancionador*, 4.ª ed., Madrid: Editorial Tecnos.

OSÓRIO, Fábio Medina

2006 *Direito Administrativo Sancionador*, 2.ª ed., São Paulo: Editora Revista dos Tribunais.

PASSOS, Sérgio

2006 *Contra-ordenações – Anotações ao Regime Geral*, 2.ª ed., Coimbra: Almedina

PIETRO, Maria Sylvia Zanella Di

2001 *Direito Administrativo*, 13.ª ed., São Paulo: Editora Atlas.

RISENKÖTTER, Günter

1995 *Das Recht der Ordnungswidrigkeiten*, 4.ª ed., Stuttgart / München / Hannover, Berlin, Weimar e Dresden: Boorberg Verlag.

ROTBERG, Hans Eberhard, KLEINEWEFERS, Hebert & WILTS, Walter

1969 *Kommentar zum Gesetz über Ordnungswidrigkeiten*, 4.ª ed., Berlin / Frankfurt a. M.: Verlag Franz Vahlen.

ROXIN, Claus

2006 *Strafrecht Allgemeiner Teil – Band I – Grundlagen – Der Aufbau der Verbrechenslehre*, 4.ª ed., München: Verlag C. H. Beck.

122 | JOSÉ DANILO TAVARES LOBATO

SÁNCHEZ, Bernardo José Feijoo.

2002 *Sanciones para Empresas por Delitos contra el Medio Ambiente – Presupuestos Dogmáticos y Criterios de Imputación para la Intervención del Derecho Penal contra las Empresas*, 1.ª ed., Madrid: Civitas.

SCHMIDT, Eberhard

1950 *Das neue westdeutsche Wirtschaftsstrafrecht – Grundsätzliches zu seiner Ausgestaltung und Anwendung*, Tübingen: J.C.B.Mohr.

SCHMITT, Rudolf

1970 *Ordnungswidrigkeitenrecht dargestellt für den Bereich der Wirtschaft*, Köln / Berlin / Bonn / München: Carl Heymanns Verlag.

SCHWACKE, Peter

2006 *Recht der Ordnungswidrigkeiten*, 4.ª ed., Stuttgart: Kohlhammer Deutscher Gemeindeverlag.

SUILMANN, Martin

2006 *Bekämpfung der Umweltkriminalität – Zur Zusammenarbeit von Strafverfolgern und Umweltbehörden – Eine Untersuchungen in den neuen Bundesländern*. Halle: Mitteldeutscher Verlag.

TAVARES, Juarez

1998 "Culpabilidade: A Incongruência dos Métodos", in *Revista Brasileira de Ciências Criminais*, n.º24, São Paulo: IBCCRIM.

THIEß, Uwe

2002 *Ordnungswidrigkeitenrecht*, Kriftel: Luchterhand.

TREDER, Lutz

1996 *Ordnungswidrigkeiten Recht – Eine systematische Darstellung mit Prüfungsschemata*, Heidelberg: R.v.Decker's Fachbücherei.

VILA, Antonio Domínguez

1997 *Constituición y Derecho Sancionador Administrativo*, Madrid: Marcial Pons.

WOLF, Erik

1969 Die Stellung der Verwaltungsdelikte im Strafrechtssytem. *Festgabe für Reinhard von Frank zum 70º Geburtstag*, Tomo II, Reimpressão, Darmstadt: Scientia Verlag Aalen.

ZAFFARONI, E. Raúl, BATISTA, Nilo & al.

2003 *Direito Penal Brasileiro – I*, 1.ª ed., Rio de Janeiro: Editora Revan.

DOSSIER TEMÁTICO

Regulação Financeira

EUROPE'S POST-CRISIS SUPERVISORY ARRANGEMENTS – A CRITIQUE*

*René Smits***

ABSTRACT: *This paper, based on presentations before audiences in Lisbon, provides an overview of the causes of the credit crisis and discusses one of the reports issued in the wake thereof, the De Larosière Report. Its main findings in respect of financial sector regulation are reviewed: a single European rulebook, colleges of supervisors, deposit guarantee schemes, bank resolution regimes and 'living wills' as well as transparent corporate structures of banks. The proposals for the establishment of a European Systemic Risk Board (ESRB) and a European System of Financial Supervisors (ESFS) are described and subjected to critical reviews, both from a legal angle and from a broader perspective. Emphasis is given to the European Banking Authority (EBA), as one of the agencies within the ESFS. Suggestions are made to broaden the legal underpinning of the proposals in order to place the new bodies on a firm footing. This paper argues that, even though major steps toward a stronger Union-wide response to difficulties in the financial sector, the De Larosière proposals and the Commission's legislative follow-up do not provide an adequate response to the lessons from the crisis. Federal authority for overseeing the financial sector is required: this implies Treaty change.*

SUMMARY: 1. Introduction. 2. Causes of the crisis. 3. Reports on the crisis. 4. The De Larosière Report: issues. 5. The European Systemic Risk Board. 6. European System of Financial Supervisors. 7. The way forward.

---

* This paper is based on a presentation on the De Larosière Report and its follow-up during the conference *10 Anos do Sistema Europeu de Bancos Centrais*, held on 6 July 2009 at the *Fundação Calouste Gulbenkian*, and on a further presentation on the same subject during the academic launching of *Revista de Concorrência e Regulação* (Competition and Regulation Review) jointly sponsored by the *Instituto de Direito Económico, Financeiro e Fiscal da Faculdade de Direito de Lisboa* (IDEFF) and the *Autoridade da Concorrência* (Portuguese Competition Authority) on 6 March 2010 at the *Faculdade de Direito da Unversidade de Lisboa* (Law Faculty of the University of Lisbon) in Lisbon (P). The author gratefully acknowledges research assistance by Michał Karasiewicz, Carl Mair and Mathieu Bui, paralegals. Opinions expressed are those of the author and may not be attributed to *NMa* or to the Commission.

** Jean Monnet Professor of the Law of Economic and Monetary Union, *Universiteit van Amsterdam*, Amsterdam (NL); Visiting Professorial Fellow, Queen Mary, University of London, London (GB); Chief Legal Counsel, *Nederlandse Mededingingsautoriteit,* (Netherlands Competition Authority), The Hague (NL).

1. INTRODUCTION

This paper sets out to do three things. First, following on from the De Larosière Report[1], I will attempt to sketch some of the causes of the credit crisis with particular focus on the contribution of 'supervisory failures'. Second, I will discuss and critique the Commission's proposals to translate the De Larosière recommendations into legal texts. Third, I will cast a wider net to engage other issues not covered by De Larosière, but which nevertheless are relevant for financial sector regulation in Europe, including recent developments in the area, up to and including 8 April 2010. I will conclude by sketching a perspective on better arrangements and on why Europe needs to get its house in order.

2. CAUSES OF THE CRISIS

Securitisation, opaqueness of instruments, lack of insight of supervisors

Manifold are the causes of the credit crisis. It began to unfold with cracks in the financing of mortgage-backed securities and in interbank liquidity. [2] Although securitization was heralded, by its commercial backers and supervisory authorities alike, as an effective method of spreading, and thereby reducing risk, when unexpected risk appeared, this risk spread contagiously among all the holders of securitised assets. Securitization proved to be a two-edged sword: apparently reducing risk in good times but aggravating it in bad. Globalisation only exacerbated the effects of securitisation: one could find holders of asset-backed securities in the remotest places and on bank balances that the general public and the supervisory authorities had not suspected to carry such risks. All market players and overseers had followed a 'belief' in financial markets tending towards efficient equilibrium. This tenet proved to be a fallacy. Neither do financial markets tend towards efficient equilibrium nor do economic actors always behave rationally.[3] Securitization was also characterised by a level of sophistication which made it hard for managers and both internal (supervisory board, non-executive directors) and external (auditors, financial supervisors, central banks) supervisors to keep up with new financial instruments and to

---

1 Report of The High Level Group of Financial Supervision in the EU, Jacques De Larosière, Chairman. (Hereafter: the "De Larosière Report"), available at: http://ec.europa.eu/internal_market/finances/committees/index_en.htm#package (last accessed: 8.04.2010).

2 Tett, 2009: generally.

3 See Cooper, 2008: generally. See also Soros, 2008: generally.

adequately assess their risk. By way of example: the market for credit default swaps grew from USD 630 billion to USD 62 trillion within the span of eight years, i.e. from 2000 to the second semester of 2007.[4] A general opaqueness obscured financial markets. Their transparency was darkened by off-balance sheet items (securitized assets sold off to special-purpose vehicles (SPVs) and structured investment vehicles (SIVs), intricate legal structures of financial institutions, making it difficult for management and supervisors alike to determine which legal entity actually contained what kind of risk), and the operation of financial institutions that were outside the purview of ordinary prudential supervision.

Parallel financial system, role of Credit Rating Agencies, Basle–II and accounting standards

Private equity funds and hedge funds, at times sponsored by supervised banks, gathered risks and played roles below the horizon of the regular supervisory bodies. This parallel financial system also included Credit Rating Agencies (CRAs) with a double role, both advising financial institutions on complex securitization instruments and labeling such instruments as safe (AAA) on the basis of what appeared to be questionable assumptions. Add to this all the procyclical effect of Basel-II, the prudential rules only recently introduced to minimize credit, market and operational risk that, for large internationally operating banks, relied heavily on their own internal risk control mechanisms. Basel-II requires banks to hold own funds (core capital) in relation to the riskiness of their assets and off-balance sheet contingent liabilities. When assets diminish in value they require higher capital ratios, thus aggravating any downward trend in the economy. The mark-to-market rules applied under international accounting standards also helped the crisis to unfold. As long as assets increased in value, financial institutions showed bigger balance sheets and fatter profits each quarter. As soon as the price of assets started to tumble (real estate, loans to finance real estate, structured products), banks were forced by these accounting rules to include them on their balance sheet at lower values. This incentivised fire sales with each financial institution trying to outdo the other in getting rid of toxic assets once the price was still relatively high or the loss relatively limited.

---

4 According to data collected by the International Swaps and Derivatives Association, available at: http:// www.isda.org/statistics/pdf/ISDA-Market-Survey-historical-data.pdf (last accessed 06.04.2010).

Dispersed supervision

More to the point in the context of this contribution, mention should be made of the dispersion of supervision on both sides of the Atlantic. Both in the United States and in the European Union, there is a State / federal divide. In the US, insurance companies and many banks are supervised at State level, whereas other financial institutions are supervised by various agencies at the federal level. In the EU, there is a high degree of federal harmonization of prudential and market rules that are enforced at State level. Also, lender of last resort assistance, i.e. the provision of liquidity to banks that can no longer fund themselves in the market, is given by National Central Banks (NCBs) and solvency assistance (bailouts, nationalizations) is organized at State level. This picture is further complicated by the fact that, in the US, investment banks fall outside the scope of supervision of the Federal Reserve System, being organized as falling under the SEC only – a situation quickly remedied at the height of the crisis when all remaining investment banks sought refuge under the umbrella of the Fed, registering as banks. In the EU, separate agencies are often responsible for prudential or micro supervision, for the supervision of conduct of business rules and market behaviour, and for systemic risk. This led to coordination and information issues, when in time of need, information channels dried up and coordination was markedly absent.

Macro-economic imbalances

This picture of the financial system prior to the crisis as an accident waiting to happen fits into a macroeconomic tableau of global imbalances. Asian countries, notably China, and oil exporting countries invested their surpluses in America, leading to excessive credit in the US. Also, central banks were 'guilty' of excessive provision of liquidity. They sought to smooth out any potential crisis by ensuring that the "irrational exuberance" of (financial and housing) markets was sustained by ever more money pumped into the economy. This kept interest rates low, fuelling the credit boom and the asset price bubble. This policy came to be known as the 'Greenspan put': investors could rely on assets increasing in price: any future sale would be at a higher price than the purchase price. This helped inflate the housing price bubble.

Cultural aspects

At a more philosophical level, the crisis was exacerbated by the link between awards in the financial system with bonuses related to short-term profits.[5] Bank employees and managers were thus induced to market financial instruments and provide financial products that provided short-term profits without regard to their long-term profitability, or their effects on the economy as a whole. Often excessive bonuses led to a culture of greed in total dereliction of the needs of the customer who might not have adequately assessed the riskiness of the products sold. At a micro level, this led to unsustainable banking. The relationship between financial transactions and the real economy was totally out of control.[6] The financial service industry should change to take the lessons of the crisis on board. The supervisory authorities should also learn their lessons. As Adair Turner, Chairman of the Financial Services Authority (FSA), said in an address to the British Bankers' Association Annual International Banking Conference:[7] "It is therefore essential that we learn lessons and accept the need for radical change – change in the style of supervision, change in the regulations applied to banks, and changes in the banks themselves. We hope to return to more normal economic conditions: we must not allow a return to the 'normality' of the past financial system."

More cultural causes of the crisis may be mentioned. The financial system and society at large seem to be based on a combination of various forms of behaviour, some of which seem to belong to the animal world rather than the human world: greed, fear and herd behaviour, but also: trust. The cultural aspect has been emphasized by several authors who have written about the crisis.[8] Beyond the sphere of legal analysis, it may be remarked that

---

5 See the interview with Paul Volcker, Chairman of the Economic Recovery Advisory Board, in the *Financial Times* 12 February 2010: "I do think that the compensation practices particularly in finance have gotten out of touch and created incentives that are not very helpful...They've gotten obscenely large in terms of the discrepancies between the average worker and the leaders."

6 According to Adair Turner, Chairman, FSA, foreign exchange trading now makes up over 70 times the volume of global trade and long-term investment flows. See his speech of 17 March 2010 to CASS Business School, 'What do banks do, what should they do and what public policies are needed to ensure best results for the real economy?', available at http://www.fsa.gov.uk/pubs/speeches/at_17mar10.pdf (last accessed: 8.04.2010).

7 Adair Turner, Chairman, FSA, 'Address to the British Bankers' Association Annual International Banking Conference 2009', 30 June 2009, available at: http://www.fsa.gov.uk/pages/Library/Communication/Speeches/2009/0630_at.shtml (last accessed 6.04.2010).

8 See Tett, 2009: 300. See also Fox, 'Cultural change is key to banking reform', in the *Financial Times* 26 March 2010.

130 | RENÉ SMITS

a paradigm shift is needed for society to evolve from the short-term focus and exclusive pursuit of narrowly conceived self-interest that engendered this crisis, a change of perspective, such as the one that physicist and natural scientist Albert Einstein (1879-1955) called for when he said: "We are part of the whole which we call the universe, but it is an optical delusion of our mind that we think we are separate. This separateness is like a prison for us. Our job is to widen the circle of compassion so we feel connected to all people and all situations."[9]

3. REPORTS ON THE CRISIS

More down to earth, many reports have been written on the need for financial regulatory reform. The U.S. Treasury[10] and the UK Parliament[11] have come up with proposals and evidence. A fine analysis of the causes of the crisis and an intellectually sound overview of possible ways out is the 'Turner Review', written by the Chairman of the FSA.[12] On a more local level, a report on the competences of De Nederlandsche Bank (the Dutch central bank) concerning Icesave, the Icelandic bank that gave premium interest rates and thereby collected hundreds of millions of euros from Dutch savers, was compiled by colleagues of the Law Faculty of the University of Amsterdam.[13] From a more academic point of view, a book should be mentioned that appeared in the midst of the crisis[14]: 'Towards a New Framework for Financial Stability'. Many more instances can be cited. The De Larosière Report, on which this paper focuses, contains a number of suggestions that I would like to highlight.

---

9 Letter of 1950, as quoted in *The New York Times* (29 March 1972) and *The New York Post* (28 November 1972).

10 US Treasury, 'Financial Regulatory Reform: a new foundation', 17 June 2009.

11 House of Lords, European Union Committee, 'The Future of EU financial regulation and supervision' – 14th Report of Session 2008-2009 Volume 1: Report, 17 June 2009.

12 'The Turner Review: a regulatory response to the global economic crisis', March 2009, (Hereafter: the 'Turner Review'.

13 De Moor-van Vugt, Perron and Krop, 'De bevoegdheden van de Nederlandsche Bank inzake Icesave', 11 June 2009, at http://www.minfin.nl/dsresource?objectid=71520&type=org (last accessed: 8.04.2010).

14 Mayes, 2009.

4. THE DE LAROSIÈRE REPORT: ISSUES
Single European rulebook
The De Larosière Report argues that a single European rulebook should be developed.[15] It should do away with national exemptions allowed under current EU directives in the area of financial regulation. I consider this an urgent need. On previous occasions I have argued for regulations as the preferred legal instrument for the adoption of supervisory norms in the finance industry.[16] However, whether this is legally possible under the EC Treaty or its successor treaty, the Treaty on the Functioning of the European Union (TFEU), is unclear. Many legal instruments in this area have been adopted under Article 44 EC (nowadays Article 50 TFEU[17]) which contains a competence to adopt directives. Only recourse to Article 95 EC, now Article 114 TFEU, allows the Union legislature to adopt measures, i.e. directives or regulations.[18] The use of the correct Treaty basis for adoption of legal instruments relating to the financial services industry has already been an issue under current Community prudential supervision legislation.

Colleges of supervisors
The De Larosière Report favours a continued development of colleges of supervisors.[19] Colleges seem to be embraced as a useful tool for supervision of groups spread over several jurisdictions, even though the experience with cross-border supervision during the crisis was dismal. The lack of coordination and cooperation among supervisors was keenly felt. The cases of Fortis and Dexia highlighted the difficulty even neighbouring Europeans sometimes have to agree on measures serving the public good. The Basle Committee on

---

15 See the De Larosière Report paragraph 109, p. 29.

16 See Smits, 2005: 199-212.

17 See Article 50 (1) TFEU: "In order to attain freedom of establishment as regards a particular activity, the European Parliament and the Council, acting in accordance with the ordinary legislative procedure and after consulting the Economic and Social Committee, shall act by means of directives."

18 See Article 114 TFEU (*ex Article 95 TEC*): "1. Save where otherwise provided in the Treaties, the following provisions shall apply for the achievement of the objectives set out in Article 26 [internal market completion clause, rs]. The European Parliament and the Council shall, acting in accordance with the ordinary legislative procedure and after consulting the Economic and Social Committee, adopt the measures [underlining added, rs] for the approximation of the provisions laid down by law, regulation or administrative action in Member States which have as their object the establishment and functioning of the internal market." The term "measures" encompasses regulations, directives and decisions, as well as, possibly, other legal acts of a *sui generis* nature.

19 See the De Larosière Report, p. 51.

132 | RENÉ SMITS

Banking Supervision has recently issued for consultation draft principles for the operation of colleges of supervisors.[20] The European Union itself already adopted legislation providing more coherent rules concerning colleges of supervisors.[21]

There are competition and regulation concerns with the continued development of colleges of supervisors as proposed by De Larosière. First, there is the danger that each college will develop differently from its peers overseeing other cross-border firms, undermining effective supervision and a level playing field among larger financial institutions. Second, there is a risk of the continuation of a patchwork of supervisory standards: colleges consist of different authorities, reflecting national markets in which supervised institutions are active, with different ideas on how to act in the face of prudential concerns or when banks are in distress. Both previous elements seem to be acknowledged as an asset, rather than as a liability, for colleges in the above-mentioned consultative document of the Basle Committee on Banking Supervision. It considers that colleges should develop in accordance with the specifics of the banking group they oversee and in line with particularities of the supervisors.[22] Even though this may be a realistic rendering of the current state of affairs, such diversity may undermine the level playing field among larger banks operating on a cross-border basis within the internal market. A stronger solution with federal supervision seems the only remedy. Third, colleges lack decision-making powers; they merely engage in exchange of information and the comparison of best practices.[23] Fourthly, they may be

---

20 Basle Committee on Banking Supervision, 'Good Practice Principles on Supervisory Colleges', March 2010, available from: http://www.bis.org/publ/bcbs170.htm (last accessed: 6.04.2010).

21 See, notably, Article 131 a, of the Consolidated Banking Directive (2006/48/EC) inserted by Directive 2009/111/EC of the European Parliament and of the Council of 16 September 2009 amending Directives 2006/48/EC, 2006/49/EC and 2007/64/EC as regards banks affiliated to central institutions, certain own funds items, large exposures, supervisory arrangements, and crisis management, OJ No. 302/97, 17.11.2009.

22 The accompanying Press Release to the Basle Committee on Banking Supervision, 'Good Practice Principles on Supervisory Colleges', 30 March 2010, states that: "(...) the principles (...) acknowledge that no single college structure is suitable for all banks and that a college might have multiple or variable sub-structures. Indeed, the structure of each college should be determined by the characteristics of the banking groups being considered as well as the particular supervisory needs".

23 Even the new rules adopted in Directive 2009/111/EC do not change this state of affairs.

EU SUPERVISORY ARRANGEMENTS – A CRITIQUE | 133

unwieldy bodies consisting of representatives of a large number of interested supervisory authorities.[24]

Deposit Guarantee Schemes

On deposit guarantee schemes (DGS), the De Larosière Report does not contain far-reaching proposals.[25] It stops short of proposing burden sharing among Member States. Thus, 'passing the buck' will continue and nationalist tendencies will persist. Any move towards more host State competences to restrict deposit taking would not be in line with internal market principles. The amendments[26] to Directive 94/19/EC[27] are a bare minimum. They involve raising the minimum coverage of deposit guarantees from EUR 20,000 to EUR 50,000, and reducing the pay-out delay from 3 months to 20 days. The report drawn up, pursuant to Article 12 of the DGS Directive[28], introduced by Directive 2009/14/EC, indicated ways of harmonising funding.[29] I consider that we should go beyond that towards EU burden sharing and the same

---

24 See the testimony of Mr. Patrick Pearson before the House of Lords, 'The future of EU financial regulation and supervision' – 14th Report of Session 2008-2009 Volume II: Evidence, p. 106: 'There was a meeting of the ABN AMRO college three years ago set in Aruba or Curacao for obvious reasons, to be sure that everybody would come, and there were 76 people'.

25 See the De Larosière Report, p. 34-35.

26 See Directive 2009/14/EC of the European Parliament and of the Council of 11 March 2009 amending Directive 94/19/EC on deposit-guarantee schemes as regards the coverage level and the payout delay, OJ No. L 68/3.

27 Directive 94/19/EC of the European Parliament and of the Council of 30 May 1994 on deposit-guarantee schemes, OJ No. L 135/5.

28 Art 12 (1) of the DGS Directive (as amended by Directive 2009/14/EC) states: "1. The Commission shall submit to the European Parliament and to the Council by 31 December 2009 a report on: (a) the harmonisation of the funding mechanisms of deposit-guarantee schemes addressing, in particular, the effects of an absence of harmonisation in the event of a cross-border crisis, in regard to the availability of the compensation payouts of the deposit and in regard to fair competition, and the benefits and costs of such harmonisation; (b) the appropriateness and modalities of providing for full coverage for certain temporarily increased account balances; (c) possible models for introducing risk-based contributions; (d) the benefits and costs of a possible introduction of a Community deposit-guarantee scheme; (e) the impact of diverging legislations as regards set-off, where a depositor's credit is balanced against its debts, on the efficiency of the system and on possible distortions, taking into account cross-border winding-up; (f) the harmonisation of the scope of products and depositors covered, including the specific needs of small and medium enterprises and local authorities; (g) the link between deposit-guarantee schemes and alternative means for reimbursing depositors, such as emergency payout mechanisms. If necessary, the Commission shall put forward appropriate proposals to amend this Directive."

29 See European Commission Joint Research Centre, 'Possible models for risk-based contributions to EU Deposit Guarantee Schemes', June 2009: "the goal is to suggest common risk-based approaches that could be implemented, on a voluntary basis, by EU DGS".

134 | RENÉ SMITS

conditions for drawing on DGS everywhere in the EU. Only such a step will prevent a recurrence of the element of the crisis which spoke to the imagination: depositors who were not familiar with the details of their protection under host or home State regimes, a scrambling for increased protection on a divergent basis by Member States and allotment of liability to home State funds after paying out under a host State scheme, as in the case of the Icelandic banks.

Bank resolution regimes and 'living wills'

Another issue discussed in the De Larosière Report concerns the bank resolution regime.[30] As the saying goes, banks operate internationally but come home to die. Thus, it is the parent company's or headquarters' national law which decides the manner in which a financial institution is wound up. Current EU rules provide for hardly any harmonisation, as they are largely confined to conflict-of-law rules and mutual recognition of each other's winding up procedures.[31] This falls short of a common bank resolution regime which I consider necessary for financial institutions operating in the internal market. This links in with the need for a common exclusive definition of credit institutions. The current patchwork of definitions allows for certain financial institutions to escape supervision in some Member States and for a misalignment of supervisory scope within the internal market, with prudential supervision extending further in some Member States than in others.[32] Agreement on the exact scope of prudential supervision in the internal market would also contribute to the effectiveness of common rules for resolution of the subjects of this supervision.[33]

Short of a joint mechanism to wind up financial institutions, the drawing up of 'living wills' is has now become high on the wish list of supervisory authorities. 'Living wills' are schemes under which a bank (or, wider, a financial institution) sets out which kind of measures it envisages to undertake in case of distress or dying: finding new capital, improving liquidity, unwinding transactions, winding-up subsidiaries, and ultimately winding up the parent

---

30 The lack of coherent, let alone uniform bank resolution regimes is touched upon in the De Larosière Report, paragraphs 125-143 on pages 32-37, as well as in paragraphs 104 (p. 27) and 204 (p. 52).

31 See Directive 2001/24/EC of the European Parliament and of the Council of 4 April 2001 on the Reorganisation and Winding up of Credit Institutions, OJ No. L 125/15.

32 This issue is also addressed by the De Larosière Report, p. 28.

33 Recent academic writing on the issue of bank resolution in the EU includes Garcia et al (2009: 240-276).

company. 'Living wills' or resolution and recovery plans (RRPs) are considered a necessity for systemically important financial institutions (SIFIs). If it is only systematically important financial institutions which are required to draw up 'living wills', public perceptions of who is an SIFI and who is not may raise a moral hazard issue. There is a simple but expensive solution to this, suggested at a recent conference by Klaas Knot, Director, Financial Markets at the Dutch Ministry of Finance: applying the rules for winding up banks to all financial institutions and requiring all financial institutions to draw up RRPs.[34]

Transparency of corporate structures

Preceding the question of who is to draw up a 'living will' and what any RRP should contain, is the issue whether supervisors should continue to allow corporate structures that lack transparency. Many financial institutions operate with opaque company structures, often established to shift capital to low-tax jurisdictions and sometimes to make use of regulatory arbitrage. In some cases, clients of a bank do not even know which legal person they are dealing with; they might find out when the legal documentation concerning the deal they entered into arrives. Banks and other financial institutions should not use the corporate veil to shield their true identity. A reasonable use of corporate personality for tax and regulatory reasons should not allow financial institutions to keep their business beyond the reach of the public realm. They should thus be required to organize in transparent structures, certainly when they belong to the category of SIFIs. There is already legislation on the books which requires this. The post-BCCI Directive[35] amended the financial sector legislation with a requirement of transparency of corporate structure as a licensing condition. The Consolidated Banking Directive[36] states in its preamble (paragraph 60) that "The Member States should be able to refuse or withdraw banking

---

34 Klaas Knot, Keynote address at Conference 'Bank Crisis Resolution – "Living Wills"', 11 March 2010, Duisenberg School of Finance, Amsterdam.

35 European Parliament and Council Directive 95/26/EC of 29 June 1995 amending Directives 77/780/EEC and 89/646/EEC in the field of credit institutions, Directives 73/239/EEC and 92/49/EEC in the field of non-life insurance, Directives 79/267/EEC and 92/96/EEC in the field of life assurance, Directive 93/22/EEC in the field of investment firms and Directive 85/611/EEC in the field of undertakings for collective investment in transferable securities (UCITS), with a view to reinforcing prudential supervision, OJ No. L 168/7.

36 Directive 2006/48/EC of the European Parliament and of the Council of 14 June 2006 relating to the taking up and pursuit of the business of credit institutions (recast) ("Consolidated Banking Directive"), OJ No. L 177/1.

authorisation in the case of certain group structures considered inappropriate for carrying on banking activities, in particular because such structures could not be supervised effectively. In this respect the competent authorities should have the necessary powers to ensure the sound and prudent management of credit institutions." In its operative part, Article 22 of the Consolidated Banking Directive provides that home State authorities must require as an element of "robust governance arrangements" that the credit institution has "a clear organizational structure with well defined, transparent and consistent lines of responsibility".[37] So, there is currently applicable legislation that permits supervisors to require transparency and robust governance, two elements that seem to have been sorely lacking when banks had to be rescued or unwound. Such transparency will facilitate the drawing up of 'living wills'.[38]

Dichotomy between prudential supervision and monetary policy

One has to conclude that the De Larosière Report does nothing to alter the dichotomy between State-centred prudential supervision and federal decision-making with decentralised execution at national, i.e. State, level, in the area of monetary policy. This may be one of the major fault lines of EMU. Having a single currency and free movement of capital and payments but relying on State-based supervision has been identified as a trilemma in the past.[39]

5. THE EUROPEAN SYSTEMIC RISK BOARD

Proposal and general scheme

The De Larosière Report proposes the establishment of two new European bodies and the transformation of three committees operating under the Lamfalussy framework into full-fledged supervisory authorities.

---

37 Article 22 of the Directive reads as follows: "Home Member State competent authorities shall require that every credit institution have robust governance arrangements, which include a clear organisational structure with well defined, transparent and consistent lines of responsibility, effective processes to identify, manage, monitor and report the risks it is or might be exposed to, and adequate internal control mechanisms, including sound administrative and accounting procedures. 2. The arrangements, processes and mechanisms referred to in paragraph 1 shall be comprehensive and proportionate to the nature, scale and complexity of the credit institution's activities. The technical criteria laid down in Annex V shall be taken into account."

38 For recent academic writing, see Avgouleas et al., 2010 and Herring, 2010.

39 Schoenmaker, 2010.

The first new body is a European Systemic Risk Board.[40] This body is to oversee the systemic risk in the European financial system and report identified risks to the Ecofin Council. It would consist of the ECB President as Chair and a Vice Chair, of the Governors of the EU's national central banks, the ECB Vice President, a member of the European Commission and the Chairs of the European Supervisory Authorities. Representatives of national supervisors and the Chair of the Economic and Financial Committee[41] would be observers in the Board. The ESRB would replace the Banking Supervision Committee (BSC) of the ECB. This body "systematically monitors cyclical and structural developments in the euro-area/EU banking sector and in other financial sectors. It does so in order to identify any vulnerabilities and to check the resilience of the system".[42]

FIGURE 1

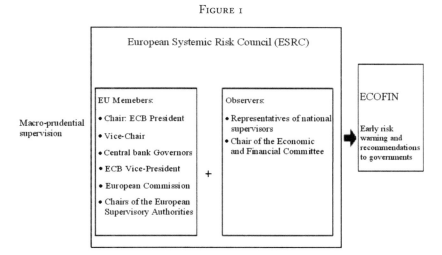

The De Larosière Report suggests including the national supervisors along with the NCB Governors whenever necessary. It states this as follows: "given the importance of having this group interact closely with those supervisors

---

40 Called a 'European Systemic Risk Council' in the text of the De Larosière Report, p. 44.

41 An auxiliary body on economic and financial affairs, governed by Article 134 TFEU.

42 See the ECB website, available at: http://www.ecb.int/ecb/orga/tasks/html/financial-stability.en.html (last accessed: 8.04.2010). It is the body which assists in the carrying out of the prudential supervision tasks of the ESCB.

who are not part of central banks, it should be clearly stated that whenever the subject discussed justifies a wider presence of insurance and securities supervisors (as well as banking supervisors for those countries where banking supervision is carried-out outside the central bank), it would be assured. In such cases, a Governor could choose to be represented by the Head of the appropriate national supervisory authority".[43] Thus, a group of officials coinciding with the ECB's General Council[44] plus additional members to represent national supervisors, would oversee systemic risks. Their macro-prudential function would be exercised in close coordination with national supervisors who should provide the ESRB with all the necessary information, ensuring a free flow of confidential information.[45]

Responsibilities

According to the Commission's proposal to establish the ESRB[46], the Board "shall be responsible for the macro-prudential oversight of the financial system within the Community in order to prevent or mitigate systemic risks within the financial system, so as to avoid episodes of widespread financial distress, contribute to a smooth functioning of the Internal Market and ensure a sustainable contribution of the financial sector to economic growth".[47] Beyond this objective, the Commission proposes that the ESRB will have a number of tasks ranging from collecting and analysing information about systemic risks, identifying and prioritising these risks, issuing warnings and recommendations and cooperating with other EU and international bodies in this field.[48]

---

43 See the De Larosière Report, paragraph 179, p. 44.

44 The temporary third decision-making body of the ESCB consisting of the President and Vice-President of the ECB plus all NCB Governors, see Article 141 TFEU: "1. If and as long as there are Member States with a derogation, and without prejudice to Article 129(1), the General Council of the European Central Bank referred to in Article 44 of the Statute of the ESCB and of the ECB shall be constituted as a third decision-making body of the European Central Bank."; see also Art 45 ESCB statute.

45 See the De Larosière Report, paragraph 180, p. 45.

46 Proposal for a Regulation of the European Parliament and of the Council on Community macro prudential oversight of the financial system and establishing a European Systemic Risk Board, Document COM(2009) 499 final, 23.9.2009 (Hereafter: 'Proposal for a European Systemic Risk Board').

47 Article 3 (1) of the Proposal for a European Systemic Risk Board.

48 Article 3 (2) of the Proposal for a European Systemic Risk Board mentions these tasks as follows:
    "(a) Determine and/or collect, as appropriate, and analyse all the information relevant for the mission described in paragraph 1; (b) identify and prioritise such risks; (c) issue warnings where risks are deemed to be significant;

Structure

Following the De Larosière Report, the Commission proposes that the structure of the ESRB is as follows. The General Board consists of the President and Vice President of the ECB, the Governors of the NCBs, a member of the Commission and the chairpersons of the European Supervisory Authorities (ESAs) discussed below. As non-voting members, the proposal includes "one high level representative per Member State of the competent national supervisory authorities" and the President of the Economic and Financial Committee. As indicated above, the non-voting members from national supervisory authorities may be rotating according to the subject matter under discussion.[49]

Besides the General Board, a smaller Steering Committee of 12 persons will operate to prepare Board meetings, review documents to be discussed and monitor progress in the Board's work.[50] The Secretariat "shall provide analytical, statistical, administrative and logistical support to the ESRB under the direction of the Chair of the General Board in accordance with [the proposed Council Decision pursuant to Article 127 (6) TFEU]".[51] The idea is that the ECB will perform this secretarial function. To that end, the Commission proposed a legal act pursuant to Article 105 (6) EC, currently Article 127 (6) TFEU. This brings us to the proposed legal instrument in respect of the ECB.

(d) issue recommendations for remedial action where appropriate; (e) monitor the follow-up to warnings and recommendations; (f) cooperate closely with the European System of Financial Supervisors and, where appropriate, provide the European Supervisory Authorities with the information on systemic risks required for the achievement of their tasks; (g) coordinate with international institutions, particularly the International Monetary Fund and the Financial Stability Board as well as the relevant bodies in third countries on matters related to macro-prudential oversight; (h) carry out other related tasks as specified in Community legislation."

49 The Explanatory Memorandum to the proposed Regulation establishing the ESRB p. 7, states: "The representative of the national supervisory authorities may rotate depending on the matters that are being discussed (this rotation will be needed in a large number of Member States, where there are different bodies for supervising for instance the financial and the insurance sector)." See, also, Article 6 (3) which provides as follows: "When the agenda of a meeting contains points pertaining to the competence of several national supervisory authorities in the same Member State, the respective high level representative shall only participate in the discussion on items falling under his or her competence."

50 Article 4 (2) of the Proposal for a European Systemic Risk Board.

51 Article 4 (4) of the Proposal for a European Systemic Risk Board.

140 | RENÉ SMITS

Legal issues: independence of the ECB

The Commission proposes a legal act to be adopted by the Council which provides that the President and Vice president of the ECB shall be members of the General Board of the ESRB and that the ECB shall provide for the Secretariat to this new Board. The ECB is to "ensure sufficient human and financial resources for the fulfilment of its task of ensuring the Secretariat" and the Chair of the General Board of the ESRB is to "give directions to the Head of the Secretariat on behalf of the ESRB".[52] Before turning to the more fundamental question of the use of Article 105 (5) and (6) EC, or its replacements under the TFEU, I will discuss the issue of the independence of the European Central Bank which is being directed as Secretariat by the Chair of the General Board of the ESRB. This seems an issue in view of the strongly worded independence provisions in respect of the ESCB. Upon closer scrutiny, however, this is not the case as the chair of the General Board will be one of the members of the General Council of the ECB.[53] Article 5 of the proposed Regulation establishing the ESRB specifies the election of the Chair and Vice Chair of the Board for five years from among members of the General Council of the ECB.[54] Thus, in plain English, an independent member of the third decision-making body of the ECB, will instruct the ECB. The only legal question that may arise is whether this state of affairs would undermine the normal hierarchy provided by the Treaty and the ESCB Statute when macro-prudential matters are concerned. Also, in view of the casting vote of the Chair of the General Board and his or her role in representing the ESRB externally, one may question the wisdom of this arrangement, assuming

---

52 Articles 1-4 of the Proposal for a Council Decision entrusting the European Central Bank with specific tasks concerning the functioning of the European Systemic Risk Board, Document COM(2009) 500 final, 23.9.2009.

53 There are three decision-making bodies of the ECB, the Governing Council, consisting of the Executive Board plus the Governors of the NCBs of the Member States which have adopted the euro; the Executive Board, consisting of the President, the Vice-President plus 4 other members appointed at European level and the General Council. This latter body represents the entire union and not the euro area, as is the case with the Governing Council and Executive Board. Its members are the President and the Vice-President of the ECB plus the Governors of all 27 NCBs. The responsibilities of the General Council are to perform the tasks originally entrusted to the ECB's predecessor, the European Monetary Institute, for the preparation of the introduction of the single currency in the States that have not yet adopted it and the contribution to other ESCB tasks. See Article 141 TFEU (quoted in footnote 44 above) and Articles 44 – 46 ESCB Statute.

54 See the Explanatory Memorandum to the proposed Regulation establishing the ESRB, p. 8, which states: "The Chair will be elected for 5 years from among the Members of the General Board of the ESRB which are also Members of the General Council of the ECB. The Chair will preside the General Board as well as the Steering Committee and instruct the Secretariat of the ESRB on behalf of the General Board."

that the President of the ECB and the President of the ESRB will not be the same person. This may lead to confusion in the outside world as to their respective roles.

Legal issues: use of enabling provision

Turning now to the issue of the use of the enabling provision inserted in Maastricht, the following can be said. The ESCB's tasks in the area of prudential supervision have not been neatly delineated. Reading the original Article 105 (5) and (6) EC shows the convoluted nature of the text.[55] The same holds for their new equivalents after the entry into force of the Lisbon Treaty.[56] Note that the procedure for adopting a legal act entrusting the ECB with special competences has been changed with a lesser role for the European Parliament. At the same time, the exception for insurance undertakings, originally inserted at the behest of the Dutch, has been maintained as an anachronism.[57] I consider that the exception does not eliminate the attribution to the ECB of executive powers in respect of financial conglomerates, including insurance companies.

The Treaty allows the Council to make the ECB competent to exercise executive functions, so that use of this provision would, in principle, not be objectionable. As far as legitimacy is concerned, the provision requires unanimity in the Council and requires the assent of the European Parliament, although the Treaty of Lisbon has altered the latter's role to that of mere consultation. In respect of the ESRB, it should be noted that executive

---

55 Articles 105 (5) and (6) EC read as follows: "5. The ESCB shall contribute to the smooth conduct of policies pursued by the competent authorities relating to the prudential supervision of credit institutions and the stability of the financial system. 6. The Council may, acting unanimously on a proposal from the Commission and after consulting the ECB and after receiving the assent of the European Parliament, confer upon the ECB specific tasks concerning policies relating to the prudential supervision of credit institutions and other financial institutions with the exception of insurance undertakings."

56 Article 127 (5) and (6) TFEU read as follows: "Article 127 (5) and (6) TFEU 5. The ESCB shall contribute to the smooth conduct of policies pursued by the competent authorities relating to the prudential supervision of credit institutions and the stability of the financial system. 6. The Council, acting by means of regulations in accordance with a special legislative procedure, may unanimously, and after consulting the European Parliament and the European Central Bank, confer specific tasks upon the European Central Bank concerning policies relating to the prudential supervision of credit institutions and other financial institutions with the exception of insurance undertakings."

57 One should know that this exception was apparently motivated by the reluctance of the Dutch to see central banks assuming too wide powers, stretching into the area of insurance. These same Dutch later amalgamated the Dutch central bank with the Dutch insurance supervisor, undermining any reason for maintenance of this exception.

powers can only be attributed in respect of "prudential supervision"; there is no addition of "and the stability of the financial system", as there is in paragraph 5. This makes the use of this provision to attribute powers to the ECB less self-evident. The fact that the ESRB will have wider functions than the General Council of the ECB doesn't seem to pose a problem as the Treaty specifically provides for a widening of powers by secondary legislation. In conclusion, adopting the proposed decision on the basis of Article 127 (6) TFEU seems legally justified.

Legal issues: Article 95 EC (Article 114 TFEU) as a legal basis

The issue whether the proposal for the establishment of the ESRB can be based on Article 114 TFEU is not discussed separately as I deal with this issue later on in the context of the ESFS. Similar concerns can be expressed in respect of the establishment of a Board which is to oversee systemic risk in the internal market. Even though the ESRB is not endowed with decision-making competences as the ESAs, its role seems to go beyond the rather restrictive reading of Article 95 EC for it to be based on that provision or, rather, its successor in the TFEU.

Further independence and governance issues

Apart from the issue of the ECB as Secretariat of the new Board receiving instructions directly from the Chair of the General Board, there is a question of the collegial nature of the Governing Council, the Executive Board and the General Council. There may seem to be an issue when certain members of these collegial bodies are called upon to perform specific tasks. I would not count that as a true legal problem since the President and Vice-President of the ECB already perform special functions under the ESCB Statute, such as their membership of the General Council and, now, the ESRB.

Also slightly awkward are the rules on independence. The proposed provision on impartiality of the ESRB members only concerns their independence from Member States.[58] For the ECB President and Vice President, and for the NCB Governors, more is required: they are to act

---

58 See the following draft provision: "Article 7 (*Impartiality*) 1. When participating in the activities of the General Board and of the Steering Committee or when conducting any other activity relating to the ESRB, the Members of the ESRB shall perform their duties impartially and shall neither seek nor take instructions from Member States. 2. Member States shall not seek to influence the members of the ESRB in the performance of their ESRB tasks."

independently from *Community* bodies and organs, as well.[59] At the very least, the proposed provision on impartiality is a confusing clause considering the composition of the ESRB.

Finally, the confidentiality clause[60] and the provision for exchange of information[61] do not seem to be in line with directives on prudential supervision of the financial system. The Commission has sought to provide for exchange of information on the basis of an Omnibus Directive amending other financial sector directives.[62] Whether this draft directive fills the lacunae of the current patchwork of rules and roadblocks in respect of exchange of supervisory information among competent authorities and with central banks, providing a uniform regime, remains to be seen and is outside the scope of this already too lengthy article. The compatibility of confidentiality provisions and rules on exchange of information amongst the various directives in the area of financial supervision requires a separate publication.

Criticism – beyond the legal aspects

After looking into the legal aspects, it should be acknowledged that the Board can hardly be expected to be operating as "an effective early warning mechanism", to quote the De Larosière Report. Its composition of 27 fixed members and 27 flex-members (the rotating heads of national supervisory agencies from the insurance, securities and banking sphere) plus 7 fixed other members (i.e., 61 in total, in shifting composition[63]) is not conducive to efficient decision-making on advisory functions, let alone to agreeing actions. Moreover, this unwieldy body is to report to the Ecofin Council, itself consisting of 27 Ministers of Finance with their own agendas often

---

59 See Article 130 TFEU and Article 7 ESCB Statute.

60 Article 8 of the Proposal for a European Systemic Risk Board.

61 Article 15 of the Proposal for a European Systemic Risk Board.

62 Proposal for a Directive of the European Parliament and of the Council Amending Directives 1998/26/EC, 2002/87/EC, 2003/6/EC, 2003/41/EC, 2003/71/EC, 2004/39/EC, 2004/109/EC, 2005/60/EC, 2006/48/EC, 2006/49/EC, and 2009/65/EC in respect of the powers of the European Banking Authority, the European Insurance and Occupational Pensions Authority and the European Securities and Markets Authority, Document COM(2009) 576 final, 26.10.2009. See the ECB Opinion of 18 March 2010 on this proposal: (CON/2010/23), OJ No. C 87/1, 1.4.2010.

63 This is confirmed by the Explanatory Memorandum to the proposed Regulation establishing the ESRB which, on p. 8, explains the introduction of a Steering Committee referring to the number of persons on the Board.

lacking in coherence and decisiveness. The ESRB does not fill the vacuum in which no EU competences exist to act for the single market or the euro area. It is the absence of this federal competence to monitor, warn and take decisive action that should be remedied. Changing the composition and sharpening the tasks of an existing body is not the answer to the problem the crisis highlighted in this respect. Moreover, even though increased cooperation at the EU level with a focus on macro-prudential supervision will probably lead to more joint analysis and action, the national focus of most of its members and the lack of communications will not be remedied by the formation of yet another 'club'.

6. EUROPEAN SYSTEM OF FINANCIAL SUPERVISORS
ESFS and ESAs

The second major innovation proposed by the De Larosière Report is the establishment of a European System of Financial Supervisors, a network consisting of three European Supervisory Agencies (ESAs).

The best way to describe the ESFS seems to be on the basis of the Commission's proposals for the establishment of one of the ESAs, even though we know that these have been amended in the Council and that the end result may look quite different from what the documents describe in the public domain. It is a deplorable state of European legislation that even after the Lisbon Treaty, interested outsiders cannot gain knowledge of the most recent versions of legal documents that are being discussed and adopted.[64] I will describe the proposal for the establishment of the European Banking Authority (EBA).[65] This description also largely fits the other two authorities, the European Insurance and Occupational Pensions Authority (EIOPA) and the European Securities and Markets Authority (ESMA).

---

64 An exception is made for the amendments proposed by the European Parliament which can be accessed. See Legislative Observatory, available at: http://www.europarl.europa.eu/oeil/file.jsp?id=5804632 (last accessed: 8.04.2010).

65 See Proposal for a Regulation of the European Parliament and of the Council establishing a European Banking Authority, Document COM(2009) 501 final (Hereafter: 'Proposal for a European Banking Authority'), at http://ec.europa.eu/internal_market/finances/committees/index_en.htm (last accessed: 8.04.2010).

FIGURE 2

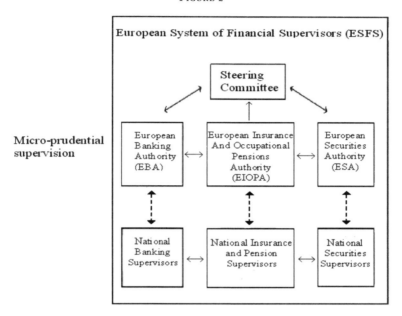

The European Banking Authority: structure

The Authority would be a Community body with legal personality, unlike its Lamfalussy predecessor, the Committee of European Banking Supervisors[66], which is itself a recent (2009) innovation on the European Banking Committee established in 2003[67] under the Lamfalussy arrangements. These arrangements, named after the chairman of the committee charged with exploring better supervisory arrangements with a speedier adaptation to market developments, consisted in four levels of action: (1) establishing Community-wide basic norms for the financial services industry in EC legislation adopted by the Council and the European Parliament in co-decision (2) further detailed rules adopted by the Commission (3) agreed implementation by the supervisors and (4) enhanced surveillance by the Commission of the national implementation of the directives. Both these committees were mere advisory organs without separate legal personality.

---

66 Established by Commission Decision 2009/78/EC of 23 January 2009, OJ No. L 25/23 29.1.2009.

67 Commission Decision 2004/5/EC of 5 November 2003 establishing the European Banking Committee, OJ No. L 3/36, 7.1.2004.

The EBA's highest organ would be a Board of Supervisors on which a permanent[68] Chairperson would sit together with the heads of supervision for credit institutions at national level. The Chairperson would not have a vote. The Board of Supervisors would have other non-voting members: one representative of the Commission, one from the ECB, one from the ESRB and one of each of the other two ESAs. This Board is to guide the work of the EBA and to take the major decisions entrusted to it. The Board of Supervisors is to decide on the basis of qualified majority voting (QMV) on the technical standards and guidelines and recommendations that the EBA is to adopt, as well as on its finances.[69]

The EBA would also have a Management Board, "composed of the Chairperson, a representative of the Commission, and four members elected by the Board of Supervisors from among its members". Its main task would be managerial, as its name suggests: employing staff, preparing annual work programmes and annual reports, and preparing Board meetings.[70]

The Chairperson is to be responsible for preparing the work of the Board of Supervisors and chairs the meetings of the Board of Supervisors and the Management Board. The candidate "appointed by the Board of Supervisors on the basis of merit, skills, knowledge of financial institutions and markets, and experience relevant to financial supervision and regulation, following an open selection procedure" is subject to a confirmation hearing before the European Parliament. This puts him/her in the same position as Commissioners-elect and members of the Executive Board of the ECB. His or her independence is assured because removal may only take place by decision of the Board of Supervisors subject to confirmation by the European Parliament.[71] Another full-time professional, the Executive Director, is to implement the work programme and prepare the work of the Management Board.[72]

Finally, mention should be made of the extensive provisions ensuring there is judicial review of decisions of the EBA, and of its fellow ESAs. To this end, a Board of Appeal is established as a joint body of the EBA, the EIOPA and the

---

68 See Article 33 of the Proposal for a European Banking Authority.

69 See Articles 25-29 of the Proposal for a European Banking Authority.

70 See Articles 30-32 of the Proposal for a European Banking Authority.

71 See Articles 33-35 of the Proposal for a European Banking Authority.

72 See Articles 36-38 of the Proposal for a European Banking Authority.

ESMA. The guarantees for its composition as functioning as an independent tribunal are wide-ranging. They include the appointment procedure[73], their tenure[74] and the disclosure of their interests and commitments.[75] The Board of Appeal decides cases against decisions by the ESAs within two months of their lodging (!). Further appeal lies with the General Court which may also be accessed to contest decisions of the ESAs if no appeal lies with the Board of Appeal.[76]

The European Banking Authority: responsibilities
The EBA, thus made up organizationally, will be entrusted with tasks the scope of which is breathtaking. The EBA is "to contribute to the establishment of high quality common regulatory and supervisory standards and practices", as well as "to a consistent application of Community legislation". In this context, the EBA will be "preventing regulatory arbitrage, mediating and settling disagreements between competent authorities, promoting a coherent functioning of colleges of supervisors and taking actions in emergency situations". Furthermore, the EBA is "to facilitate the delegation of tasks and responsibilities between competent authorities" and to cooperate closely with the ESRB. It must both feed the ESRB with information on the basis of which it can assess systemic risk, and to ensure a proper follow-up to its warnings and recommendations. The EBA is to conduct peer review analysis of competent authorities and to strengthen consistency in supervisory outcomes. It has to

---

73 The members are appointed "by the Management Board of the Authority from a short-list proposed by the Commission, following a public call for expression of interest published in the Official Journal of the European Union, and after consultation of the Board of Supervisors"; Article 44 (3) of the Proposal for a European Banking Authority.

74 Their term of office is five years, which may be extended once. There is a single reason for dismissal, namely serious misconduct. This arrangement contrasts with the guarantees for members of the ECB's Executive Board, who may be dismissed for serious misconduct and when they no longer fulfil the conditions required for the performance of their duties (Article 11.4 of the ESCB Statute). Another striking difference is that the members of the Board of Appeal may be dismissed by the Management Board after consulting the Board of Supervisors whereas the ECB Board members can only be 'compulsorily retired' by the European Court of Justice on an application by the Governing Council or the Executive Board of the ECB.

75 Members of the Board of Appeals are to "make a declaration of commitments and a declaration of interests indicating either the absence of any interest which may be considered prejudicial to their independence or any direct or indirect interest which might be considered prejudicial to their independence" and have to do so publically, annually, and in writing.

76 See Articles 44-47 of the Proposal for a European Banking Authority.

monitor and assess market developments. Finally, it may fulfill any other tasks specifically given to it.[77]

With such an organizational set-up and such wide-ranging tasks one can only be somewhat disappointed by the description of the EBA's powers. Largely, they are of a harmonizing nature. The ECB is competent to develop draft technical standards for endorsement by the Commission, to issue guidelines and recommendations to the supervisory authorities and to individual financial institutions and to take individual decisions addressed to competent authorities in the specific cases referred to in Articles 10 and 11. These concern action in emergency situations (Article 10) and the settlement of disagreements between competent authorities (Article 11), respectively. Finally, the EBA may issue opinions to the European Parliament, the Council and the Commission and execute any exclusive supervisory powers over entities with Community-wide reach or economic activities with Community-wide reach entrusted to it.[78] I will focus the discussion on the adoption of technical standards and the role of the EBA in the coordination of consistent application of EU rules pertaining to the financial sector. I will not go into the EBA's roles in respect of peer reviews of supervisors and stress testing of banks, or in its international relations.[79]

Technical standards (Article 7)

After appropriate public consultations[80], the EBA is to adopt draft technical standards acting on the basis of a qualified majority of the members of the Boards of Supervisors[81], as defined in Article 205 of the Treaty. The latter reference should now be read as referring to Article 3 (3) of Protocol No. 36 on transitional provisions attached to the Lisbon Treaty. Article 3 (3)

---

77 See Article 6 (1) of the Proposal for a European Banking Authority.

78 See Article 6 (2) and (3) of the Proposal for a European Banking Authority. As an additional power, the EBA has "appropriate powers of investigation and enforcement as specified in the relevant legislation, as well as the possibility of charging fees" according to the last sentence of Article 6 of the Commission's proposal.

79 See Articles 15, 17 and 18 of the Proposal for a European Banking Authority.

80 Which include the consultation of a Banking Stakeholder Group, proposed by the Commission in Article 2 of its proposed legal instrument. The European Parliament proposed amendments to strengthen its role; see Articles 7(1) and (8)(1)(a), at: http://www.europarl.europa.eu/sides/getDoc.do?type=COMPARL&mode=XML&language=EN&reference=PE438.408 (last accessed: 8.04.2010).

81 Article 29 (1) of the Proposal for a European Banking Authority.

provides that, until 31 October 2014, the old weighing of votes applicable under the EC Treaty will continue to apply. The new voting arrangements set out in Article 16 (4) TEU and in Article 238 (2) TFEU, based on the three conditions of 55% of the votes of the Council members, comprising at least 15 members, and representing 65% of the Union's population, will be applied only after the aforementioned date[82]. As the Explanatory Memorandum to the proposal to establish the EBA makes clear, "The Community legal order requires the Commission to subsequently endorse these draft standards in the form of regulations or decisions so as to give those direct legal effects." The proposal specifies that the Commission is to do so within 3 months. The European Parliament has proposed that technical standards be adopted by the Commission if the Parliament and the Council do not object to them.[83]

Guidelines and recommendations (Article 8)
The EBA must issue guidelines and recommendations to supervisory authorities or to financial institutions. This should be done "with a view to establishing consistent, efficient and effective supervisory practices within the ESFS, and to ensuring the common, uniform and consistent application of Community legislation". The language is clear: consistency, effectiveness, efficiency and uniformity are drummed in. National supervisory authorities must "make every effort to comply" and, if they feel they cannot do so, explain why not.[84] Thus, the comply or explain principle is introduced in the functioning of national prudential supervisors. This is a major step from the current situation in which authorities are expected to align themselves with one another through the practice of cooperation and gentle persuasion. Note, also, that non-compliance has to be reasoned. However, the proposals even go two steps further.

---

82 See Art 238 TFEU. These rules are altered in the following situations. Where the proposal is not Commission-initiated: A 'qualified majority' is then defined as at least 72% of the members of the Council, representing Member States comprising at least 65% of the population of the Union. Also, in the situation where not all Members of the Council vote, a 'qualified majority' shall be defined as at least 55% of the members of the Council representing the participating Member States, comprising at least 65% of the population of these States.

83 See Articles 7a-7d proposed by the European Parliament, at: http://www.europarl.europa.eu/sides/getDoc.do?type=COMPARL&mode=XML&language=EN&reference=PE438.408 (last accessed: 8.04.2010).

84 Article 8 of the Proposal for a European Banking Authority "(...) The competent authorities shall make every effort to comply with those [general, rs] guidelines and recommendations. Where the competent authority does not apply those guidelines or recommendations it shall inform the Authority of its reasons."

150 | RENÉ SMITS

Enforcing consistency (Article 9)

Normally, consistency should be achieved by the comply or explain principle. In particular when EU legislation provides that financial institutions need to satisfy certain conditions, the EBA can investigate and correct "the incorrect application of Community law". Within two months of having started an investigation, the EBA may "address to the competent authority concerned a recommendation setting out the action necessary to comply with Community law". The national authority is to reply within ten working days, specifying "the steps it has taken or intends to take to ensure compliance with Community law". If the national authority persists in its wayward behaviour, the Commission comes into action. When a month has passed since the EBA's recommendation and there is still no compliance, the Commission may "take a decision requiring the competent authority to take the action necessary to comply with Community law". Again, a time-limit is included in the procedure: the Commission is to act within three, at the most four, months from the adoption of the EBA's recommendation. If this also fails to correct matters (the national authority again has ten working days in which to comply), competence shifts to the Authority again.[85] The EBA may "adopt an individual decision addressed to a financial institution requiring the necessary action to comply with its obligations under Community law including the cessation of any practice". This is dependent upon (a) the direct application of the relevant Community norm[86] and (b) a necessity test[87] related to (c) either "maintain[ing] or restor[ing] neutral conditions of competition in the market" or "ensur[ing] the orderly functioning and integrity of the financial system".[88] The EBA acts in line with the previous decision of the Commission[89], thus ensuring that discretionary decisions are taken only by organs foreseen in the Treaty, a legal issue which I will discuss later on. The system thus is one of

---

85 The Commission may take the Member State to court pursuant to Article 258 TFEU, the former Article 226 EC.

86 See Article 9 (6) of the Proposal for a European Banking Authority: "where the relevant requirements of the legislation referred to in Article 1(2) are directly applicable to financial institutions".

87 See Article 9 (6) of the Proposal for a European Banking Authority: it should be "necessary to remedy in a timely manner the non compliance by the competent authority".

88 Article 9 (6) of the Proposal for a European Banking Authority.

89 "The decision of the Authority shall be in conformity with the decision adopted by the Commission pursuant to paragraph 4"; Article 9 (6) *in fine* of the Proposal for a European Banking Authority.

acting through the national authority but, if that does not help, sidestepping it and addressing the financial institution itself.

Emergency situations (Article 10)

The coordination mechanism described above applies in normal situations. In emergency situations, the proposal goes further and allows the EBA to address financial institutions more swiftly. The condition precedent for this is that the Commission, the Council or the ESRB determine that an emergency situation exists. This can be done "(i) n the case of adverse developments which may seriously jeopardise the orderly functioning and integrity of financial markets or the stability of the whole or part of the financial system in the Community". Then, the EBA may address a decision to a national authority requiring it to take action "to address any risks that may jeopardise the orderly functioning and integrity of financial markets or the stability of the whole or part of the financial system by ensuring that financial institutions and competent authorities satisfy the requirements laid down in that legislation". Should the national authority fail to abide by this decision within the time period that the EBA prescribed, the EBA may "adopt an individual decision addressed to a financial institution requiring the necessary action to comply with its obligations under that legislation, including the cessation of any practice", again on the condition that the relevant rules are directly applicable.

In both normal and emergency situations, decisions by the EBA prevail over "any previous decision adopted by the competent authorities on the same matter".[90]

The Explanatory Memorandum to the proposal to establish the EBA specifies the reason why it is the Union's executive which should determine whether an emergency situation exists: "The determination of a cross-border emergency situation involves a degree of appreciation, and should therefore be left to the European Commission."

Conciliation among supervisors (Article 11)

The EBA is to act as conciliator among supervisory authorities when one national supervisor invokes its assistance in respect of a disagreement with another supervisory authority "on the procedure or content of an action or inaction by another competent authority" in an area where Community

---

90 Articles 9 (7) and 10 (4) of the Proposal for a European Banking Authority.

legislation "requires cooperation, coordination or joint decision making by competent authorities from more than one Member State". If the authorities concerned have not settled their dispute within the timeframe set by the EBA, the EBA may "require[e] them to take specific action or to refrain from action in order to settle the matter, in compliance with Community law." If the national supervisor holds out and does not comply with the EBA's directions, the EBA has the power to "adopt an individual decision addressed to a financial institution requiring the necessary action to comply with its obligations under Community law, including the cessation of any practice", of course assuming the direct applicability of the provisions of Community law in question. The competence given in Article 11 is without prejudice to the wider coordination powers given in Article 16. The latter provision gives the EBA a general role for the promotion of a coordinated Community response, *inter alia* by facilitating exchange of information between supervisors, "determining the scope and verifying the reliability of information that should be made available to all competent authorities concerned", acting as mediator and "notifying the ESRB of any potential emergency situations without delay".

Fiscal responsibilities of Member States intact (Article 23)

The application of the EBA's powers in respect of emergency decisions or the settlement of disputes among supervisors is subject to a clause safeguarding States' fiscal autonomy. The EBA itself is instructed to ensure that its decisions do not "impinge (...) in any way on the fiscal responsibilities of Member States". In plain English: the EBA cannot instruct a supervisor to bail out a bank or otherwise engage in actions which have budgetary consequences. A Member State may contest a decision taken under Article 10 (emergency decisions) or 11 (settlement of disagreements) as impinging on its fiscal responsibility. Doing so, it "shall justify why and clearly demonstrate how the decision impinges on its fiscal responsibilities". The subsequent procedure differs according to whether the EBA acted in an emergency or in the 'normal' settlement of disputes.

In the latter case (conciliation under 'normal' circumstances), the Member State has one month after the notification of the EBA's decision to the national authority to inform the EBA and the Commission that the national authority will not implement the EBA's decision. This suspends the decision of the EBA. The EBA then has one month within which it informs the

Member State whether it maintains, amends, or revokes its decision. If the EBA maintains its decision, the Ecofin Council decides the issue by QMV within 2 months. If the Council maintains the decision of the EBA or does not act within the 2 months period, the EBA's decision becomes effective again as the suspension is terminated.

In the former case, i.e. in emergency situations, when a Member State notifies the EBA, the Commission and the Council of the supervisor's decision not to implement the EBA's decision, it has to do so within three working days of the notification by the EBA of its decision to the supervisory authority. It is then upon the Council to decide the matter by QMV, within another ten working days. If the Council does not revoke the decision, or maintain it, within this period, the EBA's decision shall be deemed to be maintained. There is no suspension of the decision in the meantime, presumably because the time frame for a final decision is so short.

Further EBA powers

In the area of merger control, the EBA is competent to issue and publish opinions on prudential assessments of mergers and acquisitions which are covered by the post-Antonveneta Directive. This Directive[91] contains procedural rules and evaluation criteria for the prudential assessment of acquisitions and increases of holdings in the financial sector. It provides a precise framework within which prudential supervisors may exercise their discretion to block such acquisitions on prudential grounds. It was adopted in the wake of the take-over battles for Italian banks, notably ABN AMRO's takeover of Banco Antonveneta in which the Governor of the Banca d'Italia was seen to act on nationalist and protectionist grounds. The proposed legal instrument establishing the EBA does nothing to diminish the prudential carve-out contained in Article 21 (4) of the Merger Control Regulation.[92] This carve-out is still applicable. My preference would have been to restrict a national option to rely on non-merger grounds to block an acquisition and to introduce a Union ground to do so, to be exercised by the EBA. The

---

91 Directive 2007/44/EC of the European Parliament and of the Council of 5 September 2007 amending Council Directive 92/49/EEC and Directives 2002/83/EC, 2004/39/EC, 2005/68/EC and 2006/48/EC as regards procedural rules and evaluation criteria for the prudential assessment of acquisitions and increase of holdings in the financial sector, OJ No. L 247/1, 21.9.2007.

92 Council Regulation (EC) No 139/2004 of 20 January 2004 on the control of concentrations between undertakings (the EC Merger Regulation), OJ No. L 24/1, 29.01.2004.

154 | RENÉ SMITS

proposed situation falls short of this as it only gives the EBA a role in ensuring compliance with Directive 2007/44/EC.

Independence of the EBA
The relevant provisions of the proposal to establish the EBA contain wide-ranging guarantees for the independent exercise of its functions.[93]

EBA: other issues
The EBA's budget is to be funded by national supervisory agencies' contributions, by the EU budget and by fees to be levied pursuant to specific Community legislation. The relevant provision does not say so, but the Explanatory Memorandum does specify that these fees are to be "paid by the industry".[94]

It is remarkable that there is no exclusion of supervisory liability[95] whereas several supervisory authorities at the national level do profit from such exemptions.[96] The EBA's seat would be London.[97]

ESFS as a network of supervisors
The EBA is to operate in a network of supervisors together with EIOPA, ESMA, the Joint Committee of European Supervisory Authorities, and the

---

93 See, notably, Articles 27, 31 and 34, 35, 37 and 45 of the Proposal for a European Banking Authority. The language used is very close to that pertaining to the ESCB, i.e. Article 130 TFEU and Article 7 ESCB Statute. The language in relation to the Chairperson and the voting members of the Board of Supervisors is as follows: "When carrying out the tasks conferred upon it by this Regulation, the Chairperson and the voting members of the Board of Supervisors shall act independently and objectively in the Community interest and shall neither seek nor take instructions from Community institutions or bodies, from a Government of a Member State or from any other public or private body." Similar language is found in Articles 31, 34 and 37 concerning the independence of the Chairperson and of the Executive Director, respectively.

94 Compare Article 48 (1) (c) and paragraph 6.4 of the Explanatory Memorandum.

95 See Article 55 of the Proposal for a European Banking Authority, which reads as follows: "In the case of non-contractual liability, the Authority shall, in accordance with the general principles common to the laws of the Member States, make good any damage caused by it or by its staff in the performance of their duties. The Court of Justice shall have jurisdiction in any dispute over the remedying of such damage".

96 In several Member States, there is a statutory exemption from any liability or for most cases of civil liability in respect of the supervision of the financial system. In the UK, the exempting legal provision is section 19 (1) of the Financial Services and Markets Act: "Neither the Authority nor any person who is, or is acting as, a member, officer or member of staff of the Authority is to be liable in damages for anything done or omitted in the discharge, or purported discharge, of the Authority's functions." The equivalent legal provision in Germany is section 4 (4) of the *Finanzdienstleistungsaufsichtsgesetz*' (Act on the supervision of the provision of financial services). The equivalent in Belgium is section 68 of the *Wet betreffende het toezicht op de financiële sector en de financiële diensten*' (concerning the supervision of the financial sector and financial services).

97 See Article 5 of the Proposal for a European Banking Authority.

national competent authorities, plus – for the purpose *of its tasks pursuant to Articles 7 (Technical standards), 9 (Consistent application of Community rules)* and 10 (*Action in emergency situations*), the Commission. Such a network also consists in the area of competition law enforcement but, there, action is case-specific, not institution-specific, and cases are allocated to the federal or national level, and among the latter, on the basis of the 'attachment' of the case to a jurisdiction.[98] The peer reviews foreseen in this network concerning the financial sector are intrusive and far-reaching. They concern the adequacy of institutional arrangements within Member States, including resources and staff expertise, the degree of convergence and compliance with Community objectives[99] and the exemplifying nature of good practices from some authorities which others might benefit from adopting. In the ESFS, the EBA is to reach joint positions with EIOPA and ESMA "as appropriate".[100]

Criticism – before the legal aspects
Even though the ESAs are instructed to reach joint positions, the proposed structure for the ESFS continues the sector segmentation of supervision in Europe which is not in line with the organisation of the financial services industry. This is a first fault line that I find with the De Larosière Report and the follow-up. A truly effective organisation of supervision should enable a supervisor over the entire sector to exercise surveillance over the industry, in close collaboration with the central banks.

This latter point brings to the fore the discussion on the proper place of prudential supervision. This can be with the central bank, as in Italy, Spain, Portugal, Greece and, to a certain extent in the Netherlands, and as might be the case after a Conservative victory in the forthcoming UK parliamentary elections. This may also be at a separate authority, closely collaborating with or staffed by the central bank as in France, Germany, Ireland, or within a separate authority altogether with linkages with the central bank and

---

98 Specifically, the ability for a competition authority to end an infringement by collecting the necessary evidence on conduct which has effect on its territory. See Articles 12-16 of Council Regulation (EC) No 1/2003 of 16 December 2002 on the implementation of the rules on competition laid down in Articles 81 and 82 of the Treaty, OJ. No. OJ L 1/1, 4.1.2003, and the Commission Notice on cooperation within the Network of Competition Authorities, OJ No. C 101/43, 27.04.2004.

99 See Article 15 (*Peer review of competent authorities*) which speaks of "the degree of convergence reached in the application of Community law and in supervisory practice" and of "the extent to which the supervisory practice achieves the objectives set out in Community law".

100 See Article 42 (*Joint positions and common acts*).

Treasury, as currently in the UK where the FSA and its two counterparts form the Tripartite Authorities. Models are never clear-cut: in the Netherlands, conduct of business supervision is exercised by a separate authority, as in France. Whichever model is chosen, coordination between monetary policy and prudential supervision is always necessary, if not internally in a double-hatted central bank, then between separate bodies. I would favour a close coordination and overlap, through double personal mandates and exchange of staff or a single service exercising the monetary policy and macro-prudential oversight, on the one hand, and prudential supervision, on the other. This would seem the most robust arrangement permitting, nay requiring in-house coordination between departments that will primarily act in the pursuit of either policy end, i.e. otherwise be shielded from one another. Such an arrangement would also allow the free use of information gained under one hat to be used under the other.[101]

Another issue with De Larosìere as such and, consequently, with the legislative follow-up proposals, is that all this concerns the framework for supervision only. This focus on the formal attribution of powers does not address the underlying issues and concerns form over substance. Even though I would advocate a revamp of supervisory structures at the EU level, it is the supervisory approach which is crucial. How banks and other financial industry players are supervised and what norms they are held to is primary. As are sustainable methods of organising the finance industry. But this brings us back to the cultural roots of the problem and largely falls outside the scope of this paper.

The main problem with the De Larosìere Report and the follow-up proposed legislation is that it does not repair the lack of clear EU-wide authority to take decisions in respect of supervision, bail-out or liquidation of individual firms. The national focus and the consequent bias of State supervisors will not be remedied. Even though national supervisors are embedded in a Union network and although they will work under ESAs with far-reaching powers of coordination and mechanisms for joint operation[102] they will not have relinquished their powers to a body at the federal level.

---

101 Provided that the necessary exchange of information is adequately permitted under the supervisory legislation.

102 Assuming these arrangements can stand the test of legal scrutiny and will not be challenged on the basis of lack of legal coherence, on which more below.

EU SUPERVISORY ARRANGEMENTS – A CRITIQUE | 157

This is precisely, however, what the crisis has taught us is necessary. Below, I will discuss the legal issues concerning the De Larosière legislative proposals. Then, I will conclude on the best way forward towards this end.

Legal issues: Article 95 EC (Article 114 TFEU) as a legal basis

The Commission's proposals for the establishment of the ESAs are based on Article 95 EC.[103] This provision, now replaced by Article 114 TFEU[104] concerns harmonisation of national laws in the context of the establishment of the internal market. The question arises whether this legal basis is appropriate to establish agencies whose task goes well beyond harmonisation of the national laws in respect of the finance industry and, actually, are to perform tasks more akin to those of actual supervisory authorities, albeit walking on, at least[105] 27 national legs for each segment of the financial sector. The Commission's view is straightforward but hardly reasoned. I quote the Explanatory Memorandum: "As the tasks to be conferred on the Authorities are closely linked to the measures put in place as a response to the financial crisis and to those announced in the Commission Communications of 4 March and 27 May 2009, they can, in line with the Court's case law, be established on the basis of Article 95 of the Treaty".[106]

Article 95 EC has been interpreted by the European Court of Justice as providing the basis for an agency supporting the harmonisation of national laws. The UK challenged the legal basis of the establishment of this agency by seeking annulment of Regulation 460/2004 establishing the European Network and Information Security Agency.[107] This Agency is a legal person

---

103 The text of Article 95 (1) EC read as follows: "1. By way of derogation from Article 94 [provision on harmonisation of legislation by unanimity in the Council, rs] and save where otherwise provided in this Treaty, the following provisions shall apply for the achievement of the objectives set out in Article 14 [internal market completion clause, rs]. The Council shall, acting in accordance with the procedure referred to in Article 251 [co-decision, rs] and after consulting the Economic and Social Committee, adopt the measures for the approximation of the provisions laid down by law, regulation or administrative action in Member States which have as their object the establishment and functioning of the internal market."

104 For the text of Article 114 (1) TFEU, see footnote 18 above.

105 Sometimes, a segment may be subject to supervision by multiple national authorities, in which case the relevant ESA needs to coordinate the exercise of supervision by such authorities and their counterparts elsewhere in the internal market.

106 See the Proposal for a European Banking Authority, p. 3.

107 Regulation (EC) No 460/2004 of the European Parliament and of the Council of 10 March 2004 establishing the European Network and Information Security Agency, OJ L 077/1, 13.03.2004.

158 | RENÉ SMITS

whose task it is to "enhance the capability of the Community, the Member States and, as a consequence, the business community to prevent, address and to respond to network and information security problems".[108] It is entrusted with tasks that include information gathering and awareness raising but which are all focused on supporting the Community and the Member States and regulatory authorities within the latter. The extent of its powers, albeit encapsulated in an internal structure and independence provisions from which the Commission apparently borrowed heavily when submitting its proposals for ESAs, does not even look like those to be entrusted to the ESAs. In its decision[109], the Court accepted that a body could be established on the basis of Article 95.[110] At the same time, the Court found "that the tasks conferred on such a body must be closely linked to the subject-matter of the acts approximating the laws, regulations and administrative provisions of the Member States. Such is the case in particular where the Community body thus established provides services to national authorities and/or operators which affect the homogenous implementation of harmonising instruments and which are likely to facilitate their application."[111] The Court then proceeded to verify whether the Agency's tasks were, indeed, within these confines. It saw "that it was foreseeable that the transposition and application of the [relevant EU directives] would lead to differences as between the Member States" and that there was a danger of "the smooth functioning of the internal market risks being undermined by a heterogeneous application of the technical requirements laid down [in the relevant EU directives]". Thus, the Community legislator could establish the Agency on the basis of Article 95 EC. In the precise words of the Court: "(...) the Community legislature was entitled to consider that the opinion of an independent authority providing technical advice at the request of the Commission and

---

108 Article 2 (1) of Regulation 460/2004. Other objectives are also mentioned, which do not go beyond this first one.

109 Judgment of 2 May 2006 in Case C-217/04 (*UK v European Parliament and Council*), [2006] ECR 1-3771.

110 In paragraph 44 of the judgment in Case C-217/04 "(...) nothing in the wording of Article 95 EC implies that the addressees of the measures adopted by the Community legislature on the basis of that provision can only be the individual Member States. The legislature may deem it necessary to provide for the establishment of a Community body responsible for contributing to the implementation of a process of harmonisation in situations where, in order to facilitate the uniform implementation and application of acts based on that provision, the adoption of non-binding supporting and framework measures seems appropriate."

111 Paragraph 45 of the judgment in Case C-217/04.

the Member States might facilitate the transposition of the directives at issue into the laws of the Member States and the implementation of those directives at national level."[112] This circumscription of the competence of the legislature to act seems narrow. It does not seem to support establishing ESAs acting within a network of authorities and having wide-ranging powers to overrule national authorities, let alone direct financial institutions when these authorities fail to implement their views. Even when such directions to individual undertakings are based on a prior finding of non-compliance with Community law adopted by the Commission, as is the case in 'normal situations' covered by Article 9 of the proposed regulation establishing the EBA. It can even be questioned whether the Commission has the powers to, indirectly, address such decisions to individual undertakings now that it is not a competent authority and does not have blanket powers to act but only those specifically attributed to it.[113] Its wide powers to "ensure the application of the Treaties, and of measures adopted by the institutions pursuant to them" and to "oversee the application of Union law under the control of the Court of Justice of the European Union"[114] would hardly seem specific enough to permit it to direct the business of individual undertakings in the context of differences of opinion among the supervisory agencies concerned themselves, even on the basis of norms emanating from the Community legislature which apparently leave room for such discussions among supervisors. Article 114 TFEU grants competence to establish agencies for the furtherance of internal market- related harmonization. With some stretch of the imagination, the cluster of bodies responsible for strengthened prudential supervision may be considered akin to such an agency. However, the ECJ confined this harmonizing power to: the adoption of non-binding supporting and framework measures. Alignment of policies and decision-making in respect of individual firms seem to go beyond such a remit. Therefore, Article 114 TFEU seems too small a basis for the establishment of the ESAs.

Even though I would favour strong federal supervisory powers at the Community level, I doubt whether these can be 'created' on the basis of Article

---

112 Paragraph 64 of the judgment in Case C-217/04.

113 Pursuant to the principle of specific attribution of powers, as laid down in Article 13 (2) TEU.

114 Article 17 (1) TEU.

160 | RENÉ SMITS

114 TFEU. At the least, Article 308 EC should have been invoked, as well.[115] This provision has now been replaced by Article 352 TFEU.[116] Article 352 can only be invoked if there are no other competences on which to base a proposed measure. Its enactment should, moreover, be "necessary", not merely desirable, a condition which I think has been met considering the depth of the crisis and the urgency to remedy the fault lines in the EU supervisory response. Of course, the fact that this remedy is not fully effective, in my view, does not detract from this. To my mind, it is clear that the TFEU does not provide for the necessary powers as Article 114 TFEU, as interpreted by the Court, seems too small a basis. Also, the link with the Treaties' objectives seems to be present with the internal market (Article 3 (3) TEU) and the single currency (Article 3 (4) TEU) at stake in the joint response to a deep economic crisis which originated in the financial sector. Use of Article 352 TFEU does entail a problem that the reluctance of the British government to create joint supervisory structures, and its distaste for any encroachment upon national budgetary freedom, should be overcome as no State can be outvoted: unanimity is required. Thus, reservations by the UK may block decision-making. The issue of legitimacy played only under 308 EC, which required mere consultation of the European Parliament. This issue should not prevent adoption of far-reaching proposals under 352 TFEU as the consent of the European Parliament is required. Of course, it may be that national parliaments, making use of Protocol No. 2 attached to the Lisbon Treaty on the applicability of the principles of subsidiarity and proportionality may block adoption of the proposals.[117]

---

115 Article 308 EC read as follows: "If action by the Community should prove necessary to attain, in the course of the operation of the common market, one of the objectives of the Community, and this Treaty has not provided the necessary powers, the Council shall, acting unanimously on a proposal from the Commission and after consulting the European Parliament, take the appropriate measures."

116 Article 352 TFEU reads as follows: "1. If action by the Union should prove necessary, within the framework of the policies defined in the Treaties, to attain one of the objectives set out in the Treaties, and the Treaties have not provided the necessary powers, the Council, acting unanimously on a proposal from the Commission and after obtaining the consent of the European Parliament, shall adopt the appropriate measures. Where the measures in question are adopted by the Council in accordance with a special legislative procedure, it shall also act unanimously on a proposal from the Commission and after obtaining the consent of the European Parliament." Paragraphs 2-4 provide for the monitoring of the subsidiarity principle through national parliaments, exclude harmonisation on the basis of this provision where the Treaty excludes such harmonisation, and delimits action on this basis in the area of the Common Foreign and Security Policy.

117 Moreover, the German Parliament will have to give its consent to any act adopted pursuant to Article 352 TFEU. This follows from the German Constitutional Court's decision in respect of the Lisbon Treaty. In its

EU SUPERVISORY ARRANGEMENTS – A CRITIQUE | 161

Legal issues: discretionary authority and inter-institutional balance
Finally, a legal stumbling block may arise because of the absence of the possibility of granting discretionary powers to a body outside of the institutions. This is a consequence of the Meroni case[118], an old decision by the ECJ in the area of the ECSC.[119] The Court did not permit the Commission to delegate powers to a body not foreseen in the Treaty. This case law seems to explain the insertion in the proposals for the ESFS of instances in which the Commission, rather than the ESAs, should act, the adoption of technical standards and the decision, under 'normal circumstances', instructing a national authority to abide by Community rules in the financial sector.[120] This obstacle is only relevant when the Commission has been attributed powers which it then delegates. The question in the case of the ESAs is, whether the Commission has powers as a supervisory authority under the Treaty. In view of the tradition to keep the Commission at bay when individual institutions and their supervision are discussed, one may question whether it is competent at all to act in this area, beyond overseeing compliance with Union law by national authorities and adopting technical standards. The Commission's role in the ESFS comes closer to that of the competent authorities[121] whilst, being a political institution, it lacks the necessary independence and impartiality which, rightly, are required of national supervisors. The exercise of any powers in respect of individual financial institutions should be embedded in the necessary procedural safeguards which may be expected of a supervisory authority.[122]

---

decision of 30 June 2009 the *Bundesverfassunggsericht* stated as follows: "With a view to the undetermined nature of future cases of application of the flexibility clause, its use constitutionally requires ratification by the German *Bundestag* and the *Bundesrat* on the basis of Article 23.1 sentences 2 and 3 of the Basic Law. The German representative in the Council may not declare the formal approval of a corresponding lawmaking proposal of the Commission on behalf of the Federal Republic of Germany as long as these constitutionally required preconditions are not fulfilled" [translation by the *BVerfG*; available at: http://www.bundesverfassungsgericht.de/en/decisions/es20090630_2bve000208en.htm (accessed: 19.4.2010)].

118 *Meroni v. High Authority*, [1957-58] ECR 133.

119 The European Coal and Steel Community. The Treaty establishing this Community lapsed 23 July 2002.

120 See above under: *Enforcing consistency (Article 9)*.

121 Note that the Commission is to be provided with all the necessary information for its decision on whether a national authority acted in compliance with Community law; see Article 9 (4), in fine of the of the Proposal for a European Banking Authority.

122 For a critique of the exercise of powers in respect of undertakings suspected of infringing competition law, see Forrester (2009). It is submitted that in the area of antitrust enforcement, a 'criminal charge' is at issue, something which is not the case in the area of financial supervision, at least not as far as the competences of the Commission and the EBA are concerned. National supervisors do, indeed, act in manners

7. THE WAY FORWARD

This description, and critique, from both a legal and a more general angle, of the proposals put forward in the wake of the De Larosière report, lead me to conclude as follows. The EU should go beyond De Larosière and agree EU decision-making in prudential supervision, at least concerning major cross-border banks. It should also consider attributing macro-prudential supervision, including action taking, to the EU level. The former may require Treaty change, the latter probably, as well. Some progress may be made by a broad interpretation of the ECB's mandate under the TFEU. At the very least, the ECB should relinquish its auto-limitation and consider itself a lender of last resort (LOLR) for the euro area. This would imply considering LOLR a Eurosystem function and no longer considering this an NCB function subject to Article 14.4 of the ESCB Statute.[123] The ESCB's tasks in respect of financial stability, to be acknowledged by the adoption of the proposed legal acts in respect of the ESRB, and the close link with monetary policy make LOLR an essential ESCB function.[124] The Commission's legislative proposals implementing the De Larosière Report are a step in the right direction and sometimes astonishingly far-reaching. But they fail to tackle the core issue of lack of EU-wide decision-making at federal level for the financial sector and are, therefore, insufficient. Moreover, even though they do not go far enough to remedy the fault lines in Europe's supervisory structure, they are based on legal foundations which do not seem to hold the new structure securely. Thus, the proper way forward would be Treaty change. Other areas showed a similar lack of effective governance during the crisis and are in need of repair, requiring Treaty change.

Looking beyond financial sector supervisory arrangements, the crisis and the Greek debt crisis coming on its heels, show the need for stronger coherence of economic policy in the euro area. A *"gouvernement économique"*, respecting the ESCB's independence, should be considered with the possibility of joint

---

which require them to uphold the safeguards of Article 6 of the European Convention on Human Rights and Fundamental Freedoms as interpreted by the European Court of Human Rights (ECctHR), notably in *Dubus v France* (App. No. 5242/04), judgment of the ECtHR of 11 June 2009.

123 Article 14.4 ESCB Statute reads as follows: "National central banks may perform functions other than those specified in this Statute unless the Governing Council finds, by a majority of two thirds of the votes cast, that these interfere with the objectives and tasks of the ESCB. Such functions shall be performed on the responsibility and liability of national central banks and shall not be regarded as being part of the functions of the ESCB".

124 For a more detailed analysis see Smits (forthcoming).

fiscal stimulus and a joint tax base. This, of course, requires Treaty change as well.

Furthermore, the euro area and the EU itself, should finally work towards single representation externally. The dispatched and sometimes discordant voices of the EU Member States in the IMF and in informal groupings such as the G20 and the G8 should come to an end. No Treaty change is necessary here, only the forceful implementation of provisions left largely unused since the introduction of the single currency.[125]

This will make Europe's voice better heard in the context of global efforts to boost growth and reduce unsustainable disparities. The credit crisis has done much to make the achievement of the Millennium Development Goals[126] almost impossible. In a world where 2.6 billion people live on less than USD 2.00 per day (i.e., 39% of the world population) and 1.4 billion people live on less than USD 1.25 per day (i.e., 21% of all humans)[127], the discrepancies between rich and poor are unsustainable, and unacceptable. Add to this the urgency to combat climate change, address environmental concerns and work towards a carbon-free economy and the need for a strong unified European voice in meeting these challenges becomes clear. Europe should focus on these larger issues rather than on its internal makeup. That doesn't mean that we should not adopt legal texts that can be based on the current treaties nor that we should forgo the arduous task of revising the current treaties to safeguard what they have achieved thus far. It means that Europe should do so with its contribution to the solution of global issues in mind. Only when we focus on joining efforts with the United States, China, India and other emerging economies to end this world's multiple crises, by investing in sustainable economic growth and alternative energy use, can we make a change. A proper organization of the European house, both in terms of supervisory arrangements in the financial sector and in the economic and political underpinning of the single currency, will enable Europe to contribute to the change we need.

---

125 Notably, Article 111 EC, nowadays Articles 138 and 219 TFEU.

126 For a description of these goals, see the United Nations website, available at: http://www.un.org/ millenniumgoals (last accessed: 8.04.2010).

127 According to revised figures from the World Bank, 2008; see: http://web.worldbank.org/wbsite/ external/topics/extpoverty/extpa/0,,contentmdk:20040961~iscurl:y~menupk:435040~pagepk:148956~pi pk:216618~thesitepk:430367,00.Html (last accessed 9.04.2010).

REFERENCES

BOOKS

COOPER, George

2008   *The Origin of Financial Crises*, 1st ed.,Great Britain: Harriman House.

MAYES, David (ed.)

2009   *Towards a New Framework for Financial Stability*, Great Britain: Central Banking Publications.

SOROS, George

2009   *The Crash of 2008 And What It Means*, New York: PublicAffairs.

TETT, Gillian

2009   *Fool's Gold: How Unrestrained Greed Corrupted a Dream, Shattered Global Markets and Unleashed a Catastrophe*, Great Britain: Little, Brown.

ARTICLES OR CHAPTERS OF EDITED BOOKS

Fox, Justin

2010   "Cultural change is key to banking reform", in the *Financial Times* 26 March 2010.

FREELAND, Chrystia

2011   "Interview with Paul Volcker", Chairman of the Economic Recovery Advisory Board, in *Financial Times* 12 February 2010.

EINSTEIN, Albert

1972   "Letter of 1950", as quoted in *The New York Times* 29 March 1972.

KNOT, Klaas

2010   *"Living Wills"*, Keynote address at Conference 'Bank Crisis Resolution', Duisenberg School of Finance, Amsterdam, Thursday, 11 March 2010.

SMITS, René

2005   "The Role of the ESCB in Banking Supervision", in *Liber Amicorum Paolo Zamboni Garavelli, Legal Aspects of the European System of Banks*, Frankfurt am Main, European Central Bank, pp. 199-212.

2010   "Legal issues of banking rescue operations (guarantees, capital injections, nationalization): Commission's and ECB competence", in Mario Giovanoli and Diego Devos, *International Monetary and Financial Law: the Global Crisis*, forthcoming, Oxford University Press.

WEBSITES

AVGOULEAS, Emilios et al

2010   *"Living Wills" as a Catalyst for Action*, DSF Policy Paper No. 4, Duisenberg School of Finance, available from: http://papers.ssrn.com/sol3/papers.cfm?abstract_id=1533808 [accessed: 11.4.2010].

DE MOOR-VAN VUGT et al

2010   *De bevoegdheden van de Nederlandsche Bank inzake Icesave*, available from: http://www.minfin.nl/dsresource?objectid=71520&type=org   [accessed: 11.4.2010].

FORRESTER, Ian

2009   *Due process in EC competition cases: A distinguished institution with flawed Procedures*, available from: *http://kcl.ac.uk/content/1/c6/03/40/61/IanForresterArticle2.pdf* [accessed: 11.4.2010].

GARCIA, Gillian et al

2008   *Bankruptcy and reorganization procedures for cross-border banks in the EU: Towards an integrated approach to the reform of the EU safety net*, available from: http://fmg.lse.ac.uk/upload_file/1161_Nieto.pdf [accessed: 11.4.2010].

HERRING, Richard J

2010   *Wind-down Plans as an Alternative to Bailouts: The Cross-Border Challenges* available   from: http://fic.wharton.upenn.edu/fic/papers/10/10-08.pdf [accessed: 11.4.2010].

SCHOENMAKER, Dirk

2010   *The Financial Trilemma at work in Europe*, available from:http://papers.ssrn.com/sol3/papers.cfm?abstract_id=1340395 [accessed: 11.4.2010].

TURNER, Adair

2009   *Address to the British Bankers' Association Annual International Banking Conference 2009*, 30 June 2009, available at: http://www.fsa.gov.uk/pages/Library/Communication/Speeches/2009/0630_at.shtml.

2010   *What do banks do, what should they do and what public policies are needed to ensure best results for the real economy?*, Speech at CASS Business School, London, 17 March 2010, available at: http://www.fsa.gov.uk/pubs/speeches/at_17mar10.pdf [accessed: 11.4.2010].

OFFICIAL REPORTS

Basle Committee on Banking Supervision, '*Good Practice Principles on Supervisory Colleges*', March 2010, available at: http://www.bis.org/press/p100330.htm [accessed: 11.4.2010].

166 | RENÉ SMITS

House of Lords, European Union Committee, 'The Future of EU financial regulation and supervision' – 14th Report of Session 2008-2009 Volume 1: Report, 17 June 2009. Volume 2: Evidence, 17 June 2009 – the Report is available at: http://www.publications.parliament.uk/pa/ld200809/ldselect/ldeucom/106/106i.pdf [accessed: 11.4.2010].

Report of The High Level Group of Financial Supervision in the EU, Jacques De Larosière, Chairman, available at: http://ec.europa.eu/internal_market/finances/docs/de_larosiere_report_en.pdf [accessed: 11.4.2010].

US Treasury, *Financial Regulatory Reform: a new foundation*, 17 June 2009, available at: http://www.financialstability.gov/docs/regs/FinalReport_web.pdf [accessed: 11.4.2010].

The Financial Services Authority, *The Turner Review: a regulatory response to the global economic crisis*, March 2009, available at: http://www.fsa.gov.uk/pubs/other/turner_review.pdf [accessed: 11.4.2010].

European Commission, Joint Research Centre *Possible models for risk-based contributions to EU Deposit Guarantee Schemes,* available at: http://ec.europa.eu/internal_market/bank/docs/guarantee/2009_06_risk-based-report_en.pdf [accessed: 11.4.2010].

A CAMINHO DE UMA NOVA ARQUITECTURA DA SUPERVISÃO FINANCEIRA EUROPEIA

José Nunes Pereira*

ABSTRACT: *After mentioning the inefficiencies and flaws revealed by the EU financial supervisory organization during the crisis that began in 2007, the author discusses the main features of the legislative reform proposed by the European Commission aiming to set up a new EU regulatory and supervisory institutional framework. The more significant innovations of the reform are highlighted. In the field of macro-prudential oversight, the dual process of making this function autonomous and institutionalising it at the EU level through the creation of the European Systemic Risk Board is pointed out.*

As to micro-prudential supervision, the solution proposed by the Commission means a step forward towards a better implementation of a single European financial rulebook, as well as a much more consistent convergence of supervisory culture and practices among national supervisors. The article discusses the decisive role played by the new European Supervisory Authorities (ESA) in the accomplishment of these regulatory and supervisory developments. Their new powers, including both normative initiatives (technical standards, guidelines and recommendations) and supervisory and coordination powers (specially mandatory powers of deciding disagreements between national supervisors or in emergency situations, decisions whose goal is to make national supervisors comply with EU legislation and facilitate the delegation of tasks or responsibilities between supervisors) are described and analysed in particular.

The author shows that the supervision of financial institutions and markets remains with national supervisors; under, however, the strong coordination and, in some specified cases, the direction of the ESA. These European Authorities will act, in a sense, as mitigated supervisors of national supervisors. Nevertheless, the supervision of financial institutions and markets continues, in general, to be based on the principle of supervision by the home supervisor. In any case, the pattern is somewhat

---

* As opiniões expressas neste artigo são da responsabilidade exclusiva do autor e não correspondem necessariamente às da instituição em que trabalha (Banco de Portugal).

168 | JOSÉ NUNES PEREIRA

modified, since, in addition to the new powers of the centre (represented by the ESA), there will be a more balanced cooperation and coordination between the home supervisor and the host supervisors, including those of the jurisdictions where important branches are established. This new more balanced and cooperative exercise of supervision will take place through the colleges of supervisors, which will have a central role in the supervision of cross-border banking groups.

Finally, the article deals briefly with other topics related to the new institutional framework of European financial supervision, namely the corporate governance of the new Authorities, the EU financial organization from the standpoint of the financial sectors and the relationship between the reform and financial integration in Europe.

SUMÁRIO: Introdução. 1. A reforma institucional da supervisão e o processo de construção progressiva da União Europeia. 2. Insuficiências do modelo institucional de supervisão. A Proposta de uma Nova Arquitectura Financeira. 3. Os dois pilares do novo modelo. 4. O Comité Europeu do Risco Sistémico. 5. Sistema Europeu de Supervisores Financeiros. Alguns Aspectos Relevantes da Reforma. 6. Supervisão macroprudencial: autonomização e institucionalização ao nível da União Europeia. 7. Criação de um "rulebook" financeiro único. 8. Reforço da convergência das políticas e práticas de supervisão em toda a União Europeia. 9. As Autoridades Europeias de Supervisão enquanto supervisores mitigados de segundo grau. 10. O papel central dos colégios de supervisores. 11. Independência, transparência e *accountability*. 12. A nova arquitectura de supervisão e a integração financeira. 13. A nova arquitectura de supervisão e a organização intersectorial da supervisão. Considerações Conclusivas.

INTRODUÇÃO

1. A reforma institucional da supervisão e o processo de construção progressiva da União Europeia

I – Assiste-se na União Europeia (UE) a um intenso movimento de revisão e reforma da regulação e supervisão financeiras. Este repensar em profundidade das soluções vigentes insere-se numa tendência global de renovação dos regimes e das práticas de supervisão nos diversos sectores do sistema financeiro, a qual se tem vindo a desenrolar, quer ao nível das instâncias internacionais (designadamente, do Fundo Monetário Internacional, do Conselho de Estabilidade Financeira e do Comité de Basileia de Supervisão Bancária), quer no âmbito dos principais mercados financeiros, como os da UE e dos Estados Unidos da América.

Em larga medida, este labor intenso de discussão e de reforma deve-se à crise que em 2007 atingiu os sistemas financeiros europeu e mundial, revelando várias e sérias insuficiências e fragilidades, tanto na regulamentação financeira e nas práticas de supervisão seguidas, como na própria estruturação e organização das instâncias responsáveis pela supervisão financeira.

No presente estudo, iremos dar conta das principais reformas – em curso de discussão e de execução na UE – do modelo institucional de regulação e supervisão, isto é, relativas à estrutura e poderes das instâncias orgânicas responsáveis, na UE e países que a compõem, pela regulação e supervisão do sistema financeiro e agentes que no mesmo intervêm[1].

Mais especificamente, a nossa atenção vai incidir sobre as propostas apresentadas pela Comissão Europeia, em Setembro de 2009, de uma nova organização da supervisão financeira na União, actualmente em discussão entre o Conselho e o Parlamento Europeu, no quadro do processo legislativo ordinário. Depois desta breve introdução, na qual se resumem as principais insuficiências notadas no sistema financeiro europeu que impulsionaram o movimento de reforma, faremos uma sucinta referência aos principais diplomas em discussão, para, na parte central do estudo, se salientarem os aspectos da reforma proposta que nos parecem mais significativos e com potencial para marcarem a diferença em relação à situação presente. Terminaremos com algumas considerações de índole conclusiva.

II – A reforma regulatória em curso corresponde ao modelo conhecido da experiência e que, de há muito, a literatura da regulação tem sublinhado como sendo um processo usual dos desenvolvimentos regulatórios. Em face das fragilidades reveladas pela crise financeira, o legislador e o regulador tratam de responder aos riscos, assim patenteados, através da procura de novas soluções de regulação e de supervisão (incluindo as próprias estruturas e processos para a tomada de decisões) que permitam minorar aqueles riscos, tornar o sistema financeiro mais sólido e merecedor de confiança, e, dessa forma, afastar ou reduzir a ocorrência de crises semelhantes[2].

---

1 Não cabem, assim, no âmbito deste estudo as importantes reformas, que também estão na ordem do dia, sobre os aspectos substantivos da regulação e supervisão. Alguns dos mais importantes destes pontos de reforma, e para nos cingirmos ao domínio bancário, constam da recente Directiva 2009/111 do Parlamento Europeu e do Conselho, de 16 de Setembro de 2009, que alterou as directivas base de 2006 (Directiva 2006/48 e Directiva 2006/49, ambas do Parlamento Europeu e do Conselho, de 14 de Junho de 2006, conhecidas genericamente pela sigla inglesa CRD), bem como de propostas que visam outras alterações significativas da CRD e ainda de importantes documentos de consulta prévia à apresentação de ulteriores propostas legislativas (CRD IV).

2 Naturalmente que não está afastado, antes é até de esperar, que os agentes de mercado procurem, por seu turno, responder a alguns dos constrangimentos que os novos padrões de regulação e de supervisão implicam, fazendo apelo à sua capacidade de inovação. O processo regulatório reata-se então, com ou sem surgimento de crises. Sobre esta dialéctica entre regulação e a acção dos destinatários da regulação veja-se por exemplo, Graddy & Spencer, 1990: 70-74.

170 | JOSÉ NUNES PEREIRA

No plano da UE e da respectiva ordem jurídica, a reforma em curso também se ajusta aos processos habituais de evolução das realidades jurídico-económicas e institucionais europeias. Como melhor veremos na sequência, as soluções propostas pela Comissão Europeia e que no essencial tiveram já o acolhimento do Conselho traduzem-se inegavelmente num passo em frente no sentido de maior integração e centralização institucional europeia, mas estão longe de serem soluções extremas (como seria a da criação de verdadeiras agências europeias de supervisão). Embora partindo do reconhecimento da disfunção existente, neste momento na Europa, entre, por um lado, o modelo actual das instituições regulatórias e de supervisão financeira e, por outro, a realidade do mercado financeiro, já com uma forte componente de integração[3], as propostas abandonam o sistema actual, mas ficam a meio caminho de outras soluções possíveis e mais avançadas (e que por alguns continuam a ser consideradas mais adequadas para uma eficiente supervisão dos mercados financeiros na Europa). Trata-se, no fundo, de uma estratégia de construção das realidades institucionais europeias (aqui no domínio da arquitectura institucional financeira) de uma forma gradual, por passos medidos e seguros, que pretende fazer corresponder os novos arranjos institucionais estritamente às novas realidades, numa ligação a uma interpretação cautelosa do princípio da subsidiariedade. Este método progressivo tem correspondido, como é sabido, à abordagem típica na construção europeia.

III – Perante as insuficiências do modelo de regulação e de supervisão em vigor, que a crise financeira tornou evidentes, a Comissão Europeia sentiu a necessidade de repensar a adequação das estruturas regulatórias existentes e avaliar da necessidade de as alterar[4]. Nesta linha, encarregou, em Novembro de 2008, um Grupo de Alto Nível, sob a presidência de Jacques de Larosière,

---

3 Desajustamento que a crise tornou especialmente visível.

4 O modelo de regulação e de supervisão existente, tal como configurado pelo sistema Lamfalussy, assenta em quatro Níveis. Sinteticamente, além do Nível 1, correspondente à acção das instituições legislativas comunitárias (elaboração de regulamentos e directivas, cingindo-se, em princípio, às grandes linhas normativas), o modelo engloba o desenvolvimento de medidas normativas mais detalhadas de execução, da responsabilidade da Comissão com a participação no respectivo processo decisório de comités de representação dos Estados-Membros (Nível 2), a actuação tendencialmente convergente dos supervisores nacionais organizados em comités europeus de supervisores, sem poderes vinculativos (Nível 3), e a função de implementação do direito da União, da responsabilidade da Comissão (Nível 4). Sobre o sistema europeu de regulação e supervisão, tal como conformado pelas ideias propostas pelo Grupo de Alto Nível presidido pelo Barão Lamfalussy, v. Nunes Pereira, 2007: 105-111. De notar que a figura de "medidas de execução" foi recentemente consagrada pelo Tratado sobre o Funcionamento da União Europeia (artigo 290.º, na redacção do Tratado de Lisboa).

ex-governador do Banco de França, de fazer propostas no sentido do estabelecimento de um sistema europeu de supervisão mais eficiente, integrado e sustentável e que, ao mesmo tempo, assegurasse a recuperação da confiança dos agentes financeiros no sistema.

Na sequência da apresentação do Relatório Larosière, em 25 de Fevereiro de 2009, a Comissão emitiu uma primeira Comunicação em 4 de Março de 2009[5] pela qual manifestou a sua concordância com as linhas de reforma propostas naquele Relatório, em especial a criação de um organismo europeu com a responsabilidade pelo acompanhamento e vigilância do risco sistémico e o estabelecimento de um Sistema Europeu de Supervisores Financeiros, integrado pelos supervisores financeiros nacionais e por três novas autoridades europeias de supervisão dotadas de personalidade jurídica e de poderes com eficácia jurídica vinculativa. Os traços desta futura arquitectura do modelo institucional europeu de supervisão foram desenvolvidos pela Comissão numa segunda Comunicação, publicada em 27 de Maio de 2009[6].

O Conselho Europeu de 19 de Julho do mesmo ano deu a sua concordância às linhas da reforma apresentada, embora introduzindo algumas restrições e esclarecimentos, o mais importante dos quais foi o de que as decisões das futuras autoridades de supervisão financeira não poderiam ter implicações nas responsabilidades fiscais ou orçamentais dos Estados-Membros[7].

Em Setembro de 2009, a Comissão apresentou formalmente as suas propostas[8], as quais foram objecto, em 2 de Dezembro do mesmo ano, de uma posição comum de compromisso no Conselho ECOFIN. Estão neste momento a ser discutidas pelo Conselho e pelo Parlamento Europeu no quadro do processo legislativo ordinário de co-decisão.

---

5 V. Comissão Europeia, 2009a.

6 V. Comissão Europeia, 2009b.

7 Conselho Europeu, 2009: 8.

8 Proposta de regulamento do Parlamento Europeu e do Conselho sobre a supervisão macroprudencial e que institui um Comité Europeu do Risco Sistémico; Proposta de regulamento do Parlamento Europeu e do Conselho que institui uma Autoridade Bancária Europeia; Proposta de regulamento do Parlamento Europeu e do Conselho que institui uma Autoridade Europeia dos Valores Mobiliários e dos Mercados; Proposta de regulamento do Parlamento Europeu e do Conselho que institui uma Autoridade Europeia dos Seguros e Pensões Complementares de Reforma; Proposta de decisão do Conselho que confere ao Banco Central Europeu funções específicas relativas ao funcionamento do Comité Europeu do Risco Sistémico.

2. Insuficiências do modelo institucional de supervisão

Na altura da apresentação do Relatório Lamfalussy, várias foram as fragilidades apontadas ao sistema institucional europeu de regulação e supervisão[9]. No entanto, cerca de oito anos depois, a crise iniciada em 2007 veio evidenciar que muitos desses defeitos e limitações persistiam e, de certo modo, se mostravam mais graves, dado que o sistema financeiro havia avançado no sentido de uma maior integração e, por isso, o desajustamento entre a organização e quadro decisório da supervisão e a vida financeira se tornara mais saliente.

É, com efeito, longa a lista das deficiências e fragilidades da estrutura e do funcionamento do aparelho de regulação e de supervisão que são identificadas, quer no Relatório Larosière, quer nas Comunicações da Comissão.

De acordo com estes documentos, a experiência vivida mostrou cooperação deficiente e insuficiente troca de informações entre supervisores. A acção conjunta entre eles, quando era precisa, revelou-se na prática impossível. Daí que problemas financeiros de dimensão europeia ou que abrangiam vários países não tivessem podido receber verdadeiras soluções europeias, mas apenas soluções nacionais. De forma particular, vários problemas graves que se colocaram a grupos financeiros transfronteiras não puderam ter as soluções mais adequadas[10]. Além disso, os mesmos textos legais eram entendidos nos vários países em sentidos diferentes, designadamente por divergência da respectiva interpretação. A distribuição de competências entre os supervisores do país de origem e do país de acolhimento denotou alguma inadequação, do mesmo modo que alguns supervisores nacionais mostraram dificuldades no contexto da crise[11].

Em suma, como o Relatório Larosière e, subsequentemente, a Comissão proclamaram[12], a crise pôs a nu de forma gritante os falhanços na supervisão financeira, quer em casos individuais, quer em relação ao sistema financeiro

---

9 Designadamente, acentuadas disparidades nos mecanismos de supervisão, nas políticas, poderes e práticas de *enforcement*, e nos estatutos legais dos vários supervisores nacionais, bem como frequentes diferenças nas interpretações nacionais das regras jurídicas da União. V. Grupo Lamfalussy, 2001: 11 ss.

10 Caso paradigmático deste tipo de insuficiência foi o do grupo Fortis, para cuja resolução os supervisores envolvidos, da Holanda, Bélgica e Luxemburgo, se mostraram impotentes em chegarem a um acordo, acabando o grupo por ser dividido nos seus componentes nacionais, com intervenção de cada um dos Governos dentro das respectivas fronteiras.

11 A este propósito, tem sido apontado o colapso dos bancos islandeses, cujo peso principal de actividade, através de filial e de sucursais, se situava no Reino Unido, apesar de a responsabilidade da sua supervisão recair nas autoridades de supervisão islandesas.

12 Comissão, 2009b: 8 e Grupo Larosière, 2009: 39-42.

no seu conjunto. Na génese das falhas na cooperação e coordenação entre supervisores nacionais, esteve alguma falta de confiança entre eles, fruto de motivos diversos, incluindo os diferentes níveis de preparação técnica e institucional (poderes atribuídos, designadamente de sancionamento). E as deficiências notadas não se ficaram pelos supervisores, mas envolveram os próprios Comités europeus de supervisores, os quais, dotados de competências apenas de aconselhamento e recomendação, revelaram que a organização ao nível europeu das responsabilidades de supervisão se quedava já aquém da realidade da integração financeira dos mercados, que entretanto havia sido alcançada. Assim, esse desajustamento significava que o modelo assente nos Comités de supervisores estava esgotado e que, por isso, um passo em frente tinha que ser dado.

A PROPOSTA DE UMA NOVA ARQUITECTURA FINANCEIRA

3. Os dois pilares do novo modelo

De acordo com a proposta da Comissão, o quadro europeu de supervisão financeira assentará em dois pilares: o Comité Europeu do Risco Sistémico (CERS) e o Sistema Europeu de Supervisores Financeiros (SESF) [13].

O CERS deverá ocupar-se do acompanhamento macroprudencial e da vigilância dos riscos sistémicos e respostas adequadas que aos mesmos devam ser dadas.

O SESF é um sistema em rede constituído pelos supervisores financeiros nacionais e pelas três novas Autoridades Europeias de Supervisão (AES), dotadas de personalidade jurídica (acresce ainda um Comité Conjunto dessas Autoridades, sem personalidade jurídica).

---

13 Como se disse, em termos legislativos, a reforma ir-se-á basear em quatro regulamentos fundamentais do Parlamento Europeu e do Conselho, os quais estabelecerão o regime do CERS e de cada uma das Autoridades Europeias de Supervisão: Autoridade Bancária Europeia (ABE), Autoridade dos Seguros e Pensões Complementares de Reforma (AESPCR) e Autoridade Europeia dos Valores Mobiliários e dos Mercados (AEVMM). A estes regulamentos acresce uma decisão do Conselho, o qual visa autorizar o BCE a dar apoio técnico ao CERS e, consequentemente, a desenvolver actividade no âmbito da supervisão.
Embora a exposição subsequente leve em linha de consideração geral todas as AES e o Sistema Europeu de Supervisores Financeiros, de que elas são um dos componentes, a atenção centrar-se-á na ABE, e as citações serão em princípio feitas da Proposta de regulamento relativo a esta Autoridade, apresentada pela Comissão. De resto, dada a grande similitude de soluções entre os vários regulamentos sectoriais, o que se diz em relação à ABE valerá, por via de regra, para as restantes AES. Quando se justificar, faremos alusão a alterações dessa Proposta preconizadas pelo Conselho.

174 | JOSÉ NUNES PEREIRA

As autoridades nacionais de supervisão conservarão a responsabilidade de fazerem a supervisão do dia-a-dia na União. No entanto, as AES, além de assumirem e continuarem as funções dos actuais Comités de Supervisores Financeiros (CEBS, CESR e CEIOPS), recebem responsabilidades ou atribuições adicionais, assim como vêem alargados os seus poderes ou competências. Em particular, ficam investidas de alguns poderes vinculativos, em comparação com as funções meramente consultivas e de aconselhamento dos Comités.

4. O Comité Europeu do Risco Sistémico

I – O CERS é o responsável pela superintendência do risco macroprudencial do sistema financeiro na UE, de modo a prevenir ou a mitigar os riscos sistémicos para a estabilidade financeira na União que resultem de desenvolvimentos dentro do próprio sistema financeiro, evitando, assim, crises financeiras generalizadas e contribuindo para o funcionamento regular do mercado interno[14]. No cumprimento destas atribuições, o CERS não deve apenas olhar para os desenvolvimentos dentro do sistema financeiro, mas deve tomar ainda em conta os próprios desenvolvimentos macroeconómicos.

II – Para o desempenho desta sua missão, são-lhe atribuídas as seguintes tarefas operacionais principais: (i) identificar e alinhar os riscos sistémicos de acordo com a respectiva prioridade; (ii) emitir avisos quando tais riscos sistémicos sejam considerados significativos; (iii) emitir recomendações de acção para dar resposta aos riscos identificados; e (iv) monitorizar o *follow-up* dos avisos e recomendações[15].

III – O CERS não terá personalidade jurídica. A sua organização inclui o Conselho Geral, o Comité Director, o Comité Técnico Consultivo e um secretariado.

O Conselho Geral, que terá como competência a tomada de todas as decisões para que o CERS realize as suas atribuições, é constituído por dois grupos de membros. Os membros com direito de voto são o Presidente do Banco Central Europeu (BCE) ou o Vice-Presidente do BCE, se aquele for porventura eleito Presidente do CERS, os Governadores dos bancos centrais nacionais do SEBC, um membro da Comissão Europeia e os Presidentes das AES. Por seu turno, são membros do CERS, mas sem direito de voto, um

14 Proposta de regulamento CERS, artigo 3.º, n.º 1.

15 Proposta de regulamento CERS, artigo 3.º, n.º 2.

representante de alto nível, por Estado-Membro, das autoridades nacionais de supervisão e o Presidente do Comité Económico e Financeiro[16]. As votações no Conselho são tomadas por maioria simples dos membros presentes, embora um quórum de presença de dois terços dos membros seja requerido em primeira votação[17].

Ao Comité Director compete prestar assistência ao processo de tomada de decisões pelo CERS, em especial através da preparação das reuniões do Conselho Geral, e a monitorização do andamento dos trabalhos do CERS. A sua composição engloba o Presidente e o Vice-Presidente do CERS, cinco membros do Conselho Geral que sejam também membros do Conselho Geral do BCE e ainda um Membro da Comissão Europeia, os Presidentes das AES e o Presidente do Comité Económico e Financeiro[18].

O Comité Técnico Consultivo, que tem por incumbência prestar aconselhamento e assistência técnica ao trabalho do CERS, apresenta uma composição constituída por representantes das entidades que compõem o Conselho Geral[19].

Em face da abrangência das funções do CERS, pelo perfil dos riscos que deve acompanhar, compreende-se a natureza compósita de todos estes órgãos, fazendo-os corresponder tanto ao espectro largo de entidades que devem contribuir para a base informativa ampla de que o Comité deve dispor para dar satisfação adequada às suas responsabilidades, como ao círculo de entidades que potencialmente receberão a informação tratada pelo CERS e que, em particular, serão destinatárias dos avisos e recomendações por ele emitidos. No entanto, a representação forte dos bancos centrais é óbvia e tem razões que a explicam. Voltaremos a este assunto.

Finalmente, o secretariado tem por funções fornecer ao CERS todo o apoio administrativo, logístico e, sobretudo, analítico e estatístico O secretariado prestará a sua assistência directamente ao Comité Director e ao Conselho Geral, mas ainda de forma indirecta, através do apoio que tem que assegurar ao Comité Técnico Consultivo[20].

---

16 Proposta de regulamento CERS, artigos 4.º, n.º 2, e 6.º.

17 Proposta de regulamento CERS, artigo 10.º.

18 Proposta de regulamento, artigos 4.º, n.º 3 e 11.º.

19 Proposta de regulamento CERS, artigos 4.º, n.º 5 e 12.º.

20 Proposta de regulamento CERS: artigo 12.º, n.º 4.

176 | JOSÉ NUNES PEREIRA

Ponto importante a reter é que o trabalho técnico do secretariado terá o contributo essencial do BCE e, através deste, dos bancos centrais nacionais, e ainda o contributo das autoridades nacionais de supervisão[21].

5. Sistema Europeu de Supervisores Financeiros

Já atrás nos referimos à composição do SESF. Segue-se agora uma breve descrição dos principais traços do regime das AES, que constituem um dos componentes daquele sistema.

I – O âmbito de actuação da ABE é definido com referência à legislação da União aplicável às instituições de crédito e respectivos supervisores e mesmo a outras instituições financeiras que no sistema normativo da União estão igualmente sujeitas aos supervisores bancários, pelo menos em alguns níveis de regulação (por exemplo, as instituições de pagamentos e as empresas de investimento). Mais concretamente, a órbita de intervenção da ABE é delineada em função do círculo bastante extenso de actos normativos da União, que vêm referidos no artigo 1.º, n.º 2 do respectivo regulamento, na medida em que tais actos se apliquem às instituições de crédito e instituições financeiras e às autoridades competentes que procedem à supervisão destas instituições.

O apontado grupo de diplomas abrange não só os actos legislativos (regulamentos, directivas e decisões), da responsabilidade do Conselho e do Parlamento Europeu, mas também os diplomas de Nível 2, ou sejam todas as directivas, regulamentos e decisões que se baseiem naqueles actos legislativos. Trata-se, essencialmente, na tipologia de actos jurídicos da União definidos pelo Tratado sobre o Funcionamento da UE (artigo 290.º), de actos não legislativos de alcance geral, os quais completam ou alteram certos elementos não essenciais de um acto legislativo.

A ABE actua ainda no domínio de outras actividades das instituições de crédito, dos conglomerados financeiros, das empresas de investimento, das instituições de pagamento e das instituições de moeda electrónica, designadamente, as actividades que tenham que ver com governação societária,

---

21 A base jurídica para esta colaboração técnica do BCE (e, em geral, da participação do BCE no CERS) será dada por uma decisão específica do Conselho De acordo com o artigo 2.º desta decisão, este trabalho de apoio técnico compreende, em especial: a preparação das reuniões do CERS; a recolha e processamento da informação necessária, incluindo a informação estatística; a preparação das análises necessárias para que o CERS possa desempenhar as respectivas funções, recorrendo para o efeito ao aconselhamento técnico dos bancos centrais e dos supervisores nacionais; o apoio ao CERS na actividade de cooperação deste no plano internacional; o suporte ao trabalho do Conselho Geral, do Comité Director e do Comité Técnico Consultivo.

auditoria e informação financeira[22]. No entanto, a inclusão destas matérias no âmbito de intervenção da ABE depende de essa intervenção se mostrar necessária para assegurar uma aplicação efectiva e coerente dos actos jurídicos antes mencionados.

II – Dentro do campo assinalado, a ABE exerce um extenso leque de atribuições. Tem como principais responsabilidades[23] (e as outras AES seguem um modelo paralelo de funções):

(i)   Contribuir para o estabelecimento de normas e práticas regulatórias e de supervisão que sejam de alta qualidade e comuns;
(ii)   Contribuir para uma aplicação consistente da legislação comunitária;
(iii) Facilitar a delegação de tarefas e de responsabilidades entre as autoridades competentes;
(iv)   Colaborar de forma estreita com o CERS;
(v)   Conduzir avaliações pelos pares das autoridades competentes;
(vi)   Acompanhar e avaliar a evolução dos mercados na sua esfera de competência;
(vii) Executar qualquer outra função específica que lhe seja atribuída pela legislação da União;
(viii) Assumir todas as funções actualmente desempenhadas pelo CEBS;
(ix)   Publicar e actualizar regularmente informações sobre o seu domínio de actividades no seu sítio na WEB.

Para o desempenho destas funções, são-lhe conferidas diversas competências, umas de natureza normativa, outras consistentes na prática de actos administrativos, a algumas das quais voltaremos mais à frente[24].

III – É reconhecida personalidade jurídica às AES. O Estado onde cada uma delas tenha a sua sede deve reconhecer-lhe uma capacidade jurídica – incluindo capacidade judiciária – na medida mais ampla que esse Estado reconheça às pessoas colectivas.

Como entidade jurídica, a ABE dispõe de órgãos próprios, a saber: (i) um Conselho de Autoridades de Supervisão; (ii) um Conselho de Adminis-

---

22 Proposta de regulamento ABE, artigo 2.ºa (introduzido pelo compromisso do Conselho ECOFIN).

23 Proposta de regulamento ABE, artigo 6.º, n.º 1.

24 Proposta de regulamento ABE, artigo 6.º, n.º 2.

178 | JOSÉ NUNES PEREIRA

tração; (iii) um Presidente; (iv) um Director Executivo; (v) uma Câmara de Recurso[25].

O Conselho das Autoridades de Supervisão tem por missão realizar as atribuições da Autoridade. É constituído pelos presidentes das autoridades nacionais de supervisão das instituições de crédito, membros estes com direito de voto. Como membros sem direito de voto, compõem o Conselho, além do respectivo Presidente, um representante da Comissão, um representante do CERS e um representante de cada uma das outras duas AES. A responsabilidade do Conselho de Administração é assegurar que a Autoridade realize a sua missão e todas as funções que lhe são atribuídas, sendo composto pelo Presidente e por seis membros do Conselho das Autoridades de Supervisão eleitos pelos membros deste Conselho com direito de voto.

As deliberações do Conselho das Autoridades de Supervisão são tomadas, como regra, pela maioria simples dos seus membros, de acordo com o princípio de um voto por membro. No entanto, as deliberações para aprovação de instrumentos normativos requerem uma maioria qualificada dos seus membros, tal como definida no artigo 16.º, n.º 4 do Tratado da UE e o artigo 3.º do Protocolo sobre as disposições transitórias, anexo ao Tratado sobre o Funcionamento da UE[26].

O Presidente, ao qual compete preparar e presidir às reuniões do Conselho das Autoridades de Supervisão, e o Director Executivo, responsável pela gestão corrente da Autoridade, são profissionais a tempo inteiro, com experiência adequada e independentes, escolhidos por concurso público.

Finalmente, a Câmara de Recurso é um órgão comum às três AES. Compete-lhe conhecer dos recursos interpostos das decisões dos diversos Conselhos das Autoridades de Supervisão, havendo recurso das suas próprias decisões para o Tribunal de Justiça. É composta por seis membros, escolhendo cada AES dois deles. Estas escolhas são feitas a partir de uma lista de nomes apresentada pela Comissão, no seguimento de um convite público à manifestação de interesse, publicado no Jornal Oficial da UE, e depois da consulta do Conselho das Autoridades de Supervisão. Esta composição, além de assegurar uma maior independência e imparcialidade, cria boas condições

---

25 Proposta de regulamento ABE, artigo 4.º. Sobre as competências e a composição destes diversos órgãos a que adiante se faz breve alusão, v. Proposta regulamento ABE, artigos 25.º, 28.º, n.º 1, 30.º, n.º 1, 32.º, 33.º, 36.º e 44.º.

26 Proposta de regulamento ABE, 29.º (versão do compromisso ECOFIN).

para a convergência intersectorial no tratamento e interpretação das questões relacionadas com a regulação e a supervisão.

ALGUNS ASPECTOS RELEVANTES DA REFORMA

6. Supervisão macroprudencial: autonomização e institucionalização ao nível da União Europeia

I – Um dos ensinamentos principais da crise foi o da necessidade de ser prestada uma atenção muito maior à supervisão macroprudencial, isto é, àquela que olha directamente para os riscos que podem pôr em causa o sistema financeiro no seu conjunto. Focar a atenção apenas em cada instituição financeira mostra-se claramente insuficiente, pois não permite captar os riscos que se manifestam nas tendências gerais ocorridas na evolução de cada sector financeiro, nas relações intersectoriais e na conectividade entre instituições financeiras. Inclusivamente os próprios desenvolvimentos macroeconómicos devem estar sob vigilância da supervisão. A concretização destes riscos – que uma supervisão microprudencial tenderá a deixar escapar – podem atingir todo o sistema financeiro. Do mesmo modo, os riscos com origem em instituições ou grupos financeiros de grande dimensão ou conectividade no sistema podem, num mercado financeiro crescentemente integrado, traduzir-se em riscos sistémicos. Também não está excluído que entidades situadas fora do perímetro regulatório possam configurar-se como entidades sistemicamente relevantes e que, por isso, devam estar sob o acompanhamento da autoridade responsável pela supervisão macroprudencial.

Na sequência das decisivas considerações e propostas do Relatório Larosière, a Proposta de regulamento sobre a supervisão macroprudencial do sistema financeiro, com o estabelecimento de um Comité Europeu do Risco Sistémico (CERS), visa dar resposta a estas duas insuficiências interligadas: a supervisão focar a sua atenção apenas ou principalmente em cada instituição individual e não ter também como preocupação central o risco sistémico. Além disso, o legislador europeu não pode deixar de concluir que, no contexto de um sistema e mercado financeiros já bastante integrados na UE, é o risco sistémico *europeu* que está no centro da supervisão, e que, por isso, a responsabilidade por este tipo de supervisão tem que recair sobre um organismo de dimensão europeia e não meramente nacional.

180 | JOSÉ NUNES PEREIRA

Daqui resultam as duas características fundamentais e inovadores[27] do CERS: organismo dedicado exclusivamente à supervisão macroprudencial e organismo de dimensão e estatuto europeus.

II – Estando em causa com a supervisão macroprudencial a promoção da estabilidade do sistema financeiro – a qual constitui uma das preocupações tradicionais dos bancos centrais e um domínio onde eles têm uma experiência e *expertise* consideráveis – é perfeitamente lógica a forte ligação institucional e funcional do CESR aos bancos centrais e, em particular, ao BCE.

Esta particular ligação manifesta-se, designadamente, nos seguintes aspectos: (i) do Conselho Geral do CERS fazem parte o Presidente do BCE e os Governadores dos bancos centrais do SEBC; (ii) o Presidente do Conselho Geral e do Comité Director são escolhidos entre os membros do Conselho Geral do BCE; (iii) do Comité Director fazem parte cinco membros do Conselho Geral que sejam também membros do Conselho Geral do BCE; (iv) no Comité Técnico Consultivo estão representados todos os bancos centrais nacionais e o BCE; (v) a importante função do secretariado de dar apoio de análise, estatístico, administrativo e logístico aos órgãos do CERS é assegurada pelo BCE.

III – Ao CERS compete chamar a atenção para os riscos sistémicos que existem e devem ser tomados em conta pelas várias instituições relevantes e pelos participantes no mercado, fazendo com que as respostas que se imponham para tais riscos se traduzam em acções concretas por quem tenha a responsabilidade ou o interesse em as tomar.

Assim, deve o CERS, com base na vasta informação que deve ter ao seu dispor, identificar e ordenar por prioridades os riscos sistémicos. Se estes riscos forem significativos, é sua responsabilidade emitir avisos. Pode também formular recomendações para que certas acções sejam levadas a cabo. Dada a natureza dos riscos em causa, compreende-se a grande abrangência dos destinatários potenciais dos avisos e das recomendações formuladas pelo CERS: podem ser a União Europeia no seu conjunto, um ou vários Estados Membros, uma ou várias AES, um ou vários supervisores nacionais e a própria Comissão, embora, neste caso, só quando a recomendação diga respeito

---

27 Este carácter inovador deve ser entendido *cum grano salis,* uma vez que supervisão macroprudencial já era exercida, de uma forma mais ou menos explícita e organizada, pelos bancos centrais, designadamente pelo BCE, no quadro das suas responsabilidades de velarem pela estabilidade do sistema financeiro.

a legislação comunitária[28]. As recomendações devem ser acompanhadas da indicação de um prazo para a resposta dos destinatários.

De notar é o carácter não juridicamente vinculativo destes avisos e recomendações. O seu peso e força persuasiva assentam na qualidade técnica, na autoridade moral e na independência do órgão emitente. O CERS irá funcionar claramente como um *"reputational body"*. Apesar disso, prevêem-se mecanismos que exercerão alguma pressão sobre os destinatários. Estes não poderão, pura e simplesmente, ignorar as recomendações: se entenderem não seguir a acção recomendada, devem dar uma justificação (*"actue ou explique"*), justificação que o CERS comunica ao Conselho e, se a recomendação tiver sido dirigida a um supervisor nacional, à respectiva AES. Além disso, o CERS pode, depois de consultar o Conselho, decidir publicar a recomendação[29].

O processo da emissão do aviso ou da recomendação termina com a monitorização que o CERS deve fazer do *follow-up* levado a cabo pelo respectivo destinatário. É de notar que esta monitorização não terá lugar quando o destinatário for a UE, do mesmo modo que o Conselho também não é obrigado a responder à inacção que se siga a uma recomendação dirigida à UE.

IV – Um pressuposto fundamental para que o CERS se possa desobrigar devidamente das tarefas que precedentemente se deixaram sumarizadas é que ele tenha acesso a uma massa de informações relevantes, que se estendam aos vários domínios do sistema financeiro e da economia. Assim, tem direito a receber a informação necessária para tal das AES, dos bancos centrais do SEBC, das autoridades nacionais de supervisão e das autoridades nacionais de estatísticas. No entanto, as informações devem ser primeiro pedidas às AES, e só se estas não puderem satisfazer o pedido é que este pode ser dirigido aos bancos centrais nacionais e ao BCE ou aos supervisores nacionais. Por outro lado, cabe sublinhar que o pedido sobre instituições financeiras individuais só pode ser feito e satisfeito se o CERS apresentar justificação e desde que o destinatário do pedido tenha legalmente acesso aos dados em apreço.

Naturalmente que a importância da informação não se verifica apenas no seu fluxo das AES para o CERS. O inverso é também verdadeiro. Para a condução da supervisão microprudencial é altamente relevante a informação sobre riscos de que o CERS disponha. Por isso, ele terá o dever de fornecer

---

28 Proposta de regulamento CERS, artigo 16.º.

29 Proposta de regulamento CERS, artigos 17.º e 18.º.

àquelas Autoridades toda a informação sobre riscos de que elas necessitarem para o desempenho das suas funções.

O que antecede mostra a relevância capital da relação entre a supervisão macroprudencial e a supervisão microprudencial. A informação captada pelos supervisores nacionais constitui uma das fontes vitais para que o CERS possa avaliar da emergência de riscos sistémicos. Mas, por outro lado, o fluxo informativo em sentido contrário também é essencial a uma melhoria da própria supervisão das instituições financeiras individuais e respectivos grupos, pois esta supervisão, para ser eficiente e eficaz, não pode prescindir do conhecimento aprofundado e em tempo útil do quadro dos riscos macroprudenciais em que essas instituições e grupos financeiros se movimentam.

V – Uma outra função importante do CERS é assegurar a cooperação internacional sobre matérias relativas à supervisão ou acompanhamento macroprudencial. Os parceiros nesta cooperação são, designadamente, os órgãos equivalentes de países terceiros, o Fundo Monetário Internacional e o Conselho de Estabilidade Financeira. Esta cooperação insere-se na natureza do risco objecto desta supervisão (o risco sistémico), o qual, com a crescente integração financeira mundial, tenderá a coincidir cada vez mais com o próprio sistema financeiro mundial ou, pelo menos, a atingir outros sistemas nacionais para além do da UE.

7. Criação de um "rulebook" financeiro único

Com a introdução do Sistema Lamfalussy visou-se conferir uma maior harmonização na regulação financeira, em particular através das medidas de execução (Nível 2). Pode dizer-se que a partir dessa altura está adquirida a ideia de que deve haver uma harmonização das regras financeiras na UE.

I – A reforma em curso dá passos significativos nesta direcção, procurando ultrapassar as fragilidades que a crise evidenciou no tocante às divergências do quadro financeiro regulatório nos vários Estados-Membros. Com efeito, embora as disparidades e incongruências se tivessem notado sobretudo ao nível das práticas de supervisão, também a diversidade regulatória se fez sentir.

A reforma desencadeada pela Comissão assenta em duas frentes de resposta a este problema.

Por um lado, no plano legislativo, a Comissão propôs-se rever os actos legislativos da União que prevêem possibilidades de derrogações, de excepções ou opções oferecidas aos Estados-Membros, ou que, pura e simplesmente, permitem que, normativamente, esses Estados tratem as mesmas questões de modo diferente. São, assim, de antecipar revisões das directivas para as tornar mais precisas, com a consequente redução de liberdade normativa para os Estados[30]. Também é provável que a opção pelo regulamento se torne mais frequente.

As AES continuam as funções desempenhadas pelos actuais Comités de Supervisores Financeiros de consultores da Comissão na elaboração dos diplomas legislativos e, sobretudo, das medidas de execução de Nível 2 (actos não legislativos e actos de execução, no sistema tipológico de actos jurídicos da União introduzido pelo Tratado sobre o Funcionamento da UE, artigos 290.º e 291.º), podendo, por esta via, contribuir para que as normas produzidas se apresentem com um grau de maior coerência e uniformidade na União.

Mas onde a acção das AES pode ser mais visível é no seu contributo para a produção de dois tipos de regulamentação técnica: por um lado, as normas de natureza técnica e, por outro, as orientações e recomendações. As primeiras são obrigatórias; as segundas, não. Mas enquanto estas últimas são da inteira responsabilidade das AES, as normas técnicas, sendo da iniciativa de uma AES, precisam da chancela da Comissão para, através da sua publicação como regulamentos ou decisões da Comissão, terem força obrigatória (e força obrigatória não apenas em face dos Estados, mas directamente perante os agentes do mercado a que se destinam, dada a natureza dos actos jurídicos em apreço).

II – As *normas técnicas* não podem envolver opções políticas e só será possível emiti-las nos casos especificamente definidos na legislação referida no n.º 2 do artigo 1.º da Proposta[31].

De notar, porém, que a última palavra sobre a emissão e, mesmo, sobre o conteúdo destas normas pertence à Comissão. Com efeito, a ABE apenas elabora um projecto de normas. A sua finalização como diploma normativo depende de a Comissão as publicar como acto normativo seu, sob a forma de regulamento ou de decisão. E a Comissão não tem apenas o poder de as rejeitar: pode aprová-las, mas só em parte ou com alterações à versão que a Autoridade lhe tenha apresentado, desde que possa invocar que tal é "exigido pelo interesse da União Europeia". Embora a fórmula usada e os exemplos

---

30 Este trabalho está já a ser efectuado, em particular no contexto da revisão da CRD. A harmonização normativa financeira na UE é um das propostas centrais do Grupo Larosière, 2009: 27.

31 É a legislação que define o âmbito de actuação e dos poderes das ABE. Não é claro se o termo "legislação" é aqui tomado no seu sentido estrito ou num sentido lato de modo a abranger também os diplomas de Nível 2, que, como vimos, a versão actual do Tratado designa de "actos não legislativos".

mencionados no preâmbulo[32] levem a concluir que a Comissão não pode entrar na apreciação técnica das medidas normativas que a ABE lhe apresenta, não deixa tal solução de significar uma desconfiança nos supervisores europeus e, inclusive, algum risco para a sua independência técnica. Cabe notar que a Comissão tinha outros meios para reagir a normas violadoras do direito da União, designadamente, o de sindicar judicialmente a sua legalidade, para já não falar que a Comissão terá representante seu nos órgãos das AES, intervindo, através da discussão das propostas, no processo que leva à aprovação do projecto de normas técnicas.

III – Outro contributo para a harmonização regulatória pode resultar da emissão pela ABE de *orientações e recomendações* visando uma aplicação comum, uniforme e coerente da legislação comunitária. Podem ser dirigidas aos supervisores nacionais, mas também às instituições financeiras[33].

A sua emissão não depende de norma legal habilitante, e não são vinculativas. No entanto, quer o dever que recai sobre o supervisor, que não siga as orientações ou as recomendações, de dar as razões da sua decisão, quer o poder que é atribuído à ABE de publicar estas razões podem servir de mecanismos de pressão no sentido da efectiva observância das referidas orientações e recomendações[34].

A redacção do preceito não é muito clara, pois, a par com o referido mecanismo de *"comply or explain"*, o preceito diz que as "autoridades competentes desenvolvem – no sentido de que devem (*"shall"*, na versão inglesa) desenvolver – todos os esforços para darem cumprimento a essas orientações e recomendações". Esta solução é equivalente à que consta do novo artigo 42.º-B da Directiva 2006/48 do Parlamento Europeu e do Conselho, de 14 de Junho de 2006, introduzido pela Directiva 2009/111 do Parlamento Europeu e do Conselho, de 16 de Setembro de 2009.

IV – Perante as novas possibilidades normativas que se abrem às AES, é legítimo perguntar se é agora que se irá assistir a uma descentralização normativa técnica nas autoridades de supervisão[35].

---

32 As normas não serem compatíveis com a lei da UE, por exemplo, por não respeitarem o princípio da proporcionalidade ou irem contra os princípios fundamentais do mercado interno dos serviços financeiros, tal como resultam do *acquis* da União na área dos serviços financeiros.

33 Proposta de regulamento ABE, artigo 8.º.

34 Proposta de regulamento ABE, artigo 8.º. A possibilidade da publicação foi aditada pelo Conselho.

35 Um dos aspectos mais sublinhados nos exercícios de avaliação do sistema Lamfalussy foi o de que, contrariamente aos propósitos originais, os actos legislativos não passaram a circunscrever-se aos grandes

Caso venha aumentar a confiança das entidades legislativas nos supervisores (Nível 3, na terminologia do sistema Lamfalussy), é de esperar que seja dado aos supervisores mais espaço de intervenção normativa, substituindo-se, pois, em parte, a sua actividade normativa, nessa medida, ao Nível 2, que diminuiria o seu peso relativo. Deste modo seria ultrapassada a contradição e anomalia da desmedida extensão dos princípios gerais dos actos legislativos e mesmo do regime dos actos de Nível 2. Mas, claro, esta evolução só será uma realidade se as novas AES souberem ganhar a confiança que os Comités, que as antecederam, não conseguiram, neste ponto, alcançar. Mas nesta evolução, não são de desvalorizar as motivações de natureza política, designadamente a vontade de afirmação da Comissão na convergência da execução dos actos legislativos. A este propósito, há que estar atento à extensão com que a Comissão irá exercer a nova competência de prática de actos de execução visando a observância uniforme dos actos juridicamente vinculativos da União.[36]

8. Reforço da convergência das políticas e práticas de supervisão em toda a União Europeia

I – Uma das constatações mais flagrantes da crise foi a persistência de diferenças acentuadas entre supervisores quanto à maneira de encarar a supervisão, os requisitos para a exercerem e os métodos e práticas usados. Objectivo claro da reforma é acabar com este estado de coisas. Não tendo sido a opção a criação de verdadeiras agências europeias de supervisão, é porém de esperar que o nível de cooperação, coordenação e convergência entre os supervisores nacionais venha a ter um incremento efectivo e substancial.

As propostas de regulamentos apresentadas pela Comissão contêm diversos mecanismos que, dentro do quadro que foi adoptado, podem contribuir para essa desejável evolução. Vários desses mecanismos estavam à disposição e eram já desenvolvidos pelos Comités de Supervisores. Não assentam em poderes vinculativos, mas pelo novo estatuto das AES e os meios acrescidos

---

princípios de política legislativa em cada matéria, remetendo os aspectos mais técnicos para as medidas de execução (Nível 2). Havia mesmo quem defendesse que devia ser dada mais intervenção e peso a medidas genéricas decididas pelos Comités de Supervisores, tornando os actos normativos de Nível 1 e mesmo os de Nível 2 menos pormenorizados. Algumas das dificuldades que na altura se invocaram para mostrar que tal não era exequível são agora ultrapassadas com o regime sobre as normas técnicas e as orientações e recomendações, sumariado no texto. Sobre os exercícios de avaliação do funcionamento sistema Lamfalussy, v. Nunes Pereira, 2007: 111 ss.

36 Esta competência está prevista no artigo 291.º, n.ºs 2, 3 e 4, do Tratado sobre o Funcionamento da UE.

de que elas irão dispor, é natural que se revelem mais eficazes na consecução do objectivo de convergência da supervisão financeira na Europa. De resto, esta eficácia é reforçada pelo uso, que a nova legislação alarga, de processos indirectos de pressão e convencimento, como sejam o de *"comply or explain"* ou a possibilidade de a as Autoridades publicarem as decisões que tomam em relação a supervisores específicos ou publicarem as razões por estes dadas para não actuarem como lhes é indicado.

Mas, ao lado destes, outros meios se apresentam já verdadeiramente inovatórios, expressões da natureza jurídica nova das AES como pessoas colectivas com poderes vinculativos sobre os supervisores nacionais e, mesmo, embora excepcionalmente, sobre os agentes do mercado. Nesta linha, vejamos alguns dos principais mecanismos que a Proposta de regulamento relativo à ABE contém.

II – Já se referiu que a ABE pode emitir *orientações e recomendações* com vista a estabelecer práticas consistentes, eficientes e efectivas dentro do Sistema Europeu de Supervisores Financeiros, bem como a assegurar uma aplicação uniforme da legislação da União. É de esperar que do uso mais amplo e intenso destes instrumentos de *soft law* resulte uma elevação efectiva da qualidade e uma maior uniformização da supervisão europeia.

III – Às AES está reservado um papel importante no funcionamento dos *colégios de supervisores*. No caso da ABE (em paralelo com o que acontece com as restantes AES), está, por exemplo, previsto: que ela monitorize a eficiência, a eficácia e a consistência do funcionamento do colégio; que esteja presente nas reuniões; que receba toda a informação trocada; que ela própria obtenha dos supervisores a informação que ache adequada; e que, inclusive, constitua e gira sistemas centrais de bases de dados com toda a informação relevante para a supervisão realizada por cada colégio[37].

Uma actuação vigorosa e de qualidade por parte da ABE poderá ter um efeito benéfico na criação de uma verdadeira convergência na actuação dos supervisores, quer na vertente transfronteiras, quer no plano transversal entre os diversos grupos financeiros. Este programa de convergência na supervisão financeira deparará apenas com algumas limitações na sua vertente intersectorial, decorrentes da opção de se ter mantido ao nível europeu o modelo sectorial de supervisão. Estas dificuldades poderão contudo ser reduzidas através

---

37 Proposta de regulamento ABE, artigo 12.º, n.º 3.

de um esforço adequado no seio do Comité Conjunto das Autoridades Europeias de Supervisão.

IV – À ABE é atribuída uma *função geral de coordenação*[38]. Nesta função incluem-se intervenções que podem ter um alcance significativo na promoção da confiança e da acção convergente entre supervisores. Por exemplo, cabe à ABE determinar o âmbito da informação que os supervisores nacionais devem ter disponível dos outros supervisores, indo esta responsabilidade ao ponto de a autoridade europeia verificar a confiabilidade dessa informação, sempre que tal seja possível e apropriado. Outra sua intervenção importante é a realização de procedimentos de mediação entre supervisores, a pedido destes ou mesmo por sua própria iniciativa.

V – A experiência tem revelado que nem sempre é a autoridade de supervisão legalmente competente a que, nas circunstâncias concretas, está nas melhores condições para realizar determinadas tarefas ou responsabilidades de supervisão. A *delegação de meras tarefas* (em que a responsabilidade pela tomada da decisão permanece na autoridade delegante) ou de *responsabilidades* (caso em que os poderes passam a ser exercidos pela autoridade delegada, em seu próprio nome, substituindo ela a autoridade que inicialmente tinha a respectiva competência) pode justificar-se, com efeito, por várias razões: evitar duplicações; aproveitar a especial *expertise* de determinado supervisor; reduzir custos; ter a autoridade delegada uma ligação mais estreita com a actividade que é objecto de supervisão. Mas uma outra razão para a delegação, a qual de resto está presente em todos os casos acabados de apontar, é a de, com ela, se reforçar a convergência nos processos de supervisão.

Assim, a nova legislação europeia obriga os Estados-Membros a preverem a possibilidade de delegações de tarefas e responsabilidades administrativas em (ou provindas de) autoridades de supervisão financeira de outros países da União[39]. A intervenção positiva da ABE no funcionamento deste mecanismo pode consistir, por exemplo, na identificação de situações típicas em que a delegação seja em princípio vantajosa, na definição de melhores práticas e na emissão de parecer sobre cada delegação que se pretenda concretizar.

---

38 Proposta de regulamento ABE, artigo 16.º.

39 A Proposta de regulamento ABE, na versão resultante do compromisso ECOFIN, contém disposições (artigo 13.º, n.ºs 1 e 2A) sobre condições que o direito interno pode colocar à concretização da delegação de responsabilidades (não de meras tarefas), bem como quanto à lei aplicável à delegação.

VI – Em matéria de *fusões e aquisições*, sempre que tenha que haver consulta entre dois ou mais supervisores nacionais, no âmbito da Directiva 2007/44/ CE do Parlamento Europeu e do Conselho, de 5 de Setembro de 2007, a ABE pode emitir parecer sobre a avaliação dos aspectos prudenciais da operação[40]. Esta intervenção irá contribuir para aplanar as divergências de entendimentos entre as autoridades nacionais, tanto mais que aqueles pareceres serão objecto de publicação.

VII – A ABE deve conduzir de forma periódica *avaliações entre os supervisores nacionais (peer review)*. Estes exercícios visam aumentar a coerência do processo de supervisão levado e cabo nos diversos países. Indirectamente, objectivo é ainda melhorar o nível de qualidade da supervisão realizada em toda a União, reforçando a confiança entre os supervisores e a confiança dos mercados e supervisionados nos supervisores[41].

De acordo com a Proposta, estas avaliações entre pares apresentam-se com um âmbito muito ambicioso, pois abrangem aspectos relevantes da organização e actividade do supervisor, como, designadamente, os recursos, a governação, o grau de convergência alcançado na prática de supervisão, a medida em que os objectivos regulatórios fixados pela legislação comunitária estão a ser atingidos, a capacidade do supervisor para responder aos desenvolvimentos dos mercados e o destaque de boas práticas seguidas por certos supervisores.

O papel da ABE nestes exercícios é bastante interventivo. Basta pensar que, além de lhe competir desenvolver metodologias que permitam uma avaliação objectiva e comparativa entre os supervisores sujeitos à avaliação, ela pode, em face dos resultados da avaliação, dirigir conselhos às autoridades nacionais de supervisão envolvidas, as quais, se entenderem não os seguir, têm que o justificar, transmitindo as suas razões à ABE[42].

VIII – A Proposta atribui à ABE a responsabilidade de *desenvolver uma cultura de supervisão comum na União*[43]. Para atingir este objectivo, central nesta e nas reformas dos últimos quinze anos na supervisão financeira na UE, são utilizáveis muitos e variados métodos, alguns dos quais o diploma em apreço explicita: dar pareceres aos supervisores; contribuir para o desenvolvi-

---

40 Proposta de regulamento ABE, artigo 19.º, n.º 2.

41 Proposta de regulamento ABE, artigo 15.º.

42 A necessidade desta justificação foi acrescentada pelo Conselho ECOFIN (artigo 15.º, n.º 3).

43 Proposta de regulamento ABE, artigo 14.º.

mento de padrões de supervisão uniformes e de elevada qualidade; promover ferramentas comuns de supervisão; fomentar programas comuns de formação, incluindo programas intersectoriais, bem como o intercâmbio de pessoal entre os supervisores nacionais.

IX – A grande inovação neste domínio é a atribuição às AES, em casos específicos, de *poderes juridicamente vinculativos* em relação às autoridades de supervisão nacionais e mesmo, embora mais excepcionalmente, em relação aos supervisionados. Em todos estes casos, o destinatário nacional tem o dever jurídico de acatar a decisão da AES, e, portanto, tem a obrigação de tomar as medidas adequadas (que podem traduzir-se numa acção ou numa abstenção) para dar satisfação à decisão daquela Autoridade. Significa isto que as decisões da Autoridade Europeia (uma autoridade administrativa europeia) prevalecem sobre as decisões que os supervisores nacionais (autoridades administrativas nacionais) tenham tomado, substituindo-se-lhes, pois. E tomada que seja uma decisão pela Autoridade Europeia, as decisões ou outras acções que os supervisores nacionais entendam adoptar terão naturalmente que ser compatíveis com a decisão da autoridade administrativa europeia. Estamos, pois, perante casos de clara *prevalência ou supremacia do direito administrativo europeu sobre o direito nacional*, prevalência que a Proposta afirma explicitamente em várias situações[44].

A existência desta eficácia jurídica não obsta, obviamente, a que as AES, e concretamente a ABE, possam recorrer, nessas situações, a outros métodos para que as suas decisões sejam observadas, designadamente, a publicação das decisões tomadas nos termos dos artigos 9.º, 10.º e 11.º (a explicitar nos parágrafos seguintes), com indicação da identidade da autoridade competente ou instituição financeira envolvidas e do conteúdo central da decisão[45].

X – Um caso óbvio de dever de prestar do supervisor nacional é o de fornecimento à ABE de toda a informação de que a autoridade europeia necessite para o cumprimento das suas funções[46]. O Conselho ECOFIN introduziu uma ordenação nas entidades às quais a informação pode ser pedida. Com efeito, só depois de o supervisor não prestar a informação, é que a Autoridade pode dirigir-se, para a obter, aos outros supervisores financeiros, ao

---

44 Proposta de Regulamento ABE, artigos 9.º, n.º 7, 10.º, n.º 4, 11.º, n.ºs 4-A. E 4-B (os preceitos deste último artigo foram acrescentados pelo Conselho ECOFIN).

45 Proposta de Regulamento ABE, artigo 24.º.

46 Proposta de Regulamento ABE, artigos 12.º e 20.º.

Ministério das Finanças onde a informação para efeitos prudenciais se possa encontrar, ao banco central ou à autoridade nacional de estatística do Estado-Membro envolvido.

Se as diligências anteriores se revelarem infrutíferas, a ABE pode pedir directamente a informação à instituição financeira a que a mesma respeite, devendo este pedido ser justificado, designadamente, quanto à necessidade da obtenção da informação. É este um dos caos excepcionais em que as AES podem dirigir-se e impor obrigações jurídicas a um participante do mercado.

XI – A Proposta prevê um mecanismo de actuação da ABE que *visa levar o supervisor nacional a cumprir um dever resultante da legislação mencionada no artigo 1.º, n.º 2 do regulamento*[47]. Parece que, neste contexto, o termo "legislação" deve ser tomado em sentido lato, abrangendo os regulamentos e as decisões da Comissão, incluindo as normas técnicas das AES, as quais são homologadas por tais tipos de actos da Comissão.

Um exemplo claro de situações abrangidas por este mecanismo é sublinhado no texto do n.º 1 do artigo 9.º: o supervisor não quer ou não consegue assegurar que uma instituição financeira satisfaça os requisitos impostos pela legislação da União.

Nestes casos, a ABE investiga a situação, por iniciativa própria ou a pedido de outro supervisor ou da Comissão. Caso conclua que se verifica um incumprimento, dirige uma recomendação ao supervisor em causa para que ele actue de modo a cumprir a norma em causa. Em caso de persistência do incumprimento, abre-se uma segunda fase do processo: a Comissão, alertada pela ABE ou por iniciativa própria, pode exigir do supervisor nacional o desenvolvimento da acção necessária ao cumprimento da legislação da União, podendo seguir-se, caso tal se mostre necessário, o exercício pela Comissão dos poderes que lhe competem nos termos do artigo 258.º do Tratado sobre o Funcionamento da UE.

Mas, do seu lado, a ABE está habilitada a exercer uma competência própria – que é completamente inovatória em relação ao regime vigente – tendente à resolução da situação. Quando o que estiver em jogo for o cumprimento por uma instituição financeira de norma da União, a ABE pode dirigir a decisão directamente à referida instituição financeira, obrigando-a a actuar de modo

---

47 Proposta de Regulamento ABE, artigo 9.º.

a cumprir as obrigações que a lei europeia lhe impõe, incluindo a cessação de qualquer prática que esteja a ter lugar.

Esta decisão só pode, porém, ser validamente tomada, se três condições estiverem preenchidas. Primeiro, é preciso que o supervisor nacional não tenha cumprido o prescrito na decisão (parecer formal, na versão do Compromisso ECOFIN) da Comissão no prazo de 10 dias. Depois, importa que se esteja perante uma situação em que se torne necessário remediar atempadamente o incumprimento de modo a manter ou restabelecer condições neutras de concorrência no mercado ou, então, a assegurar o funcionamento ordenado e a integridade do sistema financeiro. A terceira condição para o exercício desta competência pela ABE refere-se ao tipo de normas incumpridas: têm que ser normas de aplicação directa às instituições financeiras (por exemplo, regulamentos).

A decisão da ABE deve estar em conformidade com a decisão que tenha sido tomada pela Comissão, e, apesar de dirigida formalmente à instituição financeira, é juridicamente eficaz em relação ao supervisor nacional, do que resulta a sua prevalência jurídica sobre decisões com ela incompatíveis, passadas ou futuras, desse mesmo supervisor nacional.

XII – A Proposta prevê que em certos tipos de *divergência entre dois ou mais supervisores de Estados-Membros diferentes*, as ASE, depois de um período de tentativa de conciliação, possam tomar *decisões com efeitos juridicamente vinculativos para os supervisores nacionais envolvidos*[48].

Vejamos, em primeiro lugar, o âmbito de aplicação deste mecanismo. Desde logo, há que notar que apenas certos tipos de divergência entre supervisores relevam para este efeito. A Proposta original da Comissão referia-se às divergências "em áreas em que a legislação referida no n.º 2 do artigo 1.º exija às autoridades competentes de mais do que um Estado-Membro cooperação, coordenação ou uma decisão conjunta". Na versão que resultou do compromisso ECOFIN, a redacção é diferente: "...nos casos em que uma autoridade competente não concorde com os aspectos processuais ou de conteúdo de uma medida adoptada por uma autoridade competente de outro Estado-Membro ou com a inacção desta última nos casos especificados na legislação referida no n.º 2 do artigo 1.º...". No entanto, no considerando 22 do Preâmbulo, esta versão da Proposta explicita que o objecto do mecanismo se traduz nas "divergências sobre o processo ou o conteúdo de uma acção ou

---

48 Relativamente à ABE, v. a respectiva Proposta de regulamento, artigo 11.º.

inacção de uma autoridade competente de um Estado-Membro nos casos especificados na legislação referida no n.º 2 do artigo 1.º, a qual exija decisão conjunta, cooperação ou coordenação entre autoridades competentes de mais de um Estado-Membro".

Resulta da comparação das duas versões, que há acordo que o mecanismo incidirá em situações em que a legislação preveja a necessidade de cooperação, coordenação ou tomada conjunta de uma decisão[49]. A diferença está em que, na versão do Conselho, os casos devem ser expressamente referenciados na legislação, não bastando uma fórmula legal geral.

Depois, para a delimitação dos casos relevantes, há ainda que considerar que a divergência pode reportar-se tanto a aspectos de procedimento como a questões substantivas ou de conteúdo, embora em ambos os casos deva sempre dizer respeito ao cumprimento do (ou ao modo como se dá cumprimento ao) direito da União[50]. Parece, por isso, que se a decisão implicar o exercício pelo supervisor nacional de um verdadeiro poder discricionário, uma decisão vinculativa da Autoridade Europeia não lhe poderá ser imposta.

Quanto ao modo como este mecanismo é exercido, verifica-se que a decisão vinculativa deve ser precedida de um período em que a ABE tenta a conciliação dos supervisores discordantes. Para o caso de, tomada a decisão vinculativa, um supervisor nacional não a acatar, fazendo com que por essa via as instituições financeiras não cumpram a legislação da União, a proposta original da Comissão permitia que a ABE tomasse uma decisão com efeitos vinculativos dirigida a uma instituição financeira, desde que a legislação comunitária lhes fosse directamente aplicável. Mas no Compromisso ECOFIN esta possibilidade de ligação directa das AES aos supervisionados foi eliminada.

XIII – Em *situações de emergência*, a ABE deve facilitar e, sempre que necessário, coordenar as acções desenvolvidas pelas autoridades nacionais de supervisão envolvidas Neste contexto, pode tomar decisões com efeitos vinculativos, obrigando-as a actuarem de acordo com a legislação da União relevante para responderem à situação, desse modo assegurando que as ins-

---

49 A Directiva 2006/48 do Parlamento Europeu e do Conselho, de 14 de Junho de 2006 prevê algumas situações de tomadas conjuntas de decisão: artigo 42.º a (apuramento da existência de uma sucursal significativa); 129.º, n.º 2 (validação de modelos) e 129.º, n.º 3 (revisão pelos supervisores a nível do grupo).

50 Proposta de regulamento ABE, artigo 11.º, n.º 1 e 3 *in fine*.

REFORMA DA SUPERVISÃO FINANCEIRA EUROPEIA | 193

tituições financeiras e as autoridades competentes satisfazem os requisitos estabelecidos nessa legislação[51].

Situação de emergência é definida na Proposta como sendo aquela em que se verificam "desenvolvimentos adversos que de modo sério podem perturbar o funcionamento ordenado e a integridade dos mercados financeiros ou a estabilidade de todo ou parte do sistema financeiro na Comunidade". Pela versão inicial da Proposta da Comissão, era a Comissão que tinha competência para declarar a existência de uma situação de emergência para efeitos do regulamento. No compromisso ECOFIN, esta competência é atribuída ao Conselho.

Uma outra diferença se nota entre as duas versões. Na verdade, de acordo com o compromisso ECOFIN, a competência acima referida da ABE de juridicamente vincular a actuação das autoridades nacionais de supervisão pode ser exercida mesmo antes da emissão da declaração de emergência pelo Conselho, desde que se verifiquem "circunstâncias excepcionais em que uma acção coordenada pelas autoridades nacionais seja necessária para responder(…)" à situação de emergência.

Também neste contexto de situações de emergência, a Proposta inicial da Comissão previa a possibilidade de a ABE tomar decisões directamente aplicáveis às instituições financeiras no caso de inacção dos supervisores Mas também este tipo de actuações juridicamente vinculativas das ASE sobre os agentes de mercado foi excluído pelo compromisso ECOFIN.

9. As Autoridades Europeias de Supervisão enquanto supervisores mitigados de segundo grau

I – Já atrás nos referimos ao verdadeiro impasse no processo europeu de supervisão financeira a que se chegara nos finais da primeira década deste século. Impasse que a crise financeira, entretanto sobrevinda, tornou visível de uma forma aguda. Além disso, a convicção generalizada era a de que o sistema, assente na rede de supervisores financeiros nacionais associados através de Comités sem poderes vinculativos, tinha que ser substituído.

Não era porém claro qual a direcção que a mudança devia seguir. Uma solução no sentido de uma maior centralização não se apresentava como um dado adquirido, isto é, não era uma solução aceite por todos. Uma personalidade bem conhecida dos meios da regulação financeira (Lord Turner, Presidente da FSA britânica) perguntava-se se, em face da crise, o caminho a

---

51 Proposta de regulamento ABE, artigo 10.º.

194 | JOSÉ NUNES PEREIRA

seguir deveria ser o que levasse a "mais Europa" (mais integração institucional ou de processos) ou o que conduzisse a "menos Europa" (poderes nacionais acrescidos)[52]. Esse caminho não tem necessariamente de apontar no sentido da instituição de verdadeiras autoridades europeias de supervisão: pode passar por reforçar a supervisão nacional, a supervisão por parte daqueles Estados que têm estado de certo modo menos protegidos, os Estados de acolhimento[53]. Muitas das questões que surgiram tiveram na sua origem a falta de confiança destes Estados de acolhimento, que não dispunham de meios para lidar com a crise e sentiram dificuldades e dissabores com isso. Daí que o caminho possível não se traduza necessariamente no reforço da solução europeia, mas antes no reforço das autoridades nacionais.

Uma solução colocada em pólo oposto seria avançar-se decididamente para a criação de verdadeiras autoridades de supervisão europeia com responsabilidade pela supervisão directa das instituições financeiras europeias. ou, pelo menos, numa versão mais realista e equilibrada, dos grupos financeiros com actividades em vários Estados europeus (*cross-border*)[54]. Diversas vozes têm defendido esta solução, pelas vantagens que poderia trazer do ponto de vista da eficiência, eficácia, independência e credibilidade internacional da supervisão financeira, designadamente bancária, na Europa[55].

A Proposta da Comissão foi a de dar um passo em frente no sentido de uma maior centralização da supervisão, através da criação de autoridades europeias de supervisão financeira. Mas, como resulta da exposição que antecede, não estamos perante uma solução radical, pois ela não se traduz na criação de verdadeiras agências europeias de supervisão, com poderes de supervisão directa sobre as instituições e os mercados financeiros (nem sequer sobre os grupos e mercados financeiros transfronteiras). Uma solução extrema deste tipo seguramente que teria que se confrontar com dificuldades de tomo, quer

---

52 Turner, 2009: 100-102.

53 Claro que um caminho intermédio ou misto é possível, sendo essa a proposta de Turner, 2009: 101: a extensão dos novos poderes nacionais dependerá das soluções de "mais Europa" que se mostrem exequíveis.

54 Ou dos grupos bancários, consoante o âmbito mais ou menos amplo do ponto de vista dos sectores abrangidos, que se pretenda atribuir ao supervisor europeu.

55 Uma discussão destas vantagens, bem como dos escolhos, na criação de uma agência europeia de supervisão, pode ver-se em Nunes Pereira, 2007: 129 ss., sendo porém de notar que nesse estudo o ponto de referência é a criação de uma autoridade europeia de supervisão no domínio dos mercados de valores mobiliários.

técnicas (como a inexistência de uma regulação financeira harmonizada[56]), quer de verdadeira natureza política (transferência de importantes poderes nacionais de intervenção pública para instituições da União). Mas o argumento que mais abertamente se tem brandido, simultaneamente de natureza técnica e política, refere-se à não correspondência que, com tal solução, existiria entre quem formalmente assumiria as responsabilidades e tomaria as decisões de supervisão e quem suportaria as consequências financeiras dessa intervenção. Com efeito, se fossem criadas verdadeiras autoridades europeias de supervisão, com poderes para fazerem supervisão no dia-a-dia, para resolverem as crises e determinar as medidas de saneamento e outras necessárias para o efeito, quem faria a supervisão e tomaria as respectivas decisões seriam uma ou várias autoridades europeias, em substituição das autoridades nacionais, mas quem teria de arcar com as responsabilidades políticas e o peso financeiro dessa intervenção, designadamente através do uso do dinheiro dos contribuintes, continuariam a ser os Estados. Por isso, enquanto os fundos a utilizar para a resolução de problemas no sistema financeiro provierem dos orçamentos dos Estados onde os bancos exercem a actividade, ou, pelo menos, enquanto não houver critérios claros e definidos a nível político para a resolução de crises e a partilha entre os Estados-Membros dos encargos financeiros com as intervenções[57], será muito difícil que a supervisão das empresas financeiras transfronteiras fique a cargo de agências europeias de supervisão.

II – De resto, este ponto sensível esteve bem presente no Conselho Europeu de Junho de 2009, o qual decidiu que as competências da AES não devem de modo algum colidir com as responsabilidades orçamentais dos Estados-Membros.

Esta reserva teve expressão nas salvaguardas constantes do artigo 23.º da Proposta. Assim, quando a ABE toma decisões impondo a um supervisor nacional determinado comportamento nos casos do artigo 10.º (situações de emergência) e do artigo 11.º (divergências entre supervisores), o Estado-Membro do supervisor visado pode opor-se à decisão, explicando as razões e a forma pelas quais essa decisão tem implicações nas suas responsabilidades orçamentais. A notificação desta oposição à ABE e à Comissão opera a sus-

---

56 Este argumento, discutível em si, designadamente porque um supervisor europeu poderia ser visto como um factor para a realização dessa harmonização regulatória, vai perdendo base de sustentação com a avançada harmonização já alcançada e que se antolha venha a ter uma realização ainda maior.

57 Estes são temas que têm vindo a ser discutidos no seio da UE. V. Comissão Europeia, 2009d: 15 e *passim*.

196 | JOSÉ NUNES PEREIRA

pensão imediata da decisão no primeiro dos casos apontados[58]. A sorte final das decisões – se serão mantidas ou revogadas – fica dependente da decisão que o Conselho venha a tomar sobre o assunto[59].

III – As considerações que antecedem mostram que seria muito difícil ir mais longe do que a solução encontrada. Reconhecendo-se que era necessário atribuir poderes acrescidos às entidades europeias (poderes vinculativos), ultrapassando o estádio meramente consultivo e persuasivo dos Comités, elas não são concebidas como autoridades de supervisão sobre as instituições financeiras e os demais participantes dos mercados. Estes poderes directos apenas são atribuídos, na versão correspondente ao compromisso ECOFIN, nos dois casos apontados (fazer cumprir o direito da União e assegurar a obtenção de informação[60/61]). De resto, toda a supervisão do dia-a-dia continua a ser da responsabilidade exclusiva dos supervisores nacionais.

As AES configuram-se, assim, de certo modo e em termos mitigados, como supervisores de supervisores, na medida em que os seus poderes de coordenação e condução, e em particular, os seus poderes regulatórios e de prática de actos administrativos com efeitos vinculativos, se exercem sobre os supervisores financeiros nacionais. Além disso, neste seu perfil, os poderes são relativamente limitados e apenas os especificamente previstos na legislação.

10. O papel central dos colégios de supervisores

Neste novo quadro regulatório, é legítimo antecipar alterações significativas na actuação dos supervisores nacionais. Por um lado, é claro que haverá um reforço da cooperação e coordenação entre eles, através dos colégios de supervisores, constituídos pelos supervisores das instituições financeiras de cada grupo financeiro. Este conjunto de supervisores já se encontrava previsto na redacção

---

58 Proposta de regulamento ABE, artigo 23.º. O compromisso ECOFIN prevê igualmente a suspensão da decisão no caso do artigo 10.º (situações de emergência).

59 Os termos desta decisão (maioria simples ou qualificada) e os efeitos da não tomada de qualquer posição pelo Conselho (se implica a revogação da decisão ou a sua manutenção) são diferentes na versão da proposta inicial da Comissão e na versão do compromisso ECOFIN.

60 Acresce o caso da supervisão das agências de notação de risco, sujeitas ao Regulamento 1060/09, do Parlamento Europeu e do Conselho, de 16 de Setembro de 2009, cuja responsabilidade foi atribuída à Autoridade Europeia de Valores Mobiliários e Mercados.

61 Conforme nos lugares próprios assinalámos, a proposta inicial da Comissão previa ainda outros casos de poderes directos das ASE sobre as instituições financeiras (em situações de emergência e nos casos de divergência entre supervisores). Mas o Conselho excluiu estas hipóteses.

REFORMA DA SUPERVISÃO FINANCEIRA EUROPEIA | 197

inicial da Directiva 2006/48/CE, do Parlamento Europeu e do Conselho, de 14 de Junho de 2006; mas as alterações a esta Directiva (introduzidas pela Directiva 2009/111 do Parlamento Europeu e do Conselho, de 16 de Setembro de 2009) vêm institucionalizar esses colégios de supervisores, no sentido de uma sua maior eficiência e convergência na acção da supervisão, bem como no sentido de, na tomada das decisões, participar o conjunto de supervisores interessados, e, portanto, tomando em conta os interesses de todos os Estados envolvidos, não apenas do Estado da consolidação, mas incluindo, designadamente, os das sucursais sistemicamente importantes. Embora no quadro de coordenação e orientação pelas AES, a supervisão mantém-se ao nível nacional, no colégio de supervisores, mas, de certo modo, distribuindo a capacidade de tomar decisões por todos os supervisores interessados. Seguramente que se pode dizer que a supervisão pelo país de origem se mantém, mas mantém-se de forma mitigada.

Um elemento adicional a tomar em conta para adequadamente se apreender o novo figurino da supervisão através dos colégios de supervisores é a acção mais activa que a ABE irá assumir na dinamização do funcionamento desses colégios, incluindo a tomada de decisões pela própria Autoridade europeia no caso de ocorrência de divergências insanáveis entre os membros dos colégios

11. Independência, transparência e *accountability*

Faz hoje parte da cultura regulatória de referência que os reguladores e supervisores financeiros devem observar uma série de características de governo, organização e funcionamento, em geral sancionadas pelos padrões internacionais de supervisão financeira[62]. As propostas de diplomas das AES revestem, de uma forma geral, cada uma das autoridades europeias com as qualidades que os referidos padrões e as melhores práticas internacionais recomendam.

Assim, continuando a analisar o caso da ABE, apura-se que há uma clara preocupação em afirmar a *independência e a imparcialidade* dos órgãos ou membros-chave de órgãos da Autoridade. A este propósito, afigura-se paradigmático o artigo 27.º da Proposta do regulamento ABE quando proclama que, no exercício das respectivas funções, "o Presidente e os membros com direito de voto do Conselhos das Autoridades de Supervisão devem actuar

---

62 Para a área bancária, regem os Princípios Fundamentais para uma Efectiva Supervisão Bancária do Comité de Basileia de Supervisão Bancária, Outubro de 2006. Sobre este assunto, v. Smaghi, 2007: 50 ss.

de forma independente e objectiva no único interesse da Comunidade, e não devem procurar ou receber instruções vindas das instituições ou órgãos da Comunidade, do Governo de um Estado-Membro ou de qualquer outra entidade pública ou privada". O mesmo artigo impõe ainda uma obrigação directa sobre os Estados-Membros, as instituições ou órgãos da União Europeia de não procurarem influenciar os funcionários da Autoridade, o seu Presidente e os membros com direito a voto do Conselho das Autoridades de Supervisão. Disposições equivalentes encontram-se em relação a titulares de outros órgãos, como o Director Executivo ou os membros da Câmara de Recurso[63].

II – A independência só faz sentido quando acompanhada de um vigoroso regime que obrigue o supervisor e seus responsáveis a explicarem o que foi feito, como é que as funções legalmente previstas foram desempenhadas e em que medida os objectivos fixados para a supervisão foram atingidos.

A proposta prevê vários mecanismos que visam assegurar esta *accountability* e o reforço da consequente legitimação da Autoridade e da sua intervenção. Entre eles, podem apontar-se os seguintes: (i) o Presidente da ABE deve apresentar relatórios ao Parlamento Europeu e ao Conselho, podendo ainda o Parlamento pedir-lhe esclarecimentos e colocar-lhe questões sobre o desempenho das suas funções; (ii) a nomeação do Presidente tem que ser confirmada pelo Parlamento Europeu; (iii) o Presidente e o Director Executivo estão sujeitos a processo de avaliação de desempenho na parte final dos respectivos mandatos; (iv) as decisões do Conselho das Autoridades de Supervisão estão sujeitas a recurso para uma Câmara de Recurso constituída por pessoas que devem ser independentes; (v) as decisões desta Câmara ou, directamente, as decisões do Conselho são sindicáveis perante o Tribunal de Justiça; (v) a Autoridade está sujeita a diversos órgãos de controlo, além de que as suas decisões podem ser objecto de queixa junto do Provedor Europeu de Justiça; (vi) a ABE tem o dever de, previamente à tomada de certas decisões, informar o destinatário da sua intenção, para colher as observações que ele entender fazer; (vii) a ABE está sujeita a responsabilidade extracontratual[64].

---

63 Proposta de regulamento ABE, artigos 37.º e 45.º. Regime similar consta do regime do CERS: artigo 7.º da Proposta de regulamento CERS quanto à independência dos membros do Conselho Geral e do Comité Director.

64 Sobre os pontos que antecedem, v. Proposta de regulamento ABE, artigos 24.º, 33.º, n.º 2, 35.º, 36.º, 44.º a 47.º, 52.º, 55.º e 58.º.

III – Requisito decisivo para que a prestação de contas pela Autoridade seja efectiva e objectiva é que as suas funções e os objectivos da sua acção estejam claramente definidos. Esta *definição de objectivos*, a par de outras vantagens (facilitar a actividade da Autoridade, servirem de critérios interpretativos), tem o grande mérito de facilitar a avaliação do seu desempenho pelos destinatários ou beneficiários da acção da Autoridade (*stakeholders*).

Seguindo a experiência de certas jurisdições nacionais[65] e mesmo já, de forma embrionária, da ordem jurídica financeira da UE, sobretudo após o sistema Lamfalussy[66], a Proposta aponta os objectivos para os quais a acção da ABE deve contribuir. Trata-se, por um lado, dos objectivos ligados directamente à construção de mercados integrados e, assim, de índole tradicional (melhorar o funcionamento do mercado interno; a coerência da regulação e da supervisão). Mas, por outro lado, são também referidos objectivos substantivos relativos à natureza e qualidade da regulação e da supervisão que o legislador tem em mira e para o alcance dos quais quer que a Autoridade actue: atingir um nível elevado e efectivo de regulação e de supervisão; protecção dos depositantes e dos investidores; assegurar a integridade, a eficiência e o funcionamento ordenado dos mercados financeiros; salvaguardar a estabilidade do sistema financeiro; reforçar a coordenação internacional da supervisão[67].

IV – A *participação dos interessados* no processo de regulação e de supervisão contribui de forma poderosa para a legitimação do regulador, além de que, simultaneamente, apresenta vantagens evidentes para assegurar uma regulação e até políticas de supervisão mais realistas e susceptíveis de serem efectivamente respeitadas e seguidas[68]. Está no centro da política de "*Better Regulation*", adoptada pela Comissão como um das linhas de força de acção. A consulta sistemática dos interessados passou de há alguns anos a esta parte a ser prosseguida pela Comissão. De igual modo, os Comités de Supervisores

---

65 Com destaque para a do Reino Unido. Sobre o sistema britânico v. Singh, 2007: 17-24.

66 Referindo-se aos princípios inspiradores da regulação financeira da União Europeia, v. Briault, 2003: 335 ss. Sobre os progressos na definição de princípios ou objectivos no quadro das medidas de Nível 2, v. Nunes Pereira, 2007:142-143.

67 Proposta de regulamento ABE, artigo 1.º, n.º 4.

68 Avgerinos, 2003: 166.

levaram em geral a sério tais procedimentos, embora algumas deficiências tenham sido apontadas[69].

A reforma prevê várias modalidades de participação dos interessados, tanto nas decisões individuais que lhes digam respeito, como através de consulta pública no processo de elaboração de normas técnicas ou de orientações e recomendações. No entanto, o mecanismo mais interessante que se encontra previsto é o de um Grupo Bancário de Partes Interessadas (*Stakeholders*), que a ABE deve constituir, e do qual devem fazer parte, quer representantes das empresas financeiras, quer representantes dos consumidores e utilizadores dos serviços bancários. Este Grupo poderá emitir pareceres e dirigir conselhos à Autoridade sobre todas as matérias da competência desta. A ABE é obrigada a publicar os pareceres e os conselhos recebidos, bem como os resultados das suas consultas[70].

12. A nova arquitectura de supervisão e a integração financeira

Conforme já ficou assinalado, a crise que está na origem da reforma em apreço traduziu-se, numa larga medida, em fragilidades do modelo institucional resultantes do atraso e desconformidade das estruturas de supervisão e regulação nacionais em relação à integração financeira já atingida na UE, ao nível dos mercados e das empresas financeiras, em particular em resultado da existência de grupos financeiros com implantação europeia.

Mas, além de ser uma resposta a essa desconformidade, o novo modelo irá seguramente contribuir para um nível ainda mais elevado de integração financeira. Basta recordar alguns dos principais objectivos da reforma, designadamente, o reforço da estabilidade financeira e o controlo do risco sistémico em toda a UE, a criação de uma regulação financeira única e a efectiva adopção de uma cultura e práticas de supervisão convergentes, para se antever o reforço do ambiente favorável à integração financeira. Serão dificultadas as possibilidades para a arbitragem regulatória. Os custos para as empresas financeiras serão reduzidos e a mobilidade dos agentes dos mercados aumentará. O efectivo reforço do *level playing field* terá condições para ser uma realidade mais consistente e efectiva.

---

69 Designadamente, o tratamento de desfavor com que, nas consultas sobre projectos de actos normativos, eram tratados os consumidores de serviços financeiros em comparação com as empresas financeiras. V. Nunes Pereira, 2007: 120. No entanto, a atenção dada pelos Comités à consulta dos consumidores foi melhorando. V. Grupo Inter-Institucional de Monitorização, 2007: 11.

70 Proposta de regulamento ABE, artigo 22.º.

Assim, não será exagero admitir que estarão criadas melhores condições para que a UE apresente mercados financeiros mais integrados num futuro próximo. Naturalmente que este reforço voltará a suscitar o desajustamento entre a integração real e o aparelho institucional da supervisão financeira, e, assim, a adequabilidade, que agora se pretende assegurar, do modelo de supervisão financeira à realidade (integração) financeira dos mercados e seus agentes, voltará de novo a ser questionada.

13. A nova arquitectura de supervisão e a organização intersectorial da supervisão

Com referência aos sectores financeiros, o modelo organizativo da supervisão proposto pela Comissão não traz inovações. Com efeito, o sistema vigente, consistente na existência de três Comités de supervisores, um por cada sector financeiro (CEBS para a banca, CESR para os mercados de valores mobiliários e CEIOPS para os seguros) a que se junta um Comité conjunto onde os Comités sectoriais coordenam as suas actividades, foi replicado nas propostas de regulamentos apresentadas: serão criadas três autoridades europeias de supervisão dotadas de personalidade jurídica, grosso modo, uma para cada sector financeiro, às quais acresce um Comité conjunto, que constituirá o espaço apropriado para se efectivar a necessária coordenação entre os supervisores sectoriais. O trabalho neste Comité permite que se caminhe para uma convergência regulatória e de supervisão intersectorial e, em última análise, pelo cruzamento dos vectores transfronteiras e intersectorial, que se promova a paulatina construção de uma certa unidade na regulação e supervisão financeiras europeias. Esta preocupação revela-se, de forma nítida, na previsão da criação de um subcomité para os conglomerados financeiros, o qual visará que os principais diplomas e políticas comuns aos vários sectores sejam aprovados em paralelo pelas Autoridades sectoriais[71]. Cabe porém notar que outros mecanismos estão previstos para facilitar o diálogo intersectorial, bem como o diálogo entre os órgãos responsáveis pela supervisão macroprudencial e os responsáveis pela supervisão microprudencial, designadamente os deveres de consulta e informação definidos na legislação e os diversos casos, também legalmente estabelecidos, de participações orgânicas cruzadas entre as várias AES.

Quer isto, pois, dizer que a Comissão não adoptou, nem o modelo monista, em que a supervisão de toda a área financeira é atribuída a uma única autori-

---

71 Proposta de regulamento ABE, artigo 42.º.

202 | JOSÉ NUNES PEREIRA

dade, nem o sistema de supervisão em que o arranjo institucional assenta no critério dos objectivos da supervisão (um supervisor para a supervisão prudencial e um outro supervisor para a supervisão comportamental, em ambos os casos, abrangendo em princípio todo o sistema financeiro), nem qualquer outro modelo misto de integração mais avançada.

A orientação seguida foi justificada pela Comissão com o argumento de, neste momento, não haver conclusões suficientemente fortes sobre qual o melhor modelo, além de que a manutenção da divisão institucional por sectores é a mais aceitável do ponto de vista do princípio da proporcionalidade[72]. Trata-se seguramente de matéria em aberto, cuja evolução ao nível da União acabará por estar ligada, quer ao debate e às tendências que se vierem a consolidar no plano nacional, quer à própria densificação e eventual alargamento, no futuro, dos poderes e da actividade das AES.

CONSIDERAÇÕES CONCLUSIVAS

Nesta última parte, pretendemos sublinhar, em jeito de breves considerações conclusivas, os aspectos mais gerais que dão o cunho próprio à nova fase que se abre ao modelo institucional de regulação e supervisão na UE, bem como algumas expectativas que julgamos continuarem a existir em relação à evolução futura do sistema[73]. Naturalmente que estas considerações têm que ser entendidas à luz das incertezas que subsistem relativamente a diversos aspectos do regime das novas autoridades europeias de supervisão financeira e que só se esclarecerão com a conclusão do processo de co-decisão entre o Parlamento Europeu e o Conselho, que actualmente decorre com activa discussão de diversos pontos importantes entre aquelas Instituições, contando ainda com a participação da Comissão enquanto proponente inicial da legislação.

I – O figurino institucional que se antevê para a regulação e supervisão europeias a partir de 2011 representa, numa sua parte, uma alteração substantiva e total ao estado de coisas actual, enquanto, noutra parte, se configura com fortes traços inovadores, embora sem deixar de estar na linha evolutiva dos últimos anos.

---

72 Comissão Europeia, 2009c: 46.

73 Em estudo de há quatro anos atrás, já por diversas vezes citado (Nunes Pereira, 2007: 162 ss e *passim*) expressámos essas expectativas, no geral confirmadas pelas alterações ora preconizadas, mas que deixam ainda espaço para alterações significativas a médio prazo no sentido da criação de uma ou, com grau maior de probabilidade, de várias verdadeiras agências europeias de supervisão financeira.

REFORMA DA SUPERVISÃO FINANCEIRA EUROPEIA | 203

Onde a mudança é totalmente inovadora é na instituição de um organismo de dimensão e estatuto europeus ao qual são atribuídas as responsabilidades da supervisão macroprudencial e de alertar e levar todas as entidades, para o efeito relevantes, a actuarem pronta e adequadamente, de forma a ser evitada ou minorada a concretização de qualquer risco sistémico.

II – Na supervisão microprudencial, a continuidade é representada pelo facto de a supervisão do dia-a-dia continuar a ser realizada pelos supervisores nacionais, com destaque, na lógica do sistema introduzido pelo Acto Único Europeu de 1985, pelo supervisor do país de origem. Mas, mesmo neste domínio, não é correcto dizer-se que o modelo previsto para 2011 seja um mero reforço das actuais redes de supervisores financeiros nacionais no seio de Comités europeus. É certo que a mudança não será radical, no sentido de a União vir a institucionalizar verdadeiras agências de supervisão financeira que substituam os supervisores nacionais, nem sequer em relação à supervisão de infra-estruturas ou grupos financeiros com presença em mais do que um Estado europeu. Mas a mudança alcança uma dimensão que, em todo o caso, implica um salto qualitativo, ou – para sermos mais precisos – tem potencialidades para levar a um salto qualitativo, caso os novos mecanismos e poderes previstos na reforma venham a funcionar ou a ser exercidos em termos decididos.

Este salto qualitativo – embora, repita-se, não extremo ou radical – manifesta-se em quatro aspectos fundamentais. Primeiro, revela-se nos poderes das AES – de produção normativa, de injunção e enquadramento dos supervisores financeiros nacionais –, alguns deles, inovatoriamente, com força vinculativa, os quais apresentam virtualidades para construírem uma organização e uma prática de supervisão convergentes em toda a União.

Em segundo lugar, confirmam-se as indicações, que já vinham da adopção do sistema Lamfalussy, no sentido de, em todos os domínios normativos financeiros relevantes, se vir a construir um regime de normas financeiras uniformes em toda a União ("Single Rulebook"). Em terceiro lugar, é legítimo esperar que para esta uniformização normativa seja relevante o contributo das AES, sobretudo através das normas de natureza técnica e das recomendações e orientações de sua iniciativa. No entanto, a extensão deste contributo normativo das autoridades administrativas europeias (e, simultaneamente, a desconcentração normativa a nível da União) dependerá de factores políticos (extensão que nos actos legislativos vierem a ser conferidos às normas técnicas da iniciativa e feitura das AES e concorrência que estas normas técnicas venham a sofrer da nova competência de prática de actos de execução que o artigo 291.º do Tratado sobre o Funcionamento da UE atribui à Comissão) e da própria eficiência das AES (qualidade e oportunidade das suas normas técnicas, orientações e recomendações regulatórias).

Em quarto lugar, há que ter presente que o enquadramento regulatório dos colégios de supervisores faz reposicionar, nalguma medida, o papel preponderante que desde 1985, e numa evolução crescente, vinha sendo atribuído às autoridades de supervisão do Estado-Membro de origem. Alguns dos elementos constitutivos daquele enquadramento não constam dos diplomas da reforma que temos vindo a apreciar, mas de outros diplomas, como da Directiva 2006/48 do Parlamento Europeu e do Conselho, de 14 de Junho de 2006, sobretudo na sua versão resultante das alterações introduzidas pela Directiva 2009/111 do Parlamento Europeu e do Conselho, de 16 de Setembro de 2009. Com efeito, uma das inovações deste novo regime é conferir um papel mais activo – na troca de informações e na participação na preparação e tomada de decisões relevantes para a supervisão das instituições a nível individual e a nível consolidado – aos supervisores dos Estados cujas autoridades são responsáveis pela autorização das filiais e, mesmo, aos supervisores dos Estados onde estão instaladas sucursais, sobretudo quando sistemicamente importantes. De par com o alargamento das matérias de supervisão a serem tratadas nos colégios de supervisores, sob a coordenação do supervisor da instituição financeira consolidante, houve a atribuição de um maior peso, na cooperação, coordenação e co-decisão neste trabalho de supervisão, aos supervisores dos países de acolhimento (*hoc sensu*, englobando supervisores das filiais e das sucursais).

Mas outro elemento de reforço do papel dos colégios de supervisores na supervisão dos grupos financeiros está precisamente no ponto de intersecção da reforma substantiva do regime dos mesmos colégios, que acabámos de apontar, com os novos poderes atribuídos às futuras AES, aos quais já atrás aludimos. Relembramos aqui, por um lado, o forte poder geral de coordenação que as novas autoridades europeias passarão a ter no funcionamento dos colégios e, em particular, os poderes, que também assumirão, de decidir, com força vinculativa para todos os membros do colégio, nas situações previstas na legislação financeira em que, no âmbito dos processos de cooperação, colaboração e co-decisão, os supervisores em causa não consigam chegar a uma posição comum.

III – A evolução insere-se na política geralmente seguida pela UE de avançar na integração por passos, mais ou menos largos, mas sem rupturas ou mudanças radicais.

No entanto, na linha do que em escritos anteriores já defendemos, não é crível que os arranjos institucionais da supervisão financeira na Europa se mantenham, a prazo mais largo, com o figurino preconizado na presente reforma. A estratégia nos tempos imediatos será, seguramente, a de implantar este novo figurino e de retirar dele todas as potencialidades para o adequar ao grau crescente de integração financeira na Europa e, por via disso, reduzir ao máximo a não coincidência entre as estruturas de supervisão e o âmbito dos mercados financeiros.

No entanto, quer-nos parecer que, se a integração financeira se afirmar ainda mais fortemente, através da predominância de estruturas de mercado e grupos financeiros com presença nas várias jurisdições nacionais, tornar-se-ão mais evidentes e prementes as vantagens de uma maior integração ao nível das estruturas de supervisão, desde a maior eficiência para os referidos agentes de mercado e para os próprios supervisores, incluindo poupanças nos custos (custos institucionais para os supervisores, custos de *compliance* e custos indirectos para os supervisionados), até à presença mais afirmativa da supervisão europeia no seio das organizações internacionais que têm a missão de preparar e definir as grandes linhas das políticas de regulação e supervisão financeiras (como o G-20, o FMI e o Conselho de Estabilidade Financeira). Do mesmo passo, os desenvolvimentos em curso em domínios onde ainda subsistem vários obstáculos à institucionalização de verdadeiras agências europeias de supervisão – como a inexistência de um completo "Rulebook" financeiro único na UE e, sobretudo, a inexistência de acordos e mecanismos seguros de distribuição entre Estados-Membros dos encargos resultantes de intervenções em caso de crises financeiras gerais ou em grupos financeiros – tenderão a afastar os principais obstáculos à evolução no sentido referido[74]. De qualquer modo, não se antevê, num horizonte claro, a altura em que este salto qualitativo seja dado. Tal como aconteceu com o sistema Lamfalussy, prepara-se agora a UE para dar mais um passo em frente, não sendo de esperar novos desenvolvimentos substanciais antes de se apurarem

---

74 Embora situada no contexto da supervisão do mercado de valores mobiliários e dos serviços de investimento, pode ver-se uma discussão sobre os principais factores, razões e dificuldades que podem relevar no debate sobre a institucionalização de uma agência europeia de supervisão em Nunes Pereira, 2007: 128-161 e Autores aí citados.

206 | JOSÉ NUNES PEREIRA

todas as potencialidades que a nova organização traz para a integração financeira. Por outro lado, e mesmo sem contar com o enorme obstáculo político que seria necessário ultrapassar para concretizar a centralização da supervisão em agências europeias, acompanhada do reconhecimento de que o próprio princípio da subsidiariedade não se opunha a uma tal solução (ou mesmo a requeria), não se vê que uma verdadeira agência europeia de supervisão, com todos os poderes e estatuto de governo que uma tal entidade deve ter, possa ser instituída fora de uma revisão do Tratado.

IV – Vimos que, do ponto de vista do âmbito da área financeira abrangida, a reforma em discussão aponta para a manutenção, a nível europeu, do modelo tripartido da existência de uma autoridade de supervisão por sector financeiro, embora tal modelo acabe por se apresentar de forma mitigada, em virtude, sobretudo, da instituição de um Comité conjunto onde as AES procurarão dar resposta às necessidades de cooperação, colaboração e convergência intersectoriais.

É provável que a discussão deste tema a nível europeu venha, nos próximos anos, a ser influenciada pelas tendências que, quanto a ele, se venham a consolidar nos vários Estados, onde presentemente tem vindo a ser bastante discutido e objecto de reformas. Se, por hipótese, o modelo conhecido por *"Twin Peaks"* vier a prevalecer, ou se de outra forma os actuais sistemas de supervisão sectorial vierem a caminhar para sistemas mais integrados[75], não custa a aceitar que, no plano europeu, sistemas equivalentes a estes entrem na agenda de reforma a médio prazo. Uma possível oportunidade para tal debate poderá ocorrer daqui a três anos, quando, conforme está previsto, o sistema a implantar a partir do próximo ano for objecto de reavaliação.

V – Como já antes escrevemos[76], a criação de supervisor europeu único não implicaria necessariamente a extinção dos supervisores nacionais. Várias razões apontam neste sentido, designadamente, a existência de instituições financeiras de âmbito nacional, os princípios de proximidade e de proporcionalidade que justificariam que certas actividades de supervisão[77] e de

---

75 Por exemplo, juntando num supervisor (que pode ser o banco central) a supervisão prudencial e comportamental da banca e dos seguros e noutro supervisor a supervisão dos mercados financeiros e das actividades de intermediação de instrumentos financeiros. Neste sentido vai a reforma institucional da supervisão financeira recentemente operada em França.

76 Nunes Pereira, 2007: 166.

77 O princípio da proximidade poderia, por exemplo, justificar que, na articulação institucional, os supervisores fossem chamados a intervir mais intensamente no domínio da supervisão comportamental.

enforcement[78] continuassem a contar com a colaboração intensa dos supervisores nacionais, e o contributo para a própria legitimação da autoridade administrativa europeia. Uma articulação entre a(s) autoridade(s) europeia(s) e os supervisores nacionais apresentar-se-ia obviamente como necessária, sendo de esperar que o modelo, já testado, do Sistema Europeu dos Bancos Centrais servisse como uma das referências principais a considerar.

BIBLIOGRAFIA

AVGERINOS, Yannis
2003   "The Need and the Rationale for an European Securities Regulator", in Andenas & Avgerinos (ed.), *Financial Markets in Europe – Towards a Single Regulator?*, Kluwer Law International.

BRIAULT, Clive
2003   "FSA Revisited, and some Issues for European Securities Markets Regulation", in Andenas & Avgerinos (ed.), *Financial Markets in Europe – Towards a Single Regulator?*, Kluwer Law International.

COMISSÃO EUROPEIA
2009a   Comunicação para o Conselho Europeu de Primavera *"Conduzindo a recuperação europeia"*, COM(2009) 114 final, Bruxelas.
2009b   Comunicação *"A supervisão financeira na Europa"*, COM(2009) 252 final, Bruxelas.
2009c   *Documento de trabalho acompanhando a Comunicação sobre a Supervisão Financeira Europeia/Sumário da Avaliação de Impacto,* Bruxelas.
2009d   Comunicação ao Parlamento Europeu, Conselho, Comité Económico e Social, Tribunal Europeu de Justiça e Banco Central Europeu sobre *Um enquadramento da UE para a gestão de crises transfronteiras no sector bancário,* COM (2009) 561/4, Bruxelas.

CONSELHO EUROPEU
2009   *Conselho Europeu de Bruxelas de 18/19 de Junho de 2009 – Conclusões da Presidência.*

---

78 A este propósito é interessante a solução adoptada no âmbito das agências de notação de crédito que ficam sujeitas à supervisão directa da Autoridade Europeia de Supervisão dos Mercados e dos Valores Mobiliários, com a excepção do regime do sancionamento, que se manteve atribuído aos Estados-Membros.

GRADDY, Duane & SPENCER, Austin

1990 *Managing Commercial Banks – Community, Regional and Global,* Engllewood Cliffs – USA: Prentice-Hall International Inc.

GRUPO INTER-INSTITUCIONAL DE MONITORIZAÇÃO

2007 *Relatório Final de Monitorização do Processo Lamfalussy,* 15 de Outubro de 2007, Bruxelas.

GRUPO LAMFALUSSY

2001 *Relatório Final elaborado por um Grupo de especialistas presidido por Alexandre Lamfalussy sobre a regulação dos mercados europeus de valores mobiliários,* 15 de Fevereiro de 2001, Bruxelas.

GRUPO LAROSIÈRE

2009 *Relatório sobre Supervisão Financeira na União Europeia elaborado por um Grupo de Alto Nível presidido por Jacques de Larosière,* Bruxelas.

NUNES PEREIRA, José

2007 "A reforma europeia do plano de acção para os serviços financeiros: uma futura autoridade de supervisão europeia?", in *Direito dos Valores Mobiliários,* Volume VII, Coimbra: Coimbra Editora, pp. 78-166.

SINGH, Dalvinder

2007 *Banking regulation of UK and US financial markets,* Aldershot – England / Burlington – USA: Ashgate, Burlington USA.

SMAGHI, Lorenzo Bini

2007 "Independence and Accountability in Supervision: General Principles and European Setting", in Masciandaro & Quintyn (ed.), *Designing Financial Supervision Institutions – Independence, Accountability and Governance,* Cheltenham – UK / Northampton – USA: Edwald Elgar Publishing – Limited, pp. 41-62.

TURNER

2009 *The Turner Review. A regulatory response to the global banking crisis,* FSA, Março de 2009.

THE EVOLUTION OF THE LAW AND REGULATION OF THE SINGLE EUROPEAN FINANCIAL MARKET UNTIL THE CRISIS

Pedro Gustavo Teixeira*

ABSTRACT: *The building-up of the single European financial market has relied on a rich variety of institutional approaches over the years, which mirrors the development of the single market as a whole. The financial crisis challenged the legal and regulatory approach to financial integration based on the single passport concept: the application of the principles of home-country control, mutual recognition and minimum harmonisation of law and regulation to the cross-border provision of financial services. Momentous events such as the freezing of interbank markets, the loss of confidence in financial institutions, runs on banks and difficulties affecting cross-border financial groups, questioned the ability of a decentralised EU framework for financial regulation and supervision to contain threats to the integrated single financial market as a whole. Following a report by Jacques de Larosière, the European Commission has put forward in September 2009 proposals for establishing a new two pillar framework consisting of a European System of Financial Supervision for micro-prudential supervision and a European Systemic Risk Board for macro-prudential supervision. The article analyses the evolution of the single European financial market and reviews the main features of the new regulatory architecture emerging from the financial crisis.*

SUMÁRIO: 1. Introduction. 2. The building-blocks for legal and regulatory integration (1957--1984). 3. The single passport for the provision of financial services (1985-1997). 4. Regulating the single financial market (1998-2008). 5. The financial crisis: (des-) integrating markets? 6. The European System of Financial Supervision. 7. The European Systemic Risk Board. 8. Conclusion: peeling the layers of European integration.

---

* Adviser at the Secretariat of the European Systemic Risk Board and previously at the Directorate-General Financial Stability of the European Central Bank; Lecturer at the Institute for Law and Finance, Goethe University, Frankfurt am Main. This article takes into account institutional and regulatory developments until 31 March 2010. The views expressed in this article are those of the author and do not necessarily reflect those of the ECB. Comments are welcome to pedro_gustavo.teixeira@ecb.europa.eu.

1. INTRODUCTION

The financial crisis challenged the legal and regulatory approach to financial integration based on the single passport concept: the application of the principles of home-country control, mutual recognition and minimum harmonisation of law and regulation to the cross-border provision of financial services. Momentous events such as the freezing of interbank markets, the loss of confidence in financial institutions, runs on banks and difficulties affecting cross-border financial groups, questioned the ability of a decentralised EU framework for financial regulation and supervision to contain threats to the integrated single financial market as a whole.

In this context, the crisis demonstrated that the main shortcoming of the legal and regulatory framework underpinning the single financial market is that it is based on the sharing of the economic benefits of integration – providing Member States with incentives to foster financial integration – without however mutualising the economic risks – leading Member States to protect their own domestic interests in the case of a crisis. As a result, the financial crisis led to an institutional crossroads: the development of the single financial market should be either constrained to allow Member States to protect their respective financial systems or safeguarded by setting-up European structures for regulation and supervision.

Against this background, this article provides an overview of the evolution of the law and regulation of the single financial market since its origins until the latest developments following the financial crisis.

2. THE BUILDING-BLOCKS FOR LEGAL AND REGULATORY INTEGRATION (1957-1984)

The project of a single financial market started as an ancillary objective to the common market. This stemmed from the original version of Article 67 from the Treaty of Rome of 1957, according to which the liberalisation of capital movements was to take place only *"to the extent necessary to ensure the proper functioning of the common market."* Accordingly, in contrast with the other fundamental freedoms, the freedom of movement of capital did not have direct effect in Member States.[1]

---

1 See Flynn, 2002: 773-ff and Craig & de Burca, 2008: 680-682. See also Joined cases C-358 & 416/93, *Bordessa*, [1995] ECR I-361.

THE LAW OF THE SINGLE FINANCIAL MARKET | 211

As a result, the exercise of the freedoms which provide the basis for a single financial market was substantially limited. The freedom of movement of capital was secondary to those relating to goods and services. The freedom to provide financial services could only be invoked on the basis of capital movements, which had to be expressly liberalised by the Council, in accordance with the original version of Article 61 of the Treaty of Rome, and as confirmed by the Court in several occasions.[2] In addition, Article 57 (2) of the EEC Treaty required the Council to act by unanimity on measures concerned with the protection of savings, in particular the granting of credit and the exercise of the banking profession.[3]

The first generation of Community law instruments towards a single financial market can be traced back to the period between the mid-1970s till the mid-1980s. This period was marked politically by the accession of Denmark, Ireland and the UK in the EEC in 1973, and economically by low growth, high inflation and the oil crises of 1973 and 1979. Little progress was achieved in these years in the political and market integration of the Community – particularly in financial market integration. However, two major developments took place in this time period, which set the conditions for the beginning of the construction of the single financial market.

First, the expansion of the Community competences from the mid-1970s onwards,[4] which culminated in the single market programme of 1985-1992, also following the *Cassis de Dijon* judgement of the Court in 1979.[5] In addition, in December 1978, the European Council created the European Monetary

---

2 Article 61 of the Treaty of Rome stated that the freedom of banks and insurance companies to provide the services linked with capital movements was "to be established in step with the gradual liberalisation of capital movements". The ECJ case law confirmed this interpretation in Case 203/80, *Casati*, [1981] ECR 2595, and Case 267/86, *Van Eycke v. ASPA*, [1988] ECR 4769. For an overview, see Usher, 2000: 15-ff.

3 For an overview of measures on the deregulation of capital movements, see *The European Financial Common Market*, p.13-ff, Office for Official Publications of the European Communities, Luxembourg, 1989. See also the so-called Segré Report, EEC Commission: *The Development of a European Capital Market*, Report of a Group of experts appointed by the EEC Commission, Brussels, November 1966.

4 See Weiler, 1999: 39-ff. In the Paris Summit of 1972, the Member States explicitly decided to make use of Article 235 of the Treaty of Rome (Article 352 TFEU) and to launch the Community in a variety of new policy fields.

5 Case 120/78, *Rewe-Zentral AG v Bundesmonopolverwaltung für Branntwein*, ERC [1979] 649.

System involving the co-ordination of the Member States' monetary policies in order to prevent large fluctuations between their currencies.[6]

Second, the internationalisation of finance in the 1970s and early 1980s, which challenged the economic and financial policies by Member States.[7] Following the collapse of the Bretton Woods system in 1971, the volume of international financial flows increased substantially in the 1970s, among other factors, as the result of the US economic policy and also the recycling of the revenues of oil producing countries. This also led to the significant growth of the so-called "Euromarkets", which remained largely unregulated since they developed outside the national regulatory systems.[8] In the early 1980s, there was a new expansion of international finance due to developments in financial innovation, advances in computing and communications technology, and also increasing deregulation.[9]

These developments provided the basis for the main building blocks for the legal and regulatory integration of the single financial market in the period between 1977 and 1984.

First, the Community initiated the harmonisation of national laws relating to banking, securities and insurance regulation and supervision. The First Banking Directive represented the initial effort.[10] It focused on implementing the freedom of establishment for banking activities through the introduction of the principle of home-country control, the harmonisation of the basic legal definitions, principles and rules regarding the authorisation, supervision and

---

6 The basic elements of the arrangement were: (i) the ECU: A basket of currencies, preventing movements above 2.25% (6% for Italy) around parity in bilateral exchange rates with other member countries; (ii) an Exchange Rate Mechanism (ERM); (iii) an extension of European credit facilities; (iv) the European Monetary Cooperation Fund: created in October 1972 and allocated ECUs to members' central banks in exchange for gold and US dollar deposits. See Eichengreen, 2008.

7 The wish for reform was made explicit in 1977 by the then President of the European Commission, Roy Jenkins, when delivering the first Jean Monnet lecture at the European University Institute. In his speech, Jenkins put forward a set of arguments for monetary union in order to address in particular the Member States' "apparently intractable problems of unemployment, inflation and international financing." - Roy Jenkins, "Europe's present challenge and future opportunity", Jean Monnet Lecture, EUI, Florence, 27 October 1977, European Archives, Florence.

8 The Euromarkets is the designation given to the markets on assets denominated in foreign currencies – but mostly US dollar – based in European financial centres. For an overview of the development of Euromarkets in this period, see Levich, 1991.

9 See Eichengreen, 2008.

10 First Banking Directive 77/780 of 12 December 1977, which entered into force by the end of 1979, on the co-ordination of laws, regulations and administrative provisions relating to the taking up and pursuit of the business of credit institutions, OJ 1977, L 322, p. 30.

THE LAW OF THE SINGLE FINANCIAL MARKET | 213

withdrawal of the authorisation of a credit institution. Regarding the other financial sectors, Community legislation also aimed at reducing the scope for restrictive measures to market-entry through harmonisation of national laws, while allowing for the application of stricter local rules by Member States.[11]

Second, the Community introduced in this period the principle of the home-country control of the regulation and supervision of financial institutions providing cross-border services directly or through branches. The scope of application of the home-country control principle was particularly constrained in the First Banking Directive, given the differences across national laws, as well as the political difficulties in achieving unanimity among Member States for further harmonisation in a strategic area as banking. The approach of the Directive was in this context to merely facilitate the establishment of branches through the harmonisation of national laws and also by reducing the "particularly wide discretionary powers" of banking regulators in the authorisation of foreign branches, which could provide the basis for protectionist measures. This scheme for the authorisation of foreign branches implied that they would remain subject to the law and regulation of the host-country. This restrictive approach was sanctioned by the Court to the extent justified by the special nature of the banking sector, related in particular to the regulatory needs of consumer protection (the so-called "general good exception").[12]

---

11 For the securities sector, see Council Directive 79/279/EEC of 5 March 1979 coordinating the conditions for the admission of securities to official stock exchange listing, OJ L 66, 16.3.1979, p. 21–32; Council Directive 80/390/EEC of 17 March 1980 coordinating the requirements for the drawing up, scrutiny and distribution of the listing particulars to be published for the admission of securities to official stock exchange listing, OJ L 100, 17.04.1980, p. 1-26; Council Directive 82/121/EEC of 15 February 1982 on information to be published on a regular basis by companies the shares of which have been admitted to official stock-exchange listing, OJ L 48, 20.02.1982, p. 26- 29. For the insurance sector, see Council Directive 73/240/EEC of 24 July 1973 abolishing restrictions on freedom of establishment in the business of direct insurance other than life assurance, OJ L 228, 16.08.1973, p. 20–22; First Council Directive 73/239/EEC of 24 July 1973 on the coordination of laws, regulations and administrative provisions relating to the taking-up and pursuit of the business of direct insurance other than life assurance, OJ L 228, 16/08/1973, p. 3-19. First Council Directive 79/267/EEC of 5 March 1979 on the coordination of laws, regulations and administrative provisions relating to the taking up and pursuit of the business of direct life assurance, OJ L 063, 13/03/1979, p. 1-18.

12 The special nature of the banking sector from the perspective of the public interest has been recognised in several instances by the Court. See Case C-222/95 *Parodi* at 22: "It must be recognised that the banking sector is a particularly sensitive area from the point of view of consumer protection. It is, in particular, necessary to protect the latter against the harm which they could suffer through banking transactions effected by the institutions not complying with the requirements relating to solvency and whose managers do not have the necessary qualifications or integrity." Case C-222/95, *Parodi v. Banque de Bary*, [1997] ECR I-3899. On other implications of this case, see Usher, 2000: 90.

Third, particularly in the banking field, the strategy for legal and regulatory integration involved from the outset the establishment of administrative networks of national regulators in the form of committee-structures, such as a Banking Advisory Committee to the Commission. These committees were given both legal and regulatory functions in the construction of the single financial market. In what would later take the form of comitology procedures, the committees were responsible for facilitating the implementation of Community legislation and supporting Commission initiatives. Therefore, the Community legislation initiated in this period the development of a layer of administrative co-operation for the single financial market.[13]

In conclusion, the Community initiatives in this period provided the foundations for the legislation and regulation of the single financial market as a whole. The implementation of the freedom of establishment through the principle of non-discrimination provided the basis for the emergence and recognition of the Community's competences to design a common legal and regulatory framework for a single financial market. These foundations were not however further developed due, in particular, the constraints posed by the need to reach unanimity decisions at the Council for Community legislation, together with the national sensitivities regarding the regulation of finance.

3. THE SINGLE PASSPORT FOR THE PROVISION OF FINANCIAL SERVICES (1985-1997)

The development of the EU model for financial regulation and supervision started in 1985, with the Commission's White Paper on Completing the Internal Market, which represented the political willingness for undertaking economic reform, namely in the direction of market liberalisation and further market integration within the Community.[14] The cross-border provision of financial services would be facilitated essentially through the extension of the *Cassis de Dijon* doctrine from industrial and agricultural products under Article

---

13 The First Banking Directive introduced a legal framework for co-operation between home-country and host-country regulatory authorities: Article 7 (1). It required the national authorities to collaborate closely in the supervision of credit institutions operating in Member States other than the home-country, in particular through the establishment of branches. This collaboration should involve the exchange of information across jurisdictions, which would facilitate the performance of the national authorities' respective supervisory function. The First Non-Life Insurance Directive and the First Life Insurance Directive contain similar provisions.

14 European Commission, *Completing the Internal Market*, White Paper to the European Council of 28/29 June 1985 in Milan, COM (85) 310 final, 14 June 1985.

34 TFEU (ex. Article 28 TEC) to the free circulation of "financial products" throughout the Community. This would involve the application of three key principles of legal and market integration.

First, the principle of *home-country control*, according to which the primary task of regulating a financial institution and its branches established in host countries, would be entrusted to the authorities of the Member State of origin. The financial institution would, therefore, only report to its home-country authorities regarding both domestic and cross-border provision of services directly or through branches. The host-country authorities would no longer apply their respective laws and regulations as in previous period of legal integration.

The second principle was the *mutual recognition* by Member States and their respective authorities of the regulatory regimes and practices of each other. Financial institutions would be free to provide financial services directly or through branches in the jurisdiction of host Member States, subject to the laws, regulation and supervision of the home-country. For host-countries, this would imply recognising that the safeguard of the public interests underlying financial regulation in their jurisdictions – such as depositor and investor protection – would be adequately pursued by the home-country authorities.

Third, home-country control and mutual recognition would be supported by the *minimum harmonisation of national laws*, which would set the standards regarding authorisation, supervision and winding-up of financial institutions.[15]

The application of these principles would provide a *single passport* to financial institutions for the provision of services throughout the Community.

The implementation of the White Paper was made possible by the revision of the EEC Treaty signed on 28 February 1986, which entered into force on 1 July 1987 as the Single European Act (SEA). The SEA committed Member States to achieving a single market by 1992 and introduced a number of innovations relevant for the field of financial services.[16] In particular, the SEA placed the free movement of capital as a fundamental freedom at

---

15 Minimum standards concerning supervision have been introduced to take care of host Member States' concern about foreign entities providing services in their territories. See Hertig, 2001: 238.

16 The SEA also added the fulfilment of economic and monetary union to the areas of Community competence by introducing provisions regarding the co-operation in the economic and monetary union. Institutional decisions in this area remained however subject to unanimity and ratification by Member States.

216 | PEDRO GUSTAVO TEIXEIRA

the same level as that of goods and services, thus providing the basis for Directive 88/361, which established the basic principle of free movement of capital as directly enforceable as a matter of Community law, both between Member States and with third countries.[17] The SEA also lifted the unanimity requirement and introduced voting by qualified majority for the adoption by the Council of harmonisation measures for the achievement of the internal market, including therefore the single financial market. Finally, the SEA formally recognised the possibility of comitology procedures as a condition that the Council may set for the exercise by the Commission of delegated powers. The constitutionality of these procedures had been previously challenged before the Court, which confirmed their validity in the *Koster* case.[18]

The implementation of the single passport concept as a legal instrument for the development of the single financial market was made initially in the field of securities markets. The first measure was adopted in 1985, which aimed at providing a single passport to investment funds (UCITS).[19] The single passport was then provided in 1987 to issuers of securities to be listed in stock exchanges,[20] and complemented in 1989 by the prospectus Directive.[21] Lastly, the 1993 Investment Services Directive completed the implementation of the single passport in the securities sector by setting out the conditions under which investment firms and credit institutions could

---

17 Council Directive 88/361/EEC of 24 June 1988 for the implementation of Article 67 of the Treaty, OJ L 178, 8.7.1988, p. 5–18. The Maastricht Treaty then formalised the free movement of capital as a core freedom (Article 56 TEC).

18 Case 25/70, *Koster*, [1970] ECR 1161. The possibility that the Council could delegate powers to the Commission subject to conditions was introduced by the SEA (Article 202 TEC). This provision provided the basis for the rationalisation of comitology procedures, which took place through a Council framework decision in 1987 (Council Decision, 87/373 [1987], OJ L 197/33).

19 Council Directive 85/611/EEC of 20 December 1985 on the co-ordination of laws, regulations and administrative provisions relating to undertakings for collective investment in transferable securities (UCITS) OJ L 375, 31.12.1985, p. 3-18.

20 Council Directive of 22 June 1987 amending Directive 80/390/EEC coordinating the requirements for the drawing up, scrutiny and distribution of the listing particulars to be published for the admission of securities to official stock-exchange listing.

21 Council Directive 89/298/EEC, of 17 April 1989, coordinating the requirements for the drawing-up, scrutiny and distribution of the prospectus to be published when transferable securities are offered to the public, OJ L 124, 5 May 1989, p. 8-15.

THE LAW OF THE SINGLE FINANCIAL MARKET | 217

provide cross-border investment services on the basis of the authorisation and supervision by the home-country.[22]

The concept of a single passport for the cross-border provision of financial services took its main expression in the banking field, where it was envisaged to have a complete liberalisation of the sector.[23] The Second Banking Directive, adopted by the Council on 15 December 1989, was the main instrument for achieving the freedoms of establishment and to provide financial services for credit institutions.[24] It stipulated that the competent authorities of the home Member State, which authorised a credit institution, would have the responsibility for supervising its financial soundness and in particular its solvency. Regarding mutual recognition, the credit institutions authorised in one Member State would be able to provide across the Community, directly or through branches, those financial services listed in Annex 1 of the Directive.[25] Accordingly, the Member States were under the obligation to ensure that there were no obstacles to the provisions of the services benefiting from mutual recognition. A credit institution wishing to provide services or establish a branch in another Member State would only have to observe a

---

22 Under the ISD, the provision itself of investment services continued to be subject to the host-country's laws, relating for instance to conduct of business rules or advertising, given the needs for the protection of consumers in national markets. The ISD also provided the right of direct or remote access of an investment firm to participate in trading on exchanges or regulated markets in other Member States. The qualification of "regulated markets" would be granted by the home-country of such markets and mutually recognised by Member States, although the host-country could impose its regulations on market access and organisation. See Council Directive 93/22/EEC of 10 May 1993, on investment services in the securities field, OJ L 141, 11 June 1993, p. 27-46 (Investment Services Directive). This Directive has now been repealed by the Markets in Financial Instruments Directive. For an overview, see Tison, 1999.

23 The single passport was implemented with greater delays and less effectively in the insurance sector, due to the wider differences between national laws regarding the regulation of this sector and the protection of policy-holders. The 1985 White Paper's approach started to be implemented in the insurance sector after the series of the so-called "insurance cases of 1986", where the Court decided on the Commission's legal action against Denmark, France, Germany and Ireland, regarding the restrictions placed by these Member States on the authorization of insurance companies from other Member States. The Court considered that such restrictions were in principle compatible with the EEC Treaty, provided that they were justified by regulatory concerns related to consumer protection. Accordingly, such restrictions should not apply to insurance services which do not require consumer protection, such as those related to industrial risks. The development of the single insurance market could therefore only proceed with regard to the provision of services where consumer protection was not a main concern. Cases 205/84, *Commission* v *Germany*, [1986] ECR 3755.

24 Second Council Directive 89/646/EEC of 15 December 1989 on the coordination of laws, regulations and administrative provisions relating to the taking up and pursuit of the business of credit institutions and amending Directive 77/780/EEC, OJ L 386, 30.12.1989, p. 1-13. For an analysis, see Katz, 1992.

25 Article 18 (1). Annex 1 of the Second Banking Directive includes an extensive list covering all major commercial and investment banking activities, including securities transactions.

218 | PEDRO GUSTAVO TEIXEIRA

notification procedure by informing its home-country authorities, which in turn inform the host-country authorities.[26] The regulatory authorities of the host-country would have limited powers over the provision of services or branches of credit institutions authorised in other Member States. Such powers were limited to imposing statistical requirements, enforcing rules relating to liquidity when a credit institution does not comply and after the failure of the home-country authorities to do so, and enforcing the host-country's rules relating to the "general good."[27] In emergencies, such as financial crisis situations, the host-country authorities were entitled to take precautionary measures to protect the interests of depositors, investors and others to whom services are provided.[28]

Against the background of the Community legislation just described, and the jurisprudence of the Court on the scope of the single passport, the application of the principles of home-country control and mutual recognition in the financial services sector gave rise to a number of obligations between Member States.

First, the host-country must recognise the jurisdiction of the home-country over the cross-border provision of services in its territory. The jurisdiction of the home-country comprises both the regulation of such services and the supervision or enforcement of the compliance with such regulatory requirements. This implies that the provision of services in one Member State may be regulated and supervised by several jurisdictions at the same time, depending on the origin of the economic operators. The wide extent of this obligation was confirmed in the *Alpine* case, where a restrictive measure imposed by the home-country to the provision of financial services in the host-country was considered compatible with Article 49 TEC. In particular, the Court considered that the home-country's restrictive measure was necessary to fulfil the aim of investor protection, which could not be fulfilled by the host-country within the legal framework for the single passport.[29]

---

26 Articles 19 and 20 of the Second Banking Directive.

27 On the concept of the "general good" exception to the home-country control principle, see Tison, 1997; van Gerven and Wouters 1993: 55-ff; and also Bjorkland, 1998: 227.

28 Article 21 (7) of the Second Banking Directive.

29 Case C-384/93, *Alpine*, [1995] ECR I-1141. At issue was a ban imposed by the Netherlands on financial intermediaries prohibiting them from engaging in the marketing practice of "cold calling." A similar ban was held to constitute a restriction on the freedom to provide services because it also affected offers

THE LAW OF THE SINGLE FINANCIAL MARKET | 219

Second, it follows that the host-country cannot impose regulatory requirements, which could override, constrain, or supplement the home-country's jurisdiction. In this context, it may be asked whether the application of the principle of mutual recognition in the area of financial services constitutes rather a principle of "functional parallelism" among national laws, as argued in relation to the free movement of goods: mutual recognition of national laws in this area is due to the fact that they should be considered functionally equivalent in the pursuit of regulatory objectives.[30] Given, however, the highly regulated nature of financial services in Member States, this is highly questionable.

The difficulties in harmonisation at the Community level and in financial integration more specifically confirm that Member States consider that the regulatory objectives pursued by their respective national laws cannot be pursued in other ways. Accordingly, the principle of mutual recognition in the financial services field may be deemed more intrusive in the Member States' legal framework than in the freedom of movement of goods. This may also explain why integration in the financial services sector has been so difficult to achieve thus far. Therefore, in the financial services field, the national laws of the home-country should be recognised, even though they may not be functionally equivalent in the pursuit of regulatory objectives such as financial stability or of investor protection. Ultimately there is a considerable limitation to the exercise of their respective competences by national jurisdictions since the host-country has to abstain from interfering with the legal and economic implications of the home-country's jurisdiction, both in terms of regulation and enforcement. This was confirmed in *Caixa-Bank France*, where the Court found that the host-country's legislation which prohibited the payment of interest on current accounts by all banks in France was incompatible with Community law.[31]

---

made to potential recipients in the host-country Member State. The restriction was justified as necessary to protect investors and the good reputation of national markets.

30 For an analysis of the distinction of the principles of mutual recognition and functional equivalence in the field of financial services, see Ortino, 2007.

31 Case C-442/02, *Caixa-Bank France v Ministère de l'Economie, des Finances et de l'Industrie*, [2004] ECR I-8961. The action was brought by the French subsidiary of a Spanish bank, Caixa Holding, following the decision by the French Committee for Banking and Financial Regulation that Caixa-France was not allowed to offer a 2% interest rate on current account. The Conseil d'Etat, the French administrative Supreme Court, referred the issue to the ECJ, which found that the prohibition of interest on current accounts constituted "a serious obstacle" to the pursuit of the activities of foreign banks operating in France because it deprived

220 | PEDRO GUSTAVO TEIXEIRA

Third, it may be asked in addition, whether the home-country has an obligation to also safeguard the regulatory interests of the host-country, rather than just considering its domestic interests. The application of the principle of mutual recognition raises the question of whether it gives rise to a delegation by the host-country to the home-country regarding the fulfilment of regulatory safeguards, or whether it is limited to the presumption that the jurisdiction of the home-country is equally effective in pursuing such regulatory safeguards and interests as the host-country's.[32] Thus far, an obligation of the home-country to safeguard the regulatory interests of the host-country has not been construed in either legislation or jurisprudence regarding the financial services sector.

In *Germany* v *Parliament and Council*, the Court considered that the principle of home-country supervision is not a principle laid down by the Treaty.[33] Therefore, the fundamental freedoms and the Treaty do not impose the application of the home-country's legislation. Instead, what the principle of mutual recognition does is to impose the obligation on the host-country not to exercise its jurisdiction – regarding regulation and enforcement – on the provision of services subject to the home-country's jurisdiction. This is also confirmed by the Commission's interpretation that the host-country cannot question the granting of the single licence, or the conditions under which the licence was granted, to a credit institution intending to provide services directly or through a branch in its territory. The home-country has the exclusive responsibility to grant a single licence. The host-country can only question whether the home-country has fulfilled its obligations under the Community legislation, in accordance with Article 227 EC.[34]

---

them from competing effectively with French banks which invariably have an extensive network of branches and a well established customer base.

32 This relates to Weiler's concept of "functional parallelism", which is applied in the context of the free movement of goods. For the distinction between the principle of mutual recognition and functional parallelism, see Weiler, 1999: 365.

33 Case C-233/94, *Germany* v *Parliament and Council*, [1997] ECR I-2405. At stake was the application of Article 4(2) of Directive 94/19/EC on deposit-guarantee schemes, which requires Member States to include in their deposit-guarantee schemes the branches of credit institutions authorised in other Member States so that they supplement the guarantee already enjoyed by their depositors on account of their affiliation to the guarantee system of the home-country.

34 Commission Interpretative Communication on the freedom to provide services and the interest of the general good in the second banking Directive, SEC (97) 1193 final, 20.06.1997, at 14-15. The Commission makes this interpretation on the basis of Case C-11/95, *Commission* v *Belgium*, [1996] ECR I-4115, where the Court ruled that the receiving Member State was not authorised to monitor the application of the law

Accordingly, the Court's jurisprudence only recognised a dimension of negative integration to the principle of mutual recognition, of limiting the jurisdiction of the host-country *vis-à-vis* the home-country. However, the highly regulated nature of this sector, the fact that national laws may not be deemed functionally equivalent, together with the requirements of cross-border collaboration between home- and host-country regulators set out in Community legislation, suggest that the operation of the principle of mutual recognition in the single financial market depends to a large extent on the degree of trust that Member States have on each other's ability to safeguard a certain level of regulatory interests.

Therefore, the operation of the principle of mutual recognition in the single financial market should be underpinned by an obligation of the home-country to safeguard the regulatory interests of the host-country. The uncertainty as to the extent of this legal obligation was at the heart of the shortcomings of the single passport during the financial crisis, as it will be analysed later in this article.

4. REGULATING THE SINGLE FINANCIAL MARKET (1998-2008)

The Maastricht Treaty set out the framework for the Economic and Monetary Union and the creation of the single currency.[35] The introduction of the euro led to the establishment of the first federal regulatory structure of the Community through the full transfer of competences on monetary policy to the ECB and the ESCB. This move towards federalisation was based on the realisation – diagnosed in the 1989 Delors Report – that the development of the single market necessitated more effective co-ordination of economic policy between national authorities, as there was a fundamental incompatibility between (i) full freedom of capital, (ii) freedom to provide cross-border financial services, (iii) fixed exchange rate under ERM, and (iv) autonomous monetary policy.[36]

---

of the originating Member State applying to television broadcasts and to ensure compliance with Council Directive 89/522/EEC, OJ L 298, 17.10.1989, p. 23.

35 The Maastricht Treaty also introduced the co-decision procedure between the Council and the Parliament in Article 251 of the Treaty, which governs the adoption of measures regarding the approximation of national laws under Article 47 EC, the legal basis for the Directives regarding the single financial market. In addition, the Treaty made the principle of subsidiarity - only applicable to environmental policy under the ESA - as of general applicability to all Community policies, including therefore the single financial market.

36 See Padoa-Schioppa, 1997.

222 | PEDRO GUSTAVO TEIXEIRA

The federalisation of the currency and monetary policy in 1999 provided the impetus for the regulatory reform of the single financial market and the introduction of EU-wide regulatory structures. The vision of the White Paper that market integration would develop out of the dynamics of competitive market forces, as well as regulatory competition among national legal orders, did not materialise. The single passport approach succeeded to some extent in reducing the regulatory barriers to the provision of cross-border services and in fostering the expansion of financial groups in the EU. However, the principle of minimum harmonisation of laws left ample discretion to the implementation of Community law by Member States. Furthermore, the EU legislative process was too slow and inflexible to be adapted to the structural developments of the single financial market. These limitations were increasingly felt after the introduction of the euro, which pointed to the need for a more integrated regulatory and supervisory framework to sustain a single financial market.[37]

The Financial Services Action Plan (FSAP), which was launched in May 1999, provided the basis for the renewal of the Community policy on financial services following the introduction of the euro. Its aim was to obtain the commitment of the Council, the Parliament and the Member States to forty-three (mostly) legislative initiatives for harmonising by 2005 the national laws relating to the provision of financial services. Such initiatives represented a shift from implementing the single passport concept on the basis of minimum harmonisation to an approach based on a high-level of harmonisation of national laws in the banking, securities and insurance fields, as well as in cross-sectoral issues. It therefore led to a "codification" of financial services law at the European level.[38]

---

37 See Padoa-Schioppa, 2004: 75-ff for the geographical and functional separation introduced by EMU between the (federal) central banking competences and the (national) regulatory and supervisory competences.

38 In the banking sector, the FSAP led to the Capital Requirements Directive (Directive 2006/48/EC of the European Parliament and of the Council of 14 June 2006 relating to the taking up and pursuit of the business of credit institutions (recast); and Directive 2006/49/EC of the European Parliament and of the Council of 14 June 2006 on the capital adequacy of investment firms and credit institutions (recast)). In the securities sector, among others, it led to the Directive on markets in financial instruments ("MiFID") (Directive 2004/39/EC of the European Parliament and of the Council of 21 April 2004 on markets in financial instruments amending Council Directives 85/611/EEC and 93/6/EEC and Directive 2000/12/EC of the European Parliament and of the Council and repealing Council Directive 93/22/EEC, OJ L 145, 30.4.2004, p. 1–44). In the insurance sector, to the "Solvency II" Directive (Directive 2009/138/EC of the European Parliament and of the Council of 25 November 2009 on the taking-up and pursuit of the business of Insurance and Reinsurance, OJ L 335, 17.12.2009, p. 1–155. Finally, the FSAP also led to the

THE LAW OF THE SINGLE FINANCIAL MARKET | 223

Furthermore, the main legislative initiatives of the FSAP involved an expansion of the application of the principle of home-country control from branches to the subsidiaries of a financial group. This was achieved by entrusting the home-country authorities of the parent company of a financial group with powers and tasks over the group as a whole, including the subsidiaries located in other Member States. Accordingly, Community law provided the home-country regulator with extra-territorial functions aimed at supporting market integration and fulfilling the objectives of financial regulation. This had the aim of regulating and supervising a financial services group as a whole in order to address the specific risks it entails for the stability of the single financial market.

In the banking sector, the extension of the home-country control principle was made by the Capital Requirements Directive (CRD) adopted in 2006.[39] The consolidating supervisor was given a coordinating role over the national regulators responsible for the components of the group. The most significant legal provision of the CRD in this context is that of Article 129 (2), which allows the consolidating supervisor – in the lack of a consensus among home- and host- supervisors – to take a binding decision on whether a banking group can use its internal systems to measure the risks and the respective capital requirements. The decision will be recognised as determinative and applied by all the host-country regulators in their respective jurisdictions. Accordingly, the host-country Member States surrender to some extent their sovereignty over certain aspects of the regulation of subsidiaries comprising a cross-border banking group.[40]

This surrender of sovereignty from the host-countries to the home-country, although limited to a specific technical aspect of banking law, marks a significant step in the evolution of the law and regulation of the

---

Financial Conglomerates Directive (Directive 2002/87/EC of the European Parliament and of the Council of 16 December 2002 on the supplementary supervision of credit institutions, insurance undertakings and investment firms in a financial conglomerate and amending Council Directives 73/239/EEC, 79/267/EEC, 92/49/EEC, 92/96/EEC, 93/6/EEC and 93/22/EEC, and Directives 98/78/EC and 2000/12/EC of the European Parliament and of the Council, OJ L 35, 11.2.2003, p. 1-27.

39 The extension of the home-country control principle also took place with regard to financial conglomerates, namely through the nomination of a coordinator supervisor in the Financial Conglomerates Directive.

40 The decision-making powers of the consolidated supervisor raise the issue of the interests that this authority should follow in taking decisions which will produce effect in other Member States. In this respect, although not representing a strict legal obligation, recital 57 of the CRD states that "supervision of credit institutions on a consolidated basis aims at, in particular, protecting the interests of the depositors of credit institutions and at ensuring the stability of the financial system."

single financial market as it further constrains the jurisdiction of Member States through an expansion of the principles of home-country control and mutual recognition over companies with an independent legal personality. This represents a move towards a horizontal transfer of competences among Member States as an alternative to the vertical transfer of competences from the national to the EU level for the regulation of the single financial market as a whole. The CRD provides the scope for further enlarging the extra-territorial scope of the tasks of the home-country by allowing host-country regulators to delegate additional tasks in a written agreement, including delegating the overall responsibility for the supervision of subsidiaries to the consolidating supervisor.[41]

The extensive European legislation in financial services required a regulatory apparatus for its effective implementation at the level of Member States. In 2001, the so-called Lamfalussy Report[42] (after the chairman of a "Committee of Wise Men" established by the ECOFIN in 2000) provided the overall diagnosis that there was a lack of a regulatory system able to provide practical effect to Community legislation and also to cope with the needs of a single financial market as a whole. Community law provided both insufficient and unsatisfactory harmonisation and uniformity among national laws, was cumbersome to design and adopt, and the procedure for law-making was too rigid for coping with the fast pace of market integration. The governance of financial markets was provided by an uneven patchwork of national laws, regulations and enforcement practices. This was particularly worrisome since the FSAP contained a number of measures, most of them Directives, aimed at introducing a complete, coherent and consistent legislative and regulatory framework for securities markets. At the rhythm of legislative procedures existing at the time, the FSAP would not have been able to meet its objectives.

---

41 The Level 3 Committees were entrusted by the Commission in 2009 with the responsibility to foster the delegation of tasks among regulators.

42 See Final Report of the Committee of Wise Men on the Regulation of European Securities Markets (the Lamfalussy Report), 15 February 2001, available on the Commission web-site. The Lamfalussy Committee was established by ECOFIN on 17 July 2000 with a mandate to assess the current conditions for the implementation of securities markets regulation in the European Union. The Committee was asked 'to assess how the mechanism for regulating those markets can best respond to developments, and, in order to eliminate barriers, to propose scenarios for adapting current practices to ensure greater convergence and cooperation in day-to-day implementation'. The Commission adopted a number of Decisions setting-up a new structure of financial services committees on 5 November 2003. See Ferran, 2004: 75-ff.

The Lamfalussy report led to the setting-up of a European regulatory system for the single financial market in 2003. Such regulatory system would rely on the existing institutional framework for the adoption of Community legislation. It would not involve any transfer of competences from the national to the Community level, thus not requiring any Treaty change. The regulatory system comprised essentially two elements:

(1) the expansion of the use of comitology procedures for Community legislation, in order to enable more flexible, swift and detailed enactment of rules at the European level; and

(2) the establishment of committees of national regulators (supervisors), in order to facilitate, on the one hand, the development of EU-wide regulatory solutions in the form of technical advice to the Commission, and, on the other hand, the convergence of national regulatory practices in the implementation of Community law. As a result, the governance of the single financial market became largely based on a committee-architecture, without any transfer of competences to the Community.

More specifically, the Lamfalussy report set out a "four-level approach" to the regulation of the single financial market, which would be implemented voluntarily by the Council, Parliament, Commission, national regulators and the financial services industry.

First, the adoption of Community law under the co-decision procedure by the Council and the Parliament would be limited to the definition of "framework principles" for the harmonisation of national laws. Community Directives, and where possible regulations, would refrain from covering regulatory details and would focus instead on defining the general legislative principles on which regulation would be based. This would correspond to *Level 1* of the regulatory system.

Second, the Level 1 legislation would include wide delegation clauses enabling the Commission to issue legal acts under a comitology procedure complementing and, if necessary, amending the legislation. The Commission's acts would therefore provide the regulatory details necessary for the implementation of the framework principles set out at Level 1. The exercise by the Commission of such regulatory powers would be subject to voting by Member States' Finance Ministries' representatives gathered in a "regulatory committee". In addition, the Commission would prepare its legal acts on the basis of the technical advice provided by the competent committee of supervisors. The legal acts issued by the Commission under comitology procedures would correspond to *Level 2* of the regulatory system.

Third, at *Level 3*, national supervisors would establish committees – independent from the Commission – which would support the consistent and equivalent transposition, as well as enforcement, by national authorities of Level 1 and Level 2 Community legal acts. Therefore, the aim of these committees would be to provide a structure for advancing the convergence of regulatory practices across the EU, which would facilitate the development of a seamless regulatory system for the single financial market as a whole. In addition, the committees would support the provision of technical advice to the Commission on the content of regulatory acts to be issued under comitology procedures. This, in turn, would foster the development of consensus among national supervisors on the technical regulatory solutions more appropriate at the EU level.

Lastly, at *Level 4*, the Commission's monitoring of the compliance by Member States of Community law should be reinforced by a more structured co-operation between the Member States, their regulators and the financial industry. In particular, the industry would be provided with efficient mechanisms for reporting cases of non-compliance by Member States of Community law.

The main innovation of the Lamfalussy framework was to introduce a multi-level regulatory process for the single financial market, which combined the traditional Community method with inter-governmental comitology procedures and infra-national networks of regulators in the preparation, adoption and implementation of Community law. As a regulatory experiment, the premise of the Lamfalussy framework was that the institutionalised participation of national authorities in the regulation of the single financial market would replace the need to transfer regulatory competences to the Community level.

In conclusion, the period between 1998 and 2008 consisted of a move towards the re-regulation of the single financial market. It corresponded to the replacement of the principle of minimum harmonisation by more extensive and detailed harmonisation of national laws. This involved three main legal tools of market integration.

First, a high-level of harmonisation of national laws through the FSAP, implying the reform of the legal and regulatory regimes governing markets, institutions, and market infrastructures in order to ensure their interoperability in the single financial market context.

FIGURE 1: The regulatory system of the single financial market (2003-2010)

Level 1: legislation on principles	Council of Ministers (ECOFIN)			
	European Parliament			
Sectors	Banking	Insurance and Occupational Pensions	Securities (including UCITS)	Financial conglomerates
Level 2: legislation on details through regulatory committees	European Banking Committee (EBC)	European Insurance and Operational Pensions Committee (EIOPC)	European Securities Committee (ESC)	Financial Conglomerates Committee (FCC)
Level 3: regulatory convergence through committees of Supervisors	Committee of European Banking Supervisors (CEBS) (London)	Committee of European Insurance and Occupational Pension Supervisors (CEIOPS) (Frankfurt)	Committee of European Securities Regulators (CESR) (Paris)	Joint Committee on Financial Conglomerates (comprising CEBS, CEIOPS and CESR)
Level 4: Compliance with EC law	Commission			
	Cooperation among Member States, national regulators, financial industry			

Second, the extensive recourse to comitology procedures to both adapt and specify Community legislation in line with the evolution of integrated markets. This aimed at reducing the rigidities of the process for adopting and implementing Community legislation, while increasing the level of detail of harmonisation.

Third, the expansion of the principles of home-country control and mutual recognition. Firstly, this involved broadening the application of these principles in legal fields, for instance in the field of insolvency law. Secondly, it involved attributing increased extra-territorial effects to the legislation, as well as to the powers of authorities, of the home-country of providers of financial services. The aim was to facilitate the cross-border provision of services by subtracting the competences of host-countries to apply their respective legal and regulatory regimes to services provided from other Member States. In particular, the home-country control principle was extended to the regulation and supervision of financial services groups – banking, insurance, and conglomerates – thus allowing to also expanding the single passport concept, which was limited to the direct provision of services and through branches.

The process of European financial integration accelerated as a result of these efforts to provide a comprehensive EU legislative and regulatory framework for the provision of cross-border financial services. This led to the integration of financial markets, the emergence of pan-European banking groups and financial conglomerates, and to the consolidation of some market infrastructures.[43] At the same time, such integration also led to broader and deeper systemic inter-linkages across the EU, which increased the likelihood that a disturbance in one Member State would spillover into other Member States and the single financial market as a whole.[44]

However, the model for the regulation and supervision of the single European financial market was based on the guiding principle that a decentralised institutional setting mostly based on the exercise of national responsibilities would be able to prevent and manage crises affecting the single financial market. The national authorities of home- and host-country authorities would cooperate in the management of a crisis on the basis of Community legislation and non-binding agreements such as Memorandum of Understanding. However, also due to the potential impact on national fiscal responsibilities, national authorities would preserve full responsibility and discretion in the actions to take to manage a crisis situation.[45] The financial crisis which started in 2007 put this institutional setting to a crucial test.

---

43 See ECB, *Financial Integration in Europe*, 2008.

44 The awareness of financial regulators to the increasing systemic inter-linkages between Member States provided the impetus for the enhancement of the European arrangements for dealing with financial crises. In May 2005, the EU Banking Supervisors, Central Banks and Finance Ministries signed a Memorandum of Understanding (MoU) on co-operation in financial crisis situations, which set out principles and procedures for sharing information, views and assessments, in order to facilitate the pursuance of national mandates and preserve the overall stability of the financial system of individual Member States and of the EU as a whole. This MoU was replaced in June 2008, by a MoU on cross-border financial stability which provides for further detailed procedures and structures for crisis management (available at www.ecb.europa.eu).

45 See Schinasi & Teixeira, 2006.

5. THE FINANCIAL CRISIS: (DES-) INTEGRATING MARKETS?

The financial crisis unfolded in Europe in July 2007 with the first reports of sub-prime related losses suffered by the European banks and in August 2007 with the freezing of interbank markets.[46] The crisis involved a number of significant events of financial instability which included a loss of confidence in the soundness of European banks, bank-runs, the prospect of failure of cross-border and domestic financial institutions which required recapitalisation measures,[47] and even the financial collapse of an entire country – Iceland – which was part of the EU single financial market as a member of the EEA.

The financial crisis challenged fundamental assumptions regarding the functioning of the single financial market, relating in particular to the principles underpinning the operation of the single passport. In particular, Member States took unilateral actions to protect their respective financial system once the crisis occurred, effectively segregating and insulating their domestic markets from the single financial market. For example, certain national measures were only aimed at domestic financial institutions, thus contravening the basic principle of non-discrimination, as well as home-country control and mutual recognition. Coordination among Member States only emerged at the Paris summit on 12 October 2008, which was the first event ever bringing together the euro area Heads of State and Government. It was triggered by the rapidly increasing concern for the integrity of the financial system and the need to restore public and market confidence on financial institutions and markets, particularly within the closely integrated euro area. Accordingly, the euro area Member States agreed at the summit to take a number of national measures within a broadly coordinated framework in order to "avoid that national measures adversely affect the functioning of the single market and the other Member States."[48]

---

46 For a full chronology and description of the global financial crisis, see the 79th Annual Report of the Bank for International Settlements (1 April 2008-31 March 2009), Basel, 29 June 2009, available at http://www.bis.org.

47 The definition provided by Reinhart and Rogoff of a financial crisis is useful in this context: "one of two types of events: (i) bank runs that lead to closure, merger or takeover by the public sector of one or more financial institutions, (ii) in the absence of runs, closure, merger, takeover or large-scale government assistance of an important financial institution (or group of institutions) that marks the start of a string of similar outcomes for other financial institutions". See Reinhart & Rogoff, 2008.

48 See "Summit of the euro area countries: declaration on a concerted European action plan of the euro area countries", 12 October 2008, available at www.ue2008.fr. The spectrum of measures aimed at ensuring appropriate liquidity conditions for financial institutions, facilitating the funding of banks, providing capital to financial institutions so that they continue to finance the economy, recapitalising distressed

230 | PEDRO GUSTAVO TEIXEIRA

In legal and institutional terms, the crisis demonstrated that the increased integration of the single financial market gives rise to an unsustainable incompatibility of objectives within the EU's institutional and regulatory framework. In particular, the crisis put into evidence that there is a mutual incompatibility over time between:

(1) pursuing financial market integration through free movement of capital and establishment based on home-country control and mutual recognition, and

(2) safeguarding the stability of an increasingly integrated market, which progressively increases the level of common economic risks among Member States, while

(3) retaining nationally-based regulatory competences for addressing such common economic risks, thus avoiding the mutualisation of risks among Member States.[49]

The incompatibility derives basically from the fact that the tools of market integration – home-country control, mutual recognition and minimum harmonisation of national laws – provide a framework of incentives to the unlimited expansion of the cross-border provision of services, independently of their country of origin. However, such expansion is not accompanied by incentives (or the obligation) for the home-country to take responsibility for the economic risks stemming from the provision of services in other (host) Member States.

Within the single market, governments and regulators remain only accountable to national parliaments and taxpayers. They have no specific legal mandate or responsibility to safeguard the single market as a whole and to contain the related common economic risks in other Member States. This means that there is a misalignment between (i) the incentives for the expansion of the cross-border provision of services and (ii) the incentives for safeguarding the single market from the corresponding cross-border expansion of economic risks. Therefore, the framework of the single financial

---

banks, ensuring flexibility in the application of accounting rules, and enhancing cooperation procedures among EU Member States. The Commission was also requested to act quickly and apply flexibility in state aid decisions. The European Council of 15 and 16 October 2008 endorsed the euro area agreement for the EU as a whole.

49 This was foreseen in Schoenmaker, 2009, and characterised as the "trilemma" of financial stability in the EU: the fact that financial integration, stability, and national regulation cannot be pursued at the same time.

THE LAW OF THE SINGLE FINANCIAL MARKET | 231

market implies that as market integration increases, the common economic risks expand. Nationally-based regulatory competences become therefore more and more inadequate to address such risks, particularly when the degree of market integration leads to significant cross-border spillovers.[50]

In normal times, the operation of the principles of home-country control and mutual recognition prevent this misalignment of incentives within the single market from coming to the fore as the expansion of cross-border services spread economic benefits across Member States. However, in the case of a financial crisis – which given the current state of market integration, is likely to involve significant cross-border externalities – this misalignment becomes apparent. National authorities are obliged by their mandates to minimise the potential economic and fiscal costs for their own Member State rather than reducing the collective costs for the EU as a whole or for the group of Member States affected by the crisis. In this context, the operation of the principles of home-country control and mutual recognition may lead to outcomes which are opposite to those of integration: it will be rational for the home-country to safeguard the assets in its Member State and limit any liabilities *vis-à-vis* host-countries, while the host-country will tend to ring-fence the assets and thus avoid that they are repatriated to the home-country.[51] Rather than a mutual sharing of economic risks in line with the sharing of the economic benefits of integration, the tools of market integration in a crisis may lead to the perverse effects of misallocation of risks and the increase of the related costs among Member States.

In a nutshell, the single financial market was constructed in a setting where the economic benefits of market integration are spread and shared among Member States on the basis of home-country control and mutual recognition. Conversely the common economic risks stemming from integration are not mutualised but rather dealt with on the basis of national interests.

The incompatibility of objectives within the framework of the single financial market is similar in terms and in implications to the contradiction

---

50 In order to address the limitations of the national mandates, the concept of a common European mandate for national regulators was vented in several instances. Such mandate would include an obligation for each national regulator to minimise the collective costs facing Member States. See Hardy, 2009.

51 The application of national commercial and insolvency laws implies that the location of assets in the case of the failure of a cross-border financial institution is relevant for the compensation of the domestic creditors. The national regulators cannot rely on asset in one Member State to compensate losses in another. See Herring & Litan, 2005.

that preceded the federalisation of monetary policy in the euro area (see Section 4 above). In particular, the intensification of the common economic risks in the single financial market as a result of integration leads to an institutional crossroads, where either:

(1) the competences for the single financial market are transferred from the national to the European level to the extent required to internalise in the regulatory decision-making process both the common benefits and risks (potential cross-border spill-over effects) of market integration; or

(2) there is a renationalisation of the single financial market by the Member States to the extent required to safeguard national interests from the economic risks of market integration.

The crisis has also challenged the principle of *minimum harmonisation of national laws* as the sufficient underpinning for the operation of the principles of home-country control and mutual recognition. The crisis demonstrated that the harmonisation of national laws required for the operation of the single passport was insufficient. It cannot be limited to pursuing market integration by eliminating barriers to the freedom of provision of financial services. Harmonisation would need to be more extensive and deeper so as to include the legal framework for the safeguarding of financial stability and the management of crises. This includes areas which are entrenched into national legal traditions, such as the powers of regulators to intervene over financial institutions and its foreign establishments, commercial law relating to the rights of creditors, resolution and bankruptcy law (including a possible special resolution regime for financial institutions), as well as private international law as to the jurisdiction of host-countries vis-à-vis home-countries.[52]

Finally, the crisis demonstrated the need for an EU framework which is able to safeguard the stability of the single financial market as a whole. The construction of the single financial market had relied for the most part on tools focusing on achieving market integration, particularly through the removal of barriers to the cross-border provision of services. The financial crisis showed that sustaining market integration requires also pursuing

---

52 See the Commission's Communication *An EU Framework for Cross-Border Crisis Management in the Banking Sector*, COM(2009) 561 final, published for public consultation on 20.10.2009 on the Commission web-site.

THE LAW OF THE SINGLE FINANCIAL MARKET | 233

financial stability as a public good. This would require arrangements for the mutualisation of economic risks among Member States and also for the prevention and mitigation of crises affecting the EU's financial system as a whole.

There were several European initiatives in 2009 to draw the lessons from the financial crisis and put forward proposals for regulatory reform.[53] The most important was the setting-up by the Commission in October 2008, at the peak of the financial crisis, a High-Level Group, chaired by Jacques de Larosière, with the mandate to put forward proposals to improve the arrangements for financial supervision in the EU in light of the financial crisis experience.[54] This led to the development of a new regulatory architecture for the single financial market based on two pillars: a new European System of Financial Supervision (ESFS) to conduct micro-prudential supervision; and a new European Systemic Risk Board (ESRB) to conduct macro-prudential supervision. This new architecture will in principle be in place in 2011, if the adoption of the legislation proposed by the Commission in September 2009

---

53 The Economic and Financial Committee mandated in December 2008 a High-Level Working Group, chaired by Lars Nyberg, to draw the lessons for the financial crisis management arrangements (ECOFIN Council Conclusions of 20 October 2009, available at www.se2009.eu and www.consilium.europa.eu). The Commission adopted in May 2009 a Communication on European Financial Supervision, which set out the proposed steps for enhancing the EU supervisory arrangements, and which were broadly endorsed by the ECOFIN Council of 9 June and the European Council of 18 and 19 June 2009 (Communication from the Commission - European financial supervision, COM/2009/0252 final). The ECOFIN Council in Luxembourg on 20 October 2009 consolidated all these initiatives in a single European roadmap which sets out the short, medium and long term priorities in strengthening EU financial supervision, stability and regulation. These priorities include actions on (1) the supervisory framework, (2) the framework for crisis prevention, management and resolution, (3) the regulatory framework, and (4) promoting the integrity of financial markets (ECOFIN Council Conclusions of 20 October 2009, available at www.se2009.eu).

54 The High-Level Group on Financial Supervision in the EU, February 2009, available at http://ec.europa. eu. The de Larosière Report, acknowledges the limitations of the institutional and legal architecture of the single financial market which were made evident by the crisis. In order to enhance the European framework, the de Larosière Report contains a comprehensive set of recommendations at the EU level covering: (1) Financial regulation and international cooperation, with recommendations covering a wide range of areas, including Basel II, accounting rules, credit rating agencies, Solvency 2, hedge funds, securitised products and derivatives, investment funds, corporate governance, internal risk management of financial institutions (Recommendations 1-12); (2) Financial crisis management, with recommendations covering a framework for managing crises, the further harmonisation of deposit-guarantee schemes, and the need for Member States to agree on more detailed criteria for burden sharing than those contained in the existing Memorandum of Understanding, which should be amended accordingly (Recommendations 13-15); and (3) The European supervisory framework, with proposals for the setting-up of a two-pillar structure for the EU regulatory and supervisory architecture. In particular, it proposes to distinguish at the EU level the conduct of macro- from micro-prudential supervision through the establishment of two distinct structures. For a first comment see Goodhart & Schoenmaker, 'The de Larosière report: two down, two to go', ft.com/economistsforum, 13 March 2009.

234 | PEDRO GUSTAVO TEIXEIRA

is adopted by the Council and the European Parliament in the course of 2010 (and in accordance with the terms of the Lisbon Treaty which entered into force on 1 December 2009).

6. THE EUROPEAN SYSTEM OF FINANCIAL SUPERVISION[55]

The de Larosière Report identified a number of weaknesses relating to the conduct of financial supervision at the EU level.[56] Such weaknesses included issues relating to (1) supervisory failures with regard to individual institutions; (2) the impossibility to challenge supervisory practices on a cross-border basis; (3) the lack of frankness and cooperation between supervisors; (4) the lack of consistent powers across Member States; (5) the lack of recourses in the Level 3 Committees; and (6) the lack of means for supervisors to take common decisions.[57]

In this context, in its Communication on European Financial Supervision, the Commission considered that the EU had reached the limits of what could be done with the Level 3 committees. These committees only play an advisory technical role to the Commission and do not provide a mechanism to ensure cooperation and information exchange between national supervisors and the best possible supervisory decisions for cross-border institutions. In addition, the patchwork of national regulatory and supervisory requirements may prevent joint action by national supervisors, which may lead to the prevalence of national solutions in responding to European problems.[58]

Following the recommendations of the de Larosière Report and the Commission Communication, as well as the Conclusions of the ECOFIN Council of 9 June 2009 and of the European Council of 18 and 19 June 2009, the Commission adopted on 23 September 2009 legislative proposals to enhance the EU supervisory framework. In the micro-prudential field, the Commission put forward proposals for Regulations of the European Parliament and the Council leading to the setting-up of a *European System of Financial Supervision (ESFS)*.

---

55 This and the following section of the article build on Recine & Teixeira, 2009.

56 See Ferrarini & Chiodini, 2009.

57 See paragraphs 152 to 166 of the de Larosière Report.

58 See Commission Communication, *European Financial Supervision*, COM (2009) 252 final, 27.5.2009, p. 8-ff.

The ESFS would be established as an integrated network comprising the national supervisors and three new European Supervisory Authorities (replacing the existing Level 3 Committees): a European Banking Authority (EBA), a European Insurance and Occupational Pensions Authority (EIOPA), and a European Securities and Markets Authority (ESMA). The Authorities will be Community bodies with a legal personality and may be characterised as EU agencies with significant independence and autonomy, particularly vis-à-vis the Commission.[59]

In addition, the three new Authorities will cooperate through a Joint Committee of European Supervisory Authorities, composed of the Chairpersons of the Authorities. This Committee should also aim at ensuring supervisory consistency across sectors. In this context, there will be a Subcommittee to deal specifically with cross-sectoral issues, including financial conglomerates.

FIGURE 2: The European System for Financial Supervision

Current institutional setting		ESFS
Coordination of the three committees on the basis of a Joint Protocol (3L3)	**Cross-sectoral**	Joint Committee of European Supervisory Authorities
Committee of European Banking Supervisors (CEBS)	**Banking**	European Banking Authority (EBA)
Committee of European Insurance and Occupational Pension Supervisors (CEIOPS)	**Insurance**	European Insurance and Occupational Pensions Authority (EIOPA)
Committee of European Securities Regulators (CESR)	**Securities**	European Securities and Markets Authority (ESMA)
Colleges of supervisors for banking and insurance groups		
National supervisors		

The establishment of the ESFS is expected to enhance significantly the framework for financial supervision in the EU. In particular, the ESFS will have the objectives of (1) improving the coordination of cross

---

59 For the characterisation of the new European Supervisory Authorities as a new type of European agency, see Chiti, 2009.

border supervision, including through colleges of supervisors and ensuring consistent supervisory decisions across borders; (2) raising the quality of financial regulation across the EU, including through a consistent application of rules and the development of a single EU rulebook; (3) improving crisis prevention, coordination and management across the EU as a whole; and (4) improving the effectiveness and efficiency of supervision.

In order to fulfil these objectives, the new European Supervisory Authorities will take on all the tasks of the existing supervisory committees – CEBS, CEIOPS and CESR – and in addition have significantly increased responsibilities, defined legal powers and greater authority than the committees. According to the Commission's proposals, the tasks and powers of the Authorities will include the following.[60]

First, the Authorities will issue technical standards with the aim of identifying and removing differences among national financial regulations, which may stem from exceptions and derogations allowed under Community law. This should allow developing a harmonised core set of standards across the EU, which will provide as much as possible a single rulebook for participants in the single financial market. In order for standards to be as effective as possible, the Commission will endorse them as Community law, thus providing for binding legal effect at the EU level.

Second, they will issue guidelines and recommendations that contribute to ensuring coherent application of Community legislation. These guidelines and recommendations will not have a legally binding nature, but national supervisors will have an interest in complying with them in order to provide a level playing field for market participants. The Authorities will conduct periodical peer reviews of national supervisors' activities in order to enhance consistency in supervisory practices.

Third, the Authorities may also issue recommendations to specific national supervisors, particularly when a specific supervisor is considered to be diverging from the existing Community legislation, including the technical

---

60 Commission Proposal for a Regulation of the European Parliament and of the Council establishing a European Banking Authority, Brussels, 23.9.2009, COM(2009) 501 final; Commission Proposal for a Regulation of the European Parliament and of the Council establishing a European Insurance and Occupational Pensions Authority, Brussels, 23.9.2009, COM(2009) 502 final; Commission Proposal for a Regulation of the European Parliament and of the Council establishing a European Securities Markets Authority, Brussels, 23.9.2009, COM(2009) 503 final.

standards. This will therefore represent a mechanism for supporting the compliance with the Authorities' instruments.

Fourth, the Authorities will be expected to play a coordination role in financial crisis situations – which are defined as adverse developments which may seriously jeopardise the orderly functioning and integrity of financial markets or the stability of the whole or part of the financial system in the Community. In particular, they will be expected to promote a coordinated Community response by facilitating the exchange of information between supervisors, determining the scope and verifying the reliability of relevant information, acting as mediator between supervisors, and notifying the European Systemic Risk Board of any potential emergency situation. In this context, the Authorities may adopt decisions requiring national supervisors to take an appropriate action to address the risks in the crisis situation. The types of action that may be taken will be defined in Community legislation. Furthermore, if a national supervisor does not comply with the decision, the Authorities may adopt a decision directed at a specific financial institution requiring it to comply with the relevant Community legislation.

Fifth, the Authorities will contribute to the efficient and consistent functioning of colleges of supervisors. The Authorities may participate as observers in colleges and receive all relevant information shared between the members of the college. In addition, the Authorities will have the task to collect information for national supervisors in order to facilitate the work of colleges. In this context, the Authorities will have the obligation to establish and manage a central database to make information available to the national supervisors involved in colleges.

Sixth, the Authorities will have the general task of contributing to consistent supervision across the EU. In addition to the tools of technical standards, guidelines and recommendations, the Authorities may, in case of disagreements among national supervisors on cooperation, coordination or joint decision-making, take a decision, after an attempt for conciliation, requiring the national supervisors to take or refrain from taking action. Moreover, the Authorities can also facilitate the delegation of tasks among supervisors and generally support a common supervisory culture through opinions, reviews and training programmes.

Seventh, the Authorities will be able to collect information from supervisors and other public authorities of Member States necessary to carry out their tasks.

Lastly, the Authorities will be responsible for monitoring and assessing market developments, particularly with regard to the relevant micro-prudential trends, potential risks and vulnerabilities. For this purpose, the Authorities shall conduct stress-testing exercises, in cooperation with the ESRB. The outcome of such monitoring and assessment should be conveyed to the ESRB, the European Parliament, the Council and the Commission.

FIGURE 3: The legal and regulatory instruments of the European Supervisory Authorities

	Tools
1	Guidelines and recommendations for the consistent supervisory practices and application of EU law
2	Specific recommendations to national supervisors failing to ensure compliance of financial institutions with EU law
3	Last resort decisions addressed to individual financial institutions not in compliance with EU law
4	Decisions addressed to national supervisors in crisis situations
5	Last resort decisions addressed to individual financial institutions in crisis situations
6	Collection of information and setting-up of central database
7	Mediation of disagreements between national supervisors, including the possibility to address decisions to national supervisors to take or refrain from taking action

In addition to these tasks, which are common to all Authorities, the ESMA will have supervisory powers for credit rating agencies. Such powers could include the power to request information and to conduct investigations or on-site inspections and, in addition, the possibility to withdraw the registration or suspend the use for regulatory purposes of credit ratings. The responsibilities of ESMA in this regard will be possibly defined in an amendment to the Regulation on Credit Rating Agencies.

The framework proposed by the Commission for the European Supervisory Authorities implies that national supervisors will continue carrying out day-to-day supervision, also on the basis of colleges of supervisors, which will be set up for all major cross-border institutions. Accordingly, the tasks and powers of the new Authorities are largely of a coordinating nature which falls short of a federal architecture such as the one of the ECB and the Eurosystem.

In the words of the de Larosière Report, the new "European System for Financial Supervision would be a largely decentralised structure, fully respecting the proportionality and subsidiarity principles of the Treaty. So existing national supervisors, who are closest to the markets and institutions they supervise, would continue to carry-out day-to-day supervision and preserve the majority of their present competences."[61]

In this context, an important element of the proposals of the Commission is the introduction of a safeguard clause relating to the fiscal responsibilities of Member States. In particular, the Commission proposals provide that no decision by the Authorities – namely those adopted in emergency situations and for settling disagreements among national supervisors – may impinge in any way on the fiscal responsibilities of Member States. This is in line with the ECOFIN and European Council Conclusions of June 2009. In order to ensure that this is respected, it is provided that, where a Member State considers that a decision by an Authority impinges on its fiscal responsibility, it may notify the Authority and the Commission that the national supervisor does not intend to implement the Authority's decision. This notification should be accompanied by a justification clearly demonstrating how the decision by the Authority impinges on fiscal responsibilities. Within a period of one month the Authority shall inform the Member State as to whether it maintains its decision or whether it amends or revokes it. Where the Authority maintains its decision, the Member State may refer the matter to the Council and the decision of the Authority is suspended. The Council shall, within two months, decide whether the decision should be maintained or revoked, acting by qualified majority.

In conclusion, the setting proposed by the Commission for the ESFS and the three European Supervisory Authorities should enhance significantly the financial regulation and supervision at the EU level. This will be achieved by attributing to the Authorities a set of tasks and powers, which will be conducive essentially to (1) a single EU rulebook for market participants, (2) better coordination at the EU level between national supervisors, (3) improved exchange and collection of information relevant for micro-prudential supervision, and (4) improving the ability of the EU as a whole to respond to a financial crisis.

---

61 See paragraphs 184 of the de Larosière Report.

7. THE EUROPEAN SYSTEMIC RISK BOARD

The crisis highlighted key features of the financial market landscape in Europe and elsewhere, which had been possibly underestimated and need to be addressed by a new structure for financial regulation and supervision. Such features include the increasing relevance of systemic risk stemming from structural developments related to financial integration and financial innovation, as well as the close links between the financial system and the real economy. As a result, the crisis largely materialised out of mutually reinforcing dynamics between macroeconomic conditions, structural changes, and the specific vulnerabilities linked to individual institutions. These dynamics were not sufficiently captured by the regulatory and supervisory system. Therefore, the crisis reinforced the view that a well-regulated market requires the introduction of macro-prudential supervision aimed at a broad and effective monitoring and assessment of the potential risks covering all components of the financial system: the so-called macro-prudential supervision.[62] This is in contrast with the scope of micro-prudential supervision, which focuses on the factors and processes that can affect the stability of individual financial institutions, thus aiming to ensure that financial institutions have a strong shock-absorbing capacity and effective risk management.[63]

The de Larosière Report recommended the establishment of a European Systemic Risk Council (ESRC) with the responsibility for conducting macro-prudential supervision. The report recommended in particular three main design features for the ESRC. First, macro-prudential supervision should concern all the financial sector and not only banks. Second, macro-prudential supervision should take a wide EU perspective, and take also into account the judgements made by the authorities of individual Member States. Third, there must be an effective and enforceable mechanism to translate the assessment of risks identified by macro-prudential analysis into specific supervisory actions. In this context, the ESRC would have the tasks to "form judgements and make recommendations on macro-prudential policy, issue risk warnings, compare observations on macro-economic and prudential developments and give direction on these issues".

---

62 See *The Fundamental Principles of Financial Regulation*, Geneva Reports on the World Economy 11, Centre for Economic Policy Research (CEPR), 2009.

63 See Aglietta & Scialom, 2009.

The de Larosière Report acknowledged that central banks have a key role to play in a macro-prudential framework in view of their role and interest in safeguarding the stability of the financial system as a whole. Central banks' focus on systemic stability puts them in a position to better assess not only the likelihood and the potential impact of macro-shocks or disturbances in domestic and international capital markets, but also the operation of common factors affecting the stability of groups and intermediaries. Accordingly, the ESRC would be primarily composed of the members of the General Council of the ECB, and the ESRC would be set-up under the auspices of the ECB.

The ECOFIN Council of 9 June renamed the proposed macro-prudential body as European Systemic Risk Board (ESRB), possibly in order to follow the terminology used for the setting-up of the Financial Stability Board by the G-20 in April 2009.[64] The ECOFIN defined many of the features of the ESRB namely with regard to its core tasks, the general scope of financial stability risk warnings and recommendations, the composition of the General Board of the ESRB, and considered that the ECB should provide analytical, statistical, administrative and logistical support to the ESRB, also drawing on technical advice from national central banks and supervisors.[65] The European Council of 18 and 19 June 2009 agreed that the members of the General Council of the ECB will elect the ESRB Chair.[66]

The Commission presented on 23 September 2009 two legislative proposals for the setting-up of the ESRB: (1) a proposal for a Parliament and Council Regulation on Community macro-prudential oversight of the financial system and establishing a ESRB, on the basis of Article 95 of the Treaty, and (2) a proposal for Council Decision entrusting the ECB with specific tasks concerning the functioning of the ESRB, on the basis of Article 105 (6) of the Treaty, which enables the Council to confer upon, through unanimity voting, the ECB tasks relating to prudential supervision, after consulting the ECB and after receiving the assent of the Parliament.[67] The ECOFIN Council meeting on 20 October reached a broad agreement

---

64 See the Charter of the Financial Stability Board, endorsed at the G-20 Pittsburgh Summit of 25 September 2009, available at www.financialstabilityboard.org.

65 See www.consilium.europa.eu/ueDocs/cms_Data/docs/pressdata/en/ecofin/108392.pdf.

66 See www.consilium.europa.eu/uedocs/cms_data/docs/pressdata/en/ec/108622.pdf.

67 Commission Proposal for a Regulation of the European Parliament and of the Council on Community macro prudential oversight of the financial system and establishing a European Systemic Risk Board, Brussels, 23.9.2009, COM(2009) 499 final; and Commission Proposal for a Council Decision entrusting

PEDRO GUSTAVO TEIXEIRA

on a compromise by the Swedish Presidency, which changed some of the provisions of the original proposals by the Commission.[68]

On the basis of the Commission's legislative proposals and the compromise agreed at the ECOFIN, the ESRB will have the following distinguishing features.

First, the ESRB will be set up as an independent EU body without legal personality – in contrast to the European Supervisory Authorities, which will have legal personality – responsible for macro-prudential oversight of the EU financial system. In this context, since it is proposed to establish the ESRB on the basis of Article 95 of the Treaty (now 114 (1)), the ESRB may be considered as a quasi- EU agency responsible for tasks which contribute to the realisation of the single market.

Second, in order to fulfil its mission, the ESRB will be entrusted with a set of tasks, which will include (1) the collection and analysis of information, (2) the identification and prioritisation of systemic risks, (3) the issuance of warnings where risks are deemed to be significant, (4) the issuance of recommendations for remedial action, (5) the monitoring of the follow-up to warnings and recommendations, (6) the cooperation and exchange of information with the ESFS, and (7) the coordination with the IMF and the Financial Stability Board, as well as other relevant macro-prudential bodies.

Third, the ESRB's governance structure includes a General Board composed of the ECB President and Vice-President, the EU central bank governors, the three Chairs of the European Supervisory Authorities and the Commission as members with voting rights. National supervisors and the Chairman of the Economic and Financial Committee are members without voting rights. The Commission's proposal provides for the establishment of a Steering Committee, to set the agenda and prepare the decisions, as well as a Technical Advisory Committee through which the ESRB will obtain the assistance of EU central banks and supervisors.

Fourth, the ECB and the ESCB will play a key role in the functioning of the ESRB. In particular, in line with the ECOFIN Conclusions of 9 June 2009, the ECB will provide analytical, statistical, administrative and logistical

---

the European Central Bank with specific tasks concerning the functioning of the European Systemic Risk Board, Brussels, 23.9.2009 COM(2009) 500 final.

68 The documents agreed at the ECOFIN Council of 20 October 2009 are available at the public register of the Council: ec.consilium.europa.eu.

support to the ESRB. This entails also the provision of the Secretariat, in line with the Commission proposal for a Council Decision. In addition, the ESRB Chair will be elected by the members of the General Council of the ECB. The ESRB will also be supported by an advisory committee of EU central banks and supervisors, which can in principle be based on the existing ESCB Banking Supervision Committee.

Fifth, the ESRB may request information from the European Supervisory Authorities in summary or collective form, such that individual financial institutions cannot be identified. If the requested data are not available to those Authorities or are not made available in a timely manner, the ESRB may request the data from national supervisory authorities, national central banks or other authorities of Member States. The ESRB may also address a reasoned request to the European Supervisory Authorities to provide data that are not in summary or collective form. In this case, the ESRB should consult the relevant European Supervisory Authority in order to ensure that the request is proportionate.

Sixth, and most importantly, the ESRB will have the power and obligation to issue risk warnings and recommendations. Warnings or recommendations issued by the ESRB may be either of a general or specific nature. They may be addressed to the Community as a whole or to one or more Member States, or to one or more of the European Supervisory Authorities, or to one or more national supervisors. Recommendations may also be addressed to the Commission in respect of the relevant Community legislation. In the case of recommendations, they should specify a timeline for the policy response. The addressees will have the obligation to communicate to the ESRB their policy response or to explain why they have not acted ("act or explain" mechanism). If the ESRB decides that its recommendation has not been followed and that the addressees have failed to explain their inaction appropriately, it shall inform the Council and, where relevant, the European Supervisory Authorities concerned.

The draft Regulation agreed at the ECOFIN Council meeting of 20 October provides for a compromise solution on voting modalities: simple majority for warnings, reinforced majority for recommendations. This differs from the original Commission's proposal according to which ESRB decisions on risk warnings and recommendations are to be taken on the basis of simple majority voting.

FIGURE 4: The framework for the implementation of the ESRB risk warnings and recommendations

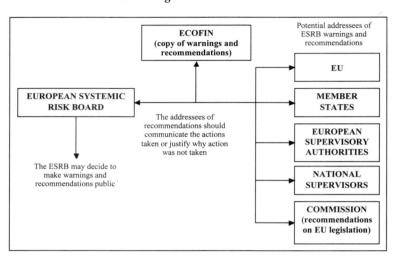

The degree of effectiveness of the risk warnings and recommendations will be a crucial aspect of the functioning and credibility of the macro-prudential tasks to be exercised by the ESRB. In particular, the ESRB will have no legally-binding powers to ensure compliance by the addressees of risk warnings and recommendations. Therefore, it will need to rely on a combination of solid technical analysis, institutional and policy credibility, and peer pressure as the sources of its legitimacy.

In this context, the ESRB could rely on the combination of five main tools and mechanisms. Firstly, the active monitoring by the ESRB on the extent to which its policy recommendations are implemented and the mitigating effects of such implementation on the identified risks.

Secondly, the regular reporting to the ECOFIN of the outcome of such monitoring, in order to raise attention and foster action by policy-makers.

Thirdly, the "act or explain" principle, according to which the addressees of ESRB recommendations will be required to take the appropriate remedial action or justify the reasons why they have not acted. The draft Regulation agreed at the ECOFIN Council meeting of 20 October states that the Commission is also subject to the "act or explain" mechanism, as it was considered that this does not affect the Commission's right of initiative under the Treaty. In addition, the ECOFIN also agreed that the addressees of ESRB recommendations should communicate their actions and provide justification for inaction not only to the ESRB but now also to the Council. Although the draft regulation does not provide the Council with any specific powers, the change increases the institutional involvement of the Council in the implementation of the ESRB recommendations.

Fourthly, the close cooperation with the European Supervisory Authorities, particularly to support the implementation of recommendations addressed to one or more competent national supervisory authorities. In particular, the European Supervisory Authorities will be required to use their powers to ensure a timely follow-up. Furthermore, when a national supervisor does not follow-up, it has to inform the Board of Supervisors of the respective ESA. In its reply to the ESRB, the national supervisor has to take into account the input of the respective ESA.

Lastly, the right of the ESRB to decide to publish its risk warnings and/or recommendations on a case by case basis, which may increase the pressure for the prompt corrective actions. Given the sensitiveness of such a publication, it will be expected the decision of the ESRB would be taken on an exceptional basis, when serious threats to financial stability are not being addressed to the extent necessary. The ECOFIN of 20 October also agreed that the Council should be consulted by the ESRB on the publication of warnings or recommendations.

The appropriate combination of these tools and mechanisms, which will be contemplated in the Community legislation establishing the new European financial stability architecture, should provide a sufficient institutional framework for ensuring the effectiveness of the risk warnings and policy recommendations of the ESRB.

Overall, the proposed establishment of the ESRB will considerably enhance the current financial regulatory framework as it will allow, in particular: overcoming the current lack of an integrated financial stability assessment at the EU level covering the whole financial sector; translating financial stability assessments into risk warnings and policy recommendations for EU and national authorities; exploiting at the EU level the central banking, as well as supervisory, analytical capabilities and expertise in financial stability and macroeconomic analysis.[69]

---

69 See Gleeson, 2009.

246 | PEDRO GUSTAVO TEIXEIRA

FIGURE 5: The legal and regulatory instruments of the European Systemic Risk Board

	Tools
1	Issuance of risk warnings.
2	Issuance of recommendations with a specified timeline for policy response addressed to the Community as a whole, to one or more Member States, to one or more of the European Supervisory Authorities, or to one or more national supervisors, and also to the Commission in respect of Community legislation.
3	Publication of risk warnings and recommendations.
4	Monitoring of the follow-up to the ESRB recommendations; in particular, the addressees have the obligation to communicate to the ESRB their policy response or to explain why they have not acted ("act or explain").
5	If the ESRB decides that its recommendation has not been followed and that the addressees have failed to explain their inaction appropriately, it shall inform the Council and, where relevant, the European Supervisory Authorities concerned.
6	The ESRB may request information from the European Supervisory Authorities in summary or collective form, such that individual financial institutions cannot be identified. If the requested data are not available to those Authorities or are not made available in a timely manner, the ESRB may request the data from national supervisory authorities, national central banks or other authorities of Member States. The ESRB may address a reasoned request to the European Supervisory Authorities to provide data that are not in summary or collective form.

8. CONCLUSION: PEELING THE LAYERS OF EUROPEAN INTEGRATION

The evolution of the law and regulation of the single financial market represents a paradigm of the process of European integration as a whole. This article reviewed the successive legal and regulatory stages, each involving specific strategies and tools towards market integration. The analysis provides evidence that each stage is characterised by the need to address fundamental obstacles to market integration, which arise as a result of the progress made in the previous stage. This corresponds to the ideal of functional integration, according to which steps towards integration create economic and political dynamics leading to further integration. In particular, there are functional spillovers when "incomplete integration undermines the effectiveness of existing policies, thereby creating pressures for new European policies."[70]

---

70 See Majone, 2005: 43.

Figure 6, below, summarises the layers peeled by the process of integration of the single financial market, or, in other words, the fundamental obstacles that were overcome by legal and regulatory integration to fulfil the conditions of a single financial market. The last obstacle is the fiscal sovereignty of Member States, which represented a decisive factor in the way that the EU addressed the financial crisis. As argued in Section 5 above, the financial crisis revealed the limitations of a legal and regulatory strategy towards market integration, which is not accompanied by the development of political integration and mutualisation of economic risks – ultimately a federal solution for the law and regulation of the single financial market. In particular, the crisis put into evidence the mutual incompatibility between (i) pursuing market integration through free movement of capital and establishment, (ii) safeguarding the stability of an integrated market as a public good, while (iii) retaining national fiscal responsibilities and regulatory competences.[71]

In this context, the setting-up of the ESFS and of the ESRB corresponds to a new model of European financial regulation and supervision, which replaces the regulatory framework for financial integration based exclusively on home-country control, mutual recognition and minimum harmonisation.[72]

Regarding the ESFS, the new institutional model draws to a large extent from the good experience with the ECB and the European System of Central Banks (ESCB). The ECB/ESCB are responsible for the federal competences linked to the Economic and Monetary Union. However, their manner of operating based on the principle of unitary decision-making and executive decentralisation of tasks is rather similar to the framework being proposed for the ESFS, where the ESAs agree on regulatory standards, which should be implemented by national supervisors. Furthermore, the ability of the ESAs to agree on standards that may be adopted by the Commission as European law provides the potential for a high-degree of regulatory harmonisation, therefore replacing to a certain extent the minimum harmonisation concept. Lastly, the ability of the ESAs to mediate between home and host-country regulators, and to support as well the delegation of tasks between them, provides for a managed application of the principles of home-country control and mutual recognition, therefore changing the way they have applied thus far.

---

71 See Fonteyn *et al.*, 2010.

72 For a critical assessment, see Begg, 2010.

On the other hand, the establishment of the ESRB will introduce for the first time the notion of a regulatory public good for the single financial market: the stability of the European financial system. This may be qualified as a condition *sine qua non* for having European-based financial regulation and supervision. In particular, in the previous model, the design and implementation of financial regulation and supervision was made on the basis of pure national interests, namely the safeguard of the domestic financial systems. European committees and other arrangements then tried to bridge national interests through cooperation mechanisms. With the ESRB, its risk warnings and recommendations have the potential to influence and guide the design and implementation of regulation and supervision with a truly European scope. It may therefore be a first step towards a federal solution, in the same way that the emergence of the public good of European monetary stability was a precursor to EMU.

FIGURE 6: The layers of the integration of the single financial market

Obstacles to trade (1973)

Jurisdiction of host-country (1985)

Capital controls (1988)

Monetary policy (1999)

Fiscal sovereignty (?)

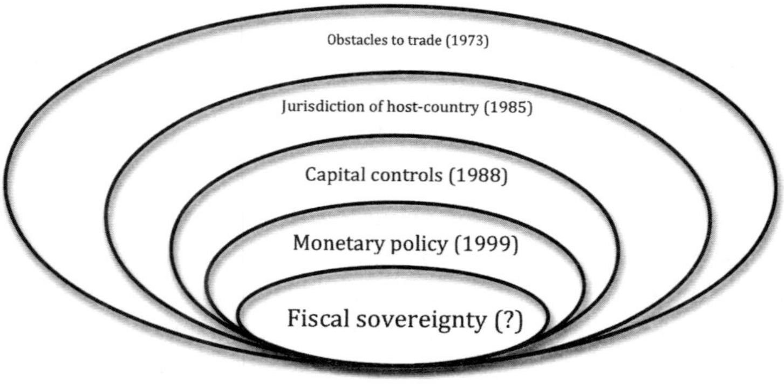

REFERENCES

BOOKS

CRAIG, Paul & DE BURCA, Gráinne

2008   *EU Law*, 4th edition, Oxford: Oxford University Press.

EICHENGREEN, Barry

2008   *The European Economy since 1945: Coordinated Capitalism and Beyond*, Princeton: Princeton University Press.

FERRAN, Eilís

2004   *Building an EU securities market,* Cambridge / New York: Cambridge University Press.

HERRING, Richard J. & LITAN, Robert E.

1995   *Financial Regulation in the Global Economy,* Washington, D.C.: Brookings Institution.

MAJONE, Giandomenico

2005   *Dilemmas of European Integration,* Oxford: Oxford University Press.

PADOA-SCHIOPPA, Tommaso

2004   *Regulating Finance,* Oxford: Oxford University Press.

1997   *L'Europa verso l'unione monetaria,* Roma: Einaudi.

USHER, John

2000   *The Law of Money and Financial Services in the EC,* 2nd edition, Oxford: Oxford University Press.

WEILER, J.H.H.,

1999   *The Constitution of Europe,* Cambridge / New York: Cambridge University Press.

ARTICLES OR CHAPTERS IN EDITED BOOKS

HERTIG, Gerard

2001   "Regulatory Competition for EU Financial Services", in Esty & Geradin (eds.), *Regulatory Competition and Economic Integration: Comparative Perspectives,* Oxford: Oxford University Press, pp. 218-240.

VAN GERVEN, W. & WOUTERS, J.

1993   "Free Movement of Financial Services and the European Contracts Convention", in Andenas & Kenyon Slade (eds.), *EC Financial Market Regulation and Company Law,* London: Sweet & Maxwell, pp. 43-79.

WEILER, J.H.H.

1999   "The Constitution of the Common Market Place: Text and Context in the Evolution of the Free Movement of Goods", in Craig & de Burca (eds.), *The Evolution of EU Law,* Oxford: Oxford University Press, pp. 349-375.

ARTICLES

AGLIETTA, Michel & SCIALOM, Laurence

2009   "A systemic approach to financial regulation: a European perspective", Working Paper 2009-29, Economix, Université Paris X Nanterre.

BEGG, Ian

2010 "Regulation and Supervision of Financial Intermediaries in the EU: The Aftermath of the Financial Crisis", in *Journal of Common Market Studies*, vol. 47, No. 5, pp. 1107-1128.

CHITI, Edoardo

2009 "An important part of the EU's institutional machinery: Features, problems and perspectives of European agencies", in *Common Market Law Review*, vol. 46, pp. 1395-1442.

FLYNN, Leo

2002 "Coming of Age: The Free Movement of Capital Case Law 1993-2002", in *Common Market Law Review*, vol. 39 (4), pp. 773-806.

BJORKLAND, M.

1998 "The Scope of the General Good Notion in the Second EC Banking Directive According to Recent Case Law", in *European Business Law Review*, vol. 9, pp. 227-243.

FERRARINI, Guido & CHIODINI, Filippo

2009 "Regulating cross-border banks in Europe: a comment on the de Larosière report and a modest proposal", in *Capital Markets Law Journal*, vol. 4 (Supplement 1): S123-S140.

FONTEYN W. et al,

2010 "Crisis Management and Resolution for a European Banking System", IMF Working Paper, WP/10/70.

GLEESON, S

2009 "Macroeconomic regulation: new regulators, new powers", in *Capital Markets Law Journal*, vol.4 (Supplement 1): S99-S111.

HARDY, D.

2009 "A European Mandate for Financial Sector Supervisors in the EU", IMF Working Paper WP/09/05.

KATZ, S.E.

1992 "The Second Banking Directive", in *Yearbook of European Law*, vol.12, pp. 249-266.

LEVICH, Richard M.

1991 "The Euromarkets after 1992," NBER Working Papers 3003, National Bureau of Economic Research.

ORTINO, Matteo

2007 "The role and functioning of mutual recognition in the European market of financial services", in *International Comparative Law Quarterly*, vol. 56, pp. 309-338.

SCHINASI Garry J. & TEIXEIRA, Pedro Gustavo

2006   "The lender of last resort in the European single financial market", IMF Working Paper 06/127.

RECINE, Fabio & TEIXEIRA, Pedro Gustavo

2009   "Towards a new regulatory model for the single European financial market", in *Revue Trimestrielle de Droit Financier*, no.4, pp. 8-18.

REINHART, Carmen & ROGOFF, Kenneth

2008   "Banking crises: an equal opportunity menace", NBER Working Paper, no. 14587.

TISON, Michel

1999   "The Investment Services Directive and its Implementation in the EU Member States", Financial Law Institute Working Paper no. 1999/17.

1997   "What is 'General Good' in EU Financial Services Law?", in *Legal Issues of European Integration*, vol. 24, pp. 1-46.

WEBSITES

SCHOENMAKER, Dirk

2009   *The Trilemma of Financial Stability*, at: http://papers.ssrn.com/sol3/papers. cfm?abstract_id=1340395.

HOW TO DEAL WITH TRANSNATIONAL MARKET ABUSE? – THE CITIGROUP CASE*

*Paulo de Sousa Mendes***

ABSTRACT: *The aim of this paper is to illustrate the difficulties that arise out of situations of transnational market abuse, focusing in a real-life, and particularly well-known, case, which received extensive media coverage at the time in several European countries.*

SUMMARY: Introduction. 1. The Citigroup case. 2. Reactions of national Regulators. 3. Lack of coordination between national Regulators. 4. Lessons for the future.

INTRODUCTION

There are no longer internal financial markets, yet national Regulators still exist. Whenever it is necessary to deal with cases of transnational market abuse, these Regulators have to start investigatory proceedings simultaneously in the various jurisdictions, whilst at the same time potentially being in breach

---

* Revised and updated version of the conference paper originally presented by the author at the *Expert Meeting on Administrative Law Regulation and Financial Services, 26 October 2007* (University of Utrecht), by invitation of Prof. Oswald Jansen. The German version is entitled "Was tun im Falle von transnationalem Marktmissbrauch? – Der Fall Citigroup" (translated by André Hölzer), in *Zeitschrift für Internationale Strafrechtsdogmatik* – ZIS 2/2009, pp. 55-58 (online at: www.zis.online.com). The Portuguese version is entitled "Como lidar com os casos de abuso de mercado transnacional? – O caso *Citigroup*", in Palma, Maria Fernanda, Silva Dias, Augusto & Sousa Mendes, Paulo de (eds.), *Direito Sancionatório das Autoridades Reguladoras*, Coimbra: Coimbra Editora, 2009, pp. 355-363. This English version was translated by Michelle L. Wells.

** The opinions expressed are from the author and may not be ascribed to the Portuguese Competition Authority.

254 | PAULO DE SOUSA MENDES

of the *ne bis in idem* principle (supposing that this principle is not limited by sovereignty boundaries[1]).

The aim of this paper is to provide an example of the difficulties that arise out of situations of transnational market abuse. This is a real-life, and particularly well-known, case, which received extensive media coverage at the time in several European countries.

The following facts are explained according to the Final Notice of the British Financial Services Authority (FSA), dated 28 June 2005, which imposed a financial penalty on Citigroup Global Markets Limited (hereinafter: "Citigroup")[2].

1. THE CITIGROUP CASE

In July 2004, the Citigroup put pressure on its European government bonds trading desk (hereinafter: "Desk") to increase profits[3]. Accordingly, the Traders on the Desk identified a trading opportunity by calculating the aggregate firm bids and offers on the MTS[4]. In particular, the Traders realized that in recent months liquidity had been increasing in the MTS while the bid/offer spread had narrowed. In addition, they noticed that the correlation between the Eurex and the MTS made these markets very similar, therefore allowing for extremely efficient cross-trading. Those observations were very useful for the Traders to implement a trading strategy. So, the Traders reconfigured their software for connecting to the MTS in a way that would enable them to submit multiple orders to be submitted across all MTS platforms, to capture all the bids within a specified price range almost instantaneously. This application

---

1 See Eser & Burchard, 2006: 505.

2 Online at: http://www.fsa.gov.uk/pubs/final/cgml_28jun05.pdf (last accessed 5 May 2010).

3 Trading in government bonds in the Eurozone is undertaken in two markets, the cash market and the futures market. At the time the facts occurred, trading on the cash market was mostly conducted via electronic platforms, such as the *Mercato Telematico dei Titoli di Stato* (MTS), and also the *BrokerTec*. The futures market was primarily via the European Exchange Organization (Eurex), where medium and long-term government bonds were traded.

   In the government bonds market, the formation and trend in prices is closely inter-linked in the cash and futures markets, to such an extent that the two markets often behave as if they were a single one. It was for that reason that Citigroup, like other banks, was able to calculate the prices of the various bonds on the cash market via price feeds from the Eurex.

4 The MTS, which was subdivided into several national platforms, was a quote driven market, that is, a market where all participants, with the status of market makers, were required, for certain minimum periods each day, to provide bid and offer quotes (in terms of price and volume) in respect of specified bonds. The MTS was a wholesale government bonds market with high liquidity, great depth, competitive prices and a narrow price interval.

became known as the "spreadsheet", and was also nick-named "Dr. Evil" by its creators[5]. Once in possession of this instrument, the Traders defined a strategy involving three steps: firstly, the creation of a "basis position" over a period of days made up of a long position in cash bonds (i.e. the setting up of a position for posterior selling) and a short position in futures (i.e. preparation of a position for posterior buying); secondly, the subsequent close out of the short futures position by buying futures contracts on a day when they expected that the market in government bonds would be undervalued; and, thirdly, the quick sale of the long cash position on the MTS, using the spreadsheet to capture all firm bids for a large number of bonds within a specified price range. The first stage was implemented gradually from 20 July 2004 onwards and the cash market purchases were made at a good price. The second and third stages of the strategy were put into practice on 2 August 2004[6]. Between 09:12 and 10:29, the Traders completed the second stage, undoing the short futures position by buying up a total of 66,214 contracts on Eurex, after an increase in quotation had been confirmed which reached the session maximum for both medium and long-term government bonds. Given that the prices of bonds in the cash market and futures markets were closely linked, the prices of bonds in the cash market also rose. The Traders therefore began the third stage, that is, the simultaneous sale of a very large number of bonds on the MTS. At around 10:29, the Traders set the spreadsheet in motion, the result of which was that they generated 188 sales orders which were submitted in 18 seconds. By means of these orders they targeted 119 different government bonds in 11 national MTS platforms[7]. The final result of using the spreadsheet was €11.3 billion nominal value of bonds sold on the MTS. Leaving asides reasons and not mentioning various incidents, the Traders thus guaranteed an overall profit of £9,960,860 (that is, €15,091,068.00, at the £/€ exchange rate of 0.66005 recorded for 2 August 2004)[8].

---

5 Dr. Evil is one of the characters in the Austin Powers movies.

6 This day was chosen because the prices of government bonds traded in the Far East showed a growth trend, after rumours suggesting a terrorist attack in the USA was imminent had been dispelled, and because it was believed that, as a result, this growth trend would be replicated in Europe, where markets had not yet opened, due to the time difference.

7 Metaphorically, one might say that it was the equivalent of the effect of the sudden opening of a dam's sluice gates.

8 The exchange rate was taken from the historical series available on the Bank of Portugal website: www. bportugal.pt (last accessed 5 May 2010).

2. REACTIONS OF NATIONAL REGULATORS

The Citigroup case had connecting factors with several European legal orders: Citigroup's headquarters were in London, the Eurex futures market was based in Frankfurt (Main), and the MTS was an Italian trading system, although operated through different national platforms by subsidiaries. It is not surprising, therefore, that the Citigroup case gave rise to investigations by several national Regulators of financial markets.

Not all of the Regulators acted against Citigroup, but seven of them analyzed the case and the following (in alphabetical order) took measures: Germany, Italy, Portugal and the United Kingdom.

The German *Bundesanstalt für Finanzdienstleistungsaufsicht* (BaFin) reported the case to the Public Prosecutor (*Staatsanwaltschaft*), of Frankfurt (Main), with a view to initiating criminal proceedings in relation to the crime of market manipulation (*Marktmanipulation*)[9]. Due to the absence of criminal liability for legal persons in German law, the action was lodged against the six Traders who had implemented the trading strategy in question. The Public Prosecutor did not take long to shelve the case, with this occurring on 21 March 2005[10]. Also in Germany, the Eurex launched an enquiry, but concluded that Citigroup's trading had not breached any of the rules of that market.

Having concluded preliminary investigations (*accertamenti*), the Italian *Commissione Nazionale per le Società e la Borsa* (Consob) handed the case to the Public Prosecutor (*Procura*) of Rome in March 2005. On 20 July 2007, the *Procura* finally charged the aforementioned six Traders and also the Head of the Desk with the crime of market manipulation (*agiotaggio su strumenti*

---

9 At the time the facts occurred (2 August 2004), the 4th Law on the Promotion of the Financial Markets (*4. Finanzmarktförderungsgesetz*), of 21 June 2002, was in force, which revised the Securities Market Code (*Wertpapierhandelsgesetz* – WpHG). The prohibition on market manipulation appeared in 20a(1), with criminal sanctions (*Strafbestimmungen*) being established in 38(1).

Regarding the more recent development of the Criminal Law of the German Securities Market, see Vogel, 2007: 733-735.

10 "Frankfurt prosecutors yesterday cleared six Citigroup traders of criminally manipulating the eurozone government bond market, lifting one of the biggest threats overhanging the US bank's reputation. But the ruling prompted an angry response from BaFin, Germany's financial market watchdog, which said it stood by its preliminary finding that Citigroup traders had manipulated Eurex government bond futures. [...]. Doris Möller-Scheu, of the Frankfurt prosecutor's office, said: 'Unlike BaFin, which found grounds for charges, the prosecutor is of the opinion that a charge of criminal price manipulation against those under investigation cannot be legally established'." (Munter & Batchelor, 2005: 22 March). See also Esteves & Kripphal, 2005: 23 March.

finanziari)[11]. There is also no criminal liability for legal persons in Italian law, and hence the Bank was left out of the criminal proceedings. The trial was due to begin on 30 October of the same year, but we have been unable to confirm whether there have been any developments since that date. The Italian MTS also commenced proceedings against Citigroup in due course, the conclusion being that the Bank had breached the rules of that market, which led to its suspension for a period of one month.

In regulatory offence proceedings (Case no. 56/2004), the Portuguese *Comissão do Mercado de Valores Mobiliários* (CMVM) considered that Citigroup had repeatedly breached the duty to defend the market (Article 311 of the Securities Market Code) and, as a result, imposed a fine on it of €950,000, together with the additional sanction of publication of the conviction. This fine has yet to be paid, owing to the judicial review requested by Citigroup on 16 June 2006. The appeal trial has not yet been scheduled in the Lisbon Small Claims Criminal Court (*Tribunal de Pequena Instância Criminal de Lisboa*).

After an investigation that lasted eighteen months, the British FSA eventually concluded that Citigroup's trading strategy based on the setting up of very substantial long positions followed by abrupt closure constituted a risk to ordered trading on the MTS[12] and, consequently, imposed a financial penalty of around 14 million pounds (21 million euros), which was at the time the second-highest ever imposed by the FSA. The overall amount of the financial penalty was calculated on the basis of around 10 million pounds in relinquishment of profits and 4 million pounds of additional penalty, which was punitive in character. The penalty has already been paid, particularly since the FSA's final decision was negotiated with Citigroup and, for this very reason, judicial review of the decision is not possible.

3. LACK OF COORDINATION BETWEEN NATIONAL REGULATORS
The Citigroup case demonstrates that the different national Regulators were far from agreeing with each other, let alone managing to build a common case in a situation in which all of them had jurisdiction, but in which it would be very difficult to accept that each of them might, simultaneously, impose independent

---

11 Pursuant to Art. 181 of the *Testo Unico Finanziario – Decreto Legislativo 24 febbraio 1998*.

12 See Herbst & Rutter, 2005: 65-68.

sanctions, leaving aside the issue of whether those sanctions ought to be criminal or administrative or whether applied to legal or to natural persons.

It seems that the British FSA was the most effective Regulator, since it not only managed to get Citigroup to pay the financial penalty applied to it, but also, and more importantly, to admit that it had breached principles 2 and 3 of the Principles for Businesses set out in the FSA Handbook[13]:

- Principle 2: "A firm must conduct its business with due skill, care and diligence";
- Principle 3: "A firm must take reasonable care to organize and control its affairs responsibly and effectively, with adequate risk management systems".

This principle-based approach is the essence of the regulatory system (i.e. administrative sanctions) of the British FSA, in force since 1 December 2001.

4. LESSONS FOR THE FUTURE

Was the financial penalty the British FSA imposed on Citigroup too lenient? Would it have been better to seek criminal liability for the crime of market manipulation, as the German BaFin and Italian Consob intended? In that case, who ought to have been called to respond to the charges? Should it only have been the Citigroup Traders and the respective Head of Desk, given that there is a lack of criminal liability for legal persons in the German and Italian legal systems, and, indeed, in the Portuguese legal system (the latter only with regard to crimes against the financial market)? Or, on the contrary, should nobody have been called to respond to any charge, since the Traders in fact had a good idea to revive the MTS, and Citigroup, as a result, simply took advantage of the features of the market, as some analysts have written?[14]

These are all good questions, although it is not necessary to find an immediate answer to them. What is important here is to stress that the Regulators and Judicial Authorities of the different European countries may never again deal with these cases independently of each other, on a strictly national basis.

---

13 See *FSA Handbook*, online at: http://www.fsa.gov.uk/pages/handbook/ (last accessed 5 May 2010).

14 In this sense, see Gapper, 2005.

To quote Carlos Conceição: "A coherent and effective European cross-border response to market abuse requires having, at least a common approach across all member states to:

- What constitutes market misconduct?
- What should be investigated?
- Who should investigate?
- How should misconduct be investigated?
- What action should be taken?"[15]

Although the Citigroup case occurred before the transposition of the Directive on Market Abuse[16] into the legal systems of the various European countries, the truth is that the problems remain the same today and are not merely solved as a result of harmonization of the legal systems. Indeed, harmonization in specific areas does not overcome the profound differences that exist between the legal systems of the various European countries. Yet, none of those differences would impeach the possibility of seeking a coordinated effort between the Regulators at the level of the Committee of European Securities Regulators (CESR) or, better still, the possibility of organizing meetings merely between the Regulators involved in which the best approach to take in situations where joint action is required can be decided. Once they have agreed on which Regulator should take a lead in the particular case, according to flexible criteria to be analyzed *ad hoc*, the Regulators ought to follow the strategy of the leading jurisdiction and should not call upon the principles of the respective legal systems to impede a single action. In particular, they should not invoke the principle of legality to justify handing the case to the Public Prosecutor, thereby themselves losing control of the actual investigation. If the Regulators cannot come to an understanding, in practical terms they will ultimately allow those carrying on abusive market practices to adopt strategies in search of the most favourable jurisdiction (forum shopping) and to then parade before the competing national jurisdictions the argument that they cannot be tried more than once for the practice of the same facts, not even at the transnational level.

---

15 See Conceição, 2006: 32-33.

16 Directive no. 2003/6/EC, of the European Parliament and of the Council, of 28 January, on insider dealing and market manipulation (market abuse).

PAULO DE SOUSA MENDES

Although the foundation of true European agencies within the framework of the forthcoming reform of the EU financial supervisory organization[17] is not envisaged – which without any doubt would strengthen the prosecution of transnational market abuse cases –, hopefully the new European Securities and Markets Authority (ESMA)[18], i.e. the planned substitute for the current CESR, will have the power to coordinate and even to decide which of the national Regulators have to take action in particular transnational market abuse cases.

REFERENCES

Conceição, Carlos
2006   "Tackling cross-border market abuse", in *Journal of Financial Regulation and Compliance*, vol. 14, no. 1, pp. 29-36.

Eser, Albin & Burchard, Christoph
2006   "Interlokales 'ne bis in idem' in Europa? Von 'westfälischem' Souveränitätspathos zu europäischem Gemeinschaftsdenken", in Derra (ed.), *Freiheit, Sicherheit und Recht – Festschrift für Jürgen Meyer zum 70. Geburtstag*, Baden-Baden: Nomos, pp. 499-524.

Esteves, Pedro Ferreira & Krippahl, Cristina
2005   "Alemanha arquivou processo contra corretores de dívida do Citigroup", in *Diário Económico*, 23 March.

Financial Services Authority
2005   *Final Notice imposing a financial penalty on Citigroup Global Markets Limited*, 28 June.

Gapper, John
2005   "The market's true manipulators", in *Financial Times*, 10 February.

Herbst, Jonathan & Rutter, Mathew
2005   "Why Citigroup was fined", in *The Financial Regulator*, vol. 10, no. 2, pp. 65-68.

---

17 Following the report of the high-level group chaired by Mr Jacques de Larosière.

18 See Proposal for a Regulation of the European Parliament and of the Council establishing a European Securities and Markets Authority, dated 23 August 2009, online at: http://ec.europa.eu/internal_market/finances/committees/index_en.htm#package (last accessed 5 May 2010).

TRANSNATIONAL MARKET ABUSE | 261

MUNTER, Päivi & BATCHELOR, Charles
2005   "Citigroup cleared of bond market offence", in *Financial Times*, 22 March.
VOGEL, Joachim
2007   "Wertpapierhandelsstrafrecht – Vorschein eines neuen Strafrechtsmodells?",
        in Pawlik & Zaczyk (eds.), *Festschrift für Günther Jakobs zum 70. Geburtstag*,
        Köln / Berlin / München: Carl Heymanns, pp. 731-746.

A REFORMA DO MODELO INSTITUCIONAL DE SUPERVISÃO DOS SECTORES DA BANCA E DOS SEGUROS EM FRANÇA

Luís Máximo dos Santos

ABSTRACT: *The present article begins with an appreciation of the different models of regulation and financial supervision, but its main object is the french reform of banking and insurance supervision, realized in January 2010, focused specially in the creation of the Prudential Control Authority, functioning at the Bank of France, resulting from the merger of the old banking and insurance approving and supervisory authorities.*

SUMÁRIO: I. A importância dos modelos institucionais de regulação e supervisão financeira. II. A reforma da supervisão financeira em França: considerações introdutórias. III. Breve caracterização do modelo de supervisão francês antes da reforma. IV. O processo conducente à reforma de 2010: considerações preliminares. V. O Relatório Deletré. VI. O Parecer do Banco Central Europeu. VII. A Autoridade de Controlo Prudencial *(Autorité de Contrôle Prudentiel)*. VII.1. Criação e atribuições. VII.2. Organização e funcionamento. VIII. Considerações conclusivas.

"Changing the structure of regulation might appear to answer to the desire to be seen to «do something» – especially in the aftermath of a financial crisis – but it will not necessarily address the root causes of the weaknesses of supervision that may have contributed to the crisis in the first place. Hence strengthening regulatory capacity needs to be given attention ahead of issues of the structure of regulation."

RICHARD K. ABRAMS e MICHAEL W. TAYLOR

I. A IMPORTÂNCIA DOS MODELOS INSTITUCIONAIS DE REGULAÇÃO E SUPERVISÃO FINANCEIRA

1. Estas palavras de Richard K. Abrams e Michael W. Taylor foram escritas em 2000[1], ainda bem antes, portanto, da crise financeira global que eclodiu no Verão de 2007 e cujo final é ainda algo prematuro declarar, apesar das melhorias verificadas, fruto da rápida e esclarecida acção das autoridades públicas a nível internacional e nacional.

Quer dizer, pois, que já muito antes da actual crise se vinha fazendo um intenso debate entre académicos e no seio das organizações financeiras internacionais sobre a matéria do "modelo ideal" de regulação financeira e da procura de uma nova arquitectura financeira mundial[2]. A razão desse debate prende-se com o unânime reconhecimento das profundas mudanças que, tendo origem na década de 80 do século XX, se acentuaram, em diversos planos, a partir dos anos 90, no que respeita ao funcionamento dos sistemas financeiros, em particular, no seu imparável processo de desregulamentação e inovação financeira, que obrigaram a equacionar novas estratégias, inclusive no plano da esfera de acção e de repartição de competências entre os diversos reguladores. E também com o facto de se verificar que as crises financeiras se sucediam com uma alarmante frequência, numa primeira fase sobretudo nos países emergentes, o que permitiu o refúgio fácil na explicação da imaturidade institucional supostamente caracterizadora desses países (Tailândia, Indonésia, Coreia do Sul, Rússia, Argentina, etc.).

---

1 Abrams & Taylor, 2000: 3.

2 A esse respeito, cf., entre muitos outros, Lastra, 2001; Goo, Arner & Zhou, 2002; e Barth, Caprio, Jr. & Levine, 2006. Numa perspectiva mais ampla, pois se inserem numa crítica mais profunda do processo de globalização, merecem referência os já clássicos Stiglitz, 2002 e 2003.

A REFORMA DA REGULAÇÃO EM FRANÇA | 265

Quando, a partir de 2007, a crise atingiu o coração do sistema financeiro mundial, e se esteve mesmo a um passo do seu colapso, não era mais possível impedir que a reforma da regulação financeira passasse para o topo das agendas das grandes organizações internacionais e se tornasse uma preocupação central nos países desenvolvidos.

Com efeito, nos grupos informais como o G-7, o G-8 e o G-20, nas organizações internacionais como o Fundo Monetário Internacional (FMI) e o Banco de Pagamentos Internacionais, nas instâncias da União Europeia, Banco Central Europeu (BCE) incluído, e nos bancos centrais de praticamente todo o mundo, com destaque para a Reserva Federal norte-americana, multiplicaram-se os estudos, a reflexão e as intervenções concretas, em geral acertadas, de modo a ajudar os governos a lidar com a situação.

Defendeu-se, mais do que nunca, a indispensabilidade de uma "nova arquitectura financeira global" e a necessidade de uma refundação do sistema monetário e financeiro mundial, indo mesmo os mais ousados ao ponto de dizer que era preciso criar um "novo Bretton-Woods". Já noutra ocasião nos referimos ao exagero e, sobretudo, à inviabilidade dessas perspectivas[3], não porque entendamos que as medidas de reforma não tenham de ser bastante profundas mas porque nos parece que as soluções têm de ter como horizonte o futuro e não podem ser viradas para o passado.

Num interessante artigo, Michael Taylor sustenta que a reforma do sistema financeiro precisa mais de canalizadores ("plumbers") do que de arquitectos. Mais do que pensar em grandes planos globais, o autor sustenta que os decisores políticos se devem ocupar em fazer as reparações do sistema onde elas são realmente necessárias. Segundo ele, "*the solutions are more likely involve much less glamorous measures – they require plumbers rather than architects*". Desde logo, porque os arquitectos "*have no grand plan with which to re--found the global financial system*" e também porque uma das principais razões da crise foi o endividamento excessivo dos EUA, virado para o consumo, financiado pelo excesso de poupança existente nos países emergentes, em especial a China, sendo certo que "*no blueprint exists for a transnational institution which would have forced US consumers to save more and their Chinese counterparts to spend more*"[4].

---

3 Cf. Santos, 2009a: 60-61.

4 Cf. Taylor, 2008: 25-26.

Na abordagem desta grave crise importa não ser simplista. A desregulamentação, constituindo, sem dúvida, quanto a nós, uma das suas causas mais importantes, está muito longe de ser a única. Muitas outras se podem acrescentar.

Axel Weber, Presidente do *Deutsche Bundesbank*, num discurso proferido, em 10 de Março, em Dublin, no *Institute of International and European Affairs*, elencou as seguintes causas da crise:

- *Gaps in the regulatory framework;*
- *Distorted incentives inside the financial system, such as short-termist remuneration schemes;*
- *An insufficient resilience of the financial system;*
- *An institutional design of financial supervision that did not properly reflect the cross-border dimension of crises, and*
- *A lack of awareness of systemic risks.*

Perante tal enunciado, Axel Weber centra as lições da crise em quatro áreas, a saber:

- *"First, we have to improve regulation and supervision at the microeconomic level.*
- *Second, we have to pay greater attention to systemic risk control at the macroeconomic level.*
- *Third, we have to ensure an effective interplay between these two levels of prudential supervision and a cross-check with the analysis of risks to price stability.*
- *And fourth, the cross-border character of the crisis means that we also have to ensure close cooperation between national supervisors."*

Mas tal enunciado está, a nosso ver, longe de ser completo. Com efeito, por exemplo, no quadro do Plano Global que o G-20 adoptou na sua Cimeira de Abril de 2009[5], foi estabelecido um conjunto de compromissos do maior relevo, e que revelam, implicitamente, uma leitura mais ampla sobre as causas da crise. Entre esses compromissos destacamos os seguintes:

- Reformar os sistemas de regulação de modo a que as autoridades sejam capazes de identificar adequadamente os riscos macroprudenciais;

---

5 Cf. Santos, 2009a: 63-64.

A REFORMA DA REGULAÇÃO EM FRANÇA | 267

- Estender a regulação e a supervisão a todas as instituições financeiras, instrumentos e mercados relevantes do ponto de vista sistémico, aí se incluindo, pela primeira vez, os *hedge funds*, de modo a pôr fim ao que foi designado "sistema bancário sombra";
- Tomar medidas, uma vez alcançada a retoma económica[6], para reforçar a qualidade, a quantidade e a adequação do capital no sistema bancário, e para prevenir a excessiva "alavancagem" (*leverage*);
- Tomar medidas contra as jurisdições não cooperativas, incluindo os paraísos fiscais; nesta matéria, os membros do G-20 declararam estar na disposição de adoptar sanções para proteger as respectivas finanças públicas e sistemas financeiros, afirmando mesmo – naquela que foi uma das frases que mais eco teve na comunicação social – que "a era do segredo bancário acabou";
- Estender a regulação, a supervisão e as obrigações de registo às agências de avaliação do crédito (*credit rating agencies*), em ordem a garantir que cumprem o código internacional de boas práticas, designadamente em matéria de conflitos de interesses;
- Melhorar os padrões contabilísticos e conseguir um conjunto único de regras contabilísticas globais de alta qualidade.

Mas há, por exemplo, também quem impute responsabilidades aos bancos centrais e à sua política monetária excessivamente laxista, sobretudo nos Estados Unidos (EUA), bem como, conforme já foi referido, aos desequilíbrios estruturais decorrentes de um excesso de consumo nos EUA financiado, em larga medida, por uma China com excesso de poupança. E há quem – muito justamente – não esqueça o contributo decorrente da complexidade e da opacidade dos produtos financeiros, fruto de uma inovação demasiado criativa e mal orientada.

Que fique claro que o nosso propósito neste caso não é o de escrever um artigo sobre as causas da crise. Assinale-se, aliás, que a literatura sobre a matéria é já extraordinariamente extensa. Naturalmente, várias visões e narrativas são possíveis, algumas, aliás, *pondo acento tónico em aspectos que extravasam o*

---

6 Essa nova definição só deverá acontecer após a retoma económica ter sido alcançada, uma vez que o G-20 considerou desejável que, até esse momento, se mantivessem inalterados os padrões internacionais relativamente aos níveis mínimos de capital. Subjacente a esta posição está o receio – que consideramos fundado – de que uma maior exigência quanto ao nível dos capitais em plena crise pudesse ter efeitos contraproducentes.

268 | LUÍS MÁXIMO DOS SANTOS

estrito domínio do sistema financeiro, para pôr em causa o modelo ou paradigma económico em que temos vivido nos últimos anos (não confundir com o sistema económico de economia de mercado), *numa crítica que inclui, naturalmente, os decisores políticos mas a que não escapam os próprios fautores da teoria económica dominante.* Isto não significa, obviamente, que não se verifiquem também largos pontos de coincidência no diagnóstico da crise em grande parte dos autores[7].

2. Há diversos sistemas institucionais de supervisão. Alguns ordenamentos adoptam um sistema tripartido ou sectorial, dito também de supervisão especializada, em que o sector bancário, o sector segurador e o mercado dos valores mobiliários, com mais ou menos instrumentos de coordenação, têm reguladores separados, sistema que é o que até agora tem vigorado em Portugal[8]. Outros, no extremo oposto, no que já tem sido designado sistema monista, centralizam numa autoridade única a supervisão do sector bancário, do sector segurador e do mercado de valores mobiliários, de que o exemplo paradigmático tem lugar no Reino Unido, com a *Financial Services Authority*.

No meio destes dois extremos, encontramos sistemas de supervisão constituídos por duas autoridades, ditos dualistas, também conhecidos por "twin peaks", com combinações diversas, de que a mais corrente é a da reunião dos bancos e das seguradoras sob uma mesma entidade, restrita à supervisão prudencial, mantendo um regulador separado para o mercado de valores mobiliários, que se ocupa também da supervisão comportamental, como sucede na Holanda e na Austrália[9].

No quadro da União Europeia (como de resto também nos Estados Federais) as questões tornam-se ainda mais complexas. Para além da óptica dos diferentes sectores há que considerar também os diferentes planos territoriais, isto é, há que combinar o plano nacional com o plano comunitário, designadamente com o papel do BCE.

---

7 Para uma apreciação de diversas visões sobre a crise, cf. Cooper, 2008; Attali, 2008; Felton & Reinhart, 2008; Wolf, 2009. Em Portugal, refiram-se Menezes Cordeiro, 2009: 263-286, e 2010: 127-155; Paz Ferreira, 2008: 69-79; Santos, 2008: 51-68; Mateus, 2009; Alexandre, 2009; e Bento, 2009.

8 Há, como é sabido, a intenção de o Governo fazer evoluir o sistema português para um sistema dito "twin peaks", assente em duas autoridades apenas: o Banco de Portugal, que concentrará as matérias da supervisão prudencial e uma nova autoridade, que tomará por base a CMVM, dedicada apenas à supervisão comportamental e aos problemas próprios do mercado de capitais.

9 É muito extensa a literatura sobre a questão dos modelos de supervisão. Entre nós, cf., por exemplo, Carvalho, 2003: 43 e segs.; Calvão da Silva, 2007: 27 e segs.; Câmara, 1999: 196 e segs., e ainda, mais centrado no mercado dos valores mobiliários, Pereira, 2007: 153 e segs.

A REFORMA DA REGULAÇÃO EM FRANÇA | 269

Perante a gravidade da crise, cedo começou a ser equacionada uma reforma da regulação e da supervisão no plano europeu, cujo primeiro passo se traduziu no surgimento do Relatório Larosiére, em 25 de Fevereiro de 2009.

O nosso objecto aqui, porém, não é essa reforma, a qual, aliás, é objecto de outro artigo nesta revista.

O modelo institucional é discutido justamente com o propósito de se procurar alcançar, nas condições do sistema financeiro actual, o enquadramento institucional mais apto a tornar a regulação bancária eficaz. Todavia, não obstante a sua importância, *consideramos que as causas fundamentais das debilidades que a regulação e supervisão vieram a revelar não radicam no problema do modelo institucional, qualquer que ele seja.*

Como tem sido abundantemente demonstrado em diversos relatórios e estudos, todos os sistemas são portadores de vantagens e de inconvenientes. No seu interessante estudo, Richard K. Abrams e Michael W. Taylor concluem precisamente que *"the main conclusion of this review of the issues raised by the unification of financial supervision is that no one model of regulatory structure will be appropriate for all countries"*[10].

E sobretudo esta crise demonstrou que os problemas existiram em muitos países (embora em graus diferentes e com a excepção notável do Canadá), *independentemente dos modelos institucionais de regulação e supervisão adoptados.*

Por isso, sem descurar a questão institucional, em vez de nos centrarmos na questão da adequação do modelo institucional, *talvez fosse desejável reavaliar também alguns dos fundamentos da globalização financeira*, pois boa parte dos problemas actuais poderá residir aí, não havendo regulação miraculosa que os possa resolver. Na verdade, como salienta Ethan B. Kapstein, *"if consolidation makes banks «too big to fail», securitization may make them «too hard» to monitor adequately"*[11].

Conforme já salientámos noutra ocasião[12], "é geralmente reconhecido que na era da liberalização e da globalização financeira uma regulação bancária eficaz constitui uma necessidade indispensável. Todavia, e um tanto paradoxalmente, as próprias características do actual sistema financeiro mundial têm vindo a colocar diversos e cada vez mais difíceis obstáculos à consecução desse objectivo".

---

10 Cf. Abrams & Taylor, 2000: 27.

11 Cf. Kapstein, 2006: 12.

12 Cf. Santos, 2009b: 122.

270 | LUÍS MÁXIMO DOS SANTOS

De facto, e como assinala Ethan B. Kapstein[13]:

"The emergence of banks with over $1 trillion in assets and a large share of national deposits, coupled with an increasingly opaque market securities, could be creating a new environment with the capacity to overwhelm the clubby approach to financial regulation that has been built in Basel and elsewhere. The problem is simply that the collapse of a trillion dollar institution, with myriad tentacles of complex financial engagements reaching deeply into firms, markets, and households, will be larger than any central bank can handle, and its negative effects on market and households will inevitably lead to the policization of the bailout."

Somos, pois, de opinião que muito embora a questão dos modelos institucionais de supervisão seja muito importante, uma vez que um modelo bem estruturado, com as responsabilidades dos seus agentes bem definidas e delimitadas, pode, sem dúvida, contribuir para uma supervisão mais eficaz, não convirá sobrevalorizá-la. É que o modelo pode estar muito bem concebido mas se na prática quem tem responsabilidades para o executar não as assumir plenamente, se não se dotarem os reguladores com pessoas de alta qualidade profissional, habilitadas a compreender os meandros ultra-complexos dos sistemas financeiros de hoje, se não existir uma actuação diligente, permanentemente atenta e orientada para a presença no terreno, tudo pode ficar comprometido.

II. A REFORMA DA SUPERVISÃO FINANCEIRA EM FRANÇA: CONSIDERAÇÕES INTRODUTÓRIAS

A França, designadamente através da acção do seu Presidente Nicholas Sarkozy, foi indubitavelmente um dos países que mais se bateu na União Europeia e noutras instâncias, como o G-20, para que se procedesse a uma reforma profunda do sistema de regulação e supervisão financeira.

E, no entanto, o sistema bancário francês revelou uma boa capacidade de resistência à crise, conforme conclui um estudo elaborado pelo FMI[14]. Aí se diz com efeito o seguinte:

"French banks have demonstrated relative resilience to the global financial crisis so far. The crisis has put the banks to an unprecedented test and they are not immune to the severe fallout of the crisis. However, the banking model featuring diversification

---

13 Kapstein, 2006: 14.

14 Cf. Xiao, 2009: 20.

in business, funding, and geography has helped to contain risk to a manageable level. In addition, benefiting from the comprehensive supervision, proactive regulation, and timely information sharing among regulatory authorities, the banks enjoyed better initial conditions and have withstood the crisis thus far relatively well."

Apesar disso, porém, e como iremos ver, o governo francês foi dos que primeiro iniciou – e concluiu – um processo interno de reforma do seu sistema de regulação e supervisão financeira.

III. BREVE CARACTERIZAÇÃO DO MODELO DE SUPERVISÃO FRANCÊS ANTES DA REFORMA

Antes da reforma empreendida em Janeiro de 2010, o modelo francês podia, sem dúvida, classificar-se entre os modelos ditos "sectoriais", com a particularidade de se dividir não por três mas por cinco instituições, a saber:

- *Le Comité des Etablissements de Crédit et des Enterprises d'Investissement* (CECEI);
- *La Commission Bancaire* (CB);
- *Le Comité des Enterprises d'Assurance* (CEA);
- *L'Autorité de Contrôle des Assurances et des Mutuellles* (ACAM);
- *L'Autorité des Marchés Financiers* (AMF).

O CECEI era presidido pelo Governador do Banco de França e era composto por 12 membros. A instrução dos dossiês apresentados ao Comité e o trabalho de secretariado estava a cargo da *Direction des Etablissements de Crédit et des Enterprises d'Investissement* do Banco de França. O CECEI era, pois, a autoridade responsável pela autorização para o exercício da actividade bancária e para a prestação de serviços de investimento. Concedia autorização para a realização das seguintes operações: criação, encerramento, cisão, alteração de accionistas e nomeação dos dirigentes. Todavia, a autorização das sociedades gestoras de participações sociais pertencia (e continua a pertencer) à AMF.

A *Commission Bancaire* era presidida pelo Governador do Banco de França e a sua direcção composta por sete membros. O Secretariado Geral da *Commission Bancaire* era dirigido por um Secretário-Geral nomeado pelo Ministro da Economia, sob proposta do Governador do Banco de França. Competia ao Banco de França assegurar os meios para o exercício das funções de controlo que cabiam à *Commission Bancaire*.

Eram atribuições da *Commission Bancaire* assegurar o cumprimento, pelas instituições de crédito, das disposições que lhes eram aplicáveis, bem como sancionar as infracções por aquelas cometidas. Era, pois, a autoridade de supervisão prudencial do sector bancário. A lei conferia-lhe também a competência para assegurar o respeito das regras de boa conduta da profissão (supervisão comportamental).

A sua acção estendia-se às empresas de investimento, mas neste caso o seu poder era partilhado com a AMF, com excepção das sociedades gestoras de participações sociais que estavam (e estão) sob a alçada exclusiva da AMF.

A *Commission Bancaire* tinha uma dupla faceta: enquanto entidade sancionatória pertencia à jurisdição administrativa e quanto às restantes atribuições actuava como autoridade administrativa independente.

O CEA era composto por 12 membros, presidido por uma personalidade nomeada pelo Ministro da Economia, sendo o seu secretariado assegurado pela *Direction Génerale du Trésor et de la Politique Économique* (DGTPE). Tinha como função autorizar as empresas de seguros, bem como autorizar as alterações accionistas, as fusões entre empresas e as designações dos dirigentes. As funções do CEA estavam delegadas no Ministro da Segurança Social, no que concerne às instituições de previdência, e no ministro da tutela dos assuntos da mutualidade, para as mútuas previstas no Código da Mutualidade.

A ACAM era uma autoridade pública independente dotada de personalidade jurídica, criada em 2003 por fusão das antigas comissões de controlo das seguradoras, das mútuas e das instituições de previdência. O seu presidente era nomeado por decreto governamental e a direcção composta por nove membros. Os serviços eram dirigidos por um Secretário-Geral que pertencia, por imposição legal, ao sector dos seguros e era nomeado conjuntamente pelos Ministros da Economia, da Segurança Social e da Mutualidade.

A ACAM controlava o cumprimento das disposições legais e regulamentares aplicáveis às empresas de seguros submetidas ao Código dos Seguros, às mútuas sujeitas ao Código da Mutualidade e às instituições de previdência sujeitas ao Código da Segurança Social.

Era, pois, a autoridade a quem cabia a supervisão prudencial do sector dos seguros, da mutualidade e das instituições de previdência. O seu controlo estendia-se também às empresas de resseguros, desde 1 de Janeiro de 1995, bem como aos seus intermediários.

A ACAM exercia também a supervisão dita, entre nós, comportamental nas relações entre as empresas de seguros e os segurados.

A REFORMA DA REGULAÇÃO EM FRANÇA | 273

Finalmente, a AMF – única das entidades referidas que sobreviveu à reforma – é igualmente uma autoridade pública independente, dotada de personalidade jurídica. Vela pela protecção da poupança, pela informação dos investidores e pelo bom funcionamento dos mercados financeiros. O seu presidente é nomeado por decreto governamental e a sua direcção é composta por 16 membros. A AMF é ainda dotada de uma *Commission des Sanctions* composta por 12 membros. O Secretário-Geral dirige os serviços, sendo proposto e nomeado pelo presidente, após parecer da direcção e acordo do Ministro da Economia.

São várias as atribuições da AMF:

a) Zelar pelo cumprimento das regras de transparência por parte dos emissores de títulos financeiros;
b) Zelar pelo cumprimento das regras relativas às ofertas públicas de aquisição;
c) Zelar pelo cumprimento das regras de boa conduta dos prestadores de serviços de investimento;
d) Controlar a gestão realizada por conta de terceiros;
e) Controlar a conservação e a administração de instrumentos financeiros;
f) Organizar e assegurar as condições de funcionamento dos mercados regulamentados;
g) Zelar pelo cumprimento das regras de boa conduta relativas à análise financeira e à consultoria de investimentos financeiros.

Para além das cinco principais entidades *supra* referidas, importa assinalar ainda:

(i) O *Comité Consultatif de la Législation et de la Réglementation Financières* (CCLRF), presidido pelo Ministro da Economia, e que tem como missão dar parecer sobre os projectos de textos comunitários, legislativos ou regulamentares, referentes ao sector financeiro no seu conjunto, com excepção do sector que se encontra sob a alçada exclusiva da AMF.

(ii) O *Comité Consultatif du Secteur Financier* (CCSF), cujo presidente e demais membros são nomeados pelo Ministro da Economia, compreendendo também representantes das profissões financeiras e dos clientes. Emite pareceres e recomendações gerais sobre as relações entre o sector financeiro no seu conjunto e os seus utilizadores.

274 | LUÍS MÁXIMO DOS SANTOS

Estes dois comités beneficiam do apoio material e técnico do Banco de França.

Para completar este percurso sobre as entidades relevantes do sector financeiro francês, na sua versão pré-reforma de 2010, impõe-se mencionar a existência do Fundo de Garantia dos Depósitos, que resulta, como é sabido, de uma imposição comunitária, bem como a existência de vários fundos de garantia no âmbito do sector dos seguros.

IV. O PROCESSO CONDUCENTE À REFORMA DE 2010: CONSIDERAÇÕES PRELIMINARES

O arranque legislativo que conduziu à reforma materializada pela *Ordonnance* n.º 2010-76, de 21 de Janeiro de 2010[15], que fundiu as autoridades de autorização e de supervisão da banca e dos seguros, deu-se ainda em 2008, com a Lei n.º 2008-776, de 4 de Agosto de 2008 (Lei da Modernização da Economia), adoptada pela Assembleia Nacional e pelo Senado[16].

Com esta última lei, adoptada ainda antes do pico da crise em Setembro e Outubro de 2008, é evidente o propósito de dar a ideia de que o poder político estava a reagir à crise de forma integrada, abarcando, por isso mesmo, inúmeros sectores de actividade.

Com efeito, composta por 175 artigos, a lei dita de "modernização da economia" abarca um muito vasto conjunto de matérias: o estatuto do empresário individual, matérias fiscais e contribuições para a segurança social, medidas estimulando o desenvolvimento das novas tecnologias, o desenvolvimento do comércio e a defesa da concorrência, medidas de simplificação do funcionamento das pequenas e médias empresas, medidas visando atrair o financiamento privado para operações de interesse geral, entre muitas outras.

É no título IV da Lei n.º 2008-776, de 4 de Agosto, designado "mobilizar os financiamentos para o crescimento", que compreende os artigos 145.º a 163.º, que encontramos no capítulo IV, sob a epígrafe "modernizar a praça financeira francesa", composto pelos artigos 152.º a 163.º, a definição das linhas mestras da reforma da supervisão financeira e a consequente autorização ao Governo para legislar em conformidade.

---

15 Publicada no *Journal Officiel de la République Française* n.º 0018, de 22 de Janeiro de 2010.

16 Publicada no *Journal Officiel de la République Française* n.º 0181, de 5 de Agosto de 2008.

Em primeiro lugar, contudo, no n.º 1 do artigo 152.º elenca-se um conjunto de medidas que visam reforçar "a atractividade da praça financeira francesa e a competitividade das infra-estruturas do mercado, dos emissores de instrumentos financeiros, dos intermediários financeiros e da gestão colectiva por conta de terceiros, bem como das actividades que lhes estão ligadas, de modo a assegurar a boa informação dos investidores e a estabilidade financeira". O n.º 3 do mesmo artigo define medidas visando harmonizar certas regras aplicáveis à comercialização de instrumentos financeiros com as aplicáveis à comercialização de produtos de poupança e de seguros comparáveis. E, finalmente, o n.º 4 define um conjunto de adaptações a fazer na legislação francesa por força do direito comunitário, designadamente em matéria de transposição de várias directivas.

Assim, quanto à reforma do modelo institucional de supervisão, é o n.º 2 do artigo 152.º que se refere à necessidade de tomar medidas relativas às autoridades de autorização e controlo do sector financeiro, *tendo em vista garantir a estabilidade financeira e reforçar a competitividade e atractividade da praça financeira francesa.*

Para a prossecução desses objectivos gerais, define-se um conjunto de medidas agrupadas sob quatro alíneas:

a) Redefinir as missões, a organização, os meios, os recursos, a composição, bem como as regras de funcionamento e de cooperação das autoridades de autorização e controlo do sector bancário e do sector dos seguros, nomeadamente prevendo a aproximação, por um lado, entre autoridades de um mesmo sector e, por outro lado, entre a *Commission Bancaire* e a *Autorité de Contrôle des Assurances et des Mutuelles*;

b) Modernizar o mandato das autoridades de autorização e de controlo, introduzindo, nomeadamente, uma dimensão europeia em conformidade com as orientações definidas pelo Conselho da União Europeia;

c) Ajustar as competências dessas autoridades e de outras entidades susceptíveis de intervir no controlo da comercialização de produtos financeiros, a fim de a tornar mais homogénea;

d) Adaptar os procedimentos de urgência e de salvaguarda, os procedimentos disciplinares dessas autoridades e das sanções que podem aplicar, a fim de assegurar a sua eficácia e de reforçar as garantias processuais.

V. O RELATÓRIO DELETRÉ

Uma peça chave no processo que conduziu à reforma do modelo institucional de supervisão em França foi o denominado Relatório Deletré. Ainda antes da publicação da lei da modernização da economia, o Governo francês, em 30 de Julho de 2008, constituiu uma missão de reflexão e de apresentação de propostas relativas à organização e ao funcionamento da supervisão das actividades financeiras em França.

Essa missão foi presidida pelo inspector de finanças, Bruno Deletré, da prestigiada Inspecção-Geral de Finanças francesa. Em Janeiro de 2009, foi apresentado o relatório final, que ficou conhecido por Relatório Deletré.

Foi esse documento que, no essencial, serviu de base às disposições constantes da *Ordonnance* n.º 2010-76, de 21 de Janeiro[17], que, como já foi referido, materializou a reforma do modelo institucional de supervisão em França.

O Relatório Deletré inicia-se com uma breve síntese do seu teor e conclusões. Após a introdução, está dividido em quatro partes:

1.ª) Os objectivos da supervisão financeira e os principais modelos existentes;

2.ª) Uma arquitectura (do sistema financeiro) relativamente complexa mas de que certos elementos fundamentais devem ser mantidos;

3.ª) Dos muitos melhoramentos que podem ser introduzidos nas autoridades de supervisão sem necessidade de uma "revolução" da arquitectura do sistema;

4.ª) Das reformas mais importantes para permitir a evolução para um modelo de supervisão por objectivos.

O Relatório contém quatro anexos: o primeiro com a lista das personalidades ouvidas pela Missão, o segundo com a classificação dos sistemas de supervisão dos principais parceiros da França, o terceiro com a comparação dos meios utilizados pelos sistemas de supervisão financeira na Alemanha, em Espanha, na França, na Holanda e no Reino Unido e o quarto relativo à organização da supervisão das actividades financeiras na Alemanha, em Espanha, nos EUA, na Holanda e no Reino Unido, com a particularidade de esse trabalho ter sido organizado, a pedido da Missão, pelas missões económicas das Embaixadas em França dos países em questão.

---

17 Este diploma foi complementado pelos Decretos n.º 2010-217, de 3 de Março de 2010 (cf. JORF n.º 0053, de 4 de Março de 2010) e n.º 2010-218, de 3 de Março de 2010 (cf. JORF n.º 0053, de 4 de Março de 2010).

Trata-se, portanto, de um Relatório muito completo e de elevada qualidade. O seu resultado final traduz-se em 37 propostas. As propostas que contribuíram para mudar a paisagem da supervisão financeira em França foram (i) a n.º 14, que propôs a transferência para a *Commission Bancaire* das funções que estavam cometidas ao CECEI; (ii) a n.º 16, que propôs a transferência para a ACAM das responsabilidades que estavam confiadas ao CEA; e (iii), muito especialmente, a proposta n.º 30, que propôs a fusão da ACAM e da *Commission Bancaire* numa nova entidade: a Autoridade de Controlo Prudencial (*Autorité de Contrôle Prudentiel*, doravante abreviadamente designada por ACP).

Ora, a conjugação destas três propostas significa, na prática, a fusão de quatro entidades (a *Commission Bancaire*, o CECEI, a ACAM e o CEA), cujos traços fundamentais já acima foram descritos, na nova entidade criada: a ACP. Trata-se, porém, de uma autoridade *que funciona no âmbito do Banco de França* (*adossé*, na expressão em língua francesa) e *não tem* personalidade jurídica.

Por outro lado, a Missão de reflexão propunha também, na Proposta n.º 34, que se confiasse à *Autorité des Marchés Financiers* (AMF), que também já caracterizámos *supra*, a função de controlar o cumprimento das obrigações profissionais em relação à clientela *para o conjunto do sector financeiro*. Ou seja, na ACP ficaria centralizada a supervisão prudencial e na AMF a supervisão comportamental (além, claro, das matérias atinentes ao mercado de capitais).

De facto, e conforme se lê na conclusão do Relatório Deletré[18]:

> "*Les modalités d'un rapprochement éventuel entre le contrôle bancaire et celui des assurances, mutuelles et institutions de prévoyance figuraient parmi les principaux sujets de réflexion soumis à la présent mission. Le présent rapport répond à cette question et propose d'aller au-delà de ce rapprochement pour mettre en place une supervision transversal aux differents secteurs financiers mais organisée par objectifs: contrôle prudential d'une part, contrôle des méthodes de commercialisation et du respect des obligations professionnelles à l'égard de la clientèle d'autre part.*
>
> *(…) Cependant, la rapprochement propose entre le CB et l'ACAM peut aussi être mis en oeuvre sans pousser la réforme jusqu'à la mise en place d'une architecture de supervision par objectifs.*"

---

18 Cf. Deletré, 2009: 85.

Como iremos ver, o Governo *não viria a aprovar a ideia da supervisão por objectivos, optando pela hipótese a que o Relatório aludia nesta última frase.* Refira-se, aliás, que no Parecer do Comité Consultivo do Sector Financeiro (CCSF), de 22 de Outubro de 2009, este órgão se manifestou favorável ao projecto de *ordonnance* elaborado pelo Governo, o qual, ao contrário do que se propunha no Relatório Deletré, conferia competências em matéria de supervisão comportamental à ACP. Aí se diz, com efeito, que o Comité *"prend note, en particulier, de la double mission confiée à la nouvelle autorité, de securité financière et de proteccions des clientèles."*

VI. O PARECER DO BCE

Durante esse período o Governo foi preparando o projecto legislativo que dava expressão às propostas do Relatório e submeteu-o, em 28 de Dezembro de 2009, a parecer do BCE, como as normas comunitárias impõem, o qual foi emitido em 8 de Janeiro de 2010.

De uma maneira geral, o BCE acolheu positivamente o sentido das alterações propostas, tanto quanto ao objectivo de fazer recair nos bancos centrais a missão de controlo prudencial – volta a lembrar-se que a ACP funciona no âmbito do Banco de França –, como relativamente à vantagem que decorre da fusão das autoridades, do ponto de vista de uma melhor prevenção do risco sistémico que decorre do imbricamento crescente das instituições de crédito, das seguradoras, das empresas de investimento e dos fundos de pensões.

O parecer do BCE detém-se também sobre as questões atinentes à independência dos bancos centrais e ao financiamento monetário, deixando, quanto ao primeiro caso, um reparo no sentido de se clarificar o projecto de modo a deixar explícito que determinada norma que prevê a possibilidade de o Ministro da Economia poder pôr fim às funções de um membro do conselho directivo (*"Collège"*) não se aplica ao Governador do Banco de França enquanto presidente da Autoridade. Finalmente, o BCE alerta também para a circunstância de, a seu ver, o projecto não deixar claro se as regras deontológicas a que estão vinculados os membros da ACP estão estabelecidas em conformidade com as regras de deontologia aplicáveis no Banco de França.

VII. A AUTORIDADE DE CONTROLO PRUDENCIAL (*AUTORITÉ DE CONTRÔLE PRUDENTIEL*)

VII.1. Criação e atribuições

Em 9 de Março de 2010, entrou em funções a *Autorité de Contrôle Prudentiel* (resultante do processo de fusão atrás descrito). Na perspectiva dos seus mentores, a reforma do sistema francês de supervisão responde a três objectivos: aumentar a estabilidade financeira, reforçar a segurança dos consumidores e contribuir para melhor fazer ouvir a voz da França na Europa e nas negociações internacionais.

A ACP zela pela preservação da estabilidade do sistema financeiro e pela protecção dos clientes, segurados, aderentes e beneficiários das entidades submetidas ao seu controlo (cf. artigo L 612-1 I do Código Monetário e Financeiro). Para esse efeito, para além das decisões de autorização para o exercício da actividade bancária e seguradora, a ACP exerce também uma vigilância permanente da situação financeira e das condições de exploração das entidades colocadas sob sua supervisão, nomeadamente no que concerne ao respeito das respectivas exigências de solvabilidade.

No que diz respeito ao objectivo de aumentar a estabilidade financeira, importa sublinhar que o objectivo da reforma foi dotar a França de uma autoridade de supervisão capaz de supervisionar os riscos do conjunto do sector financeiro composto por bancos e empresas seguradoras. Com essa junção pretende dar-se uma visibilidade alargada, aproximando as análises micro e macroprudenciais, beneficiando, em particular, da experiência das anteriores autoridades decorrente do funcionamento da *Commission Bancaire* e da ACAM.

O facto de a ACP funcionar junto do Banco de França, com todo o seu longo historial de conhecimentos económicos e financeiros, favorece também o objectivo de alcançar a estabilidade financeira. Todavia, reconhece-se que os sectores da banca e dos seguros têm cada um a sua tecnicidade própria, aspecto que se pretendeu salvaguardar pela existência de instâncias decisórias com competências sectoriais.

A crise financeira em que vimos vivendo demonstrou claramente a necessidade de aumentar a segurança dos clientes dos bancos e das empresas seguradoras.

Assim, a ACP zela também pelo cumprimento, por parte das entidades por si supervisionadas e seus intermediários, das regras destinadas a assegurar a protecção dos seus clientes, previstas em diplomas legislativos, instrumentos regulamentares e códigos de boa conduta das profissões, designadamente decorrentes das suas recomendações, bem como a adequação dos meios e procedimentos postos em prática pelas entidades supervisionadas para assegurar tais objectivos, incluindo o cumprimento do Livro I do Código do Consumo, relativo à informação dos consumidores e à formação dos contratos.

A reforma adoptada prevê, por um lado, que a nova Autoridade criada consagre meios muito significativos à prossecução deste fim, o que é um sinal da importância que se lhe quis dar. Visa melhorar a segurança dos consumidores de produtos bancários e de seguros, reforçando os mecanismos de controlo da sua comercialização, designadamente através do reforço da cooperação entre a ACP e a AMF. Com efeito, *foi instituída uma instância comum de cooperação com a AMF*, que não constitui uma estrutura autónoma, mas tem como propósito a coordenação e a cooperação relativamente às orientações comuns em matéria de supervisão da publicidade, controlo do cumprimento das obrigações profissionais relativas aos respectivos clientes e a criação de um gabinete comum de recepção das reclamações dos clientes.

As sanções de eventuais violações das normas aplicáveis neste domínio serão adoptadas pela ACP (no caso de produtos bancários e de seguros) ou pela AMF (poupança financeira), tendo em conta as competências de cada uma destas autoridades.

Quanto ao terceiro objectivo, ou seja, contribuir para melhor fazer ouvir a voz da França nas negociações internacionais sobre a regulação financeira, sustenta-se que, com esta reforma, a regulação nacional francesa cumpre já várias normas e *standards* supranacionais, e com a autoridade única, ao nível da banca e dos seguros, a representação francesa no plano internacional ficará reforçada. Unindo as forças da banca e dos seguros, os mentores da reforma acreditam que o peso da França nas negociações internacionais será maior, tendo em conta que a ACP, com as suas competências alargadas, fica em melhores condições para formular propostas, dinamizar o diálogo com os seus parceiros estrangeiros e promover uma visão partilhada da supervisão, apoiando-se, precisamente, nos resultados práticos que se esperam obter com a reforma francesa.

A ACP controla o cumprimento pelas entidades por si supervisionadas das disposições do Código Monetário e Financeiro, bem como das disposições regulamentares previstas para a sua aplicação, do Código dos Seguros, do Livro IX do Código da Segurança Social, do Código da Mutualidade, do Livro III do Código do Consumo e dos códigos de conduta homologados.

À ACP incumbe, designadamente, apreciar os pedidos de autorização que lhe sejam endereçados e tomar as decisões previstas nas disposições legislativas e regulamentares aplicáveis às entidades sujeitas à sua supervisão, exercer uma vigilância permanente da situação financeira e das condições de exploração das entidades que supervisiona, controlando, nomeadamente, o respeito das condições de solvabilidade e das regras relativas à preservação da liquidez.

A ACP é uma autoridade administrativa independente (Código Monetário e Financeiro, art. L 612-1 I) mas, como já se salientou atrás, *não tem personalidade jurídica*. No entanto, pode constituir-se como parte civil em todas as fases do processo penal para aplicação das disposições que se compreendem no âmbito das suas competências, cabendo ao seu Presidente os poderes de a representar em qualquer jurisdição.

VII.2. Organização e funcionamento

A arquitectura da ACP, resultante da fusão das quatro autoridades relativas aos sectores bancário e segurador satisfaz, na perspectiva dos autores da reforma, diversos objectivos: a existência das diferentes competências necessárias para o prosseguimento das suas atribuições, a eficácia do processo de decisão, a rapidez de reacção e a coerência das decisões.

Com efeito, estão previstas diferentes formações do Conselho Directivo (*"Collège"*): Conselho Directivo plenário (*"Collège plenier"*), para tratar das questões gerais de supervisão e de funcionamento da autoridade, e diferentes formações restritas para apreciar as questões próprias de cada sector. Mais especificamente, as atribuições confiadas à ACP são exercidas pelo Conselho Directivo, que reúne em formação plenária, em formação restrita, em sub-conselho sectorial ou, se for caso disso, em comissão especializada.

O Conselho Directivo da ACP (*"Collège"*) é composto por dezasseis membros, a saber:

1. Governador do Banco de França ou o Vice-Governador que este designe para o representar, que preside;
2. Presidente da *Autorité des Normes Comptables*;
3. Um Conselheiro de Estado proposto pelo Vice-Presidente do *Conseil d'Etat*;
4. Um Conselheiro da *Cour de cassation*, proposto pelo Presidente da *Cour de cassation*;

5. Um Conselheiro do Tribunal de Contas (*Cour de comptes*), proposto pelo Presidente da *Cour de comptes*;
6. Um Vice-Presidente com experiencia em matéria de seguros e dois outros membros, todos escolhidos tendo em conta a sua reconhecida competência em matéria de protecção dos clientes ou em técnicas quantitativas ou actuariais ou, ainda, noutras matérias relevantes para o exercício, pela autoridade, das suas funções;
7. Quatro membros escolhidos em razão das suas competências em matéria de seguros, de mutualidade, previdência ou resseguros;
8. Quatro membros escolhidos em razão das suas competências em matéria de operações de banca, de serviços de pagamentos ou de serviços de investimento.

Os membros mencionados nos números três a oito são designados pelo Ministro da Economia por cinco anos, podendo o mandato ser renovado uma vez.

O Vice-Presidente (cf., *supra,* o n.º 6) é nomeado conjuntamente pelos Ministros da Economia, da Segurança Social e da Mutualidade.

A formação restrita do Conselho Directivo é composta por oito membros e existem dois sub-conselhos sectoriais: o sub-conselho sectorial dos seguros e o sub-conselho sectorial da banca, ambos compostos também por oito membros.

O Conselho Directivo pode criar no seu seio uma ou mais comissões especializadas, delegando-lhe poderes para a tomada de determinadas decisões, nas condições fixadas pelo *Conseil d'Etat.*

Para além do Conselho Directivo existe uma Comissão das Sanções composta por cinco membros:

1. Um Conselheiro de Estado, designado pelo Presidente do *Conseil d'Etat*, que preside;
2. Um Conselheiro da *Cour de cassation*, proposto pelo Presidente da *Cour de cassation*;
3. Três membros escolhidos em função das suas competências nas matérias úteis para o exercício, pela autoridade, das suas atribuições, designados pelo Ministro da Economia.

Existem cinco suplentes, os quais são nomeados nos mesmos termos. As nomeações são por cinco anos, podendo o mandato ser renovado uma vez.

As funções de membro da Comissão de Sanções são incompatíveis com as de membro do Conselho Directivo.

No quadro seguinte pode ver-se, em síntese, a estrutura orgânica da ACP.

As deliberações do Conselho Directivo da ACP podem ser objecto de recurso de anulação junto do *Conseil d'Etat*, no prazo de dois meses contado a partir da respectiva notificação ou publicação.

O Conselho Directivo da ACP, em formação plenária, estabelece os princípios de organização e funcionamento, aprova o orçamento e o regulamento interno da Autoridade. Aprecia qualquer questão de natureza geral comum aos sectores da banca e dos seguros e analisa o risco desses sectores no quadro da situação económica.

As questões individuais são apreciadas pelo conselho, em formação restrita, por um dos dois sub-conselhos sectoriais ou, se for caso disso, por uma comissão especializada instituída ao abrigo do artigo L 612-8 do Código Monetário e Financeiro. Cada sub-conselho sectorial aprecia as questões individuais e as questões gerais específicas do seu sector.

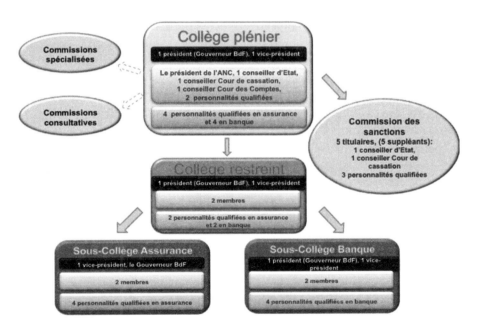

Fonte: Sítio da *Autorité de Contrôle Prudentiel*.

284 | LUÍS MÁXIMO DOS SANTOS

A formação restrita do Conselho aprecia as questões individuais relativas à supervisão complementar das entidades reguladas pertencentes a um conglomerado financeiro e aprecia também os aumentos, cessões e tomadas de participação accionistas susceptíveis de ter efeito significativo sobre entidades relevantes do sector da banca e do sector dos seguros.

Tendo em conta, nomeadamente, a sua incidência sobre a estabilidade financeira, o Presidente da ACP ou o Vice-Presidente podem atribuir a apreciação de questões de âmbito geral relativas a um dos dois sectores à formação plenária do Conselho e as questões individuais relativas a um dos dois sectores à formação restrita do Conselho[19].

Nos termos do artigo L 612-13 do Código Monetário e Financeiro, cada formação do Conselho da ACP só pode deliberar validamente se a maioria dos seus membros estiver presente. De acordo com o mesmo preceito, as deliberações são tomadas por maioria e, em caso de empate, o Presidente da respectiva formação tem voto de qualidade.

Refira-se ainda que os membros da ACP estão obrigados ao segredo profissional (cf. artigo L 612-17 do Código Monetário e Financeiro).

No que diz respeito à matéria das sanções, importa salientar que a tipologia das sanções aplicáveis vai da advertência à retirada da autorização para o exercício da actividade, passando pela interdição de efectuar certas operações bancárias e a demissão de dirigentes das instituições supervisionadas, bem como a aplicação de sanções pecuniárias. Os processos sancionatórios estão, evidentemente, sujeitos ao princípio do contraditório.

As decisões da Comissão de Sanções podem ser objecto de um recurso, de plena jurisdição, junto do *Conseil d'Etat*, interposto pelas pessoas sancionadas ou pelo Presidente da ACP.

Refira-se, ainda, que a ACP, conforme se pode verificar no organograma acima, pode criar comissões consultivas. Pelo menos uma delas tem como missão emitir parecer sobre as listas, os modelos, a frequência e os prazos de transmissão de documentos e informações periódicas que devem ser entregues à Autoridade. A ACP designa os membros desta comissão que é maioritariamente composta por profissionais dos sectores da banca e dos seguros não membros da Autoridade.

---

19 Sobre todos estes aspectos organizativos da ACP, cf. artigos L 612-12 e L 612-13 do Código Monetário e Financeiro.

A ACP dispõe ainda de um Secretário-Geral, nomeado pelo Ministro da Economia, sob proposta do Presidente da Autoridade. O Secretário-Geral organiza e dirige os serviços da Autoridade. Sob proposta do Secretário--Geral, o Conselho da ACP fixa os princípios de organização dos serviços, bem como as regras de deontologia aplicáveis ao pessoal e estabelece o quadro geral de recrutamento e das condições contratuais do pessoal, cuja entidade patronal é o Banco de França. O Conselho pode delegar competências no Secretário-Geral, nas condições fixadas pelo *Conseil d'Etat*.

O orçamento da ACP constitui um anexo do orçamento de Banco de França e é financiado pelas suas receitas próprias, pelas contribuições das entidades supervisionadas e pelo Banco de França, que lhe fornece os meios de actuação (cf. artigos L 612-18, 612-19 e 612-20 do Código Monetário e Financeiro).

VIII. CONSIDERAÇÕES CONCLUSIVAS

Sustentámos neste artigo que a questão do modelo institucional de supervisão não deve ser sobrevalorizada, pois, só por si, não contém a solução miraculosa para os problemas dos actuais sistemas financeiros, já que a crise financeira global (ainda) em curso atingiu países com os mais diversos modelos.

Todavia, também não é correcto subvalorizá-la, pois é evidente que um modelo mais eficiente, com competências bem repartidas, atento às dimensões macro e micro da supervisão prudencial, que valoriza adequadamente o plano preventivo, com estruturas ágeis e de reacção rápida, e que integre, com devido realce e eficácia, a supervisão comportamental, pode, sem dúvida, dar um importante contributo para a estabilidade de qualquer sistema financeiro.

A reforma francesa da supervisão bancária e do sector dos seguros foi uma reforma ponderada, discutida e reflectida. Com efeito, desde o seu primeiro passo formal – a aprovação da lei da modernização económica –, em 4 de Agosto de 2008, até à entrada em funcionamento da ACP, em 9 de Março de 2010, decorreu aproximadamente um ano e sete meses, período de tempo preenchido, como vimos, com a produção de vários estudos e relatórios de elevado nível, propiciadores de adequada reflexão quanto aos melhores caminhos a seguir.

Uma nota se destaca: muito embora adoptando um sistema baseado em duas autoridades – a ACP e a AMF – *a reforma colocou a protecção do consumidor no coração da supervisão,* como justamente se assinala no Relatório ao Presidente da República que acompanha a lei que a materializa. Na verdade,

286 | LUÍS MÁXIMO DOS SANTOS

a nova entidade criada – a ACP –, contraditoriamente com o seu próprio nome, realiza a supervisão prudencial e comportamental (na terminologia portuguesa) dos bancos e das seguradoras e está integrada, enquanto autoridade administrativa independente – mas sem personalidade jurídica –, no Banco de França.

É uma concepção interessante. A estrutura da ACP é, como vimos, algo complexa, mas afigura-se-nos bem concebida, designadamente pela flexibilidade que demonstra e que, a nosso ver, pode contribuir para acolher devidamente as especificidades dos dois sectores agora sob o mesmo chapéu institucional.

A existência de uma Comissão de Sanções – já com tradição em França, embora em moldes algo distintos – deve igualmente merecer atenta reflexão no âmbito do processo de reforma que está em curso em Portugal.

A nosso ver, a reforma francesa, pelos seus inegáveis méritos, deve ser devidamente considerada no nosso processo de reforma. Todavia, e como sempre sucede, só a prática poderá demonstrar até que ponto a reforma francesa virá a cumprir os ambiciosos objectivos a que se propõe.

BIBLIOGRAFIA

ALEXANDRE, Fernando, MARTINS, Ives Gandra, ANDRADE, João Sousa, CASTRO, Paulo Rabello de & BAÇÃO, Pedro
2009   *A Crise Financeira Internacional*, Coimbra: Imprensa da Universidade de Coimbra.

ATTALI, Jacques
2009   *La Crise, et après ?*, s.l.; Fayard.

BARTH, James R., CAPRIO JR., Gerard & LEVINE, Ross
2006   *Rethinking Bank Regulation. Till Angels Govern*, 1.ª ed., Cambridge: Cambridge University Press.

BENTO, Vítor
2009   *Perceber a Crise (para) Encontrar o Caminho*, Lisboa: bnomics.

CALVÃO DA SILVA, João
2007   *Banca, Bolsa e Seguros. Direito Europeu e Português*, Tomo I, Parte Geral, 2.ª ed., Coimbra: Almedina.

CARVALHO, Luís Paulo Figueiredo
2003   *Os Sistemas de Supervisão Prudencial na União Europeia*, Coimbra: Almedina.

A REFORMA DA REGULAÇÃO EM FRANÇA | 287

COMITÉ CONSULTATIF DU SECTOR FINANCIER (CCSF)

2009 *Avis du CCSF sur le projet d'ordonnance portant fusion des autorités d'agrément et de contrôle de la banque et de l'assurance.*

COOPER, George

2009 *A Origem das Crises Financeiras – Bancos centrais, bolhas de crédito e o mito do mercado eficiente*, Alfragide: Lua de Papel.

DELETRÉ, Bruno

2009 *Rapport de la mission de reflexion et de propositions sur l'organisation et le fonctionnement de la supervision des activités financières en France*, Inspection Génerale des Finances, Paris.

FELTON, Andrew & REINHART, Carmen M. (eds.)

2008 *The First Global Financial Crisis of the 21st Century*, Londres: A VoxEU.org Publication.

GOO, Say, ARNER, Douglas & ZHOU, Zhongfei (eds.)

2002 *International Financial Sector Reform. Standard setting and infrastructure development*, Londres: Kluwer Law International.

KAPSTEIN, Ethan B.

2006 *Architects of stability? International cooperation among financial supervisors*, BIS Working Papers n.º 199, Basileia: Bank for International Settlements.

LASTRA, Rosa M. (ed.)

2001 *The Reform of the International Financial Architecture*, Londres: Kluwer Law International.

MATEUS, Abel

2009 *A Grande Crise Financeira do Início do Século XXI*, Lisboa: bnomics.

MENEZES CORDEIRO, António

2010 *Manual de Direito Bancário*, 4.ª ed., Coimbra: Almedina.

2009 "A Crise Planetária de 2007/2010 e o Governo das Sociedades", in *Revista de Direito das Sociedades*, Coimbra: Almedina, pp. 263-286.

PAZ FERREIRA, Eduardo

2008 "O Inverno do nosso descontentamento", in *Revista de Finanças Públicas e Direito Fiscal*, Ano I, n.º 4, Lisboa: Almedina, pp. 69-79.

PEREIRA, José Nunes

2007 "A Reforma Europeia do Plano de Acção para os Serviços Financeiros: uma futura autoridade de supervisão europeia?", in *Direito dos Valores Mobiliários*, Vol. VII, Coimbra: Coimbra Editora, pp. 77-166.

288 | LUÍS MÁXIMO DOS SANTOS

RAPPORT au Président de la République relatif à l'ordonnance n.º 2010-76, du 21 janvier 2010 portant fusion des autorités d'agrément et de contrôle de la banque et de l'assurance.

2010   *Journal Officiel de la République Française*, n.º 0018 du 22 janvier.

SANTOS, Luís Máximo dos

2009a   "O G-20 e a Reforma da Regulação Bancária", in *Revista de Finanças Públicas e Direito Fiscal*, Ano II, n.º 2, Lisboa: Almedina, pp. 53-66.

2009b   "Regulação e Supervisão Bancária", *in* Paz Ferreira, Eduardo, Morais, Luís Silva & Anastácio, Gonçalo, *Regulação em Portugal: Novos Tempos, Novo Modelo?*, Coimbra: Almedina, pp. 39-126.

2008   "Que crise é esta?", in *Revista de Finanças Públicas e Direito Fiscal*, Ano I, n.º 4, Lisboa: Almedina, pp. 51-68.

STIGLITZ, Joseph E.

2003   *Os Loucos Anos 90. A década mais próspera do mundo*, Lisboa: Terramar.

2002   *Globalização. A grande desilusão*, Lisboa: Terramar.

TAYLOR, Michael

2008   "Needed: Plumbers not Architects" in *The Financial Regulator*, vol. 13, n.º 3, pp. 25-30.

TAYLOR, Michael W.

2009   *"Twin Peaks" Revisited... a second chance for regulatory reform*, Londres: Centre for the Study of Financial Innovation.

XIAO, Yingbin

2009   *French Banks Amid the Global Financial Crisis*, IMF Working Paper n.º 09/201.

WOLF, Martin

2009   *A Reconstrução do Sistema Financeiro Global. Como evitar as crises financeiras do Século XXI*, Alfragide: Publicações Dom Quixote.

A SUSTENTABILIDADE DA ZONA EURO E A REGULAÇÃO DO SISTEMA FINANCEIRO

José Renato Gonçalves[*]

ABSTRACT: *Following the financial and economic crisis of 2007-2010, the present reform of the financial sector regulation and supervision became an important occasion to strengthen the concerned institutions in general and the banks in particular, as well as to improve confidence in the eurozone as a whole. This paper discusses the eurozone sustainability in the context of economic, financial and monetary integration inside the European Union, where the critical and available risk-sharing mechanism should come from the gradual unification of financial markets, which therefore appears to be decisive when asymmetric shocks occur in the diverse member States.*

SUMÁRIO: I. A questão da (in)sustentabilidade da zona euro. II. A integração económica, financeira e monetária europeia e a ocorrência de "choques assimétricos". III. Integração e regulação dos mercados financeiros e repartição geográfica do risco. IV. Considerações finais.

A regulação e a supervisão do sistema financeiro, em especial do subsistema bancário, visam sobretudo garantir a solidez do conjunto das instituições financeiras, designadamente através da identificação, avaliação e controlo dos diversos riscos a que todas elas se encontram expostas. No contexto da integração económica, monetária e financeira europeia e da globalização económica e financeira, com um inevitável acréscimo substancial dos riscos envolvidos, espera-se da regulação e da supervisão financeira não menos do

---

[*] Professor auxiliar da Faculdade de Direito da Universidade de Lisboa.

que uma garantia de sustentabilidade do sistema, particularmente do subsistema bancário.

Na União Europeia espera-se ainda mais da nova regulação financeira: um contributo decisivo para a sustentabilidade da própria zona euro, tal como a conhecemos, cuja viabilidade tem voltado a ser questionada com crescente intensidade desde o deflagrar da crise financeira e económica internacional de 2007-2010. Independentemente de se poder estar a exigir da nova regulação financeira muito mais do que ela pode oferecer, dada a natureza específica do sistema financeiro tal como do subsistema bancário, importa determinar em que medida este poderá ou deverá contribuir para a sustentabilidade da zona euro, no médio e no longo prazo.

Na sequência de uma abordagem geral do problema da sustentabilidade da zona euro, cada dia mais candente em face do agravamento acelerado de alguns desequilíbrios macro e micro económicos em determinados Estados membros, analisa-se o actual processo de integração económica, financeira e monetária europeia tendo em conta a ocorrência de "choques assimétricos" e procurando salientar o contributo do processo de regulação dos mercados financeiros, por estes desempenharem a importantíssima função de repartição geográfica dos riscos económicos e financeiros, provavelmente decisiva para a sustentabilidade da união monetária europeia tal como foi concebida e existe presentemente.

I. A QUESTÃO DA (IN)SUSTENTABILIDADE DA ZONA EURO

Para além de retirar, necessária e definitivamente, tanto o poder como o exercício das políticas monetária e cambial dos Estados membros, a unificação monetária europeia veio condicionar outras políticas nacionais, a começar pela política orçamental e, por via desta, as restantes políticas económicas e financeiras, incluindo aquelas que têm directamente em vista o desenvolvimento económico e social.

Compreende-se por isso que alguns políticos, economistas e outros observadores tenham vindo a acusar, primeiro o euro e a política monetária do Banco Central Europeu, ou este último apenas – a par da globalização económica e da inerente intensificação da concorrência internacional –, e, posteriormente, a grave crise financeira e económica de 2007-2010, por, alegadamente, se encontrarem na origem do fraco crescimento ou da estagnação em vários países europeus, o mesmo sendo dizer das elevadas taxas de desemprego e de quase todos os restantes grandes males que têm atingido,

A SUSTENTABILIDADE DA ZONA EURO | 291

dir-se-ia (sem rigor) indiscriminadamente, as várias economias europeias ao longo dos últimos anos, desde a criação da moeda única em 1 de Janeiro de 1999 [1].

Nesse sentido, poder-se-ia admitir até um abandono inopinado da união monetária europeia, não previsto pelos Tratados europeus, o que seria extremamente gravoso tanto para o país que o adoptasse como para o conjunto dos Estados que formam a união monetária e para a própria União Europeia – mesmo que o Estado em causa não fosse um dos de maior dimensão. A concretizar-se essa hipótese, que pelo menos teoricamente não deve ser afastada, os choques financeiros e económicos que daí inevitavelmente resultariam seriam sem qualquer dúvida muito profundos, embora dependentes das circunstâncias concretas e da situação estrutural da economia em causa. Em face disso, e desde o momento em que foi concebida a zona euro, tantos

---

1 Por exemplo, em França, os principais candidatos às eleições presidenciais de 2007, independentemente da respectiva área política, não hesitaram em apontar responsabilidades ao BCE e ao seu presidente, Jean Claude Trichet, antigo governador do *Banque de France*, contestando assim ora a adequação da independência do banco central em si ora a sua completa irresponsabilidade quanto às políticas que define e executa, por não estar sujeito a qualquer modalidade de controlo democrático, tanto pelos representantes do povo directamente eleitos como pelos titulares de um "governo económico", que, no mínimo, dispõem do direito de debater a política monetária adoptada e a adoptar e de interpelar os seus decisores e executores. Antes disso, o ministro dos assuntos económicos de Itália, Giulio Tremonti, não se cansara de culpar, repetidamente, a moeda única pelos problemas que atingiram a economia do seu país. Outros dois ministros italianos, Roberto Calderoli e Roberto Moroni, foram ainda mais longe, defendendo o próprio abandono da união monetária europeia. Em entrevista ao jornal *La Repubblica*, de 6 de Junho de 2005, o ministro italiano das reformas, Roberto Calderoli, sustentou a reinstauração da antiga moeda nacional, a lira, indexada ao dólar dos Estados Unidos da América, e criticou a Comissão Europeia por se preparar para o lançamento de um procedimento por défice excessivo ao seu país (o que efectivamente aconteceria poucas semanas depois, em relação à Itália e também a Portugal). Poucos dias antes, outro ministro do governo italiano de coligação, Roberto Moroni, também pertencente ao movimento populista e anti-europeu "Liga do Norte", afirmara que o país deveria equacionar o abandono temporário da união monetária e optar pela dupla circulação com a lira, declarações que contribuíram para uma queda acentuada da moeda única nos mercados, apesar de, pouco tempo depois, em Bruxelas, o porta-voz do comissário dos assuntos económicos e monetários ter enfatizado que "o euro é para sempre". No dia 8 de Junho do mesmo ano, o ministro das Finanças transalpino, Domenico Siniscalco, emitiu um comunicado no qual considerava que a saída da união monetária "não faz qualquer sentido".

Embora não isoladas, e com repercussão nos vários Estados membros, aquelas afirmações distinguiam-se sobretudo pela clareza (pretensão de sair da união monetária) e pelo estatuto de quem as produzira (membro de um governo de um Estado fundador das Comunidades, agora União Europeia, e da zona euro). Outras afirmações críticas em relação ao BCE (em especial quanto à sua independência) e à política monetária por ele prosseguida dimanaram de numerosos responsáveis políticos de vários Estados membros (da França, do Luxemburgo, de Portugal...), inconformados perante os efeitos "prejudiciais" para as economias nacionais e a ausência de um controlo "democrático" sobre o BCE. Ao contrário do que sucedia com a actuação da Reserva Federal dos Estados Unidos da América, o BCE encontrava-se "obcecado" com a estabilidade da moeda única, desprezando por completo o objectivo do crescimento económico. Cfr. Banco Central Europeu, 2006: 61 e ss.; Gonçalves, 2006; Gonçalves, 2009; Alesina & Giavazzi, 2006: 143 e ss.; Afonso & Claeys, 2006; Wyplosz, 2006: 209 e ss.; Tang (coord.), 2000; Baimbridge, Burkitt & Whyman (coords.), 2000; Commissariat Général du Plan (ed.), 1999; Rosa, 1999: esp. 89 e ss.; Lafay, 1997: 111 e ss.; Johnson, 1996.

insistiram em alertar os Estados participantes para as alterações substanciais, decorrentes da unificação monetária, sobre todos os instrumentos nacionais e comunitários europeus de política económica, a começar pela política orçamental dos Estados membros, o mesmo sendo dizer, de toda a actividade dos governos (e outros entes públicos) nacionais.

A unificação monetária de 1999 tratou-se, sem qualquer dúvida, de um dos passos mais marcantes da história económica do "velho continente". Para os "euroentusiastas acríticos", sempre foi considerada como uma espécie de bênção da qual teria de resultar uma aproximação crescente entre todas as políticas dos Estados membros. De uma promessa de maior coordenação entre políticas económicas, relacionadas ou não com a unificação monetária, haveriam de emergir inevitavelmente vantagens e um maior grau de coesão económica e social entre todos os povos envolvidos.

Outros, mais cautelosos, preferiram salientar que a moeda única impulsionaria a concorrência, mas também exigia a adopção concomitante de reformas estruturais sem as quais não se poderia alcançar um crescimento robusto e sustentável, visto que os velhos e artificiosos instrumentos de desvalorização competitiva e outros de ordem monetária, apesar de muito eficazes no curto prazo, jamais poderiam ser actuados. Alguns "mais pessimistas" advertiram ainda contra a perda de um instrumento flexível de política económica sem contrapartida minimamente comparável no domínio das políticas estruturais, particularmente úteis nos Estados com níveis inferiores de desenvolvimento económico e social[2].

---

2 Do ponto de vista puramente económico, também se costuma contrapor uma corrente "optimista" a outra "pessimista", consoante o peso atribuído às vantagens e aos riscos do processo de unificação monetária. A corrente "optimista" lembra o exemplo dos Estados Unidos da América, onde não se registou qualquer pressão regional para o regresso às moedas antigas (regionais). Mas aí, a unidade política era muito maior, tendo-se consolidado várias décadas antes da unificação monetária. Para os "pessimistas", seria de prever que, perante uma situação recessiva, as assimetrias ou desequilíbrios nacionais e regionais e a vontade de recorrer ao instrumento das desvalorizações competitivas pudessem conduzir a um agravamento das tensões entre Estados membros, capazes de pôr em risco os acordos monetários em que assenta o euro. Alguns autores, entre os quais Martin, Feldstein e Milton Friedman, admitiram mesmo que a adopção do euro viesse a intensificar os conflitos políticos europeus, até aumentar as probabilidades de confrontos armados.

Os benefícios da unificação monetária são muitos, imediatos e conhecidos (incluindo facilidades comerciais, ausência de custos de conversão monetária ou risco cambial, transparência dos preços através das fronteiras, maior concorrência, estabilidade dos preços e impossibilidade de desvalorizações competitivas). Em 1999, as taxas de juro caíram imediatamente, beneficiando especialmente os grandes devedores, como o Estado italiano (cujo volume de dívida rondava, na altura, 120% do PIB). A eliminação do risco de desvalorização inerente à lira italiana e a outras moedas, como o escudo português e a peseta espanhola, representou o maior factor de melhoria das finanças públicas destes países. Para Itália, Portugal, Espanha e Grécia, a admissão na zona do euro simbolizou a entrada num clube de países com políticas macroeco-

A SUSTENTABILIDADE DA ZONA EURO | 293

O processo de unificação monetária europeia resultou da conjugação de vários interesses, como seria expectável, e contribuiu para dar um forte impulso à integração económica, mesmo que esta nem sempre seja clara. Daí o progresso assinalável do mercado único de bens e serviços, incluindo o dos serviços financeiros. No entanto, enquanto a Comissão Europeia promovia uma maior integração nos mais diversos domínios com o objectivo de consolidação do euro, alguns governos nacionais não hesitaram em dificultar ou atrasar esse desiderato, quando julgaram que estavam em jogo interesses próprios do país.

A ambição por uma maior coordenação das políticas financeiras nacionais terá sido provavelmente exagerada em Bruxelas e noutras capitais europeias, tornando-se por vezes difícil de compreender ou mesmo contraproducente – como em 2002, quando a Irlanda foi censurada pelo Conselho pelos efeitos inflacionistas do corte do seu excedente orçamental de 0,2% do PIB. Na medida em que a política monetária é única em toda a zona euro, implicando necessariamente a perda dos poderes monetários ao nível nacional, compreender-se-ia que aos governos de cada Estado participante fosse reconhecida uma maior margem de acção no domínio financeiro, de modo a que aqueles poderes se mantivessem, ou não fossem mais restringidos, para poderem ser utilizados sendo caso disso.

Em vez de uma menor flexibilidade financeira dos governos nacionais, seria certamente preferível o alargamento da margem de actuação com o fim de não prejudicar a adopção atempada das medidas necessárias para solucionar os problemas que surgissem. Em vez de uma crescente uniformização de regras financeiras igualmente aplicáveis a todos os Estados membros, a coe-

---

nómicas respeitáveis. A rejeição na zona euro poderia aumentar ainda mais as taxas de juro e os défices "catapultando provavelmente a Itália para uma situação de incumprimento da sua dívida pública», com "fortes implicações negativas" não apenas para a estabilidade financeira italiana como para toda a Europa (Alesina & Giavazzi).

Também os custos da unificação monetária se encontram identificados: perda de independência na definição da política monetária interna e das taxas de câmbio, poderes atribuídos a uma autoridade comum (o BCE), que ponderará a média das variáveis macroeconómicas de toda a zona monetária e não apenas a situação económica concreta de um ou de outro Estado membro. Deixa, assim, de ser possível a condução de uma política monetária mais ou menos expansionista em função do menor crescimento económico de uma dada economia nacional ou de um "sobreaquecimento" da mesma. Por isso, quem considere a política monetária como instrumento adequado para procurar o *fine-tuning* da economia não deixará de entender a substituição da moeda nacional pelo euro como um problema. Para além das referências da nota anterior, cfr. Burstein, Eichenbaum & Rebelo, 2005: 742 e ss.; Pitta e Cunha, 1999; Ferreira do Amaral, 2002.

294 | JOSÉ RENATO GONÇALVES

são económica e social da União – entre outros objectivos – exigiria o reconhecimento de uma certa flexibilidade dos poderes orçamentais nacionais[3].

A previsão "euro-optimista" (passe o qualificativo excessivamente simplista e impreciso), segundo a qual a perda das políticas monetárias nacionais conduziria os governos de cada Estado participante a avançarem com as imprescindíveis reformas estruturais, não se concretizou, pelo menos até agora, em vários Estados membros. Se se tivesse optado antes pela flexibilização do funcionamento dos mercados e consequente estímulo da concorrência, as economias europeias provavelmente responderiam melhor e com maior celeridade aos desafios concretos ou choques negativos que se lhes têm deparado.

Alguns Estados membros reviram as respectivas legislações laborais – foi o caso da Dinamarca, da Suécia e da Alemanha –, enquanto noutros as alterações não foram tão longe ou seguiram vias e finalidades ambíguas ou erróneas (ora restringindo e mantendo restrições sem fundamento bastante, ora diferenciando onde não se deveria ou só muito dificilmente se poderia fazer). Muitas das reformas estruturais concretizadas na Europa, incluindo na área dos serviços, desde o sector financeiro ao gás e à electricidade, "desa-

---

3 A unificação monetária não exigiria um "governo económico" ou "financeiro" da zona euro, no sentido de um conjunto de regras de política económica e financeira a cumprir rigorosamente pelos Estados membros, a menos que essas regras se restringissem fundamentalmente ao assegurar do equilíbrio no período cíclico e a estratégias comuns no quadro da política económica e monetária, para além de ditames de rigor, de transparência e de controlo de execução. Sem cedências à falta de sustentabilidade, importaria que se consagrasse um sistema orçamental mais flexível e menos rígido para os Estados, libertando-lhes as mãos – e não as atando – para poderem responder pronta e eficazmente aos desafios particulares que se deparassem. Em 2002, prolongaram-se negociações com a Irlanda sobre a situação das finanças públicas. O orçamento irlandês era, na altura, um dos mais sólidos da Europa. O país registava um excedente orçamental e a dívida pública tinha caído para cerca do 60% do PIB, quando quinze anos atrás rondara os 120%. No entanto, foi advertida pelo Conselho, que decidiu instaurar um procedimento para aplicação de sanções por infracção das regras de equilíbrio orçamental, por redução do excedente previsto em 0,2% do PIB, pelos efeitos inflacionistas que poderia produzir. Apesar da violação de regras comunitárias atinentes ao controlo do défice orçamental, não deixava de ser difícil justificar a aplicação de sanções a um país simplesmente pela quebra do seu excedente em 0,2% do PIB, montante relativamente diminuto, não afastado sequer por eventuais erros de contabilização. Outro aspecto interessante respeitava aos países presentes no Conselho, órgão responsável pela abertura do procedimento destinado à aplicação de sanções, a começar pela Itália, na altura com um défice "previsto" de 2% do PIB e com um endividamento próximo de 120% do PIB, e Portugal, com um défice previsto muito diminuto, em 2001, mas que depois se comprovaria, após uma avaliação levada a cabo pelo Banco de Portugal, ter sido muito superior ao admitido, justificando a abertura do primeiro procedimento por défice excessivo em 2002. Outro aspecto "cómico", notado por alguns observadores, respeita à precisão terminológica utilizada pelo Conselho sobre os efeitos previsíveis dos impostos e das despesas públicas sobre a inflação, como se estivessem em jogo leis naturais. Estas percepções erróneas do real poderiam indiciar um problema mais grave de política económica europeia: supor-se que os responsáveis "soubessem exactamente o que causa o quê, quando, e em que medida" (Alesina & Giavazzi). Cfr. Afonso, 2006; Constâncio, 2005; Alesina & Giavazzi, 2006: 139 e ss.; FMI, 2006-2010, *Country Report. Article IV Consultation. Portugal.*

A SUSTENTABILIDADE DA ZONA EURO | 295

pontaram", porque "excessivamente lentas e demasiado tímidas" (Alesina & Giavazzi). O fraco impulso reformista do lado da oferta seria a causa principal, de acordo com vários autores, das dificuldades que voltaram a atingir uma parte muito significativa das economias europeias no primeiro decénio do século XXI[4].

Obviamente, importa confrontar as vantagens e os custos decorrentes da participação numa união monetária para se concluir em que medida um país poderá ganhar e/ou perder, do ponto de vista do bem-estar económico e social, com a participação numa união monetária. Conforme é conhecido e se notou, a ponderação das perdas e dos benefícios resultantes de uma unificação monetária dependerá, fundamentalmente, do juízo sobre a adequação do instrumento cambial e monetário para a correcção dos desequilíbrios económicos e financeiros que ocorram entre os países ou partes territoriais de um conjunto mais vasto, e, eventualmente, da sua substituição por outros instrumentos financeiros[5].

---

4 É certo que a unificação monetária aumentou as dificuldades nos países que não quiseram ou não puderam introduzir as reformas necessárias à ocorrência do crescimento económico, ao vedar o caminho tradicionalmente utilizado para estimular as exportações nacionais, ou seja, as desvalorizações competitivas. Mas, como se verá, estas não passariam a estímulos temporários, só podendo funcionar como uma espécie de estímulo de "último recurso". Ultrapassado o seu efeito inicial, o problema aparentemente solucionado regressava, exigindo sempre "mais do mesmo" ou então outro "remédio", duradouro. A impossibilidade do recurso às desvalorizações poderia contribuir precisamente para a procura de soluções mais sólidas, de médio e de longo prazo, assentes nas reformas estruturais "necessárias". Todavia, decorridos oito anos sobre a introdução do euro, os resultados das reformas concretizadas nos diversos Estados participantes na zona euro afiguram-se muito díspares. Enquanto em alguns se procurou efectivamente reformar a economia, para melhor poder enfrentar a concorrência mundial, noutros países as perspectivas mantiveram-se pouco auspiciosas. Em Portugal, em Itália, na França e noutros Estados, a perda de competitividade em relação ao exterior era um facto. A expansão económica que acompanhou a entrada na zona do euro, alimentada sobretudo pela grande queda dos juros, levou a que os salários portugueses crescessem entre 1999 e 2005 cerca de 30%. Apesar de esta subida ser absorvida em 2/3 pela inflação, mesmo assim os salários cresceram em termos reais quase 10%. A subida real dos salários transmitiu-se para o aumento dos custos laborais unitários (em 29%), não encontrando compensação no crescimento da produtividade. Em Itália, a evolução não foi muito melhor (os salários nominais cresceram 21%, os custos unitários laborais aumentaram 18% e os salários reais subiram 3,2%). Consequentemente, as exportações caíram. Neste contexto, a "China" tornou-se a causa de todos os males económicos, em vários países. Nos Estados membros cujos custos laborais cresceram muito menos (3,4% em custos unitários laborais, durante o mesmo período, na Alemanha), as exportações conseguiram aumentar, até para a China. Como poderão aqueles países sair dos problemas apontados? A solução passará, simplesmente, pela eventual saída do euro? Cfr. também Benalal, Hoyo, Pierluigi & Vidalis, 2006; FMI, 2006-2010, *Country Report. Portugal*.

5 O ponto de intersecção dos custos e benefícios emergentes da participação de um país numa união monetária determina o "nível crítico" de abertura económica. A maior ou menor abertura ao exterior pode ser medida a partir do peso das exportações e das importações na produção total. Quando foram criados o euro e a zona euro, as importações e as exportações intra-União dos (então) 15 Estados membros representavam, globalmente, uma percentagem entre os 14 e os 15% do PIB a preços de mercado. Contudo, enquanto na Bélgica e no Luxemburgo as exportações e as importações ultrapassavam os 40% do produto,

296 | JOSÉ RENATO GONÇALVES

Poder-se-ia supor que a relação entre os custos e os benefícios de uma união monetária, após a data da sua criação e entrada em funcionamento, se tornara questão "meramente académica" ou histórica. Todavia, não é despiciendo apurar se os benefícios da unificação monetária compensam os custos, para os países que a integram. Mesmo quando se suspeite apenas que os custos da unificação poderão ultrapassar os benefícios, nada impede que algum ou alguns dos Estados participantes – através dos respectivos governantes ou

---

e eram também elevadas na Irlanda (45,7% de exportações e 27,8% de importações), na Holanda (32% de exportações e 24,9% de importações), em Portugal (19,4% de exportações e 25,5% de importações), na Suécia (18,4% e 17%, respectivamente), na Finlândia (16,9% e 14,3%, respectivamente) e na Dinamarca (16,3% e 16,6%, respectivamente), nos restantes Estados a abertura era muito inferior: as exportações representavam apenas 5,7% do produto nacional na Grécia (atingindo as importações 16,1%), 11% em Itália (correspondendo as importações a 10%), 11,7% em França (11,1% quanto às importações), 12,2% em Espanha (representando as importações 13,7%), 12,7% na Alemanha (atingindo as importações 10,9%), 12,8% no Reino Unido (as importações representavam 13,3% do produto) e 14,3% na Áustria (cujas importações equivaliam a 21,6% do produto). Para além da divergência no grau de abertura de cada uma das economias, o mesmo se verificava com a relação entre o peso das importações e das exportações – em alguns casos os desequilíbrios eram muito acentuados (especialmente na Grécia, em Portugal e na Áustria, em défice, e, com excedentes, a Irlanda e a Holanda).

Para os países com maior abertura económica, a avaliação custo-benefício demonstraria provavelmente vantagens líquidas decorrentes da participação na UEM, pelo menos em relação à Irlanda e aos países do Benelux. Aceitava-se que a Alemanha e a França, conjuntamente com os países do Benelux, formariam já uma área monetária óptima. Dado que os dois grandes países centrais continuavam a registar baixos graus de abertura no quadro da União Europeia, outros Estados membros, incluindo a maior parte dos situados no sul, também poderiam associar-se à mesma área – a menos que esse aspecto fosse contrariado por outros, como o grau de flexibilidade de instrumentos de ajustamento ou o grau de assimetria dos choques económicos. Decorridos poucos anos sobre a criação do euro e da zona euro, o nível das exportações e das importações intra-União evoluiu embora continuasse muito diversificado. Em 2003, a exportações intra-União representavam 58% na Bélgica e no Luxemburgo, 51% na Eslováquia, 42% na Estónia, 41% na República Checa e na Hungria e 38 % em Malta e na Irlanda, mas apenas 3,4% na Grécia, 6,4% em Chipre, 9,5% no Reino Unido, 10,5% em Itália, 12,5% em França e 13,3% em Espanha. As exportações alemães intra-europeias representavam no mesmo ano 16% e as finlandesas e portuguesas cerca de 17%, as dinamarquesas e as austríacas cerca de 20%, as suecas 21%, as polacas 22%, as da Letónia 26% e as holandesas e da Lituânia pouco mais de 32%.

Para os países com um grau elevado de abertura comercial relativamente aos seus parceiros, o cálculo custo-benefício revelará provavelmente benefícios líquidos da participação na união monetária europeia (no Benelux, na Irlanda e em alguns novos Estados membros, como a República Checa, a Eslováquia, a Estónia, a Hungria e a Eslovénia). Alguns dos novos Estados membros encontram-se tão bem ou melhor integrados no conjunto comunitário, do ponto de vista comercial, do que os Estados membros mais antigos. No final da tabela encontram-se países como a Grécia, Chipre e o Reino Unido, que dificilmente poderão ser considerados partes de uma mesma "área monetária óptima". A unificação monetária estimula o comércio e a abertura ao exterior, graças à redução de custos e às facilidades de transacção introduzidas, como notou Mundell. Para além de consolidarem esta percepção e de ensaiarem a sua quantificação, diversos estudos posteriores sustentaram que a unificação monetária promove a abertura dos países participantes com outros, não participantes. De acordo com Frankel & Rose, nada indicia que a criação de comércio entre os membros de uma união monetária tenha por efeito a eliminação de fluxos comerciais com não membros. A criação global de comércio poderá ter atingido os 300% (segundo as estimativas de ROSE) com as experiências de unificação monetária do pós guerra, tendo por consequência o aumento do rendimento. Cfr. Grauwe, 2005: 85 e ss.; Micco, Stein & Ordoñez, 2003: 317 e ss.; Frankel & Rose, 2002: 437-466; Rose, 2000: 7 e ss.; Banco Central Europeu, 2006: 61 e ss.; FMI 2006-2010.

A SUSTENTABILIDADE DA ZONA EURO | 297

de outros intervenientes políticos, económicos e sociais – manifestem a sua insatisfação relativamente à política monetária única, ou aos agentes que a executam, e, porventura, também em relação à própria união monetária e, por fim, quanto à subsistência desta.

A insatisfação de um ou mais dos Estados participantes não só contribuirá para pressionar a actuação do banco central (comum e único) – que, incapaz de atender à diversidade de condições económicas nacionais, correrá o risco de "paralisia" – como se poderá projectar nos países candidatos à participação na união monetária, evidenciando sobretudo os custos exigidos. Em relação aos países que optem por não aderir à união monetária, põe-se ainda a questão crucial do cálculo do que perdem ou perderão e/ou do que ganham ou ganharão, tanto do ponto de vista económico e social como político, com a opção de "isolamento" monetário[6].

A construção tradicional da teoria das áreas monetárias óptimas, desenvolvida por Mundell & McKinnon, acentua o peso dos custos inerentes à participação numa união monetária. Esse pessimismo intrínseco poder-se-á não justificar, em grande medida, se a aptidão do instrumento cambial para absorver os choques assimétricos for mais fraca do que se costumava assinalar no passado e se, nesse contexto, os países que mantêm políticas monetárias e cambiais independentes virem as alterações das taxas de câmbio como fonte

---

6 As críticas dirigidas à política monetária comum podem não ter por pressuposto uma concepção segundo a qual os custos da unificação monetária superam os respectivos benefícios. Após a criação do euro e da zona euro, diversos chefes de governo dos Estados que já integravam a união monetária europeia, incluindo a Alemanha, a França e Portugal, manifestaram-se publicamente no sentido de o Banco Central Europeu não proceder à subida (mas à redução) das suas taxas de juro de referência, a fim de "não prejudicar" o "crescimento económico" ou a "retoma" do crescimento. Embora pressupondo os "custos" (ou as implicações) da unificação monetária – e, designadamente, a impossibilidade de prosseguir uma política monetária diferenciada, por países ou regiões, em função das suas particularidades próprias –, não se afirmava que os mesmos ultrapassariam os benefícios. Sem prejuízo de numerosas resistências, de ordem política e de outras ordens, em relação à prevalência "inquestionável" dos benefícios sobre os custos da unificação monetária, esta questão só foi colocada mais tarde por alguns responsáveis governamentais de um Estado membro, a Itália, perante a persistente perda de competitividade do sector exportador nacional. Em outros Estados, como o Reino Unido, a Dinamarca e a Suécia, as divergências tinham-se acentuado até ao ponto de determinarem a decisão de não participação na união monetária europeia, pelo menos na sua fase inicial. Nos novos Estados membros da União, o debate variou muito com os países. Alguns solicitaram a sua adesão logo que conseguiram preencher as exigências de convergência, outros afirmaram pretender avançar primeiro no campo da convergência real (*vd. supra*). Independentemente do impacto quantitativo da unificação monetária, em termos de criação de comércio, importará indagar o que estarão a perder os países não participantes – Reino Unido, Suécia e Dinamarca, por decisão própria, e, após 2004, os novos Estados membros da União Europeia. Atendendo apenas aos efeitos sobre a criação de comércio, que não são os únicos relevantes, os Estados membros que ainda não participam na união monetária deveriam optar, quanto antes, por essa participação. Cfr., para além das referências anteriores, Benalal, Hoyo, Pierluigi & Vidalis, 2006.

298 | JOSÉ RENATO GONÇALVES

de instabilidade macro-económica em vez de instrumento de estabilização. Aliás, a própria volatilidade das taxas de câmbio pode causar "choques assimétricos" significativos nos países que optem por manter as suas próprias moedas e políticas monetárias. Supõe-se, incorrectamente, que os Estados com moeda e política monetária próprias prosseguem, ou prosseguiriam, políticas económicas (maxime monetárias e orçamentais) equilibradas e sustentáveis, o que a história não comprova minimamente, como revelam tantos exemplos, alguns deles muito recentes[7].

Enquanto os custos da participação numa união monetária dependem sobretudo do modo como é conduzida a política macro-económica (ou as políticas) de um país, em consequência da eliminação ou do estreitamento dos instrumentos de intervenção pública no domínio cambial e monetário, os benefícios da moeda única situam-se fundamentalmente no plano microeconómico (embora não apenas neste, como há pouco se observou). Referiu-

---

7 Para além das alterações da taxa de câmbio não produzirem, em regra, efeitos permanentes sobre a produção e o desemprego, como se observará a seguir, nem sequer resultam, em geral, de decisões livres dos políticos – sob pena de os custos se tornarem demasiado pesados e insustentáveis. Isto não significa, por si, o afastamento da construção tradicional da "teoria das áreas monetárias óptimas", que se manterá no essencial, mas dependente dos seus pontos de partida, incluindo a pressuposição de que as políticas económicas nacionais (*maxime* monetárias e orçamentais) serão sempre "racionais" e sustentáveis, o que a história não tem comprovado em numerosos casos, alguns citados. Daí os esforços de estabilização monetária ao nível internacional, sobretudo, nos últimos sessenta anos, no âmbito do Fundo Monetário Internacional. Por outro lado, o acto de unificação monetária não faz desaparecer, automaticamente, diferenças estruturais importantes entre os Estados participantes, que, se existiam, continuarão certamente a existir, durante longo tempo, como ilustra o exemplo dos Estados Unidos da América. Grande parte dessas diferenças tem origem e natureza de ordem política, jurídica e institucional, incluindo a regulação do mercado do trabalho e das suas diversas instituições típicas, do mercado financeiro e dos outros mercados, da tributação, etc., ainda muito divergentes de Estado para Estado, sem prejuízo dos esforços de aproximação por força da globalização dos mercados.

A amplitude das áreas já atingidas pelo processo de integração europeia não afastou, por enquanto, do domínio exclusivo dos Estados membros certos domínios, incluindo grande parte dos regimes laboral, dos mercados financeiros, dos direitos reais, etc. Conforme se referiu, os governos nacionais continuam a ter sistemas fiscais próprios (sem prejuízo da harmonização de certos tributos e de alguns regimes, como o IVA – Imposto sobre o Valor Acrescentado –, e de alguns aspectos da tributação dos lucros de sociedades) e a prosseguir diferentes políticas de despesas (sem prejuízo dos compromissos comunitários atinentes ao controlo dos défices excessivos e de outros indicadores financeiros, como a dívida pública). A eliminação, mais ou menos gradual, destas divergências, nacionais e regionais, por efeito da unificação monetária, não será completa, pelo menos no curto ou médio prazos. Essas diferenças espaciais, que se têm mantido, produzirão efeitos díspares na produção nacional e nos preços, exigindo ajustamentos, imediatamente "mais difíceis", sem recurso ao instrumento cambial. Trata-se, neste sentido, de um custo decorrente da unificação monetária, a ponderar pelos países no momento da avaliação dos efeitos da sua participação na união monetária. No entanto, o risco de custos elevados de ajustamento face a distúrbios assimétricos poderá diminuir, como se verá, através da flexibilização dos mercados ou então através do aprofundamento do processo de integração política, permitindo a redução dos particularismos nacionais e, por essa via, das probabilidades de ocorrência de "choques assimétricos". Cfr. Mundell, 1961; Mundell, 1973; McKinnon, 1963; McKinnon, 2001; Kenen, 1969.

A SUSTENTABILIDADE DA ZONA EURO | 299

se que a substituição definitiva das moedas nacionais por uma moeda única comum proporciona ganhos de eficiência essencialmente decorrentes da eliminação dos custos de transacção associados ao câmbio da moeda própria por divisas e à eliminação do risco emergente da incerteza em torno das alterações futuras das taxas de câmbio.

A redução ou a eliminação do risco cambial não implica, no entanto, uma redução do "risco sistémico" da união monetária, nem do "risco sistémico" do sistema financeiro e, em particular, do sistema bancário. Pelo contrário, esses riscos aumentam, desde logo em função da escala. A participação numa união monetária pode significar uma melhoria do ponto de vista macro--económico para os Estados habituados a más práticas de políticas económicas (nos domínios monetário e cambial, devido a outros desequilíbrios, com projecção orçamental), normalmente responsáveis por taxas de inflação e por défices públicos elevados, difíceis de sustentar no médio ou no longo prazo, ou, no caso de se acumularem ano após ano, mesmo insustentáveis – situação em que se encontra presentemente a Grécia e, com diversas particularidades, outros países do sul da Europa, correntemente identificados pelo acrónimo formado pelas respectivas iniciais, em inglês: PI(I)GS (P de Portugal, I de Itália e / ou de Irlanda, G de Grécia e S de Espanha / Spain)[8].

Numa óptica dita "mais monetarista"[9], considerou-se tanto inapropriada como ineficaz a utilização do instrumento cambial tendo em vista a correcção de "choques assimétricos", permanentes ou temporários. Nessa óptica, mesmo

---

8 Uma moeda comum oferece várias vantagens, entre as quais a redução dos custos de transacção, directos e indirectos, ao estimular a integração económica num espaço mais alargado. Ao reduzir a instabilidade dos preços, a moeda comum também favorece a eficiência de alocação de recursos do mecanismo dos preços, aumentando assim o bem-estar económico (sem prejuízo deste ser de cálculo quantitativo difícil). É, no entanto, controverso se o declínio no risco cambial implicará uma redução do risco sistémico da união monetária. A maior transparência dos preços graças à utilização de uma moeda comum contribui para a intensificação da concorrência, com vantagens para os consumidores, mesmo que a fonte das vantagens não seja o reforço da transparência dos preços mas a própria existência da moeda comum que estimula a integração em outras áreas (financeira, institucional, política), intensificando a concorrência e os ganhos gerais em termos de bem-estar. Acresce que, se a nova moeda comum se tornar uma verdadeira moeda global, poderão ser alcançados outros benefícios em forma de rendimentos governamentais e em termos de expansão da indústria financeira da união. Conforme se referiu, a análise dos dados estatísticos aponta ainda vantagens claras na criação de fluxos de comércio no interior da união, sem prejuízo da controvérsia sobre a sua quantificação. Cfr. Grauwe, 2005: 65 e ss.; Micco, Stein & Ordoñez, 2003: 317 e ss.; Frenkel, Nickel & Schmidt, 2002; Frankel & Rose, 2002: 437 e ss.; Persson, 2001: 435 e ss.; Cavaco Silva, 1999: 23 e ss.; Pitta e Cunha, 1999; Eichengreen, 1997: 51 e ss.; Sousa Franco, 1996: 21 e ss.; Goodhart, 1995; Emerson, Gros, Pisani-Ferry, Italianer & Reichenbach, 1991; Comissão Europeia, 1990.

9 As aspas justificam-se aqui pela clara imprecisão das designações, em larga medida superadas, apesar de continuarem a ser correntemente muito utilizadas.

300 | JOSÉ RENATO GONÇALVES

que se tratasse de instrumento eficaz, os efeitos mais prováveis seriam sempre nocivos. De acordo com o entendimento perfilhado pela Comissão Europeia num conhecido e muito citado relatório de 1990 (One Market, One Money), os Estados membros só retirariam vantagens económicas e financeiras com a decisão de participar na união monetária, ligando as paridades das respectivas moedas nacionais.

Noutra óptica, de inspiração "mais keynesiana", salientou-se que, na medida em que o mundo "está cheio de situações rígidas" (maxime, em matéria de salários e de preços e de legislação laboral), a taxa de câmbio continuaria a funcionar como um poderoso instrumento de absorção de "choques assimétricos". Sendo assim, muito menos países retirariam vantagens da participação numa união monetária. Do ponto de vista puramente económico, não seria de excluir uma hipotética divisão dos países de maiores dimensões em diferentes regiões ou zonas monetárias. Conforme se viu, a perspectiva "monetarista" ganhou gradualmente mais aderentes, sobretudo desde o começo dos anos oitenta, o que em parte explica a razão pela qual se projectou e concretizou a actual União Económica e Monetária europeia, desde o final dos anos oitenta e durante os anos noventa até ao presente[10].

Para além da ponderação dos custos e dos benefícios globais da participação de um país numa união monetária, importa analisar em que termos essa opção política se projecta nos vários sectores e actividades da economia e, sobretudo, nos diferentes espaços económicos e políticos (maxime Estados membros, mas sem excluir outras divisões territoriais) da área abrangida. Por outras palavras: quais são os reais efeitos territoriais diferenciados, maxime nacionais, da unificação monetária europeia? Na medida em que os Estados que participam na união monetária europeia tiveram de enfrentar e têm de

---

10 A discussão em torno desta temática, tal como se viu antes, tem incidido sobretudo no apuramento da natureza da união monetária europeia como área monetária óptima. A inclusão de cada um dos Estados membros da União numa área monetária óptima depende de diversas circunstâncias, sustentando-se que até os países com um grau reduzido de abertura económica poderiam beneficiar da participação numa união monetária. Esta decisão por países com uma história de elevadas taxas de inflação, como Itália, Portugal ou Grécia, pode ter assentado nas vantagens esperadas da disciplina e da credibilidade financeiras. Apesar do reduzido grau de abertura comercial da Itália ou da Grécia, as respectivas autoridades não consideraram especialmente custosa a perda do instrumento cambial, tendo por isso decidido participar na união monetária, acreditando que assim obteriam vantagens emergentes das novas políticas monetária e cambial comuns. Do ponto de vista "monetarista", as vantagens da participação numa união monetária superam sempre os custos daí decorrentes, mesmo no caso de países com um grau de abertura comercial muito baixo, por se afastarem as más políticas anteriores (vd. supra). Cfr. Constâncio, 2005; Grauwe, 2005: 85 e ss.; Cavaco Silva, 1999: 23 e ss.; Sousa Franco, 1996: 21 e ss.; Amato & outros, 1994; Banco Central Europeu, 2006: 61 e ss.; Emerson, Gros, Pisani-Ferry, Italianer & Reichenbach, 1991; Comissão Europeia, 1990.

A SUSTENTABILIDADE DA ZONA EURO | 301

continuar a enfrentar dificuldades de adaptação às novas exigências e às realidades, de ordem não exclusiva ou predominantemente monetária – também de ordem económica, de ordem orçamental e de ordem política –, importará apurar se a não superação dessas dificuldades poderá, porventura, ter de passar, em última instância, pela saída da união monetária – facto que não deixaria de representar um forte revés para a ainda jovem zona euro.

II. A INTEGRAÇÃO ECONÓMICA, FINANCEIRA E MONETÁRIA EUROPEIA E A OCORRÊNCIA DE "CHOQUES ASSIMÉTRICOS"

Entre as circunstâncias que podem determinar o êxito ou o insucesso das uniões monetárias, e para além do grau de flexibilidade do mercado de trabalho e dos custos inerentes ao seu funcionamento (que não podem ser desenvolvidas aqui), encontramos os designados "choques assimétricos", que ocorrem com frequência e intensidade muito variáveis. Quando e na medida em que um ou alguns Estados participantes numa união monetária – v. g., os designados PI(I)GS – for(em) afectado(s) de modo divergente por "choques" da oferta ou da procura, em função das especificidades das suas estruturas económicas e sociais, incluindo as jurídicas e institucionais, entre outros factores "próprios" (no sentido de distintos dos que existem em outros Estados), os custos daí resultantes, consoante a sua dimensão, hão-de dificultar a acção das políticas destinadas a ultrapassar os desafios que se de parem. Simplesmente, ocorre um choque ("negativo") da procura, como referiu Mundell, quando um produto (ou conjunto de produtos) de um país perde posição nos mercados em benefício de produto(s) proveniente(s) de outro(s) país(es)[11].

---

11 O contributo de Robert Mundell para a teoria das "áreas monetárias óptimas" foi um dos mais relevantes, motivando a atribuição do prémio Nobel da Economia em 1999, quando era já considerado um dos "pais" da união monetária europeia. Esta qualificação pode surpreender, se atendermos ao significado do estudo do autor, com enorme impacto sobre o tema, "A theory of optimal currency areas", de 1961, que abriu caminho a uma análise aprofundada sobre os custos e benefícios das uniões monetárias. Embora, na altura, tenha colocado em dúvida o sucesso de uma unificação monetária no continente europeu, Mundell adoptou depois uma posição mais optimista sobre as vantagens das uniões monetárias, com base em duas ordens de argumentos. Em primeiro lugar, a união monetária constitui uma forma mais eficiente e segura de organizar um sistema capaz de reagir a choques assimétricos do que um conjunto fragmentado de moedas nacionais sujeitas à incerteza dos câmbios.

Perante um desequilíbrio temporário entre dois Estados membros de uma união monetária – causado, por exemplo, por evoluções assíncronas dos ciclos económicos ou por factores sazonais – processar-se-iam fluxos de capitais "automáticos", de "compensação", de um país para o outro, conduzindo a que as poupanças num dos espaços suportem o consumo no outro, onde o rendimento tenha caído temporariamente. Assim não sucederá se os mercados financeiros não estiverem ainda "suficientemente» integrados, como previsivelmente ficariam após a unificação monetária. Sem esta, o recurso ao crédito externo fica

302 | JOSÉ RENATO GONÇALVES

No relatório One Market, One Money, a Comissão Europeia defendeu que os "choques assimétricos" da procura verificar-se-iam menos frequentemente numa união monetária porque o comércio entre os países industrializados (da Europa) é em larga medida "intra-europeu". Assentando o comércio em economias de escala e na diferenciação de produtos, estar-se-ia perante uma estrutura económica em que os países compram e vendem entre si as mesmas categorias de produtos. A França venderia e adquiriria automóveis à Alemanha, o mesmo acontecendo com este último país em relação ao primeiro. Assim, os choques da procura tenderiam a afectar, em geral, ambos os países de modo comparável: quando os consumidores diminuíssem (ou, ao invés, intensificassem) a aquisição de automóveis, fá-lo-iam tanto em relação aos veículos produzidos em território francês como aos produzidos em território alemão[12].

---

dificultado pelo risco cambial entre diferentes divisas. Ou seja, sem uma união monetária, os "choques assimétricos" temporários dificilmente seriam contrariados.

Em segundo lugar, de acordo com o novo posicionamento de Mundell, num mundo incerto como o da actualidade, os movimentos cambiais poderiam causar também choques assimétricos (em vez de oferecerem um mero mecanismo de ajustamento aos choques assimétricos). Efectivamente, os movimentos cambiais estão muitas vezes desligados das realidades subjacentes, como diferenciais de inflação ou de crescimento económico. O curso dos câmbios depende não raramente de factores psicológicos, responsáveis pela agregação de comportamentos e que alimentam a grande volatilidade dos mercados, prejudicial para as economias.

Mais optimista do que anteriormente, Mundell passou a considerar as uniões monetárias como instrumento de redução dos choques assimétricos e de defesa contra os mesmos, pelo menos se forem temporários. Já no caso de choques "permanentes", os aforradores de um país poderão recear a canalização das suas poupanças para os consumidores inveterados de outro país. Nesta hipótese, o ajustamento teria de passar pela alteração de preços e salários – como havia salientado o referido autor em 1961. Apesar da volatilidade das taxas de câmbio poder provocar autonomamente "choques assimétricos", poderão ocorrer também "choques assimétricos" de grandes dimensões, mais facilmente controláveis através de um ajustamento cambial. Cfr. Mundell, 1961: 511 e ss.; Mundell, 1973: 114 e ss.; Tenreyro & Barro, 2002: 17 e ss.

12 À medida em que foi sendo instaurado o mercado interno, a eliminação das barreiras comerciais reforçava estas tendências, de aproximação estrutural entre as economias nacionais cada dia mais integradas, pelo que a maior parte dos choques da procura haveriam de se repercutir geograficamente de modo similar. Os choques seriam, portanto, "mais simétricos", em vez de "assimétricos". Peter Kenen sublinhara já a relevância da proximidade de níveis de desenvolvimento e da diversidade nacional das estruturas comerciais para tornar menos oneroso o processo de unificação monetária. A diversidade de exportações, ao proteger a economia contra choques externos, "contribuirá seguramente para estabilizar a formação de capital aligeirando a carga suportada pelas políticas internas". Só não será assim se as alterações na procura de exportações resultarem de oscilações cíclicas. Neste caso, os efeitos atingirão todas as exportações e a diversificação não poderá impedir a instabilidade "importada".

De acordo com Kenen, a diversificação das economias nacionais serve, ex ante, para compensar os choques externos entre si e, incidentalmente, para estabilizar a formação interna de capital, enquanto, ex post, reduz os custos decorrentes de uma compensação incompleta. Trata-se também de um requisito prévio à mobilidade interna dos factores, enfatizada por Mundell, porque um conjunto contínuo de actividades nacionais maximizará o número de oportunidades de emprego para cada variedade especializada de trabalho. Em todo o caso, os países com taxas de câmbio fixas devem dispor de políticas internas "potentes

A SUSTENTABILIDADE DA ZONA EURO | 303

Em contraste com o entendimento sustentado pela Comissão Europeia, diversos autores, entre os quais Paul Krugman, sublinharam a importância de não menosprezar os estudos de Mundell e de outros quanto à dinâmica espacial gerada pelas economias de escala. Em linha próxima da seguida antes por autores como Myrdal e Kaldor, salientou-se que a integração económica baseada em economias de escala conduziria à concentração regional das actividades industriais. Sendo assim, a redução e a eliminação das barreiras ao comércio internacional produziriam efeitos contraditórios quanto à localização das actividades. Os agentes económicos tanto poderiam optar pela produção de um bem junto dos mercados finais como pela concentração geográfica do processo de produção com vista a extraírem vantagens das economias de escala, estáticas e dinâmicas. Neste quadro, em vez de promover uma utópica e irreal dispersão harmoniosa das actividades pelo território europeu, a integração económica e monetária continental estimularia a concentração em regiões centrais, com prejuízo de outras, periféricas[13].

---

e sofisticadas", visto que as economias nacionais diversificadas podem ser especialmente vulneráveis a choques "monetários" traduzidos numa alteração nos salários nominais em relação aos preços das importações. Daí a importância de controlo estreito dos salários nominais, ou, pelo menos, de travar qualquer desvio das variações salariais internas relativamente às do estrangeiro. Os mesmos países, com taxas de câmbio fixas, deveriam dispor de uma ampla margem de actuação orçamental capaz de fazer frente a "bolsas de desemprego" persistentes que surgirão em consequência de flutuações das exportações combinadas com uma mobilidade imperfeita do trabalho. Cfr. Wyplosz, 2006: 209 e ss.; Tenreyro & Barro, 2002: 17 e ss.; Emerson, Gros, Pisani-Ferry, Italianer & Reichenbach, 1991; Comissão Europeia, 1991; Kenen, 1969; Mundell, 1961; Mundell, 1973; McKinnon, 1963; McKinnon, 2001.

13 A distribuição da produção automóvel pelo território dos Estados Unidos da América e no continente europeu, a que já se fez menção, ilustra a tendência de concentração regional das actividades económicas nos espaços economicamente integrados. Enquanto a produção automóvel estadunidense se situava sobretudo no *Midwest* (66%) e, em muito menor proporção, no sul (25%), na Europa o mesmo indicador repartia-se diferentemente pelos países. Tendências semelhantes encontrar-se-iam, decerto, em outros sectores de actividade. A integração económica e monetária haveria de eliminar ou reduzir gradualmente constrangimentos à especialização e à inovação, incluindo custos de transporte e barreiras políticas e administrativas nacionais, para além de incentivar o aproveitamento das economias de escala e de aglomeração. Consequentemente, tenderia a verificar-se uma concentração da produção industrial nas regiões mais próximas dos grandes mercados.

Ao incentivar uma maior especialização regional e sectorial, a unificação monetária haveria de expor as regiões e os sectores económicos a "choques assimétricos", que, entretanto, com a unificação monetária, deixariam de poder ser enfrentados com recurso aos instrumentos de política monetária e de política cambial, "tradicionalmente" nacionais mas agora perdidos ou tornados comuns, sendo por isso inapropriados para diferenciar as divisões espaciais, nacionais e regionais, que integram uma única área monetária alargada. Todavia, o estabelecimento gradual de um mercado único em toda a extensão do espaço integrado reforçaria inevitavelmente o comércio "intra-industrial", a mobilidade entre as diversas componentes geográficas do espaço integrado e a convergência de rendimentos entre os residentes nas diversas partes desse espaço unificado, diminuindo assim, muito provavelmente, a vulnerabilidade aos "choques assimétricos".

304 | JOSÉ RENATO GONÇALVES

A posição trilhada pelo executivo comunitário-europeu apontava para uma redução da frequência dos choques assimétricos à medida em que avançasse a integração económica e monetária, o que permitiria esbater gradualmente divergências de rendimento e de emprego entre os residentes dos diferentes Estados membros e regiões da Europa. As críticas a esta concepção optimista não tardaram. Para Krugman, por exemplo, uma maior especialização económica territorial, à medida em que se intensificasse o processo de integração, faria aumentar as hipóteses de ocorrência de "choques assimétricos", não o inverso. Peter Kenen há muito sustentara que os países com uma estrutura de produção pouco diversificada se sujeitam a ser mais intensamente atingidos por choques assimétricos, quando estes ocorram, pelo que se encontram menos preparados para integrar uma união monetária do que outros, dotados de uma estrutura de produção mais diversificada[14].

Sem pôr em dúvida a tendência de concentração e de aglomeração territorial das actividades económicas, por efeito do processo de integração económica, admitiu-se que à medida em que este avançasse as fronteiras perderiam relevância enquanto factores determinantes da localização das actividades. Consequentemente, os efeitos de concentração e de aglomeração tornar-se-

---

De qualquer modo, os "choques assimétricos" que viessem a ocorrer dificilmente seriam choques próprios de um ou de um conjunto de Estados membros, ou de outra parte mais restrita de um Estado membro, dada a crescente instauração do mercado interno em toda a extensão geográfica da União, pelo que não poderiam ser enfrentados satisfatoriamente com recurso ao instrumento tradicional das taxas de câmbio, caso este ainda continuasse a poder ser utilizado. Cfr. Wyplosz, 2006: 209 e ss.; Tenreyro & Barro, 2002: 17 e ss.; Krugman, 1991-97.

14 Nesse sentido, os pequenos países com um elevado grau de integração económica em relação ao exterior, ao resto do mundo, por serem mais especializados na sua estrutura de produção, deveriam manter as moedas nacionais próprias, abstendo-se de participar numa união monetária. Tratar-se-ia de um paradoxo, que "não parece de acordo com o sentido comum", conforme notou Mundell. Pela mesma ordem de razões, as regiões, "idealmente", também necessitariam de uma moeda e de uma política monetária próprias, para melhor enfrentarem os seus "desequilíbrios económicos face ao exterior". Como mais tarde seria sublinhado por McKinnon, os defensores de taxas de câmbio flexíveis supõem que os agentes económicos não estão dispostos a aceitar variações de rendimento real decorrentes de ajustamentos dos seus salários nominais e de preços, mas dispõem-se a aceitar alterações cambiais com efeitos análogos.

No entanto, quanto mais pequena for a área monetária, maior tende a ser a proporção das suas importações no consumo total, pondo em crise o referido pressuposto. Se cada região, independentemente da sua dimensão, mesmo muito diminuta, pudesse emitir a sua própria moeda, deixaria de se poder repetir o mesmo "artifício" de desvalorização nas transacções com o exterior. A hipotética emissão discricionária de moeda pelas diferentes regiões prejudicaria os investidores, impedidos de utilizar uma única unidade monetária "com liquidez e com um valor estável", como concluiu McKinnon. A moeda de uma região mais extensa ou mais prudente na gestão monetária poderia atingir o estatuto de padrão comum de valores não apenas nas relações inter-regionais mas também nas próprias relações internas de outras regiões de menores dimensões, na linha do que sustentara Kenen. Cfr. Wyplosz, 2006: 209 e ss.; Burstein, Eichenbaum & Rebelo, 2005: 742 e ss.; Tenreyro & Barro, 2002: 17 e ss.; Frankel & Rose, 1998; Kenen, 1969; McKinnon, 1963; Mundell, 1961.

-iam cada vez mais neutrais em relação às divisões políticas e administrativas dos Estados. Os clusters da actividade económica deixariam de respeitar essas fronteiras, passando a sua concentração geográfica a obedecer fundamentalmente a critérios de competitividade dos países, podendo incluir a totalidade ou partes mais ou menos restritas do território de um ou mais Estados membros[15].

Reconhecer a inevitável perda de relevância económica (e não apenas económica) das fronteiras entre os Estados que participam numa experiência de integração, à medida em que esta avance, não significa admitir que deixarão de ocorrer efeitos de concentração espacial, mas apenas que as fronteiras nacionais tendem a perder peso nas decisões sobre a localização das actividades. Ou seja, os Estados e as regiões sujeitam-se a ser profundamente atingidos por choques assimétricos, por força das escolhas de localização dos operadores económicos. Com a perda de relevância das fronteiras nacionais, em consequência do processo sucessivo de integração económica internacio-

---

15 Voltando ao exemplo citado, da actividade de construção automóvel, poderia suceder que não se verificasse uma concentração industrial "sobretudo" num determinado país (*v. g.*, a Alemanha) mas apenas numa parte desse país (*v. g.*, na parte sul) conjuntamente com regiões de outro país ou de outros países contíguos (*v. g.*, a França oriental e a Itália do norte). A ser assim, a ocorrência de eventuais choques na indústria automóvel, supondo que esta não se pudesse encontrar dividida em diversas vertentes ou "nichos" de mercado, projectar-se-ia não apenas ou sobretudo num país mas sim nos vários países envolvidos, ou, mais precisamente, nas partes ou "regiões" afectadas desses países. Se os efeitos negativos provocados por um choque económico assimétrico não se repartirem geograficamente, de modo aproximado, pelo território de um ou mais Estados membros, o ajustamento tradicional baseado no instrumento das taxas de câmbio torna-se, em larga medida, inoperacional. Sendo assim, seria de prever uma redução significativa da ocorrência de choques assimétricos "nacionais", *i. e.*, de choques assimétricos cujos efeitos tendam a produzir-se numa extensão aproximada à das fronteiras políticas e administrativas dos Estados.

Importa não menosprezar o papel central dos Estados na definição e execução das políticas económicas e de outras políticas igualmente relevantes para o exercício das actividades. Por exemplo, não é indiferente para os agentes económicos que uma determinada operação seja tributada, ou seja pesadamente tributada, num dos lados da fronteira nacional e não o seja do outro lado. Se num Estado membro (*v. g.*, em Portugal) a taxa do IVA (Imposto sobre o Valor Acrescentado) exigida na aquisição de bens for cerca de 25% superior à praticada noutro Estado membro com fronteira comum (*v. g.*, a Espanha), não será de estranhar que um dos "passatempos preferidos" das pessoas que vivem nas regiões de fronteira do primeiro país (com uma taxa geral de IVA de 21%) sejam as deslocações para fazer compras no segundo (com uma taxa geral de IVA de 16%). Este tipo de comportamentos, em princípio economicamente racionais, produzem efeitos na oferta e na procura de bens em ambos os países (ou em partes dos países envolvidos). O mesmo se poderia considerar em relação a outros aspectos, desde as regras e práticas do licenciamento e da fiscalização de actividades ao regime laboral, ao regime da concorrência e à celeridade na aplicação da justiça.

De qualquer modo, se continuar a verificar-se o avanço do processo de integração dos mercados, na sequência da trajectória trilhada ao longo do último meio século, em direcção a um verdadeiro mercado único europeu, estas divergências e especificidades nacionais tenderão a reduzir-se cada vez mais, desligando progressivamente os choques da oferta e da procura que venham a ocorrer do território dos Estados membros e aproximando-os mais de divisões espaciais mas flexíveis, porventura "mais naturais", do ponto de vista da estrutura económica, ou seja, das "regiões".

nal, nada impede que surjam outras fronteiras, "regionais", independentes das primeiras. Os choques assimétricos que atinjam essas "regiões", de dimensões mais ou menos extensas do que as dos Estados, não necessariamente coincidentes com o território destes, não poderiam, de qualquer modo, ser enfrentados por forma eficiente através da política cambial, se esta ainda se encontrasse disponível ou fosse eventualmente compatível com a unificação monetária[16].

Estimou-se que o processo de integração económica internacional tornaria menos prováveis os choques assimétricos entre os Estados. Todavia, em função do crescimento das trocas no seio de um espaço ampliado, da maior correlação dos ciclos económicos de cada país, da alteração estrutural dos processos de produção, com os serviços a ocuparem uma posição cada vez mais preponderante nas transacções, e da harmonização, por vezes uniformização, legislativa e institucional, do topo para a base, a sucessiva aproximação entre as economias nacionais não garante que numerosas especificidades com diversa natureza, designadamente de ordem institucional e legal ou regulamentar, que persistem, não possam conduzir também à ocorrência de choques assimétricos.

A centralização da política monetária subjacente à criação do euro e da união monetária restringe algumas das causas dos choques assimétricos, designadamente ao aproximar os preços dos bens e, sobretudo, ao afastar os

---

16 Já não assim, por exemplo, para efeitos fiscais – enquanto não se avançar no sentido do reforço da harmonização fiscal europeia. Nas decisões de localização das empresas, serão relevantes, mesmo que não determinantes, aspectos como economias fiscais e contexto legal. A direcção de uma empresa que decida, por hipótese, alterar o local do seu centro de gestão para uma jurisdição diversa, tem de ponderar a eventual alteração da sua forma legal, as exigências impostas aos gestores numa dada localização, além de outros aspectos "puramente" económicos. Identicamente sucederá se a decisão for a de abrir uma unidade produtiva: em que local, sob que forma jurídica (como subsidiária, com personalidade jurídica própria, ou como um mero estabelecimento integrado na sociedade-mãe?). Muitos destes elementos dependem da alocação dos factores de produção de uma dada empresa a um local específico, inserido na jurisdição de um Estado. Por isso, o Estado, ou o governo nacional, e as autoridades regionais e/ou locais, têm interesse no resultado das decisões empresarias, designadamente em matéria de localização. A instalação de um estabelecimento comercial ou da sede de uma empresa estimulará a actividade económica local, reduzindo o desemprego, aumentando a base fiscal, diminuindo os custos de bem-estar, e assim sucessivamente. Os governos beneficiam com o investimento externo, em primeiro lugar porque este melhora o bem-estar económico do eleitorado, aumentando as probabilidades de reeleição e, em segundo lugar, porque o acréscimo da actividade económica dará lugar a uma subida das receitas fiscais, o que permitirá uma melhoria da qualidade e da quantidade de bens públicos oferecidos, ampliando a margem de escolha dos políticos na realização de medidas redistributivas, em benefício económico de "toda" a sociedade, em graus diferenciados. Assim, compreende-se que o Estado, ou a elite política, tente oferecer um ambiente económico e legal favorável à atracção dos negócios. Com a tomada de consciência de que as decisões empresariais serão influenciadas pelas vantagens oferecidas pelas autoridades, nasce um "mercado" e a "concorrência" entre Estados em matéria de decisões de localização.

efeitos que tendem a acompanhar as oscilações nas políticas monetárias e cambiais. No entanto, mantêm-se outras fontes de diferenciação nacional, umas decorrentes das características naturais e estruturais, outras das políticas económicas e sociais prosseguidas, incluindo nos domínios jurídico e institucional. Ora, os principais responsáveis por estas políticas nacionais, financeiramente reflectidas nos orçamentos públicos, continuam a ser os Estados (e outros entes públicos nacionais)[17].

Na união monetária europeia, sem prejuízo de se continuar a reclamar um "governo económico" comum – cujo significado não se encontra minimamente fixado, bem pelo contrário –, talvez como espécie de contrapeso ao poder monetário do BCE, certo é que a generalidade dos poderes financeiros continuam a pertencer, pelo menos por enquanto, aos Estados (e a entidades infra-estaduais, por força da descentralização política, administrativa e financeira admitida), cujos orçamentos chegam a ultrapassar no seu conjunto metade de toda a produção interna, em nítido contraste com o peso diminuto ou residual do orçamento da União Europeia, equivalente apenas a aproximadamente 1% da riqueza produzida por ano. Através dos instrumentos de política financeira – receitas e despesas públicas – os governos nacionais estão também incumbidos de prevenir ou combater choques assimétricos, com maior ou menor impacto mas sempre limitados pelas respectivas fron-

---

17 Estudos como os de Frankel & Rose e de Artis & Zhang sustentam que o estreitamento das relações comerciais entre dois países que participem numa experiência de integração económica depende, consistentemente, da intensificação do comércio "intra-industrial" entre esses países e que os avanços registados no processo de integração europeia ao longo das últimas décadas permitiram uma aproximação dos ciclos económicos dos Estados membros. Por outro lado, o peso crescente dos serviços no conjunto das actividades económicas também contribui para a redução das probabilidades de surgirem choques assimétricos entre países. Comparativamente com as actividades industriais, a influência das economias de escala é inferior nos serviços, não conduzindo a uma concentração regional nos termos em que ocorre no caso das actividades industriais. Dado que os serviços representam uma proporção maioritária da produção, chegando a atingir, ou mesmo ultrapassar, 3/4 do produto em vários países, a tendência no sentido da concentração regional das actividades pode não se manter face aos avanços do processo de integração. De acordo com a OCDE, e após décadas de concentração regional sucessiva, esta estará a decrescer nos Estados Unidos da América. No entanto, conforme se referiu, a circunstância de o sector dos serviços não se encontrar, em geral, tão sujeito à concorrência externa, isso significa que os ajustamentos serão muito mais difíceis de alcançar. Por exemplo, na presença de qualquer modalidade de constrangimentos que afectem por forma diversa os mercados laborais no interior da união monetária – como a subida significativa dos custos num país (6,7% em Itália, entre o segundo trimestre de 2004 e o primeiro trimestre de 2005), ou num conjunto de países, ou numa região, ou num conjunto de regiões, e a quebra dos mesmos custos noutro país (3,7% na Alemanha, no mesmo período) ou noutros países, ou noutra região, ou noutras regiões –, serão prováveis dificuldades onde os reajustamentos não tenham operado, devido a "choques assimétricos". Cfr. Wyplosz, 2006; Tenreyro & Barro, 2002: 1 e ss.; Frankel & Rose, 1998; Artis & Zhang, 1995.

308 | JOSÉ RENATO GONÇALVES

teiras (não meramente políticas e administrativas, mas também económicas e financeiras) e por outros constrangimentos, tanto factuais como jurídicos.

A grande amplitude dos poderes orçamentais, que permanecem na esfera decisória dos Estados membros de uma união monetária, coloca o problema da respectiva "harmonização" ou "coordenação". Trata-se, afinal, do velho problema da União Económica e Monetária europeia ser uma união monetária mas não uma união económica[18].

III. INTEGRAÇÃO E REGULAÇÃO DOS MERCADOS FINANCEIROS E REPARTIÇÃO GEOGRÁFICA DO RISCO

Qualquer unificação monetária internacional tem implicações nos mercados financeiros e nos financiamentos externos. Eliminado o risco cambial, perdem relevo as variações de expectativas sobre a evolução do valor de cada uma das antigas moedas, bem como os inerentes obstáculos à circulação de activos e à prestação de serviços financeiros entre os países envolvidos. Com a introdução de uma moeda única, as obrigações emitidas nessa moeda por empresas com sede nos Estados participantes passam a ser avaliadas com base na credibilidade e no risco da entidade emissora, não já nas probabilidades de alteração do câmbio da moeda em que foram emitidas. O mesmo deverá suceder, certamente com especificidades e enviesamentos, nos mercados de acções, no mercado dos títulos do Tesouro e nos mercados de outros valores mobiliários.

Isto não significa, todavia, que a introdução de uma moeda única promova automaticamente a integração completa dos mercados financeiros. Múltiplos

---

18 O exercício dos quase intocados poderes orçamentais das autoridades nacionais pode conduzir à ocorrência de choques assimétricos nos diferentes Estados membros de uma união monetária. Por exemplo, se se decidir aumentar os impostos sobre os rendimentos do trabalho, as curvas agregadas da oferta e de procura deste factor produtivo diminuirão, provocando distorções entre os níveis de salários e de preços no país em causa. Pela sua própria natureza, estas decisões de política económica têm os seus efeitos limitados ao país em que sejam adoptadas. Outros aspectos de natureza económica e social, incluindo instituições laborais ou dos mercados de capitais, podem variar significativamente de país para país, causando eventualmente choques assimétricos. Apesar do processo de integração económica tender a reduzir a hipótese de ocorrência de choques assimétricos entre países, estes poderão verificar-se em consequência das especificidades que inevitavelmente colocam problemas de ajustamento. Por isso, diversos autores têm sustentado que uma união monetária só pode funcionar bem se forem adoptados passos no sentido da unificação política. A ausência de uma união política criaria riscos excessivos de ajustamentos penosos a distúrbios políticos numa futura união monetária. No entanto, a existência de uma união monetária exercerá pressão suficiente nos países membros para acelerar os seus esforços no sentido de estabelecer uma união política. Nesta óptica, a união monetária funcionaria como um instrumento de pressão sobre os Estados europeus no sentido da união política europeia. Cfr. Wyplosz, 2006; Banco Central Europeu, 2006: 61 e ss.; Constâncio, 2005; Grauwe, 2005: 29 e ss.; Tenreyro & Barro, 2002: 1 e ss.; Pitta e Cunha, 1999; Frankel & Rose, 1998.

conflitos de interesses e particularidades legais e institucionais criam resistências à previsível integração dos mercados financeiros nacionais numa área monetária unificada. A eliminação das moedas nacionais afasta um obstáculo importante à integração dos mercados financeiros, mas não todos os obstáculos, incluindo, entre eles, as referidas divergências legais e institucionais[19].

Apesar de se terem registado nos últimos anos movimentos crescentes no sentido da concentração de instituições bancárias, este subsector continua ainda hoje a ser um dos menos integrados da União Europeia. Em contraste com outras actividades (química, farmacêutica, automóvel ou informática) que se tornaram verdadeiramente transfronteiriças, têm sido mais ou menos evidentes as resistências à integração dos bancos europeus, que se mantêm predominantemente nacionais – embora com excepções. A elevada dependência empresarial do crédito bancário e a falta de integração deste sector na zona euro levam a que a maior parte dos mercados creditícios permaneça

---

19 Os mercados dos títulos do Tesouro são os mais fáceis de integrar, visto que o risco entre os emissores será, em princípio, quase irrelevante. Por isso, desde 1999, as diferenças entre as taxas de juro das obrigações do Tesouro na eurozona reduziram-se de várias centenas de pontos base para menos de 50 pontos base, aparentemente devidos a diferenças de liquidez dos diversos títulos. Esta evolução justifica uma expansão rápida da procura de títulos de dívida pública, também por investidores estrangeiros, indiciando concorrência com o mercado da dívida pública norte-americana.

Em outros segmentos do mercado obrigacionista, a integração foi mais difícil, novamente por diferenças nos sistemas legais nacionais, em matéria de contabilidade, de tributação, de direitos dos accionistas e de outra legislação comercial e patrimonial. No mercado accionista, a unificação monetária permite uma redução gradual, ou mesmo a eliminação, sobretudo em relação aos investidores institucionais, do designado *"home bias"*, de acordo com o qual o investimento tende a concentrar-se nas empresas cotadas no próprio país – em grande medida dada a transacção em moeda nacional.

No que respeita à emissão, o processo de integração dos mercados accionistas tem sido muito limitado, de novo por divergências profundas de ordem legal, que não só dificultam a listagem das empresas em mercados exteriores como a comparação transfronteiriça, do valor e do risco, este último fortemente ligado ao país em que se situa a sede.

Quanto ao problema dos conflitos de interesses nos mercados financeiros, pode referir-se o caso da resistência dos bancos centrais nacionais da zona do euro à ideia de que a criação de uma união monetária e de um Banco Central Europeu conduziria inevitavelmente à redução dos seus poderes. Limitados na definição da política monetária, alguns bancos centrais nacionais ter-se-ão concentrado nas actividades de supervisão bancária e de regulação, "procurando justificar a sua existência e a dimensão excessiva do seu pessoal" (Alesina & Giavazzi).

Um dos maiores obstáculos à integração dos mercados financeiros europeus tem-se traduzido na resistência à consolidação transfronteiriça sobretudo através da "hostilidade dos bancos centrais nacionais" (o caso paradigmático, mas não isolado, foi protagonizado pelo antigo governador do Banco de Itália, Antonio Fazio – entretanto forçado a demitir-se, após intervenção jurisdicional –, que favoreceu ilicitamente uma operação contrária à oferta de aquisição de um banco nacional por outro grande banco holandês). No entanto, este tipo de comportamentos não tem sido geral: a aquisição do segundo maior banco alemão por um banco italiano, em 2005, não levou sequer a qualquer interferência do *Bundesbank* (não incumbido da supervisão bancária na Alemanha, tendo reduzido fortemente o seu *staff*, após a introdução do euro). Cfr. Alesina & Giavazzi, 2006: 109 e ss.; Baldwin & Wyplosz, 2006: 426 e ss.; Grauwe, 2005: 246 e ss.; Comissão Europeia, 2004; Comissão Europeia, 2006.

310 | JOSÉ RENATO GONÇALVES

compartimentada pelas fronteiras políticas e administrativas dos Estados europeus.

A vigência de leis financeiras e bancárias nacionais, mesmo que sujeitas a crescente harmonização no âmbito da União Europeia, e a continuidade das entidades de regulação e de supervisão das instituições financeiras em cada um dos Estados membros ajudam a explicar a ainda precária concentração do sector na área do euro. A evolução recente permitiu alguns progressos na consolidação transfronteiriça das instituições financeiras, todavia insuficientes. Por outro lado, as autoridades nacionais de regulação e de supervisão, que têm de autorizar as concentrações bancárias, mostram-se por vezes relutantes em permitir operações destinadas a controlar os seus "campeões" por bancos estrangeiros, levantando dúvidas quanto ao seu empenho no processo de integração financeira[20].

---

20 Foi o que sucedeu, por exemplo, em Itália (conforme indicado) e na Polónia. Para além do factor puramente nacional, a relutância das autoridades nacionais de regulação e de supervisão explicar-se-á sobretudo pelo princípio vigente do controlo pelo país do domicílio (*home country control*), cujo afastamento implicaria a redução dos seus poderes. Embora a Comissão Europeia possa agir, nos termos das competências próprias, como guardiã da não discriminação em razão da nacionalidade no espaço da União, na prática a sua acção encontra numerosos obstáculos. A existência de um sistema descentralizado de regulação, ao nível nacional, pode funcionar como um forte obstáculo à integração do sector bancário na zona euro. A dinâmica da integração bancária depende igualmente da circunstância de as empresas europeias dependerem mais dos bancos, quanto às suas necessidades de financiamento, do que, por exemplo, nos Estados Unidos da América. Essa dependência diminuiu consideravelmente ao longo da última década do século XX, prosseguindo nos anos seguintes, mas ainda se mantém comparativamente longe dos indicadores de financiamento das empresas norte-americanas. As recentes operações de concentração bancária têm demorado a inverter a grande fragmentação do sector na zona euro. Se exceptuarmos o caso específico do Luxemburgo, o peso em termos de mercado das instituições bancárias estrangeiras comparativamente às nacionais manteve-se reduzido. No final de 2002, as instituições bancárias estrangeiras representavam, em média, menos de 15% do total da zona euro, reflexo directo do peso diminuto dos bancos estrangeiros nos Estados de maior dimensão (França, Alemanha, Itália e Espanha).

Se, entretanto, o cenário evoluiu em alguns Estados membros, o mesmo não aconteceu noutros. Em 2004, todos os dez maiores gestores de fundos em Itália e em Espanha eram bancos nacionais, com uma única excepção, no segundo país, no nono lugar. Até à substituição da moeda nacional pela moeda única, a fragmentação interna explicava-se também por tradições monetárias próprias. Na segunda metade do século XX, a política anti-inflacionista alemã nada teve que ver com a política monetária expansionista italiana. As divergências de posicionamento perante a inflação não são fáceis de alterar, afectando o funcionamento dos mercados financeiros. Num contexto de inflação elevada, os investidores têm relutância em adquirir obrigações de longo prazo, preferindo os títulos de curto prazo, com risco inferior. Por isso, em países com taxas altas de inflação, o mercado de obrigações de longo prazo praticamente não existe, sendo a maior parte dos títulos do Tesouro emitidos no curto prazo. Já nos países com um risco diminuto de inflação (como a Alemanha, na segunda metade do século XX), os investidores privilegiam o investimento em títulos públicos de longo prazo.

A eventual centralização das actividades de regulação e de supervisão bancárias numa nova entidade comum e independente, defendida por diversos autores e agora proposta em parte pela Comissão, favoreceria a integração e a consolidação do sector. Em vez disso, a evolução da regulação e da supervisão poderá limitar-se a seguir a evolução dos mercados. Um sector financeiro mais integrado exigirá uma estrutura de regulação e de supervisão centralizada e a eliminação da concorrência quanto à supervisão periférica.

As especificidades nacionais em matéria de funcionamento dos mercados financeiros criam o risco de transmissão de eventuais choques monetários por áreas geográficas diferenciadas. No passado, as respostas governamentais divergiam perante alterações similares das taxas de juro. Por exemplo, quando as taxas de juro subiam, o orçamento do Estado italiano era imediatamente afectado, dada a curta maturidade da dívida pública do país. Uma elevação da taxa de juros impunha uma subida imediata do serviço da dívida, agravando o défice público. Pelo contrário, nos países com baixas taxas de inflação, e, por isso, com maior peso do mercado dos títulos de médio e longo prazo, como a Alemanha, os efeitos orçamentais de uma subida das taxas de juro eram muito inferiores, demorando mais a reflectir-se no orçamento das despesas[21].

A unificação monetária europeia e a criação do euro constituíram certamente o passo decisivo no sentido do desmantelamento da segmentação bancária nacional. A substituição das moedas nacionais por uma moeda única conduziria, admissivelmente, a uma plena integração do mercado interbancário. A execução de uma só política monetária pelo BCE, com base nas necessidades de liquidez de toda a zona euro, e não de cada um dos Estados que a compõem, como anteriormente, haveria de implicar, previsivelmente, uma unificação do mercado interbancário. Todavia, mesmo que isso tivesse já sido alcançado – o que não aconteceu, tendo mesmo regredido significativamente, sobretudo após a crise financeira de 2007-2010 –, não bastaria para se obter uma integração completa do sector bancário no interior da zona euro, em particular nas suas componentes corporativa e de retalho. Tal como no caso dos mercados de obrigações e de acções, o elemento decisivo encontra-se na

---

Para Wymeersch, serão os mercados "a determinar a estrutura da supervisão e não o inverso", cabendo, em última instância, aos que actuam no mercado a escolha da localização da sua sede. Cfr. Baldwin & Wyplosz, 2006: 426 e ss.; Dominguez, 2006; Wymeersch, 2005; Duisenberg, 2000; Mélitz & Zumer, 1999; Paz Ferreira, 1997; Goodhart, 1995; Comissão Europeia, 2004; Comissão Europeia, 2006.

21 Já as diferenças nas taxas de inflação entre Estados membros tendem a diluir-se no interior de uma união monetária. Com o tempo, as estruturas de maturidade dos títulos de dívida pública emitidos pelo governo italiano e pelo governo alemão poderiam convergir, tal como poderiam convergir as implicações orçamentais do mesmo "choque" de taxas de juro. Neste sentido, a própria unificação monetária implicaria a eliminação de algumas das divergências institucionais existentes entre sistemas financeiros nacionais. Todavia, isso poderá não se verificar porque as divergências "profundas", decorrentes da diversidade de sistemas legais – para além também da situação concreta, em termos de capacidade de financiamento e de pagamento dos compromissos –, só desaparecerão com a "harmonização" dos referidos sistemas nacionais e da estrutura financeira dos Estados membros, o que só se concretizaria com um eventual avanço no sentido de uma maior "integração política", ou mesmo com alguma aproximação menos maximalista, no campo das finanças públicas. Cfr. Alesina & Giavazzi, 2006: 109 e ss.; Baldwin & Wyplosz, 2006: 347 e ss.; Grauwe, 2005: 31 e ss.; Mélitz & Zumer, 1999.

312 | JOSÉ RENATO GONÇALVES

"harmonização" das legislações nacionais, que avançou especialmente após a Segunda Directiva Bancária, de 1989, com a introdução do "princípio do reconhecimento mútuo", sendo depois reforçado, já na primeira década do novo século e milénio, com o chamado processo Lamfalussy[22].

A integração dos mercados financeiros pode contribuir determinante-mente tanto para o reforço da eficiência do sistema como também para o próprio equilíbrio da união monetária, na medida em que passe a funcio-nar como mecanismo de compensação financeira, ou de seguro, que facilite o ajustamento perante eventuais choques económicos assimétricos, quando estes ocorram. Com o surgimento gradual de um único mercado obrigacio-nista e de um único mercado accionista e com a integração completa do sis-tema bancário, quando um Estado membro, ou uma região, ou um conjunto de Estados membros ou de regiões, for(em) atingido(s) por um choque assi-métrico negativo, as perdas das empresas, projectadas no valor das respectivas acções, repercutir-se-ão na esfera patrimonial dos seus titulares, indepen-dentemente destes residirem no mesmo país (ou na mesma região) ou em outros países ou regiões, "geograficamente" não afectados ou menos afectados pelo choque.

Da integração dos mercados financeiros e do seu funcionamento unificado resultariam vantagens também para os residentes no país atingido pelo cho-que assimétrico negativo, com origem no boom económico registado nou-tros países, v. g., sob a forma de rendimentos de acções ou de outros títulos.

---

22 O princípio do reconhecimento mútuo impõe aos Estados membros a aceitação ou o reconhecimento de qualquer instituição financeira já licenciada por outro Estado membro. A integração financeira europeia intensificou-se, ao longo da última década, com o chamado processo Lamfalussy, baseado no relatório de peritos presidido por Alexandre Lamfalussy apresentado em 2001, que incluiu legislação específica para três subsectores financeiros (banca, bolsas de valores e seguros e fundos de pensões) e a criação dos respectivos comités de regulação e supervisão. Com o Relatório Larosière, de Fevereiro de 2009, foi recomendada a substituição dos três comités especializados por autoridades europeias com poderes reforçados, incluindo a coordenação da actividade dos supervisores financeiros nacionais, a arbitragem entre supervisores nacionais em caso de divergência sobre a supervisão de instituições financeiras com actividades em mais do que um Estado membro, o reforço da harmonização das regras nacionais de regulação com vista à elaboração de um código de conduta comum e a supervisão directa de certas instituições pan-europeias regulamenta-das ao nível da União Europeia. Uma comunicação da Comissão de 27 de Maio de 2009 veio concretizar um programa de execução das recomendações do Relatório Larosière, compreendendo um conjunto de propostas legislativas apresentadas em Setembro e Outubro de 2009. Apesar dos progressos alcançados em termos de harmonização financeira no seio da União Europeia, persistem entraves substanciais que justificam que o sector bancário se encontre entre os sectores económicos menos integrados. Como muitas das necessidades de crédito na zona euro dependem dos bancos, isso significa uma falha, até ao presente, na integração de uma importante porção dos mercados de crédito da zona euro. Cfr. Larosière (pres.), *The High Level Group on Financial Supervision in the EU*; Dominguez, 2006; Wymeersch, 2005; Duisenberg, 2000; Mélitz & Zumer, 1999; Paz Ferreira, 1997; Goodhart, 1995.

As dificuldades económicas ocorridas num país, ou numa região, e nas suas empresas, seriam assim suportadas em parte por residentes em outros países, ou regiões, "geograficamente" não atingidos ou menos atingidos pelo choque negativo, ao mesmo tempo que os residentes no país negativamente afectado obteriam ganhos provenientes de outros países em fase de expansão, na qualidade de titulares de activos financeiros emitidos por entidades residentes nesses países[23].

Numa união monetária, a integração dos mercados financeiros oferece, assim, diversos canais de distribuição territorial do risco económico, financeiro e, até, político. Permite, desde logo, que os residentes (ou alguns dos residentes) nas regiões ou nos países atingidos por choques negativos possam manter o seu rendimento pessoal a um nível relativamente sustentado, eventualmente elevado, em comparação com o nível da produção local ou regional. Em consequência desta nova distribuição do risco, os residentes do país (ou dos países), ou da região (ou das regiões), em fase ou situação de maior expansão económica, ou de não afectação, ou menor afectação, por um determinado choque assimétrico, verão o seu rendimento crescer a uma taxa inferior à registada pela produção nacional ou regional.

A importância da repartição espacial do risco através dos mercados financeiros tem sido calculada em diversos estudos empíricos, em particular nos Estados Unidos da América. Segundo algumas estimativas, a repartição regional do risco através destes mecanismos de mercado representaria o dobro da operada pelo orçamento federal norte-americano. No caso da União Europeia e da zona euro, como não vigora nenhum mecanismo de repartição de risco entre os Estados membros minimamente comparável ao vigente nos

---

23 Um mercado accionista integrado funciona, assim, como uma espécie de sistema de seguro contra choques assimétricos negativos, por estes passarem a ser partilhados também por agentes que residem em outros países. Deste modo, mitiga-se o impacto de um choque negativo na produção de um país sobre o rendimento dos residentes nesse país. O mesmo sucede com o funcionamento integrado do mercado obrigacionista, ou do mercado das "obrigações hipotecárias". As perdas e as falências num país, ou numa região, baixam o valor das obrigações desse país, também detidas por residentes no exterior, que desse modo passam a suportar o risco envolvido. A integração do sector bancário facilita ainda a repartição do risco. Num sistema integrado, os bancos que operam em Portugal, em França ou na Letónia, por exemplo, serão potencialmente os mesmos. Também as carteiras de empréstimos bancários serão similares e geograficamente repartidas. No caso de se verificar a perda de qualidade dos empréstimos, com incumprimento crescente num dado país, num conjunto de países, ou numa região ou num conjunto de regiões, os prejuízos bancários respectivos serão repartidas geograficamente por instituições sediadas em diversos países. Algo de semelhante ocorreria com os ganhos, repartidos "indiscriminadamente", do ponto de vista geográfico, apesar de originados num dado país ou numa dada região (ou conjunto de regiões). Cfr. Wyplosz, 2006; Alesina & Giavazzi, 2006: 109 e ss.; Grauwe, 2005: 251 e ss.; Mélitz & Zumer, 1999.

314 | JOSÉ RENATO GONÇALVES

Estados Unidos da América, os encargos de ajustamento por um choque económico ou financeiro negativo terão de ser suportados pelos respectivos orçamentos nacionais[24].

O sistema de repartição do risco na área do euro continua a ser, por enquanto, relativamente escasso e débil. Os mercados financeiros e os governos nacionais nem sempre terão contribuído, até hoje, para que passasse a funcionar um sistema de compensação dos riscos, agravados por choques assimétricos que ocorram na zona euro. Praticamente, os únicos mecanismos de partilha de riscos existentes e significativos implicam a redistribuição entre diferentes gerações no interior dos países.

O mecanismo mais significativo de redistribuição de riscos, que provavelmente se consolidará nos próximos anos, é o que decorre da integração dos mercados financeiros. Para que isso suceda, são necessários ainda muitos progressos. O exemplo dos Estados Unidos da América mostra que os benefícios poderão ser substanciais em termos de redistribuição nacional e regional dos riscos decorrentes de choques assimétricos, admitindo-se que venham mesmo a determinar o êxito ou o fracasso da união monetária europeia no longo prazo[25].

IV. CONSIDERAÇÕES FINAIS

A presente reforma da regulação e da supervisão financeira, em particular no domínio bancário, levada a cabo sob o impulso global do novo Conselho de Estabilidade Financeira (criado pela cimeira do G-20 de 2 de Abril de 2009, em substituição do antigo Fórum de Estabilidade Financeira) tem, naturalmente,

---

24 As estimativas feitas em relação aos Estados Unidos da América não podem ser transpostas directamente para a União Europeia. Enquanto no primeiro caso os mercados de capitais chegam a "repartir" metade do valor do rendimento prejudicado por efeito de choques assimétricos da oferta, que se registem ao nível dos Estados, na União Europeia os mercados privados de capital apenas "repartem" cerca de 15% do montante de rendimento prejudicado por efeito de choques assimétricos da oferta ao nível dos Estados. A diferença não é negligenciável. Se a produção cair, por hipótese, 10% num Estado norte-americano em relação à média nacional, os mercados financeiros "repartem" cerca de 5% do PIB, "devolvendo-o" àquele Estado. Já no caso de uma quebra da produção idêntica (10%) num Estado membro da União Europeia, os mercados de capitais europeus apenas conseguem "repartir" cerca de 1,5% do PIB nesse país. Presentemente, o sistema europeu de mercados financeiros encontra-se ainda distante do estádio de integração alcançado nos Estados Unidos da América, não podendo por isso ajudar satisfatoriamente na solução dos choques assimétricos que se verifiquem na união monetária (vd. supra). A esta debilidade acrescem outras, já apontadas, incluindo o peso do orçamento federal na redistribuição regional do rendimento. Quando a produção de um Estado norte-americano baixa 10%, o orçamento federal "redistribui" cerca de 2,5% de volta ao Estado atingido pelo choque negativo. Como se observou, não existe nenhum mecanismo de dimensão ou natureza comparáveis na União Europeia ou na zona euro.

25 Cfr. referências já indicadas nas notas anteriores.

A SUSTENTABILIDADE DA ZONA EURO | 315

por finalidade o fortalecimento e a sustentabilidade do sistema financeiro em geral e do subsistema bancário em particular, procurando criar mecanismos apropriados, desejavelmente flexíveis mas bastantes para prevenir e corrigir problemas gravíssimos como os que se manifestaram com particular intensidade durante a crise financeira e económica internacional de 2007-2010[26].

Não se trata de tarefa nova ou fácil. Pelo contrário, sempre se revelou extremamente complexa e, por isso, não raras vezes fracassou, com maior ou menor estrondo mediático, perante dificuldades cada vez maiores a que devia responder. Os desafios que hoje se deparam ao sistema financeiro e especialmente ao sistema bancário, sentidos praticamente por todo o mundo, exigem uma solução ou um conjunto de soluções à escala global, tanto no plano institucional como no plano procedimental e material, dada a crescente internacionalização das actividades e das instituições financeiras. Assim se explica o acordo de princípio no âmbito do G-20 quanto à identificação dos principais problemas que se colocam às instituições financeiras e quanto à necessidade de trabalhar em conjunto tendo em vista o estabelecimento de mecanismos adequados de prevenção e de correcção.

No entanto, se se concordou quanto à necessidade de encontrar com urgência instrumentos jurídicos e institucionais eficazes na prevenção e na correcção das crises financeiras, em face do agravamento dos riscos resultantes da globalização económica e financeira, o mesmo não se poderá afirmar quanto ao modelo concreto de regulação e supervisão que se pretende. Esta discordância deve-se tanto à complexidade das questões envolvidas como à divergência de interesses que continuam a manifestar-se entre países, por

---

26 Relembre-se o comunicado da cimeira de Londres do G-20 de 2 de Abril de 2009 em que foram enunciados os objectivos fundamentais a prosseguir conjuntamente tendo em vista retirar a economia mundial da recessão e prevenir a ocorrência de crises idênticas no futuro: fazer tudo o necessário para (*i*) restaurar a confiança, o crescimento e o emprego, (*ii*) recuperar o sistema financeiro e restabelecer o financiamento da economia, (*iii*) reforçar a regulação financeira a fim de repor a confiança, (*iv*) financiar e reformar as instituições financeiras internacionais de modo a superar a crise e prevenir a ocorrência de crises futuras, (*v*) promover o comércio e o investimento globais, sustentando a prosperidade, e (*vi*) edificar uma "recuperação inclusiva, verde e sustentável". Estes objectivos foram concretizados no comunicado por medidas de acção destinadas a restaurar o crescimento e o emprego (n.º 6 a 12) – incluindo uma "expansão orçamental concertada e sem precedentes, que salvará ou criará milhões de empregos [...] e que, até ao final do próximo ano [2010], atingirá 5 triliões de US dólares, aumentando a produção em 4% e acelerando a transição para uma economia verde" –, a reforçar a regulação e supervisão financeira (n.º 13 a 16), a reforçar as instituições financeiras globais (n.º 17 a 21), resistindo ao proteccionismo e promovendo o comércio e o investimento globais (n.º 22 a 24) e garantindo uma recuperação justa e sustentável para todos (n.º 25 a 28). Cfr. Gonçalves, 2009.

receio das consequências típicas de determinados modelos de regulação e supervisão financeira.

No quadro da União Europeia, as dificuldades não são menores. A todas as apontadas em geral, acresce a preocupação com a sustentabilidade da área do euro, cada vez mais questionada pelo agravamento substancial de um conjunto de desequilíbrios económicos e financeiros em determinados Estados membros, com destaque claro, agora, da Grécia.

A experiência da primeira década de união monetária europeia revela dificuldades sérias e persistentes de alguns Estados membros em se adaptarem às respectivas regras de funcionamento. Por outras palavras, alguns Estados – sobretudo, embora diferenciadamente, os identificados de modo pejorativo pelo acrónimo formado pelas suas iniciais em língua inglesa: PI(I)GS (de Portugal, Italy/Ireland, Greece e Spain) – melhoraram muito ou, pelo menos, procuraram manter ou não perder o seu nível de bem-estar económico e social, aproveitando as oportunidades oferecidas pela participação na zona euro, incluindo um maior recurso ao crédito, facilitado por taxas de juro mais baixas, aumentando em consequência as respectivas despesas de consumo, sem contudo adaptarem satisfatoriamente as suas estruturas económicas às novas condições de maior abertura e concorrência externa através da adopção das políticas apropriadas.

Ao salientar-se no presente texto a importância absolutamente decisiva que podem desempenhar os mercados financeiros integrados, enquanto instrumento normal de ajustamento dos desequilíbrios económicos e financeiros entre os vários Estados membros de uma união monetária através da redistribuição geográfica do risco, não se pretendeu sugerir de modo algum que seja essa também a solução imediata e suficiente para acorrer a situações gravíssimas de desequilíbrios económicos e financeiros acumuladas sucessivamente ao longo dos anos por alguns dos Estados que integram hoje a zona euro.

Conforme se referiu, não devemos exigir do sistema financeiro e da respectiva regulação e supervisão mais do que nos podem oferecer – que é, sublinhe-se, muitíssimo. Isto não significa reconhecer que no passado se fez tudo o que era possível fazer. Poderia e deveria ter sido feito mais, muito mais. No entanto, agora importa corrigir o que está mal e reforçar o que necessita de consolidação para funcionar eficazmente. No essencial, trata-se apenas de (mais) um alerta para as grandes dificuldades que se deparam hoje ao sistema financeiro europeu e para a urgência de as superar satisfatoriamente.

BIBLIOGRAFIA

AFONSO, A. & CLAEYS, P.

2006   *The Dynamic Behaviour of Budget Componentes and Output – The Cases of France, Germany, Portugal, and Spain,* working paper 26/2006, Lisboa: ISEG, Universidade Técnica de Lisboa.

ALESINA, A. & GIAVAZZI, F.

2006   *The Future of Europe: Reform or Decline,* Cambridge (Massachusetts) / Londres: The MIT Press.

AMARAL, J. Ferreira do

2002   *Contra o Centralismo Europeu. Um Manifesto Autonomista,* Lisboa: Grifo.

ARTIS, M. & ZHANG, W.

1995   *International Business Cycles and The ERM: Is There a European Business Cycle?,* Disc. paper 1191, Londres: Centre for Economic Policy Research.

BAIMBRIDGE, M., BURKITT, B. & WHYMAN, P. (coords.)

2000   *The Impact of the Euro. Debating Britain's Future,* Houndmills / Nova Iorque: MacMillan / St. Martin's.

BALDWIN, R. & WYPLOSZ, C.

2006   *The Economics of European Integration,* 2.ª ed., Maidenhead: McGraw-Hill.

Banco Central Europeu (ed.)

2006   "The importance of public expenditure reform for growth and stability", in *Boletim Mensal,* Abril, pp. 61-67.

BENALAL, N., HOYO, J., PIERLUIGI, B. & VIDALIS, N.

2006   *Output Growth Differentials Across the Euro Area Countries. Some Stylised Facts,* Occ. paper series 45, Frankfurt: BCE.

BURSTEIN, A., EICHENBAUM, M. & REBELO, S.

2005   "Large devaluations and the real exchange rate", in *Journal of Political Economy,* CXIII-4, pp. 742-784.

COMISSÃO EUROPEIA (ed.)

1990   "One Market, One Money. An Evaluation of the Potential Benefits and Costs of Forming an Economic and Monetary Union", in *European Economy,* 44.

2004   "EMU after 5 years", in *European Economy,* relatório especial n.º 1-2004.

2006   *Finanças Públicas na UEM em 2006 – Primeiro Ano de Vigência do Pacto de Estabilidade e Crescimento Revisto* [COM (2006) 304, de 13.6.2006], Bruxelas.

318 | JOSÉ RENATO GONÇALVES

2009   *European Financial Integration Report* [de 2009: SEC (2009) 1702 final, de 11.12.2009], Bruxelas.

Commissariat Général du Plan (ed.)

1999   *Le Gouvernement Économique de la Zone Euro*, Paris: La Documentation Française.

CONSTÂNCIO, Vítor

2005   "European monetary integration and the Portuguese case", in Detken, C., Gaspar, V. & Noblet, G. (coords.) (2005), *The New European Union Member States: Convergence and Stability*, Frankfurt: BCE.

CUNHA, P. Pitta e

1999   *De Maastricht a Amesterdão. Problemas da União Monetária Europeia*, Coimbra: Almedina.

DOMINGUEZ, K.

2006   "The European Central Bank, the euro and global financial markets", in *Journal of Economic Perspectives*, XX-4, pp. 67-88.

DUISENBERG, W.

2000   "The future of banking supervision and the integration of financial markets", conf. de 22 de Maio de 2000, Turim (disponível em: www.bis.org).

EICHENGREEN, B.

1997   *European Monetary Unification. Theory, Practice, and Analysis*, Cambridge (Massachusetts): The MIT Press.

EMERSON, M., GROS, D., PISANI-FERRY, J., ITALIANER, A. & REICHENBACH, H.

1991   *One Market, One Money*, Oxford / Nova Iorque: Oxford University Press.

FERREIRA, Eduardo Paz

1997   "O Banco de Portugal e o Sistema Europeu de Bancos Centrais", in *Revista da Banca*, 41, 21.

FRANCO, A. Sousa

1996   "Problemas financeiros e orçamentais da União Europeia", in Cunha, P. Pitta e *et al.* (coords.), *A União Europeia na Encruzilhada*, Coimbra: Almedina, pp. 21-44.

FRANKEL, J. & ROSE, A.

2002   "An estimate of the effect of common currencies on trade and income", in *The Quarterly Journal of Economics*, CXVII-2, pp. 437-466.

FRENKEL, M., NICKEL, C. & SCHMIDT, G.

2002   *How Symmetric are the Shocks and the Shock Adjustment Dynamics Between the Euro Area and Central and Eastern European Countries?*, Working paper 02/222, Washington: FMI.

Fundo Monetário Internacional / FMI (ed.)

2006-2010 *Country Report. Portugal. Article IV Consultation*, Washington.

GONÇALVES, J. Renato

2006 "A desmaterialização da moeda. Nota sobre o passado e o futuro do dinheiro", in *Estudos Jurídicos e Económicos em Homenagem ao Prof. Doutor António de Sousa Franco*, II, Coimbra: Coimbra Editora, pp. 733-776.

2009 "A crise financeira de 2007-2009 e as suas diversas implicações globais", in *Revista de Finanças Públicas e Direito Fiscal*, II-3, pp. 149-168.

GOODHART, C.

1995 *The Central Bank and the Financial System*, Londres: Macmillan.

GRAUWE, P.

2005 *Economics of Monetary Integration*, 6.ª ed., Oxford / Nova Iorque: Oxford University Press.

JOHNSON, C.

1996 *In With the Euro, Out With the Pound. The Single Currency for Britain*, Londres: Penguin.

KRUGMAN, P.

1991-1997 *Geography and Trade / Development, Geography, and Economic Theory* (rev.), Cambridge (Massachusetts): The MIT Press.

LAFAY, G.

1997 *L'Euro Contre l'Europe?*, Paris: Arléa.

LAROSIÈRE, J. (pres.)

2009 *The High Level Group on Financial Supervision in the EU*, Bruxelas: Comissão Europeia.

MCKINNON, R.

1963 "Optimum currency areas", *American Economic Review*, LIII-4, pp. 717-725.

2001 "Optimum currency areas and the European experience", in *Economics of Transition*, X, pp. 343-364.

MÉLITZ, J. & ZUMER, F.

1999 *Interregional and International Risk Sharing and Lessons for EMU*, Disc. paper 2154, Londres: Centre for Economic Policy Research.

MICCO, A., STEIN, E. & ORDOÑEZ, G.

2003 "The currency union effect on trade: Early evidence from EMU", in *Economic Policy*, 37, pp. 317-356.

MORAIS, L. Silva

2006 "Portugal e os défices excessivos – O pilar económico da União Económica e Monetária e a disciplina do 'Pacto de Estabilidade e Crescimento'", in *Estu-*

320 | JOSÉ RENATO GONÇALVES

dos Jurídicos e Económicos em Homenagem ao Prof. Doutor António de Sousa Franco, II, Coimbra: Coimbra Editora, pp. 815-846.

MUNDELL, R.

1961 "A theory of optimal currency areas", in *American Economic Review*, LI-4, pp. 657-665.

1973 "Uncommon arguments for common currencies", in Johnson, H. & Swoboda, A., *The Economics of Coommon Currencies*, Londres: Allen & Unions, pp. 114-132.

ROSA, J. J.

1998 *L'Erreur Européenne*, Paris: Grasset.

ROSE, A.

2000 "One money, one market: Estimating the effect of common currencies on trade", in *Economic Policy*, 30, pp. 7-46.

SILVA, A. Cavaco

1999 *União Monetária Europeia. Funcionamento e Implicações*, Lisboa: Verbo.

2002 "The euro compared to other world currencies", in Cunha, P. Pitta e & Porto, M. (coords.), *O Euro e o Mundo / The Euro and the World / L'Euro et le Monde*, Coimbra: Almedina, pp. 273-278.

TANG, H. (coord.)

2000 *Winners and Losers of EU Integration. Policy Issues for Central and Easter Europe*, Washington: Banco Mundial.

TENREYRO, S. & BARRO, R.

2002 *Economic Effects of Currency Unions*, Cambridge (Massachusetts): Harvard University.

WYMEERSCH, E.

2005 "The future of financial regulation and supervision in Europe", in *Common Market Law Review*, XLII-4, pp. 987-1010.

WYPLOSZ, C.

2006 "European monetary union: The dark sides of a major success", in *Economic Policy*, 46, pp. 207-261.

"*SAY ON PAY*": O DEVER DE APRECIAÇÃO DA POLÍTICA REMUNERATÓRIA PELA ASSEMBLEIA GERAL

*Paulo Câmara**

ABSTRACT: *In the generous flow of recent legislation arising in response to the crisis, an area garnering increased attention is the reform of remuneration policies. As it is commonly recognised, the general concern is to ensure that the level and structure of remuneration is consistent with the long-term performance of the company, and that the remuneration of directors aligns interests of directors and shareholders. It is also desirable that rewards for managerial failure are, to the extent possible, avoided. These are global concerns that were reinforced during the crisis, although generally in Portugal remuneration packages are more modest than in other comparable European countries. Nevertheless, according to the widespread Zeitgeist, it was felt as important that a reform be adopted in Portugal to address such a highly visible corporate governance topic. A mandatory say-on-pay rule was the result, covering all members in supervisory and managing board roles in all public interest entities. This comprises a board range of firms – namely financial firms, listed firms, venture capital funds and pension funds. This article discusses critically the new Portuguese Say on Pay and analysis its possible implications.*

SUMÁRIO: 1. Introdução. 2. Fundamento da regra ante a diversidade de modelos de governo. 3. O dever de apresentação de declaração sobre política de remunerações: fonte e âmbito. 4. A competência para apresentação da declaração sobre política de remunerações. 5. Conteúdo e natureza da declaração sobre política de remunerações. 6. Divulgação das remunerações.

---

* Docente universitário (Instituto dos Valores Mobiliários, Faculdade de Direito da Universidade Católica Portuguesa e Instituto Superior de Economia e Gestão) e Advogado (Sérvulo & Associados – Sociedade de Advogados).

322 | PAULO CÂMARA

1. INTRODUÇÃO

I – Em Portugal, uma lei recente – a Lei n.º 28/2009, de 19 de Junho – veio impor um dever de apresentação à assembleia geral de uma declaração sobre política de remuneração (*"say on pay"*) dos membros dos órgãos de administração e de fiscalização de entidades de interesse público.

Em complemento desta, assistiu-se à publicação de diversos regulamentos sectoriais relevantes – por ordem de aprovação, o Regulamento n.º 1/2010 da CMVM, o Aviso n.º 1/2010 do Banco de Portugal e a Norma Regulamentar n.º 5/2010-R do Instituto de Seguros de Portugal[1] – dirigidos respectivamente às sociedades cotadas, às instituições de crédito e sociedades financeiras gestoras discricionárias de activos[2] e às empresas de seguros e de resseguros e sociedades gestoras de fundos de pensões.

Embora assuma contornos próprios, a nossa Lei n.º 28/2009, de 19 de Junho, filia-se numa tendência que se inaugurou no Direito inglês, nas secções 420-422 do *Companies Act* de 2006, e que tem vindo a conhecer seguidores noutras jurisdições, embora com matizes diversas entre si, nomeadamente na Alemanha, através das alterações à *Aktiengesetz* promovidas pela *Gesetz zur Angemessenheit der Vorstandvergütung* – VorstAG –, de 31 de Julho de 2009[3], e nos Estados Unidos, designadamente por via do *American Recovery and Reinvestment Act* de 2009[4].

Estes sinais de alguma convergência internacional são contrastantes com a circunstância de o balanço efectuado sobre este esquema ser pelo menos dúbio no ordenamento onde foi criado. No sistema jurídico inglês, o *say on pay* não logrou impedir o aumento dos níveis remuneratórios, sendo raras – e

---

1 Complementadas, por seu turno, com um catálogo de recomendações em matéria remuneratória constante da nova versão do Código de Governo das Sociedades da CMVM, da Carta Circular n.º 2/10/DSBDR do Banco de Portugal e da Circular n.º 6/2010 do ISP.

2 A delimitação do âmbito de aplicação do Aviso do Banco de Portugal n.º 1/2010 encontra-se estabelecida, através da combinação de duas técnicas. Opera, em primeiro lugar, um *critério positivo*, segundo o qual estão sujeitas a estas regras as instituições de crédito, as sociedades financeiras e sucursais de instituições de crédito e sociedades financeiras com sede em países terceiros. Este é complementado através de um *critério negativo*, segundo o qual se excluem as instituições que não exerçam a actividade de recepção de depósitos ou outros fundos reembolsáveis, para utilização por conta própria, ou a actividade de gestão discricionária de carteiras de instrumentos financeiros por conta de clientes.

3 Na Alemanha, porém, o voto assemblear reveste natureza facultativa. Cfr. Hoffmann-Becking & Krieger, 2009: 26-38.

4 Refira-se designadamente a Secção 111 e (1) do *American Recovery and Reinvestment Act* de 2009. À data em que escrevíamos, permanecia em apreciação o *Wall Street Reform and Consumer Protection Act* de *2009*, que alarga substancialmente o âmbito de prescrições sobre *say on pay* (secção 2002).

"SAY ON PAY" E POLÍTICA REMUNERATÓRIA | 323

predominantemente concentradas em empresas de pequeno porte – as oposições accionistas às arquitecturas remuneratórias submetidas a escrutínio[5].

Como motor da difusão internacional de soluções jurídicas próximas da britânica não será alheio o facto de a crise financeira iniciada em 2007 ter revelado um número significativo de casos de remuneração avultada em empresas – designadamente instituições de crédito – em situação financeira precária (algumas das quais intervencionadas pelo Estado), relançando paralelamente a crítica em direcção a esquemas de incentivos indutores de risco excessivo ou baseados em indicadores de curto prazo[6].

Também as Recomendações comunitárias emitidas pela Comissão Europeia em matéria de remuneração têm preconizado o voto accionista da política de remunerações, a título obrigatório ou facultativo[7], por forma a dar aos accionistas a possibilidade de "*exprimirem eficazmente as suas opiniões com base em informação completa*"[8]. O texto comunitário centra atenções nos métodos remuneratórios que envolvam a atribuição de acções ou de direitos (v.g. de opção) sobre acções[9]. Mais recentemente, foi encorajado, ainda, o exercício activo dos direitos de voto por parte dos accionistas nessas matérias[10].

II – Neste quadro, são certamente merecedores de atenção os exactos termos em que foi estabelecido o *say on pay* português. O presente texto parte de encontro a esse objectivo, iniciando-se por explicitar o fundamento da aprovação da política remuneratória pela assembleia geral, após o que procede à análise dos contornos do instituto no Direito português.

---

5 Gordon, 2009: 323-367. Cfr. ainda Cheffins & Thomas, 2001. Ferrarini, Moloney & Ungureanu (2009: 11) qualificam directamente o expediente de *say on pay* como "controverso".

6 Para a competente análise jurídica, reenvia-se nomeadamente para Câmara (coord.), 2010. Os estudos empíricos disponíveis ainda denotam algum desencontro quanto à magnitude do relevo das remunerações como contributo causal da crise. Diferentes avaliações encontram-se, de um lado, em Bebchuk, Cohen & Spamann, 2009; e em Fahlenbrach & Stulz, 2009.

7 Tenha-se presente, porém, que o Relatório do *High Level Group of Company Law Experts* (2002) desaconselhava a imposição comunitária de um *say on pay* obrigatório.

8 Sétimo Considerando e arts. 4 e 6 da Recomendação 2004/913/CE, de 14 de Dezembro de 2004.

9 Lembre-se que, paralelamente, se encontram em discussão propostas europeias sobre política de remuneração de instituições de crédito e intermediários financeiros, que visam endurecer o regime destas instituições, no sentido da indução a políticas de remuneração adequadas. Cfr. a Proposta de Alteração da Directiva de Adequação de Capitais em consulta durante o Verão de 2009 e disponível em http://ec.europa.eu/internal_market/bank/regcapital/index_en.htm#consultation.

10 Artigo 6 da Recomendação 2009/385/CE, de 30 de Abril de 2009.

2. FUNDAMENTO DO *SAY ON PAY* ANTE A DIVERSIDADE DE MODELOS DE GOVERNO

I – A designação *say on pay* cobre genericamente todas as normas jurídicas que permitam, promovam ou obriguem a política de remunerações societária, ou uma declaração a esta relativa, a ser submetida a um voto expresso em assembleia geral, com uma periodicidade pré-determinada, em regra anual.

À margem destes traços comuns, subsistem diversos pontos em que é dissemelhante a resposta dada nos sistemas jurídicos que acolhem semelhante regra – designadamente quanto ao correspondente âmbito, órgão proponente, obrigatoriedade e efeitos jurídicos ligados ao voto accionista.

Se este quadro já dificultaria, por si, a detecção de um fundamento unívoco do *say on pay*, tal exercício resulta redobradamente árduo em virtude da pluralidade de enquadramentos de governação quanto ao processo decisório ligado à fixação do *quantum* remuneratório.

Com efeito, detectam-se respostas sensivelmente divergentes, em sistemas jurídicos de referência, quanto à questão de saber qual o órgão ou corpo social com competências em matéria de remuneração dos administradores.

Um esforço de síntese leva a decantar quatro principais modelos, consoante tal competência assente em:

– administradores independentes não reunidos formalmente em comissão;
– comissões delegadas do conselho de administração;
– comissões delegadas do órgão de fiscalização ou no próprio órgão de fiscalização;
– comissões delegadas da assembleia geral ou na própria assembleia geral[11].

Cada um destes modelos é, a traço grosso, percorrido de seguida.

II – O intenso desenvolvimento da análise sobre as regras e as práticas do governo das sociedades tem sido acompanhado pelo crescente e generalizado reconhecimento do relevo do papel dos administradores não executivos nessa sede.

---

11 O texto enuncia as principais tendências, em termos comparatísticos, do ponto de vista da resposta orgânica ao processo decisório em matéria retributiva. Frise-se existirem sistemas jurídicos que acolhem modelos mistos, como é caso do italiano, em que os estatutos ou a assembleia geral estabelecem a remuneração dos membros do órgão de administração em geral, ao passo que o conselho de administração fixa a remuneração dos membros da comissão executiva e dos administradores delegados (art. 2389 Cod. Civ. It.). Cfr. a propósito Capiello, 2005: 146-190.

"SAY ON PAY" E POLÍTICA REMUNERATÓRIA | 325

Por detrás das comuns soluções legais ou recomendatórias sobre a existência de administradores não executivos, em particular, independentes, subjaz o entendimento de que estes podem cumprir uma tripla função: agilizar a gestão societária, libertando os administradores executivos para o *management* diário; trazer *know-how* em temas mais complexos que reclamam a intervenção de especialistas; e resolver mais facilmente assuntos que apresentem risco de ocorrência de conflitos de interesses. Entre as matérias que, nesse âmbito, os administradores independentes são tidos como aptos a apreciar inclui-se invariavelmente a remuneração dos administradores.

Os administradores independentes são chamados, nesse contexto, a dar o seu contributo isoladamente ou reunidos em comissões. A primeira fórmula, embora menos frequente, não deixa de ser utilizada[12].

III – Em termos comparatísticos, o modelo mais comum pressupõe a atribuição de competências a uma comissão, nomeada pelo órgão de administração, para lidar com assuntos relacionados com a remuneração dos seus titulares (*remuneration committees*)[13].

Este modelo comporta, por seu turno, sub-modalidades importantes quanto à sua composição e às funções que lhe são assinaladas.

Quanto à primeira vertente, os membros destes *remuneration committees* são administradores, consoantes os mercados, maioritariamente ou exclusivamente independentes. Esta última é a opção tomada no Reino Unido[14]; nos Estados Unidos, é habitual a inclusão de membros exclusivamente independentes[15]; em França, por seu turno, considera-se ser suficiente a presença maioritária de membros independentes[16].

Igualmente relevante é apontar que estas comissões em alguns sistemas jurídicos têm funções decisórias (é o caso do Reino Unido[17]), ao passo que

---

12 Ferrarini & Moloney, 2004: 301-305; recentemente actualizado através de Ferrarini, Moloney & Ungureanu, 2009.

13 Em geral: Hertig & McCahery, 2005: 17-18. Sobre a experiência norte-americana, e em termos críticos, alegando excessiva interferência do CEO: Bebchuk, Fried & Walker, 2002: 13-28; Jensen & Murphy, 2004.

14 Financial Reporting Council, 2006: B.2.1.

15 Esse é um dos deveres a ser imposto pelo *Wall Street Reform and Consumer Protection Act* de 2009. Sobre a prática antecedente: Bebchuk, Fried & Walker, 2002: 13-14.

16 Tal o que decorre do regime francês: cfr. AFEP/MEDEF, 2003: 13 e 15.1 e, a propósito, Hopt & Leyens, 2004: 17.

17 Financial Reporting Council, 2006: B.2.1.

326 | PAULO CÂMARA

outros países preferem atribuir-lhes competências para a apresentação de propostas em matéria de remuneração, a ser decididas a final pelo órgão de administração. Assim sucede em França[18] e em Itália[19].

IV – O modelo de governo dualista (*two-tier board system*), que combina a existência de um conselho de administração executivo e de um conselho geral e de supervisão[20], por norma confia neste órgão de fiscalização, ou em comissão composta por alguns dos seus titulares, a competência para a fixação da remuneração de administradores. Podem encontrar-se ilustrações desta arrumação organizativa na Alemanha e em Itália[21].

Em Portugal, dada a intensa plasticidade deste modelo de governação, essa eventualidade é directamente prevista na lei, embora se admita igualmente que os estatutos designem como competente a assembleia geral ou comissão de vencimentos por esta nomeada (art. 429.º do Código das Sociedades Comerciais (CSC)).

V – Em derradeiro lugar, autonomiza-se o modelo que pressupõe a atribuição de competências em matéria de remuneração dos administradores à assembleia geral ou a comissão por esta delegada.

À partida, trata-se de um modelo que se caracteriza por afastar os administradores da decisão sobre remunerações, dado o risco de parcialidade[22], e que, nessa medida, se acomoda facilmente à intervenção de titulares de outros órgãos sociais ou de investidores institucionais no processo decisório referente à remuneração dos titulares do órgão de administração.

Pese embora esteja hoje relativamente isolado em termos comparatísticos[23], este é o modelo com raízes mais profundas no processo histórico de

---

18 AFEP/MEDEF, 2003: 15.3.

19 Comitato per la Corporate Governance, *Codice di Autodisciplina*, 2006: 1.C.1. *d*).

20 Para desenvolvimentos: Câmara, 2008a: 110-119.

21 Cfr., na Alemanha, o Art. 4.2.2. do *Deutscher Corporate Governance Kodex* e, em Itália, o art. 2409-*ter-decies*, n.º 1 *a*) Cod. Civ..

22 Winter, 2003; Maw et al., 1994: 17.

23 Em Espanha, o art. 130 da LSA exige adicionalmente que a remuneração conste dos estatutos – o que não sucede, reitere-se, no sistema jurídico português. Sobre a interpretação desta solução castelhana e em crítica ao seu tratamento jurisprudencial (no sentido da imposição de uma discriminação quantitativa da remuneração no pacto social), são incontornáveis os excelentes escritos de Paz-Ares, 2008: 15-88; Paz-Ares, 2009.

formação das sociedades anónimas[24]. Adiantando uma apreciação deste modelo, dir-se-á que assenta na distinção entre a competência para gestão e a competência para o estabelecimento da remuneração; em contrapartida, pode implicar uma composição do órgão com um perfil menos técnico por não pressupor qualificações prévias aos respectivos titulares, salvo as respeitantes à recomendada independência[25].

VI – Este último é o sistema que vigora em Portugal no tocante ao modelo clássico e anglo-saxónico de governo. No sistema jurídico português, quanto à competência societária, rege o art. 399.º do Código das Sociedades Comerciais, segundo o qual compete à assembleia geral de accionistas ou a uma comissão por aquela nomeada fixar as remunerações de cada um dos administradores, tendo em conta as funções desempenhadas e a situação económica da sociedade (n.º 1). O mesmo preceito acrescenta que a remuneração pode ser certa ou consistir parcialmente numa percentagem dos lucros de exercício, mas a percentagem máxima destinada aos administradores deve ser autorizada por cláusula do contrato de sociedade (n.º 2). Lembra-se, por fim, que aquela percentagem não pode incidir sobre distribuições de reservas nem sobre qualquer parte do lucro do exercício que não pudesse, por lei, ser distribuída aos accionistas (n.º 3).

Em relação ao modelo dualista, é competente o conselho geral e de supervisão ou comissão por este nomeada ou, nos casos em que o contrato de sociedade assim o determine, à assembleia geral ou a comissão por esta nomeada. No mais, o art. 429.º remete para o disposto no art. 399.º, ambos do CSC.

VIII – Na sua expressão mais ampla, as justificações oficiais para o *say on pay* assentam em que a promoção de maior controlo pelos accionistas do processo de fixação de remunerações possa atingir três desideratos principais:

– a. Promoção de troca de informação;
– b. Legitimação de escolhas quanto à remuneração;
– c. Indução às melhores práticas.

Cada uma destas finalidades é abaixo passada em revista.

---

24 Heckscher, 1935: 360-372; Den Heijer, 2002: 20-26; Gevurtz, 2004: 22-23; Mignoli, 1960: 639.

25 O texto enuncia uma característica tendencial, sendo certo que a recente permissão de designação de não-sócios (art. 399.º CSC) pode incrementar a especialização da comissão de vencimentos. Tudo depende, claro está, da composição que em concreto for estabelecida para esta comissão.

328 | PAULO CÂMARA

A finalidade informativa é simultaneamente a menos ambiciosa e a mais comum de ser atingida através da submissão da política remuneratória a uma discussão no colégio de accionistas. A concreta qualidade e quantidade de informação prestada depende do conteúdo da política de remuneração e de alguns elementos adjacentes, como a presença dos membros da comissão de remunerações na assembleia – o que é frequentemente recomendado – e da vigência de deveres de publicação das remunerações fixadas, a título global e individual[26].

Atrás arrolado em segundo lugar, o efeito legitimador pode explicar-se pelo escrutínio que é facultado aos titulares das participações sociais quanto a um aspecto que assume crescente relevo estratégico[27], seja na sua vertente positiva – ligada à maximização do desempenho da sociedade, através da captação e da fidelização dos gestores mais capazes e da sua justa retribuição –, seja na sua vertente negativa – associada à profilaxia dos "problemas de agência"[28] e aos riscos que podem emergir das técnicas de estruturação de incentivos[29]. Estas vertentes devem ser tidas em conta conjuntamente e em proporções próximas, pecando por unilateralista qualquer análise que privilegie uma sobre a outra. É sabido que o Direito societário depõe em geral pela atribuição de competências aos accionistas em decisões ligadas à emissão de acções e à alienação de acções próprias; deste prisma, o *say on pay* exponencia essa influência a qualquer forma de prestação remuneratória.

Por último, quanto à terceira vertente assinalada, a aprovação da política remuneratória pode ser apta a favorecer melhores práticas no âmbito da remuneração. Os objectivos a visar são, aqui, os seguintes: procurar uma

---

26 É certamente válida, do ponto de vista da ampliação do material informativo disponível, a proposta de um depoimento explicativo da comissão de remunerações (*Compensation Discussion and Analysis Statement* (CD&A)), requerido no Regulamento da SEC S-K, 17 C.F.R. § 229.407 (2008). Em defesa desta peça: Gordon, 2006.

27 Nos Estados Unidos, a discussão doutrinária sobre a utilidade de uma intervenção legitimadora da assembleia geral no processo de fixação de remuneração concita alguma divisão. Para opiniões contrastantes, consulte-se, de um lado, Bebchuk & Fried, (2004: 212-213, propondo uma ampliação dos poderes da assembleia geral, de modo a poder interferir nas estruturas remuneratórias); de outro lado, em defesa da primazia dos administradores, Bainbridge, 2009: 225-235 e *passim*.

28 É volumosa a literatura jurídica que trata o tema da remuneração a partir do ângulo da teoria da agência. Entre muitos: Bebchuk & Fried, 2003; Bebchuk, Fried & Walker, 2002: 11-12 e *passim*; Hill & Yablon, 2002; Kraakman, Davies, Hansmann, Hertig, Hopt, Kanda & Rock, 2004: 51-52, 67-68, 107.

29 As recentes regras norte-americanas, impostas pela SEC, de prestação de informação, colocam precisamente o enfoque na informação sobre os riscos que podem advir para as empresas em decorrência de práticas remuneratórias. Cfr. Release da SEC n. 33-9089, a vigorar a partir de Fevereiro de 2010, disponível em http://www.sec.gov/rules/final/2009/33-9089.pdf.

maior adequação entre remuneração e o desempenho (*pay for performance*), de modo a captar e a fidelizar os gestores talentosos; evitar remunerações que provoquem uma excessiva erosão do património societário, desproporcionada em relação aos fundos próprios disponíveis; procurar um alinhamento de interesses entre os administradores e os interesses de longo prazo da sociedade, através de uma estrutura de incentivos equilibrada. Não é, naturalmente, garantido que o *say on pay* salvaguarde o cumprimento de todos estes objectivos, ou sequer a maioria deles, mas em todo o caso é lícito supor que um voto informado nesta matéria possa servir de filtro impeditivo de algumas anomalias mais evidentes.

IX – Deve ser, todavia, relembrada a exposição antecedente quanto à diversidade de modelos de governo em torno das decisões ligadas à remuneração, para a partir daí inferir que a intensidade de finalidades do *say on pay* não é idêntica em todos os sistemas jurídicos em que este esquema vigora. Designadamente, parece irrecusável que o efeito legitimador do voto ligado à remuneração (a que se refere a alínea b)) é claramente menor nos sistemas jurídicos, como em Portugal, que atribuem à assembleia geral competência para fixar a remuneração.

O fundamento e o perfil funcional do *say on pay* encontram-se ainda dependentes da estrutura accionista típica vigente em cada momento histórico, em cada mercado societário do grau de activismo aí presente por parte dos investidores institucionais. O escrutínio accionista pode ser de enorme importância nas situações em que, mercê da fragmentação da propriedade accionista, o risco de conflito de interesses entre accionistas e administradores seja particularmente crítico. Em contrapartida, tendencialmente assinala-se uma influência menor do voto accionista em sistemas societários com accionistas de referência (*block-holder systems*), que frequentemente logram estender a sua influência ao órgão de administração[30].

As aptidões funcionais do *say on pay*, por fim, estão relacionadas com o modo através do qual o instituto é regulado, designadamente no tocante ao âmbito do regime, à competência para apresentação da política de remunerações, à sua obrigatoriedade e aos efeitos jurídicos ligados ao voto accionista[31].

---

30 Ferrarini, Moloney & Ungureanu, 2009: 16-17.

31 Com diversa arrumação: Gordon, 2009: 337.

330 | PAULO CÂMARA

É a esta luz que abaixo se examina mais de perto a recente solução consagrada em Portugal.

3. O DEVER DE APRESENTAÇÃO DE DECLARAÇÃO SOBRE POLÍTICA DE REMUNERAÇÕES: FONTE E ÂMBITO

I – O legislador português escolheu uma Lei da Assembleia da República, enxertada num diploma sobre disciplina sancionatória financeira, para tratar o tema do dever de aprovação de documento sobre política de remunerações.

Trata-se de uma opção a vários títulos censurável. Não há, de um lado, qualquer afinidade de matérias que justifique arrumar sistematicamente esta matéria no âmbito do regime sancionatório do sistema financeiro. A assimilação do tema remuneratório ao das sanções é inadequada, ao revelar uma pré-compreensão patológica daquela matéria. O gesto legislativo, neste aspecto, é ainda contrário ao intuito de sistematização e ao desejável apuro formal das fontes de governo das sociedades.

Além disso, a fonte formal seleccionada pode ser enganadora, porquanto, quanto ao respectivo âmbito de aplicação, o diploma transcende o sistema financeiro – tocando também sociedades cotadas e empresas públicas de maior dimensão –, como de seguida se comprova.

II – O âmbito de aplicação deste regime do dever de apresentação de declaração sobre política remuneratória é bastante amplo. Aplica-se, desde já, a todas as entidades de interesse público. Esta é uma categoria delimitada pelo DL n.º 225/2008, de 20 de Novembro, em que se incluem as seguintes entidades:

- Os emitentes de valores mobiliários admitidos à negociação num mercado regulamentado;
- As instituições de crédito que estejam obrigadas à revisão legal das contas;
- Os fundos de investimento mobiliário e imobiliário;
- As sociedades de capital de risco e os fundos de capital de risco;
- As sociedades de titularização de créditos e os fundos de titularização de créditos;
- As empresas de seguros e de resseguros;
- As sociedades gestoras de participações sociais, quando as participações detidas, directa ou indirectamente, lhes confiram a maioria dos direitos de voto nas instituições de crédito obrigadas à revisão legal de contas;

– As sociedades gestoras de participações sociais no sector dos seguros e as sociedades gestoras de participações mistas de seguros;
– Os fundos de pensões;
– As empresas públicas que, durante dois anos consecutivos, apresentem um volume de negócios superior a € 50 000 000, ou um activo líquido total superior a € 300 000 000.

Além disso, estão ainda cobertas pelo *say on pay* português as sociedades financeiras e as sociedades gestoras de fundos de capital de risco e de fundos de pensões[32].

III – Sendo embora uma solução maximalista, o âmbito legislativo do regime não atinge as entidades em relação de grupo com as mencionadas directamente pela lei. Assim, queda-se de fora do diploma o caso das remunerações complementares pagas por outras sociedades do grupo, de tipo diferente das listadas no art. 2.º, n.º 2 da Lei n.º 28/2009, de 19 de Junho, em que o administrador também preste funções.

Todavia, esta opção legislativa foi já contrariada por via regulamentar no tocante às sociedades cotadas, às instituições de crédito, às sociedades financeiras gestoras de activos e às empresas de seguros e de resseguros e sociedades gestoras de fundos de pensões, que forçam a divulgação de informação sobre remuneração paga por outras sociedades em relação de domínio ou de grupo[33]. Naturalmente, esta extensão regulamentar do âmbito subjectivo de aplicação do regime legislativo coloca dúvidas de monta do ponto de vista da respectiva legalidade, que não são aqui apreciadas.

IV – A tónica maximalista do regime português revela-se ainda no facto de estarem cobertos, não apenas os membros de órgãos de administração, mas também os membros de órgãos de fiscalização. As severas limitações legais na conformação da prestação remuneratória dos membros dos órgãos de fiscalização – a qual deve invariavelmente consistir numa quantia fixa[34] – levam

---

32 Art. 2.º, n.º 2 da Lei n.º 28/2009, de 19 de Junho.

33 Cfr., respectivamente o art. 3.º c) do Regulamento n.º 1/2010 da CMVM, o art. 2.º, n.º 2 *l*) do Aviso n.º 1/2010 do Banco de Portugal e o art. 2.º, n.º 2 *l*) da Norma Regulamentar n.º 5/2010-R do Instituto de Seguros de Portugal.

34 Esta regra é aplicável a todos os modelos de governo: cfr. art. 422.º-A, 423.º-D e 440.º, n.º 3 CSC.

332 | PAULO CÂMARA

a que a extensão do *say on pay* em relação a estes actores societários seja, em larga medida, destituída de sentido.

Em todo o caso, em termos legislativos não se obriga que o documento sobre política remuneratória incida sobre os directores de topo (v.g. director financeiro e director comercial) ou sobre outros elementos do *staff* societário, tal como o secretário da sociedade.

Porém, também aqui o desenvolvimento regulamentar foi mais além do que consta do quadro legislativo. No tocante ao sistema financeiro – às instituições de crédito, às sociedades financeiras gestoras de activos, e às empresas de seguros e de resseguros e sociedades gestoras de fundos de pensões – os textos regulamentares exorbitaram o núcleo de aplicação da Lei n.º 28/2009 ao acrescentar, de outro lado, os colaboradores que auferem remuneração variável e exercem a sua actividade profissional no âmbito de funções de controlo *ou* de outra que possa ter impacto material no perfil de risco da instituição[35]. A fórmula disjuntiva, atrás transcrita, é acrescentada pelos textos regulamentares nacionais. Trata-se de uma opção passível de crítica. A Recomendação comunitária n.º 2009/384/CE apenas se aplica aos colaboradores cuja actividade profissional tenha impacto material sobre o perfil de risco da instituição financeira[36]. Neste ponto, não se vislumbra motivo algum para uma divergência em relação ao texto comunitário. Em homenagem ao princípio de proporcionalidade, deveriam quedar-se fora do âmbito das Recomendações os colaboradores que exercem a sua actividade profissional no âmbito de funções de controlo *sem, todavia, que a sua actividade tenha* impacto material no perfil de risco da instituição – pense-se, por ex., em funcionários administrativos e técnicos juniores.

V – Além disso, as Recomendações sobre política de remunerações preconizam um envolvimento de pessoas integradas nas funções de controlo na correspondente definição. Este é porém um dos pontos em que os normativos do Banco de Portugal mais interferem – sem que para isso se vislumbre habilitação legal bastante – com o regime *jus-societário* vigente entre nós. Desde logo, releva a circunstância decisiva de, à luz do sistema societário português, não existir qualquer competência societária assinalada às funções de controlo.

---

35 Cfr. o art. 1.º, n.º 2 do Aviso n.º 1/2010 do Banco de Portugal e o art. 1.º, n.º 2 da Norma Regulamentar n.º 5/2010-R do Instituto de Seguros de Portugal.

36 Recomendação n.º 2009/384/CE, de 30 de Abril de 2009, 1.2.

São meros serviços auxiliares do cumprimento das tarefas de gestão, coordenadas pelo órgão de administração (art. 406.º CSC), embora também vigiados pelo órgão de fiscalização (420.º, n.º 1 *i*), 423.º-F, n.º 1 *i*) e 441.º, n.º 1 *i*) CSC)[37]. Identicamente, as regras financeiras determinam que as funções de controlo servem de apoio, não podendo assumir natureza decisória. Estatui claramente o art. 305.º-D CVM *que sem prejuízo das funções do órgão de fiscalização, os titulares do órgão de administração do intermediário financeiro são responsáveis por garantir o cumprimento dos deveres previstos no Código*[38]. Não se esqueça, ainda, que o alargamento do âmbito subjectivo de aplicação da política remuneratória às funções de controlo leva a que estas passem a ficar limitadas na sua apreciação no tema da remuneração – ou, no limite, impedidas, havendo conflito de interesses[39]. Por fim, não pode permitir-se que uma recomendação dilua as competências da comissão de remunerações, que entre nós goza de legitimidade societária reforçada, ao ser directamente designada pela assembleia geral (art. 399.º CSC)[40].

Além de uma hipertrofia das funções de controlo interno contrariar os dados do sistema societário, que ligam a matéria remuneratória ao exercício dos direitos accionistas (art. 399.º CSC), a assimilação entre o tema das recomendações sobre política de remunerações e do controlo interno mostra-se inteiramente desajustada. Em causa está um tema estratégico ligado à política de desenvolvimento da sociedade, e não uma questão de *compliance*, pelo que não se vislumbra qual a racionalidade do envolvimento das estruturas de controlo interno na definição da política remuneratória de uma instituição financeira. Já assim não será, naturalmente, no reconhecimento a estas estruturas de atribuições relacionadas com a monitorização do cumprimento das políticas remuneratórias previamente definidas pelos órgãos legalmente competentes.

VI – Importa ter presente que a lei estabelece um verdadeiro e próprio dever de apresentação de documento sobre política de remunerações, em sentido técnico. Este dever, aliás, é reforçado através de um severo sistema

---

37 Câmara, 2008b.

38 Cfr. igualmente os arts. 305.º-A a 305.º- C CVM.

39 Em geral: Câmara, 2010.

40 Cfr. *supra*, 2.1. Relevante, sobre este tópico: Gião, 2010: 268-291, que certeiramente constata que no tema remuneratório *as responsabilidades de muitos diluem as responsabilidades de todos* (286).

334 | PAULO CÂMARA

contra-ordenacional, fixado no art. 4.º do diploma em referência. O seu incumprimento desencadeará as consequências contra-ordenacionais previstas em cada diploma sectorial, consoante a natureza da sociedade em causa – Regime Geral bancário, Código dos Valores Mobiliários, Lei dos seguros ou Estatuto do Gestor Público. Embora a Lei n.º 28/2009 não o explicite directamente, é de concluir que o mesmo regime de legitimidade para perseguição infraccionatória previsto naqueles diplomas se aplique também em relação ao incumprimento deste dever.

O estabelecimento de um dever de apresentação de documento sobre política de remunerações faz com que o Direito português, neste ponto, seja coincidente com as soluções em vigor na Suécia e na Holanda[41]. Cabe notar que o acolhimento da Recomendação comunitária n.º 2004/913/CE não obrigava a ir tão longe, já que admitia que os Estados Membros estipulassem a emissão de votos accionistas apenas quando solicitado por 25% dos votos presentes ou representados em assembleia[42]. Como ilustração, na Alemanha, o esquema foi concebido, não como um dever, mas como uma faculdade consignada à assembleia geral[43].

VII – Convém atentar no que, ao certo, é disposto no regime português a este propósito. A lei consagrou um *dever de apresentação* de uma declaração sobre política de remunerações e *não um dever de aprovação* da mesma.

Em lado algum na lei se esclarece que consequência terá um voto negativo relativamente à política de remunerações. Se tal suceder, mantém-se em vigor o regime remuneratório pré-vigente. Embora o órgão proponente possa ao longo do ano submeter outro texto à apreciação do colégio dos sócios, não pode concluir-se que este esteja de algum modo obrigado a fazê-lo. O órgão com competência decisória na fixação da remuneração, por seu turno, deve atender ao sentido da deliberação expressa pelos accionistas na assembleia geral. Tratando-se de uma comissão *delegada* da assembleia geral (art. 399.º e 429.º CSC), deve obediência aos termos ditados pelo órgão delegante.

Porém, mesmo nessa situação, as políticas de remuneração não concretizam escolhas em termos bipolares, sem que a rejeição de uma alternativa implique necessariamente, por dedução hermenêutica, a escolha da hipótese

---

41 Ferrarini, Moloney & Ungureanu, 2009: 39.

42 Artigo 4.º n.º 2 II da Recomendação 2004/913/CE, de 14 de Dezembro de 2004.

43 § 120 (4) AktG. Em geral, em tom crítico ao *say on pay* obrigatório, reenvia-se para Gordon, 2006: em especial 357-360.

contrária. Um voto negativo emitido em relação a uma declaração sobre política de remuneração não faculta, assim, por mera inferência lógica, a detecção da orientação remuneratória preferida pela assembleia geral. Por esse motivo, as mais das vezes será difícil retirar de um voto negativo um sentido juridicamente preciso e nesse sentido eficazmente condicionador da actuação daquele órgão com competência decisória.

Assim, se na assembleia geral, a declaração sobre política de remuneração não merecer aprovação por parte da maioria dos accionistas, tal não afecta a competência das comissões de remunerações na determinação da prestação remuneratória dos membros dos órgãos sociais. Se resultar um sentido unívoco da reprovação accionista, tal deve ser tido em conta pelas comissões de remunerações; porém, tal pode não suceder. Aliás, dada a natureza da declaração sobre política remuneratória (que não constitui, afinal, *a política remuneratória* em si mesma), o mais provável é não ser possível extrair um sentido juridicamente decisivo da sua não aprovação. Neste quadro, as comissões de remunerações, devendo embora obediência às deliberações dos sócios – enquanto comissão delegada da assembleia geral –, mantêm, mesmo em caso de reprovação da declaração emitida ao abrigo da Lei n.º 28/2009, um elevado poder de conformação das prestações remuneratórias.

VIII – Merece voltar a chamar atenção para o facto de o objecto do dever ser *uma declaração sobre a política de remunerações e não a política de remunerações em si mesma*. Elementos confidenciais relativamente à política de remunerações (que envolvam nomeadamente segredos comerciais ou industriais) podem, assim, ser expurgados de tal documento.

4. A COMPETÊNCIA PARA APRESENTAÇÃO DA DECLARAÇÃO SOBRE POLÍTICA DE REMUNERAÇÕES

I – A solução portuguesa quanto ao *say on pay* revelou-se surpreendente, ao prever que a autoria do documento sobre política de remuneração seja do órgão de administração *ou* da comissão de remuneração[44].

O estabelecimento de uma competência conjunta nesta matéria a dois órgãos cria uma potencial e indesejável concorrência entre o órgão de administração e a comissão de remunerações (que, recorde-se, em Portugal, repre-

---

44 Art. 2.º, n.º 1 da Lei n.º 28/2009, de 19 de Junho. O contraste com o II.1.5.2. do Código do Governo das Sociedades é manifesto.

senta uma comissão delegada da assembleia geral ou do conselho geral e de supervisão[45]). Não fica sequer impedido o aparecimento de um par de documentos com o mesmo objectivo – um proposto pelo conselho de administração e o outro pela comissão de remunerações –, o que pode ser causador de significativos embaraços, tensões e litígios na dinâmica societária. Mostra-se, por isso, mais conveniente que na prática a escolha do órgão proponente fique determinada através dos estatutos.

Além disso, a possibilidade de o órgão de administração elaborar tal documento sobre política remuneratória representa uma solução dissonante com a decorrente do Código das Sociedades Comerciais, atrás analisada[46], segundo a qual, no modelo clássico, cabe à assembleia geral ou a comissão por esta designada a fixação da remuneração dos administradores e com a vigente para o modelo de governo societário dualista, que supletivamente atribui tal competência ao conselho geral e de supervisão ou a uma sua comissão de remuneração ou, no caso em que o contrato de sociedade assim o determine, à assembleia geral de accionistas ou a uma comissão por esta nomeada.

II – O ponto essencial a reter é o de que esta recente intervenção legislativa deu causa (inadvertidamente ou não) a uma modificação do sistema de competências orgânicas em matéria da remuneração dos órgãos sociais. Embora no desenho originário do Código das Sociedades Comerciais, como instrumento preventivo de conflito de interesses, o órgão de administração tenha sido arredado da competência deliberativa na fixação da sua remuneração, a Lei n.º 28/2009, de 19 de Junho, vem abrir a possibilidade de, em alternativa à comissão de remunerações, ser a administração a apresentar a declaração obrigatória sobre a política de remunerações, para aprovação pelo colégio de accionistas.

Crê-se que, para uma leitura correcta da articulação entre esta nova previsão legislativa e as competências estabelecidas no Código das Sociedades para a fixação de remunerações, de resto inalteradas, será necessário delimitar cuidadosamente o conteúdo da declaração sobre política de remunerações. A chave está no respeito pelo conteúdo da declaração da política de remunerações, a que adiante se fará referência[47].

---

45 Cfr. *supra*, 2. VI.

46 Cfr. *supra*, 2. VI.

47 Cfr. *infra*, 5.

"SAY ON PAY" E POLÍTICA REMUNERATÓRIA | 337

III – Se for empregue uma noção rigorosa de política de remunerações, em última análise, pode até o órgão de administração estar bem posicionado para estabelecer os critérios de desempenho mais adequados e idóneos para a fixação ulterior da remuneração variável.

Deste ponto de vista, ultrapassada uma reacção inicial de perplexidade, dir-se-á que a nova disciplina, se for objecto de utilizações prudentes, não garante mas propicia uma sintonia mais afinada entre o *quantum* remuneratório e a avaliação do desempenho.

Na concreta conformação organizativo-funcional desta relação entre órgãos díspares em matéria remuneratória, a margem decisória confiada ao critério de cada sociedade é, em todo o caso, bastante dilatada. Futuras recomendações nacionais nesta matéria podem, neste quadro, contribuir para um adicional aprimoramento do sistema, nomeadamente se preconizarem, como à luz do art. 2.º, n.º 3 *a*) da Lei n.º 28/2009, de 19 de Junho parece adequado, que o órgão de administração confie um papel importante na execução desta tarefa aos administradores não-executivos, sobretudo se forem independentes.

Resta afirmar que não se levantam problemas aplicativos se a política de remunerações for apresentada pela comissão de remunerações, o que é admitido na Lei n.º 28/2009, porquanto tal solução condiz com a regra de competência deliberativa enunciada no Código das Sociedades Comerciais[48].

IV – Atento o exposto, cabe referir, por último, que os accionistas – ainda que maioritários – estão impedidos de submeter à votação da assembleia geral, autonomamente, uma política de remunerações. A declaração sobre política de remunerações constitui um documento indissociavelmente ligado a uma competência societária específica – a competência para fixar a prestação remuneratória. Além disso, as competências societárias no domínio remuneratório são objecto de normas legalmente típicas, que não comportam extensão por via regulamentar.

5. CONTEÚDO E NATUREZA DA DECLARAÇÃO SOBRE POLÍTICA DE REMUNERAÇÕES

I – Já antes se esclareceu que o objecto da deliberação da assembleia geral é uma declaração sobre a política de remunerações e não a política de remunerações

---

48 Arts. 399.º e 429.º CSC.

338 | PAULO CÂMARA

em si mesma[49]. Interessa, neste passo, fornecer elementos adicionais sobre o seu conteúdo e natureza.

A declaração sobre política de remunerações deve conter informação sobre: os mecanismos que permitam o alinhamento dos interesses dos membros do órgão de administração com os interesses da sociedade; os critérios de definição da componente variável da remuneração; a existência de planos de atribuição de acções ou de opções de aquisição de acções por parte de membros dos órgãos de administração e de fiscalização; a possibilidade de o pagamento da componente variável da remuneração, se existir, ter lugar, no todo ou em parte, após o apuramento das contas de exercício correspondentes a todo o mandato; os mecanismos de limitação da remuneração variável, no caso de os resultados evidenciarem uma deterioração relevante do desempenho da empresa no último exercício apurado ou quando esta seja expectável no exercício em curso[50].

Estas indicações informativas obrigam as sociedades a tomar posição sobre os temas elementares no âmbito remuneratório. A autonomia societária nas escolhas a perfilhar quanto à remuneração, porém, mantém-se intocada. Não há, por outras palavras, além da exigência informativa de completude, qualquer interferência material no conteúdo da declaração sobre política de remunerações.

II – A extensão de informação incluída neste documento serve de base para retirar conclusões quanto à respectiva natureza.

No seu todo, trata-se de uma lista mais contida do que a patente no ponto 3 da Recomendação da Comissão Europeia n.º 2004/913/CE, de 14 de Dezembro de 2004.

A partir daqui, parece seguro entender que a política de remunerações se confina ao enunciado dos objectivos das prestações remuneratórias e à explicitação da sua estrutura, em particular na sua componente variável e na relação entre esta e o desempenho da gestão, sem contudo interferir na concreta fixação da prestação remuneratória.

---

49 Cfr. *supra*, 3. VI.

50 Art. 2.º, n.º 3 da Lei n.º 28/2009. No Verão de 2009, a CMVM colocou em discussão pública uma proposta de aditamento destas exigências informativas, à data ainda não convertido em texto regulamentar final.

III – Importa todavia ir mais longe, e procurar apurar a natureza da política de remunerações.

Em Direito, o conceito de *política* (*policy*) societária é polissémico. Por vezes aquela é entendida como um acervo descritivo de práticas e procedimentos auto-impostos para atingir um objectivo pré-determinado: assim sucede, *inter alia*, quanto à política de conflito de interesses[51]. Noutras ocasiões, a política condensa um conjunto de deveres jurídicos, contratualmente assumidos – é o que acontece com a política de investimentos no regime dos fundos de investimento ou com a política de execução nas melhores condições (*best execution*), no âmbito da disciplina das ordens de intermediação financeira[52].

A política de remunerações, bem como a declaração que se lhe refira, assumem natureza diversa. Não se trata de um documento descritivo, embora possa também incluir uma componente retrospectiva, mas contém sobretudo um enunciado de intenções e de orientações, para aplicação futura.

Na Alemanha, tornou-se explícito que a deliberação accionista não é fundadora de direitos nem de obrigações[53]. Crê-se que, neste preciso ponto, o mesmo regime vale, em substância, para o Direito português, que concebe o *say on pay*, como notado, como um instrumento de fomento de informação e de discussão entre accionistas, sem que sujeite a política remuneratória a uma aprovação necessária. Por esse motivo, também aqui a política de remunerações não assume natureza contratual, quedando-se os respectivos efeitos limitados à esfera interna da sociedade, ao balizar a concreta fixação da prestação remuneratória, pelo órgão competente.

6. DIVULGAÇÃO DAS REMUNERAÇÕES

I – O mesmo diploma em apreço determinou ainda, a todas as entidades de interesse público, um dever de divulgação pública anual do montante da remu-

---

51 Câmara, 2010.

52 Câmara, 2009: 430-432, 835.

53 Reenvia-se para o § 120 (4) AktG, que igualmente negou a impugnabilidade da deliberação accionista sobre política de remunerações. Próxima – embora mais extensa – é, a este propósito, a formulação do norte-americano *Wall Street Reform and Consumer Protection Act* de *2009*, que reza o seguinte: *The shareholder vote shall not be binding on the issuer or the board of directors and shall not be construed as overruling a decision by such board, nor to create or imply any additional fiduciary duty by such board, nor shall such vote be construed to restrict or limit the ability of shareholders to make proposals for inclusion in such proxy materials related to executive compensation* (Secção 2002, 1. *i*)).

340 | PAULO CÂMARA

neração auferida pelos membros dos órgãos de administração e de fiscalização, de forma agregada e individual[54].

Tal dever corresponde a um endurecimento normativo, por via injuntiva, e um sensível alargamento de âmbito de uma solução já indicada desde 2001, em termos recomendatórios, para as sociedades cotadas – mas que sob a forma recomendatória nunca logrou, nesse âmbito, um grau de acolhimento expressivo.

Nota-se, todavia, a falta de uma cláusula a delimitar as prestações que devem ser tidas em conta para efeito das exigências informativas, o que em si traria maior certeza jurídica na interpretação do texto legislativo.

II – Encontra-se ainda sujeita a divulgação a política de remunerações aprovada pela assembleia geral.

Embora, ao contrário do que sucede com o regime deliberativo, o enunciado da lei se refira aqui à *política* de remunerações e não à *declaração* sobre a mesma, deve inferir-se que é a declaração aprovada na assembleia geral que se sujeita a publicação.

III – Embora enfraquecida pela ausência de uma norma legislativa definitória do conceito de remuneração para este efeito relevante[55], a exigência de uma divulgação pública da política de remunerações, bem como da remuneração concretamente fixada, oferece um auxiliar poderoso para que a deliberação anual sobre o tema remuneratório seja mais esclarecida e informada.

Permite-se, deste modo, que os accionistas avaliem mais rigorosamente a relação entre remuneração e o nível de desempenho, bem como se possibilita a verificação da repartição interna da remuneração entre os titulares do órgão de administração.

---

54 Art. 3.º da Lei n.º 28/2009, de 19 de Junho. Além dos diversos pontos de contacto desta solução em outros ordenamentos jurídicos, importa registar a tendência, agora iniciada, de se estender as normas de prestação de informação sobre remuneração às sociedades admitidas à negociação em mercados não regulamentados, como é caso, no Reino Unido, das projectadas alterações às *AIM Rules* (AIM Notice n.º 35) colocadas à discussão pública em Dezembro de 2009. Cfr. http://www.londonstockexchange.com/companies-and-advisors/aim/advisers/aim-notices/aimnotice35.pdf.

55 Não constituiu boa opção a de ter procurado resolver o tema por via recomendatória, atenta a ausência de vinculatividade jurídica. Em referência estão os conceitos de remuneração constantes do art. I.3 alíneas *a*) e *b*) da Circular n.º 2/2010 do Banco de Portugal e do art. I.3 alíneas *a*) e *b*) da Circular n.º 6/2010 do Instituto de Seguros de Portugal.

Além disso, em relação às empresas financeiras, pode por esta via ser facultado o conhecimento dos riscos inerentes aos esquemas remuneratórios, que podem ter um círculo de interessados mais amplo. Tal apenas se atinge se e na medida em que o documento assuma natureza analítica, com uma discussão apropriada da estrutura dos esquemas de incentivos em vigor e da sua articulação com os objectivos de longo prazo da sociedade.

Por fim, tais prescrições informativas emergem como um central elemento preventivo de abusos e de irregularidades, confirmando, de novo, a actualidade do célebre dito de LOUIS BRANDEIS: *Publicity is justly commended as a remedy for social and industrial diseases. Sunlight is said to be the best of desinfectants; electric light the most efficient policeman*[56].

BIBLIOGRAFIA

AFEP/MEDEF,
2003   *Le gouvernement d'entreprise des sociétés cotées.*
BAINBRIDGE, Stephen
2009   *The New Corporate Governance in Theory and Practice*, Oxford: Oxford University Press.
BEBCHUK, Lucian / COHEN, Alma & SPAMANN, Holger
2009   *The Wages of Failure: Executive Compensation at Bear Stearns and Lehman 2000-2008*, disponível em http://ssrn.com/abstract=1513522.
BEBCHUK, Lucian & FRIED, Jesse
2003   "Executive Compensation as an Agency Problem", in *Journal of Economic Perspectives* (Summer 2003), disponível em http://papers.ssrn.com/abstract_id=364220.
2004   *Pay Without Performance. The Unfulfilled Promise of Executive Compensation*, Cambridge / London: Harvard University Press.
BEBCHUK, Lucian, FRIED, Jesse & WALKER, David
2002   *Managerial Power and Rent Extraction in the Design of Executive Compensation*, Harvard Law School, disponível em http://ssrn.com/abstract=316590.
BRANDEIS, Louis
1914   *Other People's Money and How Bankers Use It* (reimp. 1995), Boston/New York: Bedford Books.

---

56 Brandeis, 1914: 89.

CÂMARA, Paulo

2008a "O Governo das Sociedades e a Reforma do Código das Sociedades Comerciais", in *O Código das Sociedades Comerciais e o Governo das Sociedades,* Coimbra: Almedina, pp. 110-119.

2008b "Auditoria Interna e Governo das Sociedades", *in Estudos em Homenagem ao Professor Paulo Pitta e Cunha,* no prelo.

2009 *Manual de Direito dos Valores Mobiliários,* Coimbra: Almedina.

2010 *Conflito de Interesses no Direito Societário e Financeiro* (coord.), Coimbra: Almedina.

CAPIELLO, Stefano

2005 *La Remunerazione degli Amministratori. "Incentivi Azionari" e Creazione di Valore,* Milano: Giuffrè.

CHEFFINS, Brian & THOMAS, Randall

2001 *Should Shareholders have a Greater Say on Pay? Learning from the US Experience,* Vanderbilt University School of Law Research Paper 01-06 (2001).

DEN HEIJER, Henk

2002 *De VOC en de Beurs/ The VOC and the Exchange,* Amsterdam.

FAHLENBRACH, Rüdiger & STULZ, René

2009 *Bank CEO Incentives and the Credit Crisis* (2009), ECGI – Finance Working Paper n.º 256/2009, disponível em http://ssrn.com/abstract=1439859.

FERRARINI, Guido & MOLONEY, Niamh

2004 "Executive Remuneration and Corporate Governance in the EU: Convergence, Divergence and Reform Perspectives", in Ferrarini, Guido, Hopt, Klaus, Winter, Jaap & Wymeersch, Eddy, *Reforming Company and Takeover Law in Europe,* Oxford: Oxford University Press, pp. 332-337.

FERRARINI, Guido, MOLONEY, Niamh & UNGUREANU, Maria-Cristina

2009 *Understanding Directors' Pay in Europe: A Comparative and Empirical Analysis,* ECGI Law Working Paper n.º 126/2009, disponível em http://ssrn.com/abstract=1418463.

FINANCIAL REPORTING COUNCIL

2006 *Combined Code on Corporate Governance.*

GEVURTZ, Franklin

2004 *The Historical and Political Origins of the Corporate Board of Directors,* University of the Pacific – McGeorge School of Law, Hofstra Law Review, Vol. 33, pp. 88-173.

GIÃO, João Sousa

2010   *Conflito de Interesses entre Administradores e Accionistas,* in Câmara, Paulo (coord.), *Conflito de Interesses no Direito Societário e Financeiro,* Coimbra: Almedina, pp. 268-291.

GORDON, Jeffrey

2006   "Executive Compensation: If There's a Problem, What's the Remedy? The Case for 'Compensation Discussion and Analysis'", in *Journal of Corporation Law* (Summer 2006), http://ssrn.com/abstract=686464.

2009   "'Say on Pay': Cautionary Notes on the UK Experience and the Case for Shareholder Opt-In", in *Harvard Journal on Legislation,* Vol. 46, pp. 340-354.

HECKSCHER, Eli

1935   *The Mercantilism* (trad. inglesa de 1983 da versão alemã) 2 Vols., New York / London: Garland Publishing.

HERTIG, Gérard & McCAHERY, Joseph

2005   *On-Going Board Reforms: One-Size-Fits-All and Regulatory Capture,* ECGI Law Working Paper n.º 25/2005, disponível em http://ssrn.com/abstract=676417.

HILL, Jennifer & YABLON, Charles

2002   *Corporate Governance and Executive Remuneration: Rediscovering Managerial Positional Conflict,* Vanderbilt University Law School, disponível em http://ssrn.com/abstract=375240.

HOFFMANN-BECKING, Michael & KRIEGER, Gerd

2009   "Leitfaden zur Anwendung des Gesetzes zur Angemessenheit der Vorstandvergütung (VorstAG)", in *NZG* 12.2009, pp. 26-38.

HOPT, Klaus & LEYENS, Patrick

2004   *Board Models in Europe. Recent Developments of Internal Corporate Governance Structures in Germany, the United States, France, and Italy,* ECGI Law Working Paper n.º 18.

JENSEN, Michael & MURPHY, Kevin

2004   *Remuneration: Where we've been, how to get there, what are the problems, and how to fix them,* ECGI Working Paper n.º 44.

KRAAKMAN, Reinier, DAVIES, Paul, HANSMANN, Henry, HERTIG, Gérard, HOPT, Klaus, KANDA, Hideki & ROCK, Edward

2004   *The Anatomy of Corporate Law. A Comparative and Functional Approach,* Oxford: Oxford University Press.

MAW, Nigel *et al.,*

1994   *Maw on Corporate Governance,* Aldershot: Dartmouth.

MIGNOLI, Ariberto

1960 "Idee e problemi nell'evoluzione della 'company' inglese", in *Rivista delle Società* (2008).

PAZ-ARES, Cándido

2008 "El enigma de la retribución de los consejeros ejecutivos", in *InDret*, Vol. 1 (2008) e in *RMV* n.º 2 (2008), pp. 15-88.

2009 "Ad imposibilia nemo tenetur (o por qué recelar de la novísima jurisprudencia sobre retribución de administradores)", in *InDret*, Vol. 2 (2009), pp. 1-21.

WINTER, Stefan

2003 "Management- und Aufsichratsvergütung unter besonderer Berücksichtigung von Stock Options – Lösung eines Problems oder zu lösendes Problem?" in Hommelhoff Peter, Hopt, Klaus & Werder, Axel V., *Handbuch Corporate Governance*, Köln: Verlag Dr Otto Schmidt.

LEGISLAÇÃO

Legislação Nacional – 2010

LEGISLAÇÃO NACIONAL
Janeiro a Abril de 2010
elaborado por Nazaré da Costa Cabral

REGULAÇÃO

BANCO DE PORTUGAL

Decreto-Lei n.º 12/2010, de 19 de Fevereiro

Procede à criação das sociedades financeiras de microcrédito, as quais têm por objecto a concessão de crédito de montantes reduzidos a particulares e a empresas. Estas sociedades regem-se pelo disposto no presente diploma e sua regulamentação, e pelas disposições, aplicáveis às sociedades financeiras, do regime geral das instituições de crédito e sociedades financeiras e legislação complementar.

Aviso n.º 1/2010, de 9 de Fevereiro

Estabelece a informação que deve ser divulgada na declaração sobre a política de remuneração dos membros dos órgãos de administração das instituições de crédito e sociedades financeiras, bem como dos colaboradores que auferem uma remuneração variável e exercem a sua actividade no âmbito das funções de controlo previstas no Aviso n.º 5/2008, de 1 de Julho.

Instrução n.º 2/2010, de 20 de Fevereiro

Define concentrações de risco e estabelece as formas de acompanhamento do mesmo por parte das instituições.

Instrução n.º 7/2010, de 1 de Abril

Divulga, para o 2.º trimestre de 2010, as taxas máximas a praticar nos contratos de crédito aos consumidores, celebrados no âmbito do DL n.º 133/2009, de 2 de Junho.

348 | NAZARÉ DA COSTA CABRAL

Instrução n.º 8/2010, de 31 de Março
Determina que as instituições de crédito devem remeter ao Banco de Portugal informação sobre os contratos de depósito e de crédito, de acordo com o Quadro anexo, a fim de analisar e avaliar o número de reclamações dos clientes.

CMVM – COMISSÃO DO MERCADO DE VALORES MOBILIÁRIOS
Regulamento da CMVM n.º 1/2010, de 1 de Fevereiro
Governo das Sociedades Cotadas.

Regulamento da CMVM n.º 2/2010, de 23 de Março
Sistema de Indemnização aos Investidores (Alteração ao Regulamento da CMVM n.º 2/2000).

Regulamento da CMVM n.º 3/2010, de 15 de Abril
Deveres de Conduta e Qualificação Profissional dos Analistas Financeiros e Consultores para Investimento (Alteração ao Regulamento da CMVM n.º 2/2007).

ANACOM – AUTORIDADE NACIONAL DE COMUNICAÇÕES
Decreto-Lei n.º 26/2010, de 30 de Março
Procede à décima alteração ao Decreto-Lei n.º 555/99, de 10 de Dezembro, que estabelece o regime jurídico da urbanização e da edificação e procede à primeira alteração ao Decreto-Lei n.º 107/2009, de 15 de Maio.

IMTT – INSTITUTO DA MOBILIDADE E DOS TRANSPORTES TERRESTRES

VEÍCULOS
Decreto-Lei n.º 11/2010, de 12 de Fevereiro
Estabelece os requisitos relativos às interferências radioeléctricas dos automóveis e à instalação de dispositivos de iluminação de automóveis pesados de grandes dimensões e seus reboques, transpondo para a ordem jurídica interna a Directiva 2009/19/CE, da Comissão, de 12 de Março, na parte que se refere às interferências radioeléctricas dos automóveis, e a Directiva 2008/89/CE, da Comissão, de 24 de Setembro, alterando os Decretos-Lei n.ºs 237/2006, de 14 de Dezembro, e 218/2008, de 11 de Novembro, e o Regulamento dos

Elementos e Características dos Veículos a Motor de Duas e Três Rodas, aprovado pelo Decreto-Lei n.º 267-B/2000, de 20 de Outubro.

Decreto-Lei n.º 16/2010, de 12 de Março
Aprova o Regulamento Que Estabelece o Quadro para a Homologação CE de Modelo de Automóveis e Reboques, Seus Sistemas, Componentes e Unidades Técnicas, altera o Regulamento Que Estabelece as Disposições Administrativas e Técnicas para a Homologação dos Veículos das Categorias M(índice 1) e N(índice 1), Referentes à Reutilização, Reciclagem e Valorização dos Seus Componentes e Materiais, aprovado pelo Decreto-Lei n.º 149/2008, de 29 de Julho, procede à transposição para a ordem jurídica interna da Directiva 2007/46/CE, do Parlamento Europeu e do Conselho, de 5 de Setembro, e da Directiva 2009/1/CE, da Comissão, de 7 de Janeiro, e revoga o Decreto-Lei n.º 72/2000, de 6 de Maio.

Portaria n.º 165-A/2010, de 16 de Março
Altera o modelo de certificado de matrícula aprovado pela Portaria n.º 1135-B/2005, de 31 de Outubro.

TRANSPORTE RODOVIÁRIO
Portaria n.º 134/2010, de 2 de Março
Segunda alteração à Portaria n.º 277-A/99, de 15 de Abril, que regula a actividade de transportes em táxi e estabelece o equipamento obrigatório para o licenciamento dos veículos automóveis de passageiros.

TRANSPORTE FERROVIÁRIO
Decreto-Lei n.º 20/2010, de 24 Março
Procede à liberalização da prestação de serviços de transporte ferroviário internacional de passageiros na infra-estrutura ferroviária nacional e define as respectivas regras de acesso, procedendo à transposição para a ordem jurídica interna da Directiva 2007/58/CE, do Parlamento Europeu e do Conselho, de 23 de Outubro de 2007.

Despacho n.º 4837/2010, de 18 de Março
Fixação de taxa a aplicar pelo IMTT, I. P., sobre as receitas resultantes das taxas de utilização da infra-estrutura ferroviária nacional fixadas pela REFER, E. P., para os exercícios de 2008 e 2009.

INAC – INSTITUTO NACIONAL DE AVIAÇÃO CIVIL
Regulamento n.º 100/2010, de 19 de Fevereiro
Estabelece os requisitos necessários para a elaboração dos procedimentos de voo por instrumentos, bem como os procedimentos associados à sua aprovação e posterior supervisão de segurança operacional a efectuar pelo INAC, I. P.

ERSAR – ENTIDADE REGULADORA DOS SERVIÇOS DE ÁGUAS E RESÍDUOS
Decreto Legislativo Regional n.º 8/2010/A, de 5 de Março
Cria a Entidade Reguladora dos Serviços de Águas e Resíduos dos Açores.

Portaria n.º 91/2010, de 11 de Fevereiro
Procede à classificação de várias albufeiras de águas públicas de serviço público como albufeiras públicas de utilização protegida e outra como albufeira de águas públicas de utilização condicionada.

Portaria n.º 160/2010, de 15 de Março
Define os critérios para cálculo das taxas relativas à actividade de regulação estrutural, económica e de qualidade de serviço, devidas pelas entidades gestoras concessionárias dos serviços multimunicipais e municipais de abastecimento público de água, de saneamento de águas residuais urbanas e de gestão de resíduos urbanos, à Entidade Reguladora dos Serviços de Águas e Resíduos, I. P. (ERSAR, I. P.).

Portaria n.º 175/2010, de 23 de Março
Define os critérios para cálculo das taxas relativas à atribuição de regulação da qualidade da água para consumo humano, devidas pelas entidades gestoras dos serviços de abastecimento público de água para consumo humano à Entidade Reguladora dos Serviços de Águas e Resíduos, I. P. (ERSAR, I. P.).

Portaria n.º 194/2010, de 8 de Abril
Aprova a delimitação do perímetro de protecção das captações que abastecem fontanários do concelho de Oliveira de Frades.

Portaria n.º 195/2010, de 8 de Abril
Aprova a delimitação do perímetro de protecção das captações dos Olhos de Fervença.

Portaria n.º 198/2010, de 14 de Abril

Altera os anexos I, III e IV da Portaria n.º 394/2008, de 5 de Junho, que aprova os Estatutos da Administração da Região Hidrográfica do Norte, I. P., os Estatutos da Administração da Região Hidrográfica do Centro, I. P., os Estatutos da Administração da Região Hidrográfica do Tejo, I. P., os Estatutos da Administração da Região Hidrográfica do Alentejo, I. P., e os Estatutos da Administração da Região Hidrográfica do Algarve, I. P.

Portaria n.º 228/2010, de 22 de Abril

Define o logótipo para uso por parte das entidades gestoras das plataformas de negociações no âmbito do mercado organizado de resíduos.

JURISPRUDÊNCIA

Comentário de Jurisprudência da União Europeia

Jurisprudência Geral

COMENTÁRIO DE JURISPRUDÊNCIA DA UNIÃO EUROPEIA

ACÓRDÃO DO TRIBUNAL DE JUSTIÇA, DE 4 DE JUNHO DE 2009 (3.ª SECÇÃO), NO PROCESSO C-8/08, *T-MOBILE NETHERLANDS BV E O. C. RAAD VAN BESTUUR VAN DE NEDERLANDSE MEDEDINGINGSAUTORITEIT*
PRÁTICAS CONCERTADAS ENTRE EMPRESAS, TROCA DE INFORMAÇÕES E INFRACÇÕES CONCORRENCIAIS PELO SEU OBJECTO E/OU EFEITO

João Pateira Ferreira*

Sumário do Acórdão[1]:

1. Os conceitos de acordo, de decisão de associação de empresas e de prática concertada entre empresas compreendem, do ponto de vista subjectivo, formas de colusão que partilham a mesma natureza e que se distinguem entre si apenas pelo grau de intensidade e pelas formas por que se manifestam. Como tal, os critérios que permitem determinar se um comportamento tem por objecto ou por efeito impedir, restringir ou falsear a concorrência são uniformes e aplicáveis indistintamente de se tratar de um acordo, de uma decisão ou de uma prática concertada.

---

* Assistente da Faculdade de Direito da Universidade de Lisboa e Jurista da Autoridade da Concorrência. As posições expressas no presente texto são da exclusiva responsabilidade do autor e não representam necessariamente as posições da Autoridade da Concorrência.

1 O acórdão encontra-se disponível, na sua versão portuguesa, no sítio institucional do Tribunal de Justiça da União Europeia, em www.curia.eu. O sumário do acórdão consta das versões francesa e inglesa, sendo a presente adaptação da nossa responsabilidade. No texto faremos referência às normas de concorrência previstas no direito comunitário originário, conforme a sua renumeração pelo Tratado de Lisboa [artigos 101.º e segs. do Tratado sobre o Funcionamento da União Europeia (TFUE)], sem prejuízo das transcrições e citações de jurisprudência ou doutrina poderem remeter ainda para os artigos 81.º e segs. do Tratado que institui a Comunidade Europeia (TCE).

2. Para determinar se uma prática concertada é proibida pelo artigo 101.º, n.º 1 TFUE, não será necessário ter em conta os seus efeitos concretos, sempre que for evidente que tal prática tem por objecto impedir, restringir ou falsear a concorrência no mercado comum. A distinção entre infracções por objecto e infracções por efeito resulta de se considerar que determinadas formas de colusão entre empresas são, pela sua própria natureza, prejudiciais ao funcionamento regular da concorrência. Como tal, uma vez estabelecido o objecto anti-concorrencial de uma prática concertada, não é necessário considerar os seus efeitos.

3. Uma prática concertada terá um objecto anti-concorrencial nos termos do artigo 101.º, n.º 1 TFUE sempre que, de acordo com o seu teor, finalidades e o contexto jurídico e económico em que se desenvolve, ela seja apta, em concreto, a impedir, restringir ou falsear a concorrência no mercado comum. Não é necessário que a concorrência seja efectivamente impedida, restringida ou falseada, ou que se estabeleça um nexo directo entre essa prática concertada e os preços finais ao consumidor.

4. A troca de informações entre concorrentes tem um objecto anti-concorrencial quando for susceptível de eliminar a incerteza quanto ao comportamento futuro das empresas envolvidas, designadamente no que respeita ao tempo, amplitude e detalhe dos comportamentos a adoptar por tais empresas no mercado, incluindo aí as situações em que tal adaptação comportamental não se reflicta directamente nos preços finais ao consumidor.

5. Ao apreciar o nexo de causalidade entre a prática concertada e a conduta no mercado das empresas envolvidas nessa prática – causalidade necessária para se concluir pela existência de uma prática concertada, nos termos e para os efeitos do artigo 101.º, n.º 1 TFUE – o tribunal nacional está obrigado a presumir a existência desse nexo, nos termos do qual as empresas, mantendo-se activas no mercado, não podem deixar de ter em conta as informações trocadas com os seus concorrentes, sem prejuízo de prova em contrário, cujo ónus cabe às próprias empresas. Esta presunção é parte integrante do Direito da União.

6. Para efeitos da aplicação do artigo 101.º, n.º 1 TFUE, desde que uma empresa envolvida na concertação permaneça activa no mercado em causa, a presunção de causalidade entre a concertação e o seu comportamento é plenamente aplicável, ainda que a concertação seja o resultado de uma única reunião entre as empresas envolvidas.

1. INTRODUÇÃO

A decisão do Tribunal de Justiça de 4 de Junho de 2009 no processo *T-Mobile Netherlands BV e o. c. Raad van bestuur van de Nederlandse Mededingingsautoriteit* (adiante, "*T-Mobile*") representou um passo relevante na jurisprudência comunitária sobre práticas concertadas e acordos relativos a trocas de informações entre empresas concorrentes[2], procurando esclarecer os requisitos necessários para a configuração dessa conduta como uma prática concertada com objectivos anti-concorrenciais, na acepção do artigo 101.º, n.º 1 do TFUE, em especial considerando a distinção entre práticas concertadas cujo carácter anti-concorrencial decorre dos seus efeitos e aquelas que são anti-concorrenciais pelos seus objectivos, e no caso das segundas, a necessidade de determinar as circunstâncias concretas do mercado, da actuação das empresas e dos efeitos do seu comportamento na concorrência[3].

O acórdão resulta de um pedido de decisão prejudicial do *College van Beroep voor het bedrijsleven* (Tribunal de recurso para as actividades económicas holandês), no âmbito do recurso da decisão judicial de 1.ª instância que havia anulado a decisão condenatória da autoridade de concorrência holandesa (NMa), proferida contra os cinco operadores dos serviços de telecomunicações móveis actuando no mercado nacional, por infracção às regras de defesa da concorrência; a sua importância deverá ser equacionada tendo em conta a necessidade de clarificar os requisitos necessários à demonstração

---

2 Cfr., em especial, os acórdãos do Tribunal de Justiça, de 16 de Dezembro de 1975, nos processos apensos C-40 a 48/73, 50/73, 54 a 56/73, 111773, 113 e 114/73, *Coöperatieve Vereiniging "Suiker Unie" UA e o. c. Comissão*; de 31 de Março de 1993, nos processos apensos C-89/85, C-104/85, C-114/85, C-116/85, C-117/85 e C-125/85 a C-129/85, *Ahlström Osakeyhtiö e o. c. Comissão*; de 28 de Maio de 1998, no processo C-7/95, *John Deere Ltd c. Comissão*; de 2 de Outubro de 2003, no processo C-194/99 P, *Thyssen Stahl AG c. Comissão*; e de 23 de Novembro de 2006, no processo C-238/05, *Asnef-Equifax, Servicios de Información sobre Solvencia y Creditos, SL e administración del Estado c. Asociación de Usuarios de Servicios Bancarios (Ausbanc)*.

3 Uma das dificuldades inerentes à análise das trocas de informações entre empresas concorrentes reside na falta de sistematização do tratamento que lhes tem sido dado pela prática decisória da Comissão e pela jurisprudência comunitária; a esse título, as *"Orientações sobre a aplicação do artigo 81.º do Tratado CE aos acordos de cooperação horizontal"* (JOCE n.º C 3, de 6 de Janeiro de 2001, pág. 2) são omissas relativamente a esta matéria. Certamente, podemos retirar do *acquis* algumas conclusões com carácter mais ou menos definitivo quanto ao tipo de informações que, atendendo ao contexto do mercado e do quadro normativo em que se desenvolva o intercâmbio, poderão ser consideradas como integradoras da proibição do artigo 101.º, n.º 1 do TFUE; outrossim, o direito comunitário da concorrência tem analisado as trocas de informações entre empresas, ora como constituindo um elemento nuclear das mais graves violações jus-concorrenciais (tanto nos casos em que constitui uma infracção acessória de um acordo horizontal mais vasto, de tipo *cartel*, como nos casos em que a própria troca de informações é o objectivo da prática restritiva), mas também como práticas que, por via da transparência acrescida relativamente ao funcionamento do mercado, podem ser susceptíveis de, directa ou indirectamente, beneficiar os consumidores, e ainda aquelas que, pela sua natureza, não são susceptíveis de restringir a concorrência. Para uma descrição sistemática do enquadramento do direito comunitário da concorrência sobre esta matéria, v. Roques, 2009.

358 | JOÃO PATEIRA FERREIRA

de uma prática concertada com objectivos anti-concorrenciais, em particular, o ónus de que incumbe às autoridades de defesa da concorrência analisar e demonstrar, para preenchimento dos requisitos da proibição das infracções por objecto, os efeitos (*rectius*, as consequências de natureza económica) das práticas empresariais identificadas sobre o bem-estar dos consumidores, com especial acuidade na sequência da decisão do Tribunal de Primeira Instância, de 27 de Setembro de 2006, no processo *GlaxoSmithKline Services*[4], com claras consequências para a actividade sancionatória de condutas empresariais que, pela sua natureza, tenham um elevado potencial para restringir a concorrência[5].

Como resumiu a Advogada-geral Juliane Kokott na introdução às suas conclusões ao presente processo, "*o Tribunal de Justiça tem a oportunidade de tornar claro quais os requisitos necessários para se constatar a existência de uma prática concertada com objectivos anti-concorrenciais, na acepção do n.º 1 do artigo 81.º CE. Na essência, trata-se de esclarecer se e em que medida a constatação de um objectivo anti-concorrencial exige a avaliação das circunstâncias concretas do mercado, da actuação das empresas envolvidas e dos efeitos da sua actuação na concorrência... Estas questões revestem-se de grande importância para a aplicação eficaz do direito da concorrência da Comunidade no novo sistema descentralizado que foi introduzido com a modernização do direito processual da concorrência levada a cabo pelo Regulamento (CE) n.º 1/2003. Na resposta que vier a ser dada devem ser tidos em conta os perigos que o enfraquecimento das regras de concorrência do*

---

4 Cfr. Acórdão do Tribunal de Primeira Instância (TPI), de 27 de Setembro de 2006, *GlaxoSmithKline Services c. Comissão*, no processo T-168/01, no qual, tendo-se verificado um acordo que procurava instaurar um sistema de preços diferenciados destinado a limitar o comércio paralelo de medicamentos, o TPI concluiu que o objectivo de limitação do comércio paralelo não bastava, por si só, para presumir que o acordo tinha um objectivo restritivo da concorrência. Aqui, o TPI entendeu que a aplicação do artigo 101.º, n.º 1 do TFUE não podia depender apenas de o acordo visar limitar o comércio paralelo de medicamentos ou compartimentar o mercado comum, exigindo uma análise destinada a determinar se tal acordo teria por objectivo ou efeito impedir, restringir ou falsear a concorrência no mercado em causa, em detrimento do consumidor final.

5 "*21. As restrições de concorrência por objectivo são aquelas que, pela sua natureza, podem restringir a concorrência. Trata-se de restrições que, à luz dos objectivos prosseguidos pelas regras comunitárias da concorrência, têm um elevado potencial em termos de efeitos negativos na concorrência e relativamente às quais não é necessário, para efeitos da aplicação do n.º 1 do artigo 81.º, demonstrar os seus efeitos concretos no mercado. Esta presunção baseia-se na natureza grave da restrição e na experiência que demonstra ser provável que as restrições da concorrência por objectivo tenham efeitos negativos no mercado e contrariem os objectivos das regras comunitárias da concorrência*". Cfr. a Comunicação da Comissão "*Orientações relativas à aplicação do n.º 3 do artigo 81.º do Tratado*", JOCE n.º C 101, 27 de Abril de 2004, pág. 97.

Tratado CE traria não só para o mercado interno europeu, mas também para os consumidores europeus"[6].

De tal sorte, aliás, que a jurisprudência firmada aqui pelo Tribunal de Justiça serviria de *pedra-de-toque* na sua apreciação ao recurso da decisão do TPI no já referido processo *GlaxoSmithKline*, em acórdão proferido em Outubro de 2009[7], e que nos merecerá também algumas considerações adiante.

Previamente à análise do presente acórdão, permitimo-nos avançar com duas reflexões cautelares: em primeiro lugar, e tal como em relação a todas as decisões de aplicação casuística do direito, deve ser tida em conta a matéria de facto subjacente às questões prejudiciais colocadas ao Tribunal, já que as características pertinentes ao mercado relevante em causa podem não permitir ou justificar uma extrapolação literal das conclusões do acórdão para todas as questões materialmente idênticas que possam ser suscitadas na sequência da aplicação das regras comunitárias de defesa da concorrência; em contrapartida, o acórdão oferece linhas de interpretação e de aplicação claras quanto às presunções estabelecidas no direito europeu da concorrência sobre práticas concertadas que constituam infracções por objecto e, em particular, quando as mesmas consistam em trocas de informações entre concorrentes, à luz do princípio da autonomia da conduta comercial, com importantes reflexos na aplicação da proibição do artigo 101.º, n.º 1 do TFUE a acordos, práticas concertadas ou decisões de associações empresariais que tenham precisamente como objecto, ou elemento acessório, a troca de informações de natureza comercial, ou com relevância para a definição da conduta comercial, das empresas envolvidas.

Em segundo lugar, e para além do necessário esteio comunitário desta matéria[8], devemos igualmente sublinhar a relevância desta jurisprudência para a apreciação e análise de questões materialmente idênticas à luz do direito nacional da concorrência, pelo que não poderá deixar de ter significativa importância na aplicação do artigo 4.º da Lei n.º 18/2003, de 11

---

6 Conclusões da Advogada-geral Juliane Kokott, de 19 de Fevereiro de 2009, pontos 1 e 2.

7 Cfr. Acórdão do Tribunal de Justiça, de 6 de Outubro de 2009, nos processos apensos C-501/06 P, C-513/06 P, C-515/06 P e C-519/06 P, *GlaxoSmithKline Services c. Comissão*.

8 Em especial no que respeita à prática decisória mais recente da Comissão, que podemos encontrar na Decisão da Comissão de 15 de Outubro de 2008, no processo COMP/39.188 - *Bananas*, JOUE n.º 189, de 12 de Agosto de 2009, particularmente relevante ao concluir que uma prática concertada com um objectivo anti-concorrencial (no caso, a fixação de preços) poderá ter como elemento nuclear a troca de informações entre empresas concorrentes (e não apenas como elemento acessório da infracção principal).

360 | JOÃO PATEIRA FERREIRA

de Junho, pelas autoridades nacionais. Refira-se, aliás, que as mais recentes decisões da Autoridade da Concorrência relativas a acordos, práticas concertadas e decisões de associações de empresas têm incidido, precisamente, sobre trocas de informações entre empresas concorrentes[9].

2. ANÁLISE E APRECIAÇÃO DOS FUNDAMENTOS DO ACÓRDÃO

Como já referido, no âmbito de um pedido prejudicial, o Tribunal apreciou o objectivo anti-concorrencial de uma prática concertada consistente numa troca de informações entre empresas concorrentes, no âmbito de uma única ocasião, a saber, uma reunião na qual participaram os representantes das cinco empresas que, à data dos factos, prestavam serviços de telecomunicações móveis na Holanda. Nessa reunião, terá sido discutida a redução das comissões pagas pelas empresas aos respectivos agentes e representantes comerciais, por cada contrato de subscrição ("*pacote de assinatura*") por si comercializado, e para esse efeito, terão trocado entre si informação comercial confidencial sobre as suas políticas de definição das referidas comissões.

Assim sendo, é essencialmente em torno da resposta a duas questões – a interpretação da noção de infracção anti-concorrencial pelo seu objectivo e a troca de informações como prática concertada entre concorrentes – que o Tribunal procura alcançar a necessária clarificação dos elementos nucleares e distintivos das infracções concorrenciais pelo seu objectivo, em relação à jurisprudência consolidada nesta matéria, muito embora a resposta dada às preocupações demonstradas pela Advogada-geral J. Kokott, relativamente ao *enfraquecimento das regras da concorrência*, possa representar uma alteração nas metodologias de avaliação das práticas restritivas da concorrência,

---

9 Referimo-nos às Decisões da Autoridade da Concorrência adoptadas contra a Associação dos Industriais de Panificação de Lisboa por troca de informações sobre o preço de venda de pão ao público, na qual se conclui que a "*a AIPL adoptou uma decisão de associação de empresas com o objecto de impedir, restringir ou falsear a concorrência, através da troca de informação sobre preços*" (cfr. Comunicado da Autoridade da Concorrência n.º 21/2008, de 16 de Dezembro de 2008), e contra cinco empresas no mercado da restauração colectiva (cfr. Comunicado da Autoridade da Concorrência n.º 24/2009, de 30 de Dezembro de 2009). Nesta última decisão, a Autoridade da Concorrência verificou a existência de duas infracções, "*o intercâmbio de informações sensíveis e a celebração e execução de acordo entre empresas com o objecto de restringir, de forma sensível, a concorrência*", sendo que, quanto à primeira infracção, tratando-se de "*intercâmbio de informações sensíveis, com o efeito de restringir, de forma sensível, a concorrência no mercado relevante em causa, a infracção cometida pelas arguidas é muito grave, uma vez que criaram um mecanismo de cooperação que substituiu a incerteza normal quanto à sua conduta no mercado, afectando assim o normal exercício da concorrência entre as empresas*" (cfr. "*Perguntas e Respostas*" anexas ao comunicado mencionado). Os documentos citados estão disponíveis no sítio institucional da Autoridade da Concorrência, em www.concorrencia.pt.

com impactos significativos tanto no comportamento das empresas, como na actuação das autoridades de defesa da concorrência.

Não é, aliás, despiciente este apelo à necessidade de prevenir o enfraquecimento das regras de defesa da concorrência, em especial quando enquadrado na evolução recente da análise das infracções concorrenciais, cada vez mais centrada na apreciação dos efeitos sobre o processo concorrencial, do que no objecto das práticas em questão, e que é o resultado da crescente interpenetração das metodologias de avaliação substantiva dos efeitos, actuais ou potenciais, das práticas restritivas da concorrência, pelo seu objecto, em detrimento de uma perspectiva *formalista* que tradicionalmente presidia à integração destas práticas[10].

A) As infracções pelo seu objectivo restritivo da concorrência

Em termos gerais, há que sublinhar que o objectivo anti-concorrencial e os efeitos anti-concorrenciais não são condições cumulativas, mas alternativas, de aplicação da proibição do artigo 101.º do TFUE, implicando que as práticas concertadas são proibidas, independentemente dos seus efeitos concretos, se o seu objectivo for anti-concorrencial, não tendo de se apreciar em concreto os efeitos de uma prática (que poderão mesmo ser inexistentes), se se concluir que ela visa ou tem por objectivo (e independentemente da intenção das partes, note-se) impedir, restringir ou falsear a concorrência no mercado comum[11]. O que está aqui em causa, como tal, não é tanto uma proibição formal de determinadas condutas, mas sim a presunção jurídica de efeitos restritivos da concorrência decorrentes da natureza da prática ou do contexto jurídico e económico em que a mesma ocorra[12], em resultado da criação de factores perturbadores ao funcionamento concorrencial do mercado.

---

10 Sem prejuízo da necessidade de apurar em concreto o contexto jurídico e económico em que se desenvolvam, como veio sendo reiteradamente afirmado pela jurisprudência relevante. Para uma análise sucinta desta temática, transversal em relação às restrições verticais e horizontais, v. Morais, 2009b: 95-115; Moura e Silva, 2008: 266 e segs.

11 A jurisprudência comunitária sobre estes pontos é extensa, referindo-se o acórdão de 13 de Julho de 1966, nos processos apensos 56/64 e 58/64, *Consten e Grundig c. Comissão*, o acórdão de 30 de Janeiro de 1985, no processo 123/83, *Clair*, os acórdãos de 8 de Julho de 1999, no processo C-49/92 P, *Comissão c. Anic Partecipazioni*, e no processo C-199/92 P, *Hüls c. Comissão*. V., igualmente, Morais, 2009a: 25 e segs.

12 Cfr. Ponto 22 das *"Orientações relativas à aplicação do n.º 3 do artigo 81.º do Tratado"*, já citadas.

362 | JOÃO PATEIRA FERREIRA

Quanto ao conceito de infracção restritiva da concorrência pelo seu objecto, o presente acórdão introduz uma clarificação fundamental[13], ao esclarecer que a proibição da infracção pelo objectivo não decorre apenas ou exclusivamente de uma presunção de efeitos negativos sobre os consumidores, já que "*não se destina unicamente a proteger os interesses directos dos concorrentes ou dos consumidores mas a estrutura do mercado e, deste modo, a concorrência enquanto tal. Por conseguinte, ao contrário do que parece considerar o órgão jurisdicional de reenvio, a declaração de que uma prática concertada tem um objectivo anticoncorrencial não pode depender do facto de esta estar directamente ligada aos preços finais de venda ao consumidor.*" (pontos 38 e 39).

Como tal, o Tribunal reitera que fazer depender a verificação do objectivo anti-concorrencial da demonstração de efeitos anti-concorrenciais concretos, seria levar o escopo da proibição longe demais, confundindo as duas estatuições alternativas do artigo 101.º, n.º 1 do TFUE. Isto mesmo é o que parece resultar da apreciação do Tribunal quanto à necessidade de avaliação dos efeitos da prática, a qual surgirá apenas "*se a análise do objectivo da prática concertada não revelar um grau suficiente de nocividade em relação à concorrência*" (ponto 28).

Nestes termos, a conduta das empresas será proibida se, no concreto contexto económico e jurídico em que se desenvolve, for apta a impedir, restrin-

---

13 Particularmente pelo confronto com o acórdão do TPI, *GlaxoSmithKline Services c. Comissão*, já citado. Como refere a AG J. Kokott nas suas conclusões ao processo *T-Mobile*, ponto 48, "*é indiscutível que no n.º 147 deste acórdão [GlaxoSmithKline Services c. Comissão], redigido de forma extremamente equívoca, se pode ler que o carácter anticoncorrencial de um acordo não pode ser exclusivamente deduzido da mera leitura dos seus termos, tendo de ser considerados «necessariamente» também os seus efeitos. Na minha opinião, com isso pretende-se apenas dizer que o objectivo de um acordo (ou de uma prática concertada) não deve ser apreciado abstracta, mas concretamente – i.e., tendo em conta o seu contexto jurídico e económico – sendo relevantes, nessa apreciação, as especificidades do mercado respectivo... se, pelo contrário, o n.º 147 do acórdão GlaxoSmithKline Services/Comissão for interpretado no sentido de que, para se constatar um objectivo anticoncorrencial, em qualquer caso, têm («necessariamente») de se verificar efeitos concretos na concorrência, então o Tribunal de Primeira Instância incorreu num erro de direito.*" Esta mesma posição seria adoptada pela Advogada-geral Verica Trstenjak, nas suas conclusões de 30 de Junho de 2009 no processo de recurso para o Tribunal de Justiça da decisão do TPI de 27 de Setembro de 2006, e que estaria na origem do acórdão do Tribunal de 6 de Outubro de 2009, *GlaxoSmithKline Services c. Comissão*, já citado. Sobre a jurisprudência *GlaxoSmithKline* do TPI, v. Morais, 2009a: 32-33, considerando que o acórdão é um dos exemplos de um "*novo enfoque analítico*", no qual se verifica "*um maior grau de importância aos processos de avaliação concreta do funcionamento dos mercados*", tornando "*algo mais exigente a demonstração, por parte das autoridades de concorrência, dos factores de que depende o apuramento de programas globais restritivos da concorrência intrinsecamente associados a acordos com objecto restritivo da concorrência*", mas sublinhando que não pode estar em causa, nesta análise, o apuramento de efeitos sobre o funcionamento do mercado; outrossim, trata-se de "*não considerar o conteúdo de entendimentos ou vontades convergentes das partes em moldes puramente formais e desligados do concreto contexto económico no qual o acordo se insira*".

JURISPRUDÊNCIA | 363

gir ou falsear a concorrência; tal aptidão não poderá ser reconduzida a uma integração demasiado restritiva da presunção jurídica de afectação concorrencial, pela necessidade de demonstração de efeitos negativos sobre o bem-estar dos consumidores.

Ao frisar claramente que o Direito da Concorrência *"não se destina unicamente a proteger os interesses directos dos concorrentes ou dos consumidores mas a estrutura do mercado e, deste modo, a concorrência enquanto tal"* (ponto 38), e que a distinção entre infracções por efeito ou pelo objectivo *"tem a ver com o facto de determinadas formas de conluio entre empresas poderem ser consideradas, pela sua própria natureza, prejudiciais ao funcionamento correcto e normal da concorrência"* (ponto 29), o Tribunal reforça a presunção jurídica encerrada na definição jurisprudencial consolidada das infracções pelo seu objectivo anticoncorrencial ao considerar que o bem jurídico por si tutelado é mais vasto do que a mera protecção directa do bem-estar dos consumidores, passando sim pela salvaguarda do processo concorrencial enquanto condição essencial da maximização da afectação eficiente de recursos[14].

Esta conclusão, não constituindo um qualquer retrocesso jurisprudencial relativamente à natureza das infracções pelo objecto, vem introduzir uma orientação clara quanto ao papel desempenhado pela demonstração dos efeitos anti-concorrenciais potenciais ou presumidos, no que à actividade sancionatória respeita, e em especial no que concerne ao preenchimento dos elementos constitutivos da proibição, mas também que importa ao ónus imposto às empresas, quando confrontadas com decisões de aplicação do artigo 101.º, n.º 1 do TFUE.

Fica por esclarecer, todavia, a relevância do apuramento de eventuais efeitos da prática, positivos ou negativos, directos ou indirectos, no bem-estar dos consumidores para efeitos da aplicação das regras de defesa da concorrência; sendo certo que o Tribunal de Justiça acaba por afastar a natureza formal da proibição de infracções pelo objectivo restritivo da concorrência, ao reiterar a necessidade de se ter em conta o concreto contexto jurídico e económico em que as mesmas se desenvolvam – apelando necessariamente a uma análise e apreciação de cariz económico – não se pode confundir o ónus de demonstração da afectação da estrutura concorrencial (em especial pelo recurso à

---

14 Para mais desenvolvimentos quanto aos fundamentos económicos da defesa da concorrência assente em pressupostos de promoção da eficiência económica, em particular da eficiência de afectação, v. Moura e Silva, 2008: 15-30, e bibliografia aí citada.

364 | JOÃO PATEIRA FERREIRA

doutrina da autonomia dos operadores económicos, como veremos adiante), com o ónus de demonstração de eventuais ou potenciais efeitos económicos negativos para o bem-estar dos consumidores que, a ser imposto a nível do preenchimento dos elementos constitutivos do artigo 101.º, n.º 1 do TFUE, caberia sempre à Comissão.

Neste ponto, o Tribunal conclui acertadamente que não compete à Comissão demonstrar tais efeitos, mas não esclarece, afinal, qual a relevância que a demonstração de eventuais efeitos positivos, ou de inexistência de efeitos negativos para o bem-estar do consumidor, poderá assumir nesta sede.

B) A troca de informações entre concorrentes como restrição da concorrência pelo seu objecto

A conclusão preliminar que acabamos de referir relativamente à natureza das infracções restritivas da concorrência pelo seu objecto é de seguida apurada pela apreciação do Tribunal quanto às trocas de informações entre concorrentes. Aqui, e atendendo ao grau de concentração no mercado em causa, o Tribunal de Justiça retoma a jurisprudência firmada no acórdão *John Deere*[15], nos termos da qual *"a troca de informações entre concorrentes é susceptível de infringir as regras da concorrência quando atenua ou suprime o grau de incerteza quanto ao funcionamento do mercado em causa, tendo por consequência a restrição da concorrência entre empresas"* (ponto 34).

O que se verificará, desde logo, pela presunção segundo a qual *"as empresas que participam na concertação e que continuam activas no mercado atendem às informações trocadas com os seus concorrentes para determinar o seu comportamento nesse mercado"* (ponto 51).

Aqui, o Tribunal acaba por desembainhar uma *espada de dois gumes*: por um lado, coibindo-se de repudiar a necessidade de ponderar as consequências que a troca de informações em concreto seja susceptível de provocar no funcionamento e estrutura do mercado, tendo em conta o concreto contexto económico e jurídico em que ocorra; por outro lado, reduzindo substancialmente o escopo das conclusões que se possam eventualmente extrair dessa análise, uma vez que as mesmas não prejudicam a natureza objectivamente restritiva da conduta e, como tal, não implicam com o preenchimento dos elementos constitutivos da infracção, mas apenas e tão-só com a apreciação da gravidade da mesma.

---

15 Já referido. Cfr. *supra*, nota 2.

JURISPRUDÊNCIA | 365

Nestes termos, determinar se, e em que condições, as empresas envolvidas modificaram ou tiveram em conta as informações obtidas através das suas concorrentes na definição da sua conduta no mercado (o que, a verificar-se, constitui *per se* a afectação da estrutura do mercado concorrencial caracterizado pela autonomia dos operadores económicos, i.e., o efeito restritivo da concorrência *presumido*), apenas será relevante para efeitos de determinação do montante da eventual coima a aplicar[16].

Assim, o Tribunal reforça claramente a natureza presuntiva das infracções concorrenciais por objecto, remetendo para as mesmas as condutas que revelam, pelas regras da experiência, uma natureza especialmente apta (ou *um elevado potencial em termos de efeitos negativos na concorrência*) a restringir a concorrência, presumindo-se *ipso iure* que a sua verificação põe em causa a estrutura da concorrência, independentemente de essa afectação estrutural se verificar; mais do que nunca, a referência às infracções por objecto como infracções *de perigo* que visam punir o risco que determinadas condutas no mercado causam à concorrência, enquanto bem juridicamente tutelado, adquire renovada relevância[17].

No que respeita à subsunção de uma troca de informações entre concorrentes no conceito de prática concertada entre empresas, o Tribunal de Justiça começa por remeter para o tribunal referente o dever de determinar se a informação concreta seria, ou não, susceptível de eliminar ou reduzir a incerteza quanto à conduta futura das empresas envolvidas[18], reafirmando de seguida (caso a resposta à questão prévia indicada seja positiva) que "*uma troca de informações susceptível de eliminar as incertezas dos interessados quanto à data, à extensão e às modalidades da adaptação a realizar pela empresa em causa tem um*

---

16 Cfr. Ponto 31: "*Por outras palavras, a prática em causa apenas tem de ser concretamente apta, atendendo ao contexto jurídico e económico em que se insere, a impedir, restringir ou falsear a concorrência no mercado comum. A questão de saber se e em que medida esse efeito se verifica realmente só tem importância para calcular o montante das coimas e avaliar os direitos a indemnizações*".

17 "*Em última análise, a proibição da «infracção da concorrência pelo objectivo» do artigo 81.º, n.º 1 CE assemelha-se aos crimes de perigo do direito penal... as empresas violam o direito europeu da concorrência e podem ser sujeitas a coimas, se levarem a cabo no mercado práticas concertadas com objectivos anticoncorrenciais; é irrelevante saber se, no caso concreto, tais práticas provocaram prejuízos a determinados operadores do mercado ou à generalidade das pessoas*". Conclusões da AG J. Kokott, ponto 47. Esta distinção entre *crimes de perigo* e *crimes de dano* (os primeiros associados, nas infracções jus-concorrenciais, às infracções da concorrência por objectivo, os segundos às infracções da concorrência por efeito), surge igualmente, na aplicação do artigo 4.º da Lei n.º 18/2003, de 11 de Junho, na jurisprudência do Tribunal de Comércio de Lisboa. Cfr., *inter alia*, a sentença de 10 de Agosto de 2007, no Processo n.º 1050/06.9TYLSB, e ainda a anotação à referida disposição, em Mendes Pereira, 2009: 102 e segs.

18 Cfr. ponto 42.

objectivo anticoncorrencial, inclusivamente quando a adaptação consiste na redu-ção da comissão standard dos revendedores, como no processo principal" (ponto 41), mesmo que essa troca de informações tenha ocorrido apenas numa única ocasião, já que *"o que importa não é tanto o número de reuniões entre as empresas envolvidas quanto a questão de saber se o ou os contactos que tiveram lugar deram a possibilidade às empresas de levar em linha de conta as informações trocadas com os seus concorrentes para determinar a sua actuação no mercado de referência e de substituir cientemente uma cooperação prática entre elas aos riscos da concorrência"* (ponto 61).

Aqui reconhece-se, claramente, o recurso do Tribunal à doutrina da auto-nomia comercial dos operadores no mercado, reafirmada nos pontos 32 e 33, e nos termos da qual, *"no que diz respeito à troca de informações entre concorren-tes, importa recordar que os critérios de coordenação e de cooperação constitutivos de uma prática concertada devem ser interpretados à luz da concepção inerente às disposições do Tratado relativas à concorrência, segundo a qual qualquer operador económico deve determinar de maneira autónoma a política que pretende seguir no mercado comum"*, e que *"se é exacto que esta exigência de autonomia não exclui o direito dos operadores económicos de se adaptarem inteligentemente à actuação conhecida ou prevista dos seus concorrentes, opõe-se todavia rigorosamente a qual-quer estabelecimento de contactos directos ou indirectos entre tais operadores, que possa quer influenciar a actuação no mercado de um concorrente actual ou poten-cial, quer permitir a esse concorrente descobrir a actuação que o outro ou os outros operadores decidiram adoptar ou planeiam adoptar nesse mercado, quando esses contactos tenham por objectivo ou efeito originar condições de concorrência que não correspondam às condições normais do mercado em causa, atendendo à natureza dos produtos ou das prestações fornecidas, à importância e ao número das empresas e ao volume do referido mercado."*

Em termos sistemáticos, articulando esta última conclusão com o escopo do objectivo anti-concorrencial referido *supra*, o Tribunal de Justiça acaba por definir uma presunção jurídica de afectação da concorrência por parte de empresas envolvidas em trocas de informação com concorrentes, já que a autonomia dessas empresas – elemento estruturante do processo concorren-cial salvaguardado pelas regras de defesa da concorrência – é necessariamente posto em causa nestas situações.

O que não é, todavia, equivalente a afirmar que o Tribunal de Justiça con-siderou que as trocas de informações entre concorrentes constituem uma infracção formal, ou uma proibição *per se*, à luz das regras de defesa da concorrência, já que o apelo às condições concretas de funcionamento do mercado e à necessidade de apurar se as informações em causa são susceptíveis, ou aptas[19], a influenciar a conduta comercial das empresas envolvidas implicará sempre que se realize uma análise casuística do tipo de informação trocada e da estrutura do mercado relevante em causa. Mas, tal como afirmado *supra* a propósito da caracterização da natureza das infracções pelo seu objecto, tal raciocínio esclarece e limita o papel das metodologias de análise jurídico--económicas na concretização dos elementos integradores das infracções por objecto, pelo reforço de um núcleo de presunções jurídicas que, uma vez verificadas, caberá às empresas envolvidas refutar.

Nesta sequência, o Tribunal de Justiça clarifica que tais presunções assumem uma posição integrante no *acquis* relativamente às infracções de concorrência, mormente a presunção de *causalidade* entre a concertação (ou seja, a troca de informações) e o comportamento no mercado que seja consequente com essa concertação; quando conclui que "*há que presumir, sem prejuízo da prova em contrário que cabe aos operadores interessados apresentar, que as empresas que participam na concertação e que continuam activas no mercado atendem às informações trocadas com os seus concorrentes para determinar o seu comportamento nesse mercado*" (ponto 51), o Tribunal procura não apenas sublinhar a particular importância que essas presunções assumem na aplicação do artigo 101.º, n.º 1 do TFUE pela Comissão e pelos tribunais comunitários, mas também para a aplicação coerente e uniforme das regras comunitárias de defesa da concorrência pelas autoridades (administrativas e judiciárias) nacionais, ao abrigo do sistema de aplicação paralela instituído pelo Regulamento (CE) n.º 1/2003[20], afirmando claramente que tal presunção é parte integrante do Direito da União Europeia (ponto 52)[21], devendo os tribunais nacionais

---

19 Note-se, não se trata de apurar se as informações em causa influenciaram efectivamente a conduta comercial das empresas envolvidas ou, bem assim, qual o grau de influência eventualmente verificada, uma vez que ambas as aferições implicariam o apuramento concreto de *efeitos restritivos* da concorrência, que aqui se presumem *ipso iure*.

20 Regulamento (CE) n.º 1/2003 do Conselho, relativo à execução das regras de concorrência estabelecidas nos artigos 81.º e 82.º do Tratado CE, JOCE n.º L 1, de 4 de Janeiro de 2003.

21 Nestes termos, "*o juiz nacional é obrigado, sem prejuízo da prova em contrário que cabe às empresas fazer, a aplicar a presunção de causalidade enunciada pela jurisprudência do Tribunal de Justiça, segundo a qual as empresas, quando continuam activas no mercado, levam em conta as informações trocadas com os seus concorrentes.*" (ponto 53). Para um enquadramento genérico da compatibilidade da aplicação deste tipo de *presunções de iure* do direito comunitário da concorrência no ordenamento jurídico nacional, v. Mendes Pereira, 2009: 109-111.

368 | JOÃO PATEIRA FERREIRA

aplicá-la, sem prejuízo da admissibilidade da sua refutação casuística pelas empresas envolvidas.

3. NOTAS FINAIS

Como referimos anteriormente, o acórdão *T-Mobile* precedeu no tempo a apreciação pelo Tribunal de Justiça do recurso interposto da decisão de 27 de Setembro de 2006 do TPI no processo *GlaxoSmithKline*.

O Tribunal de Justiça acabaria por concluir, em sede de recurso desta decisão, no seu acórdão de 6 de Outubro de 2009 – onde cita extensivamente a jurisprudência firmada no acórdão *T-Mobile* – que o TPI havia incorrido num erro de direito ao fazer depender a declaração da existência de um objectivo anti-concorrencial da demonstração de efeitos negativos sobre o bem-estar dos consumidores. Mas acrescenta um elemento importante para a aplicação plena das regras de defesa da concorrência, ausente da apreciação no acórdão *T-Mobile*: se a análise ou demonstração que uma determinada restrição concorrencial pelo seu objecto é prejudicial para o consumidor final não pode nem deve ser realizada pela Comissão para se proceder ao preenchimento dos elementos da proibição do artigo 101.º, n.º 1 do TFUE, o mesmo não implica que se possa admitir que as infracções de concorrência pelo seu objecto constituem proibições *per se*, não apenas pela necessidade de apurar o concreto contexto jurídico e económico em que ocorrem (implicando necessariamente um módico de análise económica na apreciação dos elementos constitutivos da proibição), mas também, porque as empresas envolvidas poderão sempre invocar e demonstrar eventuais benefícios para o consumidor final, no contexto do artigo 101.º, n.º 3 do TFUE[22].

Ora, sem pôr em causa a necessidade de ponderar, atendendo à estrutura do mercado e ao contexto jurídico, a aptidão de uma determinada prática restritiva da concorrência pelo objecto para afectar a concorrência, o Tribunal de Justiça, primeiro no *T-Mobile* e depois no *GlaxoSmithKline*, procurou esclarecer a distinção entre as restrições por objecto e as restrições por efeito recorrendo à presunção de nocividade das primeiras e à necessidade de demonstração dos danos causados à concorrência das segundas, e ainda que o objectivo principal das regras de defesa da concorrência consiste na salvaguarda do processo concorrencial, e não o bem-estar do consumidor final.

---

22 Cfr., em especial, os pontos 68 e segs. do acórdão do Tribunal de Justiça *GlaxoSmithKline*.

O que resulta de, por um lado, o Tribunal de Justiça concluir acertadamente que a permanência das empresas no mercado permite presumir o objectivo anti-concorrencial da prática; por outro lado, porque o objectivo anti-concorrencial identificado consiste, precisamente, na redução da incerteza enquanto elemento fundamental do jogo concorrencial, posto em causa pela falta de autonomia dos operadores económicos envolvidos na prática. Esta falta de autonomia, uma vez verificada, é de tal sorte nociva para a própria estrutura do mercado concorrencial que torna supérflua qualquer demonstração de inexistência de efeitos negativos no bem-estar do consumidor, pondo em causa, objectivamente, a própria noção de *concorrência* enquanto bem jurídico tutelado directamente pelo Direito da União Europeia.

Todavia, ao enquadrar o papel da demonstração dos efeitos actuais ou potenciais na estrutura concorrencial no âmbito das infracções concorrenciais pelo seu objectivo, o acórdão *T-Mobile* não deu, como referimos já, qualquer resposta conclusiva quanto ao relevo da eventual demonstração de efeitos sobre o bem-estar dos consumidores, decorrentes dessa mesma prática.

A falta de demonstração dos efeitos perniciosos sobre os consumidores não prejudica a verificação de uma prática restritiva sobre a concorrência pelo seu objecto, uma vez que a mesma é desnecessária – isto sem prejuízo de, por essa via, a Comissão poder pretender reforçar a sua decisão. Mas serão os efeitos sobre os consumidores totalmente despiciendos para efeitos de aplicação das regras da concorrência?

Cremos que não. No que à matéria das infracções jus-concorrenciais pelo seu objecto respeita, o Tribunal de Justiça veio esclarecer, nos seus acórdãos *T-Mobile* e *GlaxoSmithKline*, que a demonstração e análise de efeitos para o bem-estar dos consumidores não tem lugar a nível dos elementos que integram a proibição do artigo 101.º, n.º 1 do TFUE, uma vez que esta tem como consideração principal a afectação da estrutura concorrencial, mas sim a nível da eventual justificação da prática, à luz dos requisitos do balanço económico do artigo 101.º, n.º 3 do TFUE, constituindo como tal um ónus cuja alegação e demonstração incumbirá sempre às empresas envolvidas.

REFERÊNCIAS BIBLIOGRÁFICAS:

MENDES PEREIRA, Miguel
2009   *Lei da Concorrência Anotada*, Coimbra: Coimbra Editora.

MORAIS, Luís Domingos Silva
2009a   *Os conceitos de objecto e efeito restritivos da concorrência e a prescrição de infracções de concorrência*, Coimbra: Almedina.

2009b   *Direito da Concorrência – perspectivas do seu ensino*, Coimbra: Almedina.

MOURA E SILVA, Miguel
2008   *Direito da Concorrência – Uma introdução jurisprudencial*, Coimbra: Almedina.

ROQUES, Christian
2009   *L'échange d'informations en droit communautaire de la concurrence: Degré d'incertitude et jeu répété*, in *Concurrences – Revue des droits de la concurrence*, n.º 3, disponível em www.concurrences.com.

JURISPRUDÊNCIA GERAL

JURISPRUDÊNCIA NACIONAL DE CONCORRÊNCIA – JANEIRO A ABRIL DE 2010

elaborado por André Forte

Sentença do Tribunal de Comércio de Lisboa (2.º Juízo) de 02.03.2010, proferida no âmbito do Processo n.º 1065/07.0TYLSB (recurso de contra--ordenação).
Recorrente: *PT Comunicações, S.A.*
Sumário: julga totalmente procedente o recurso de impugnação interposto pela arguida, absolvendo-a da prática das contra-ordenações que lhe eram imputadas (abuso de posição dominante por recusa de acesso a infra-estruturas essenciais).
Normas relevantes: art. 3.º do Decreto-Lei n.º 371/93, de 29 de Outubro; art. 6.º da Lei n.º 18/2003, de 11 de Junho, e art. 102.º do TFUE.

Acórdão do Tribunal da Relação de Lisboa (5.ª Secção) de 26.01.2010, proferido no âmbito do Processo n.º 233/09.4TYLSB.L1 (recurso de Sentença do Tribunal de Comércio de Lisboa).
Recorrente: *ZON Multimédia – Serviços de Telecomunicações e Multimédia, S.G.P.S., S.A.*
Sumário: julga inadmissível, rejeitando-o, o recurso da Sentença do Tribunal de Comércio de Lisboa, que julgara extinta a instância por inutilidade superveniente da lide.
Normas relevantes: art. 50.º da Lei n.º 18/2003, de 11 de Junho; arts. 55.º, 59.º, 64.º e 73.º do RGIMOS e art. 287.º, al. *e*), do CPC.

Sentença do Tribunal de Comércio de Lisboa (1.º Juízo) de 07.01.2010, proferida no âmbito do Processo n.º 350/08.8TYLSB (recurso de contra--ordenação).

372 | ANDRÉ FORTE

Recorrentes: *Abbott – Laboratórios, Lda.; Menarini Diagnósticos, Lda.; e Johnson & Johnson, Lda.*
Sumário: julga parcialmente procedentes os recursos de impugnação, decidindo: i) condenar a *Abbott – Laboratórios, Lda. pela prática* de 35 contra-ordenações; ii) condenar a *Menarini Diagnósticos, Lda.* pela prática de 27 contra-ordenações; iii) condenar a *Johnson & Johnson, Lda.* pela prática de 1 contra-ordenação; e iv) manter a sanção acessória aplicada.
Normas relevantes: arts. 2.º e 37.º do Decreto-Lei n.º 371/93, de 29 de Outubro; arts. 4.º, 19.º, 22.º, 43.º, 44.º e 48.º da Lei n.º 18/2003, de 11 de Junho; art. 81.º do TCE; arts. 3.º, n.º 2, 19.º, 27.º, 28.º, 32.º e 50.º do RGI-MOS; arts. 2.º, n.º 4, 30.º, n.º 2, e 121.º, n.º 3, do CP e arts. 32.º, n.º 10, e 113.º da CRP.

Sentença do Tribunal de Comércio de Lisboa (3.º Juízo) de 04.01.2010, proferida no âmbito do Processo n.º 636/09.4TYLSB (recurso de decisão de indeferimento em processo de contra-ordenação).
Recorrentes: *Gertal – Companhia Geral de Restaurantes e Alimentação, S.A.; Itau – Instituto Técnico de Alimentação Humana, S.A.; Trivalor – Sociedade Gestora de Participações Sociais, S.A.; Carlos Alberto dos Santos Martins Moura; Joaquim Augusto Freitas Fernandes Dias Cabaço; e José Luís Silvestre Cordeiro.*
Sumário: julga totalmente improcedente o recurso apresentado, decidindo manter a decisão da Autoridade da Concorrência de 19.03.2009, que indeferiu a presença dos advogados constituídos pelos arguidos na audiência oral da co-arguida *Eurest (Portugal) – Sociedade Europeia de Restaurantes, Lda.*; e não declarando a nulidade dos actos subsequentes ao despacho recorrido.
Normas relevantes: arts. 19.º, 22.º, 25.º, n.º 1, al. *b*), e 26.º da Lei n.º 18/2003, de 11 de Junho; arts. 41.º e 50.º do RGIMOS; arts. 61.º, 64.º, 67.º e 75.º do Estatuto da Ordem dos Advogados; arts. 61.º, n.º 1, al. *a*), e n.º 2, al. *f*), 62.º, 64.º, 97.º, n.º 1, al. *b*), e n.º 5, e 120.º, n.º 2, al. *d*), do CPP e arts.13.º, 20.º, n.º 4, e 32.º da CRP.

JURISPRUDÊNCIA NACIONAL DE REGULAÇÃO – JANEIRO A ABRIL DE 2010

elaborado por José Renato Gonçalves

CMVM

Sentença do Tribunal de Pequena Instância Criminal de Lisboa (1.º Juízo, 1.ª Secção) de 11.03.2010, proferida no âmbito do Processo n.º 1557/08.3TFLSB.

Recorrente: *Banco Comercial Português, S. A.*

Tipo de ilícito: violação dos deveres de não praticar intermediação financeira excessiva (*i*), de evitar conflitos de interesses (ii), de conservadoria (*iii*) e de prestar informação de qualidade à entida de supervisão (*iv*).

Sumário: declara improcedentes as questões prévias e as nulidades invocadas pelo BCP e declara prescrita a infracção de intermediação excessiva.

Normas relevantes: arts. 7.º, n.º 1, 308.º, n.º 1, 309.º, n.º 3, 310.º, 388.º, n.º 1, alíneas *a)* e *b),* 389.º, n.º 3, al. *b)* e 397.º, n.º 2, alíneas *b)* e *c)* e n.º 4, al. *a),* do CVM.

Sentença do Tribunal de Pequena Instância Criminal de Lisboa (1.º Juízo, 3.ª Secção) de 01.03.2010, proferida no âmbito do Processo n.º 1022/09.1TFLSB.

Recorrente: *Sport Lisboa e Benfica – Sociedade Desportiva de Futebol, SAD.*

Tipo de ilícito: violação do dever de divulgação imediata de informação privilegiada.

Sumário: julga procedente o recurso, absolvendo em consequência a arguida da prática de duas contra-ordenações e revogando a decisão da CMVM.

Normas relevantes: arts. 248.º, 388.º, n.º 1, al. *a)* e 394.º, n.º 1, al. *i),* do CVM.

Acórdão do Tribunal da Relação de Lisboa de 13.01.2010, proferido no âmbito do Processo n.º 3945/06.0TFLSB (arguição de nulidade do Acórdão do Tribunal da Relação de Lisboa de 17.06.2009, que revogou sentença do Tribunal de Pequena Instância Criminal de Lisboa, 2.º Juízo, 3.ª Secção, de 29.10.2008, o qual concedera provimento à impugnação apresentada pela arguida, *PARAREDE-SGPS, S. A.*, absolvendo-a do pagamento de coima aplicada pela CMVM).

Arguente: *PARAREDE-SGPS, S. A.*, depois *GLINTT – Global Intelligent Technologies, SGPS, S. A.*

Tipo de ilícito: violação dos deveres de divulgação imediata de facto relevante (*i*) e de segredo sobre facto relevante (*ii*).

Sumário: julga improcedente a nulidade invocada (excesso de pronúncia).

Normas relevantes: arts. 248.º, n.º 1 do CVM e 6.º, n.º 2 do Regulamento da CMVM n.º 4/2004, em conjugação com os arts. 394.º, n.º 1, al. *h*) e 400.º, al. *a*) e 388.º, n.º 1, al. *a*) e n.º 2, al. *a*), do CVM e art. 379.º, n.º 1, al. *c*), *ex vi* art. 425.º, n.º 4, do CPP.

JURISPRUDÊNCIA DE CONCORRÊNCIA DA UNIÃO EUROPEIA – JANEIRO A ABRIL DE 2010

elaborado por Fernando Pereira Ricardo

Acordos, decisões e práticas concertadas

Acórdão do Tribunal Geral de 28.04.2010, proferido no âmbito dos Processos T-456/05 e T-457/05.
Partes: *Gütermann AG* e *Zwicky&Co. AG* / Comissão.

Acórdão do Tribunal Geral de 28.04.2010, proferido no âmbito do Processo T-452/05.
Partes: *Belgian Sewing Thread (BST) NV* / Comissão.

Acórdão do Tribunal Geral de 28.04.2010, proferido no âmbito do Processo T-448/05.
Partes: *Oxley Threads Ltd* / Comissão.

Acórdão do Tribunal Geral de 28.04.2010, proferido no âmbito do Processo T-446/05.
Partes: *Amann & Söhne GmbH & Co. KG* e *Cousin Filterie SAS* / Comissão.

Auxílios de Estado

Acórdão do Tribunal Geral de 18.03.2010, proferido no âmbito do Processo T-189/08.
Partes: *Fórum 187 ASBL* / Comissão.

Acórdão do Tribunal Geral de 18.03.2010, proferido no âmbito do Processo T-94/08.
Partes: *Centre de coordination Carrefour SNC* / Comissão.

Acórdão do Tribunal de Justiça de 11.03.2010, proferido no âmbito do Processo C-1/09.
Partes: *Centre d'exportation du livre français, Ministre de la Culture et de la Communication / Société internationale de diffusion et d'édition (SIDE).*

Acórdão do Tribunal Geral de 03.03.2010, proferido no âmbito dos Processos apensos T-102/07 e T-120/07.
Partes: *Freistaat Sachsen, MB Immobilien Verwaltungs GmbH e MB System GmbH & Co. KG* / Comissão.

Acórdão do Tribunal Geral de 03.03.2010, proferido no âmbito do Processo T-36/06.
Partes: *Bundesverband deutscher Banken eV* / Comissão.

Acórdão do Tribunal Geral de 03.03.2010, proferido no âmbito do Processo T-163/05.
Partes: *Bundesverband deutscher Banken eV* / Comissão.

BIBLIOGRAFIA

Recensões

Novidades Bibliográficas

RECENSÕES

Christopher Townley, *Article 81 EC and Public Policy*, Oxford/Portland, Oregon: Hart Publishing, 2009.

elaborado por Fernando Pereira Ricardo

O AUTOR

Christopher Townley trabalhou como advogado na *Clifford Chance LLP* e, posteriormente, no *The Office of Fair Trading*, como responsável pela condução de processos. Professor, desde 2007, no *King's College* de Londres, *Christopher Townley* é consultor de várias entidades oficiais, mormente do *The Office of Trading* e do *Ofcom* (o regulador do sector das comunicações no Reino Unido).

SINOPSE DA OBRA

Segundo o Autor, os objectivos não económicos da União Europeia devem pesar na aplicação do artigo 101.º do Tratado sobre o Funcionamento da União Europeia (TFUE), tal como resulta da prática e da jurisprudência comunitárias e dos actos do Conselho e do Parlamento Europeu (p. 106). Assim, entre 1993 e 1 de Maio de 2004, cerca de 32% de todas as decisões formais de aplicação do n.º 3 do artigo 81.º do Tratado que instituiu a Comunidade Europeia (TCE) (leia-se n.º 3 do artigo 101.º do TFUE, após o Tratado de Lisboa, que entrou em vigor em 01.12.2009), foram decisivamente influenciadas por considerações de interesse público de cariz não económico (pp. 5-6). Ao arrepio da jurisprudência comunitária e da prática decisória da Comissão, as *Orientações relativas à aplicação do artigo 81.º, n.º 3, do TCE* (JO C 101, de 27.04.2004), referem, porém, que o artigo 101.º do TFUE tem por objectivo proteger a concorrência no mercado, como forma de reforçar o bem-estar dos consumidores e de assegurar uma eficiente afectação de recursos e que a concorrência e a integração do mercado servem estes objectivos, na medida em que a criação e a preservação de um mercado único aberto promove uma afectação eficiente de recursos em toda a Comunidade em benefício dos consumidores (ponto 13). Estas Orientações parecem acolher a tese de que a promoção da concorrência é um fim em si mesmo. *Christopher Townley* faz alusão a uma tendência recente entre os especialistas para centrar a Política de Concorrência exclusivamente no bem-estar do consumidor. Consideram estes autores que a Política de Concorrência não pode servir para alcançar outros objectivos da jurisdição em causa – existirão, decerto, alternativas mais eficientes para a concretização dos objectivos não económicos –, tese que *Townley* se propõe refutar (p. 2).

Na Parte A desta obra, *Christopher Townley* fundamenta a asserção de que os objectivos não económicos merecem consideração em Direito da Concorrência. O artigo 2.º do TCE enunciava os objectivos finais da Comunidade. Os artigos 3.º e 4.º do TCE enunciavam as políticas e/ou actividades tidas como necessárias para a concretização daqueles objectivos. O artigo 3.º, em particular, continha uma lista não exaustiva de acções tendentes a alcançar os fins do artigo 2.º, as quais podiam ter efeitos cruzados indesejados. Não obstante o artigo 3.º nada adiantar acerca da possível inter-relação entre as diversas acções ou acerca de qualquer relação de hierarquia que pudesse auxiliar em caso de antinomia, as acções enunciadas no artigo 3.º não eram executadas de forma unilateral, sem atender ao possível impacto noutros objectivos ou políticas (p. 49). O Tratado de Lisboa manteve esta estrutura piramidal. Assim, temos os objectivos referidos no artigo 2.º do Tratado da União Europeia e as políticas, actividades ou acções destinadas à concretização daqueles, mormente o artigo 3.º, n.º 1, alínea *b)*, do TFUE (estabelecimento das regras de concorrência necessárias ao funcionamento do mercado interno) (p. 50). A necessidade de articulação está bem patente no artigo 7.º do TFUE, o qual estabelece que a União assegura a coerência entre as suas diferentes políticas e acções, tendo em conta o conjunto dos seus objectivos e de acordo com o princípio da atribuição de competências (cláusula geral de inter-relação), e nos artigos 11.º (necessidade de atender às exigências em matéria de protecção do ambiente na definição e execução das políticas e acções da União) e 12.º (necessidade de atender às exigências em matéria de defesa dos consumidores na definição e execução das políticas e acções da União) do TFUE, entre outros, consagrando cláusulas específicas de inter-relação.

Na Parte B da presente obra, *Christopher Townley* analisa o balanço (o conflito entre objectivos ou valores de ordem pública raramente é ultrapassado através da preterição absoluta ou exclusão de um deles, p. 285) analisa o balanço, dizíamos, que tem sido realizado no quadro do artigo 101.º do TFUE. Contrariamente ao que se poderia esperar, tanto a Comissão como os tribunais comunitários sopesam objectivos não económicos na aplicação do n.º 1 do artigo 101.º do TFUE – a integração dos mercados e a protecção ambiental, nomeadamente (p. 114). O objectivo da integração dos mercados tem sido aplicado aprioristicamente – isto é, sem atender aos reais efeitos da coligação no contexto legal e económico em causa (p. 116). O Tribunal de Justiça da União Europeia (TJUE) tem reiteradamente estabelecido que as coligações que isolam os mercados nacionais, impedindo o comércio paralelo, violam automaticamente o n.º 1 do artigo 101.º do TFUE (pp. 118-119). O efeito negativo que a protecção territorial absoluta acarreta para o objectivo da integração dos mercados não pode ser contrabalançado por quaisquer ganhos (p. 123). Quanto à protecção ambiental, referem as *Orientações sobre a aplicação do artigo 81.º do Tratado da CE aos acordos de cooperação horizontal* (JO C 3, de 06.01.2001) que alguns acordos em matéria de ambiente não são abrangidos pela proibição do n.º 1 do artigo 101.º do TFUE, independentemente da quota de mercado cumulada das partes (ponto 184)[1]. O balanço do n.º 1 do artigo 101.º do TFUE não parece exigir a verificação dos requisitos do n.º 3 do artigo 101.º do TFUE, mormente a transmissão de uma parte equitativa dos ganhos aos consumidores e a não eliminação da concorrência relativamente a uma parte substancial dos produtos em causa (pp. 139-140). Quanto ao balanço do n.º 3 do 101.º do TFUE, a Comissão tem em conta objectivos não económicos – tanto comunitários, como dos Estados-membros, estes últimos, por vezes, com um peso decisivo – tais como a integração dos mercados, a protecção ambiental, a protecção do consumidor, a cultura, a política industrial e a segurança no fornecimento de energia (p. 175). Os

---

1 "Tal pode acontecer quando nenhuma obrigação individual precisa é imposta às partes ou quando estas só estão comprometidas de forma flexível à realização de um objectivo ambiental estabelecido para o conjunto de um sector. Neste último caso, a apreciação centrar-se-á na latitude conferida às partes quanto aos meios técnicos e economicamente disponíveis para atingir o objectivo ambiental fixado. Quanto mais diversos são estes meios menos serão importantes os efeitos restritivos potenciais", *Orientações sobre a aplicação do artigo 81.º do Tratado da CE aos acordos de cooperação horizontal*, ponto 185.

382 | FERNANDO PEREIRA RICARDO

balanços dos números 1 e 3 do artigo 101.º do TFUE podem ser, na formulação de *Christopher Townley*, um *market-balancing* ou um *mere-balancing*. No mecanismo do *market-balancing* os objectivos não económicos são sopesados na análise ao possível contributo da coligação para eficiência económica, com alteração do peso atribuído aos diversos parâmetros de avaliação, a saber: a eficiência alocativa, associada, amiúde, ao bem-estar do consumidor, que será tanto maior quanto maior a proximidade entre o custo marginal de produção e o preço do produto; a eficiência produtiva ou técnica, que aponta para a redução dos custos de produção; e a eficiência dinâmica, que está relacionada com o ritmo de introdução de inovações no mercado (pp. 177-178). A Comissão adoptou o critério do bem-estar do consumidor, o que significa que as perdas em termos de eficiência alocativa tendem a pesar mais no balanço. Na prática, contudo, a Comissão atende ao interesse dos produtores, particularmente nas indústrias de alta tecnologia, nas quais reconhece haver um défice de competitividade face ao exterior (p. 180). Nestes casos, a Comissão coloca o acento tónico nos ganhos de eficiência produtiva e/ou dinâmica, aceitando facilmente a tese da sua transmissibilidade aos consumidores. Se o interesse do consumidor prevalecesse em toda a linha, a análise daria ênfase ao modo e ao momento da transmissão de uma parte equitativa dos ganhos aos consumidores (p. 181). É, pois, a pretexto da promoção do interesse do consumidor no longo prazo que a Comissão acolhe nas suas decisões os objectivos de política industrial, por exemplo (p. 184-185). Daqui resulta, todavia, uma manifesta falta de clareza e de consistência (p. 185). Não é possível distinguir entre os balanços dos números 1 e 3 do artigo 101.º do TFUE, já que em ambos a Comissão considera os ganhos de eficiência produtiva e dinâmica (pp. 217-218). Quanto ao *mere-balancing*, trata-se de sopesar os objectivos não económicos fora do balanço em termos de eficiência económica. O decisor avalia, em primeiro lugar, o efeito de uma coligação no bem-estar do consumidor, sopesando, de seguida, a par deste efeito, o impacto da mesma nos objectivos não económicos.

Na parte C da presente obra, *Christopher Townley* enuncia o balanço que reputa mais conveniente no quadro do artigo 101.º do TFUE. O Autor considera que a prossecução de qualquer interesse público deve ocorrer preferencialmente num contexto de livre concorrência. Uma política que vá contra as forças de mercado e a livre concorrência tem menos probabilidades de sucesso, sendo ainda menos susceptível de beneficiar o consumidor. Só em caso de inadequação manifesta das forças de mercado se deve considerar a hipótese de um *mere-balancing*, excluindo o Autor o *market-balancing* (p. 241-242). Por outro lado, os objectivos não económicos devem ser tidos em conta exclusivamente no n.º 3 do 101.º do TFUE. O bem-estar do consumidor deve ser o único critério de aplicação do n.º 1 do artigo 101.º do TFUE (p. 252, por exemplo). A consideração de objectivos não económicos que possam brigar com o bem-estar do consumidor deve passar pelo crivo do n.º 3 do artigo 101.º do TFUE, nomeadamente pelos requisitos da transmissibilidade de parte equitativa dos ganhos ao consumidor e da não eliminação da concorrência relativamente a uma parte substancial dos produtos em causa. Este último traduz, afinal, a superioridade da concorrência sobre todos os valores com ela colidentes (p. 278). O autor alude à necessidade de maior transparência e coerência no balanço entre objectivos, atendendo, nomeadamente, a que as autoridades e os tribunais nacionais aplicam o artigo 101.º do TFUE na sua totalidade (p. 287). Conquanto não seja um exercício de lógica matemática, conducente a um único resultado possível, o balanço entre objectivos deve, em todo o caso, indicar os factores relevantes. Um balanço credível passa pela determinação dos ganhos e perdas nos valores em conflito, de forma tão precisa quanto possível (avaliação quantitativa). Passa também pela avaliação qualitativa acerca da importância dos ganhos e perdas em causa. Trata-se de uma apreciação acerca da importância abstracta dos objectivos colidentes. Por exemplo, a saúde pública merece, *a priori*, maior protecção do que os interesses culturais. Do mesmo modo, certos tipos de dano podem ser, à partida, mais prejudiciais do que outros para o objectivo considerado. Embora não atribua expressamente diferentes pesos aos objectivos enunciados, o Tratado alude, todavia, relativamente a alguns deles, a um *elevado nível de protecção*. O Autor refere que a saúde pública, a protecção do consumidor e a concorrência são os valores com maior peso no Tratado (*High-Heavy*). Peso considerável, embora inferior, têm ainda a protecção do emprego e do ambiente (*High-Light*). A I&D (*Not high-Heavy*), a cultura, a coesão económica e social e a cooperação para o desenvolvimento têm menos peso (*Not high-Light*) (p. 295). Factores relevantes no balanço são ainda o grau de verosimilhança dos efeitos positivos e negativos e a taxa de desconto em função da dilação temporal dos esperados ganhos (pp. 298-303).

COMENTÁRIO

A presente obra constitui, decerto, um importantíssimo contributo para uma correcta aplicação do artigo 101.º do TFUE. Poucos procuraram, com efeito,

384 | FERNANDO PEREIRA RICARDO

justificar com tanta profundidade os argumentos expendidos. Acresce que as autoridades e os tribunais nacionais aplicam o artigo 101.º do TFUE na sua totalidade (artigos 5.º e 6.º do Regulamento (CE) n.º 1/2003, JO L de 01.01.2003), necessitando, por isso, de referências claras a este respeito. Há a registar, contudo, uma grave limitação. *Christopher Townley* advoga a consideração dos objectivos não económicos na aplicação do n.º 3 do artigo 101.º do TFUE, mas não esclarece qual o alcance do requisito da não eliminação da concorrência neste contexto. O autor reconhece a superioridade do valor concorrência, mas não indaga até que ponto pode uma coligação afectar a concorrência efectiva a pretexto da consagração de outros valores ou interesses de ordem pública. Poderá a referida coligação dar azo a um poder de mercado significativo? Poderá a referida coligação dar azo à criação ou ao reforço de uma posição dominante? No acórdão *Atlantic Container*, de 2002, o Tribunal Geral refere que a eliminação da concorrência para efeitos da aplicação do n.º 3 do artigo 101.º do TFUE é diferente da criação ou do reforço de uma posição dominante (considerando 330). Há, no entanto, quem faça uma leitura restritiva desta jurisprudência (ver recensões no 1.º número da presente Revista). Eis o busílis da questão, que o Autor não desenvolve. Por outro lado, *Christopher Townley* parece dissociar o bem-estar do consumidor da protecção da dinâmica concorrencial, o que explica, em parte, a lacuna atrás assinalada. No médio/ longo prazo, só a sujeição de todas as empresas a uma pressão concorrencial minimamente significativa garante, de facto, a transmissibilidade dos ganhos aos consumidores, um dos requisitos de aplicação do n.º 3 do artigo 101.º do TFUE. Quanto menor a capacidade de reacção dos competidores (actuais ou potenciais) a um aumento do preço por parte das empresas envolvidas na coligação, menor será o grau de transmissão de ganhos aos consumidores. O Direito da Concorrência trata de salvaguardar o mecanismo de mercado como critério de afectação de recursos e satisfação de necessidades, o que passa pelo controlo do poder de mercado. Considerando *Christopher Townley* que o bem-estar do consumidor é o critério de referência no balanço entre objectivos, é de estranhar que não desenvolva o conceito de poder de mercado.

No acórdão *Métropole Télévision*, de 1996, colocou-se a questão de saber se a invocação de um interesse público – no caso concreto, a obrigação de assegurar uma programação variada, incluindo emissões televisivas de carácter cultural, educativo e científico, assim como emissões para públicos minoritários, sem atender a custos – se a invocação de um interesse público, dizíamos, podia relevar ao abrigo do n.º 3 do 101.º do TFUE. O Tribunal Geral confirmou que os interesses públicos podem pesar para efeitos de concessão de uma isenção à proibição do n.º 1 do artigo 101.º do TFUE, sem prejuízo, todavia, das condições enunciadas no n.º 3 do mesmo preceito (acórdão de 14 de Julho de 1996, Colectânea II-649, considerandos 114 e 118). No acórdão *General Motors*, de 2006, o TJUE refere que uma coligação pode restringir a concorrência e, como tal, violar o artigo 101.º do TFUE, mesmo que vise também alcançar (outros) objectivos legítimos (acórdão de 6 de Abril de 2006, Colectânea I-3173, considerando 64). Tal como refere a Comissão nas *Orientações relativas à aplicação do artigo 81.º, n.º 3, do TCE* (ponto 42), os objectivos de outras disposições do Tratado apenas podem ser tidos em conta se puderem ser incluídos nas quatro condições do n.º 3 do artigo 101.º do TFUE. Quanto maior a verosimilhança e a gravidade da afectação da concorrência, menor deverá ser a consideração por valores com ela conflituantes.

Richard A. Posner, *A Failure of Capitalism: the Crisis of 2008 and the Descent into Depression*, **Harvard: Harvard University Press, 2009.**

elaborado por João E. Gata

O AUTOR

Richard Posner é juiz no *Court of Appeals* do Sétimo Circuito dos EUA e é *senior lecturer* na *Law School* da Universidade de Chicago. É autor de um vasto número de artigos técnicos e de livros, entre os quais "Economic Analysis of Law" e "How Judges Think". É uma das maiores figuras académicas da Escola de *Law and Economics*.

SINOPSE DA OBRA

Este último livro de Posner, publicado o ano passado, é uma benvinda adição ao conjunto de publicações que se têm debruçado sobre a crise financeira e económica de 2008, que o mundo globalizado ainda experimenta. Ao longo de cerca de 300 páginas deste pequeno livro, divido em onze capítulos, sendo o último uma reflexão sobre o futuro do conservadorismo norte-americano, Posner procura dissecar as causas da actual depressão económica e as razões para os falhanços de previsão, apesar dos vários sinais que apontavam para uma crise iminente.

Em 2009 o mundo globalizado encontrava-se, claramente, num período de depressão económica, a mais grave desde a Grande Depressão dos anos 30 do século passado, muito embora certos economistas, segundo Posner, continuem a denominar esse período como sendo de recessão, donde menos grave que depressão. Segundo o autor, a depressão económica que o mundo poderá, finalmente, estar a superar, foi, ou é, o resultado de uma crise financeira que teve origem na confluência de dois desenvolvimentos: as baixas taxas de juro praticadas desde os primeiros anos de 2000 e as tendências de desregulação de diversos sectores de actividade económica que tiveram início nos anos 70 do século passado.

As baixas taxas de juro que, segundo Posner, se deveram à política da Reserva Federal norte-americana, encorajaram a contracção de empréstimos e desencorajaram as diversas formas de poupança de baixo risco. Assim sendo, e como exemplo central, a aquisição de habitações, largamente dependente da contracção de empréstimos de longo prazo, tornou-se claramente mais atractiva. No entanto, devido à expansão da sua procura e face uma oferta relativamente rígida no curto prazo, os preços das habitações iniciaram uma tendência de crescimento que tornaram o investimento habitacional particularmente promissor relativamente a outros investimentos alternativos. De igual forma, as baixas taxas de juro, ao estimularem a actividade económica via a contracção de empréstimos, impulsionaram uma continuada subida dos valores de acções, tornando a sua aquisição mais atractiva, mesmo constituindo formas de investimento com um maior nível de risco associado.

Por outro lado, as tendências de desregulação económica, iniciadas nos anos 70, não terão acautelado devidamente a existência de diferenças significativas entre, por um lado, certos sectores de actividade tais como os transportes ferroviários e aéreos ou as telecomunicações e, por outro, o sector financeiro, cuja desregulação implicou potenciais efeitos macroeconómicos de grande relevância, devido ao risco inerente a esse sector (risco de contágio, etc). Uma certa separação entre economia financeira e macroeconomia, tanto a nível académico, em resultado de uma crescente pressão para uma maior especialização científica, como a nível da própria política económica, contribuiu para a disseminação de visões parciais do sistema económico que em nada ajudaram à identificação de vários sinais de que uma crise financeira de sérias proporções poderia estar eminente.

Segundo Posner, a desregulação da actividade financeira, mais propriamente da actividade bancária, seguiu dois caminhos: a vários intermediários financeiros, que não bancos, foi permitido oferecerem serviços substitutos dos oferecidos pela banca convencional; por outro lado, iniciou-se um processo de relaxamento da regulação bancária como forma de facilitar a capacidade dos bancos em concorrerem com esses intermediários financeiros, o que conduziu à adopção de estratégias comerciais de risco acrescido, incluindo uma dependência crescente de empréstimos contraídos junto de outras instituições.

Posner aponta a inexistência de planos de contingência por parte da Reserva Federal e de outras agências governamentais dos EUA como a grande responsável pela forma como uma séria crise bancária degenerou numa grave depressão económica. Quando a crise financeira estalou em Setembro de 2008, o governo norte-americano não estava preparado para a enfrentar, tendo adoptado medidas de improviso que, embora possam ter evitado uma crise de grandes proporções, não conseguiu evitar a depressão. Talvez fazendo jus à sua formação liberal, no sentido europeu e não norte-americano do termo, Richard Posner de alguma forma desculpa o comportamento de vários agentes económicos, negando a irracionalidade dos mercados ou, melhor dizendo, a irracionalidade dos agentes económicos, já que estes simplesmente respondem, de uma forma racional, aos incentivos que são criados.

Entretanto, será ainda cedo para avaliar o impacto das várias medidas de política económica que vêm sendo adoptadas. No entanto, Posner mostra-se crítico relativamente à adopção de certas medidas avançadas sob a pressão dos acontecimentos, sem que tenha havido uma profunda reflexão sobre as suas consequências. Dir-se-á que o receio de uma sobre-regulação do sector financeiro não será descabido.

COMENTÁRIO

Este recente livro de Richard Posner constitui um contributo importante para a discussão e eventual compreensão da crise económico-financeira de 2008, temperando interpretações de outros autores, tais como Joseph Stiglitz e Paul Krugman, que se vêm mostrando bastante críticos do funcionamento das economias de mercado, vindo a defender um novo período de intervenção governamental da actividade económica próxima do espírito do *New Deal*. Não esquecendo os excessos que ocorreram, entre os quais o esquema de Ponzi desenvolvido por Madoff e seus associados, Richard Posner coloca uma forte ênfase na necessidade de sobrepor a uma corrente ideológica algo anti-mercado uma visão pragmática do funcionamento das economias de mercado num mundo globalizado, bem como a necessidade de desenvolver uma melhor compreensão dos mecanismos económicos.

NOVIDADES BIBLIOGRÁFICAS
– Janeiro a Abril de 2010

elaborado por Catarina Anastácio

CONCORRÊNCIA – NACIONAL

AA.VV., *Direito da Concorrência e ordens profissionais*, Coimbra: Coimbra Editora, 2010.

Luís Pinto Monteiro, *A recusa em licenciar direitos de propriedade intelectual em Direito da Concorrência*, Coimbra: Almedina, 2010.

Manuel Porto & Gonçalo Anastácio, *Legislação de Concorrência*, Coimbra: Coimbra Editora, 2010.

Miguel Moura e Silva, *O abuso de posição dominante na nova economia*, Coimbra: Almedina, 2010.

CONCORRÊNCIA – ESTRANGEIRA

AA.VV. (ed. Claus-Dieter Ehlermann & Mel Marquis), *European Competition Law Annual 2008 – Antitrust Settlements under EC Competition Law*, Oxford: Hart Publishing, 2010.

AAVV (ed. Ioannis Lianos & Ioannis Kokkoris), *The Reform of EC Competition Law – New Challenges*, AH Alphen aan den Rijn: Kluwer Law International, 2010.

AAVV (ed. Martin Heidenhain), *European State Aid*, Oxford: Hart Publishing, 2010.

Ekaterina Rousseva, *Rethinking Exclusionary Abuses in EU Competition Law*, Oxford: Hart Publishing, 2010.

Ingeborg Simonsson, *Legitimacy in EU Cartel Control*, Oxford: Hart Publishing, 2010.

Katarzyna Czapracka, *Intellectual Property and the Limits of Antitrust: A Comparative Study of US and EU Approaches*, Cheltenham / Northampton: Edward Elgar Publishing, 2010.

Liva Lovdahl Gormsen, *A Principled Approach to Abuse of Dominance in European Competition Law*, Cambridge: Cambridge University Press, 2010.

SANDRA MARCO COLINO, *Vertical Agreements and Competition Law – A Comparative Study of the EU and US Regimes*, Oxford: Hart Publishing, 2010.

SIMON BISHOP & MIKE WALKER, *The Economics of EC Competition Law: Concepts, Application and Measurement*, London: Sweet & Maxwell, 2010.

VAN BAEL & BELLIS, *Competition Law of the European Community*, 5th ed., Alphen aan den Rijn: Kluwer Law International, 2010.

REGULAÇÃO - NACIONAL

AAVV (coord. Paulo Câmara), *Conflito de interesses no Direito Societário e Financeiro – Um balanço a partir da crise financeira*, Coimbra: Almedina, 2010.

AAVV (coord. José Engrácia Antunes), *Direito dos Valores Mobiliários IX*, Coimbra: Coimbra Editora, 2010.

ANTÓNIO MENEZES CORDEIRO, *Manual de Direito Bancário* (4.ª edição revista e actualizada), Coimbra: Almedina, 2010.

LUÍS GUILHERME CATARINO, *Regulação e supervisão dos mercados de instrumentos financeiros – Fundamentos e limites do governo e jurisdição das autoridades independentes*, Coimbra: Almedina, 2010.

PAULA COSTA E SILVA, *As operações de venda a descoberto de valores mobiliários*, Coimbra: Coimbra Editora, 2010.

ACTUALIDADES
elaborado por Cristina Camacho, Luís Máximo dos Santos e Nazaré da Costa Cabral

EVENTOS E CONFERÊNCIAS
Realizados

III Conferência de Lisboa sobre o Direito e a Economia da Concorrência
Lisboa, 14 e 15 de Janeiro de 2010

A Autoridade da Concorrência (AdC) organizou, pela terceira vez, a Conferência de Lisboa sobre o Direito e a Economia da Concorrência. Durante os dois dias do evento, especialistas de renome internacional discutiram os assuntos mais importantes da actualidade sobre concorrência, sendo ainda de salientar a assinatura do Protocolo de Cooperação Técnica entre o Sistema Brasileiro de Defesa da Concorrência e a AdC e o pré-lançamento da *Revista de Concorrência e Regulação* (C&R).

A Cerimónia de Abertura contou com a participação de José Vieira da Silva, Ministro da Economia, da Inovação e do Desenvolvimento, Mariana Tavares de Araújo, Secretária de Estado de Direito Económico do Brasil, Rui Vilar, Presidente da Fundação Calouste Gulbenkian, e Manuel Sebastião, Presidente da AdC, que assinaram o referido Protocolo.

O primeiro painel, moderado por Vítor Bento, Presidente da *SIBS Forward Payment Solutions*, foi dedicado à questão *"Mercado de dois lados: um desafio para a política de concorrência e regulação?"*, tendo intervindo Michael Katz (Haas School of Business, University of California, Berkeley), David Evans (Lecturer, University of Chicago, Executive Director, Jevons Institute for Competition and Economics e Visiting Professor, University College London) e Sir Christopher Bellamy (Senior Consultant, Linklaters, LLP). Nesta sessão, foram discutidos tópicos relacionados com os mercados da Internet e dos cartões de pagamento.

Em seguida, o Convidado de Honra, Peter Freeman, Presidente da UK Competition Commission, realizou uma alocução subordinada ao tema *"Os desafios do processo decisório: em busca do Santo Graal"*. Peter Freeman discutiu a busca da perfeição pelas autoridades de concorrência (o Santo Graal) e os vários "dragões" que têm de enfrentar, concluindo que as autoridades devem tentar alcançar apenas uma perfeição suficiente, com ambições realistas e pragmáticas.

A segunda metade do primeiro dia de conferência foi dedicada à discussão sobre *"Mercado Energético: como reconciliar promoção da concorrência, segurança de abastecimento e protecção ambiental?"*, sob moderação de Mariana Tavares de Araújo. Neste painel, participaram James Bushnell (University of California Energy Institute, Berkeley), Frank Wolak (Department of Economics, Stanford University) e Ricardo Cardoso (Comissão Europeia – DG Concorrência), que abordaram o tema do ponto de vista dos EUA e europeu.

Posteriormente, foi debatida a questão *"Política económica vs. defesa e promoção da concorrência: qual o balanço possível em tempos de crise?"*. Neste painel, intervieram Luís Pais Antunes (Sócio PLMJ), Alberto Heimler (Chair Working Party 2 OECD) e Carl Baudenbacher (Presidente do Tribunal da EFTA). Na sessão, foi debatido o impacto da crise financeira no sector bancário e as diferentes formas de intervenção através dos instrumentos de política de concorrência.

O segundo dia da Conferência iniciou-se com a intervenção de Philip Lowe, Director-Geral da Concorrência da Comissão Europeia, que reafirmou a importância da concorrência num contexto de crise e a necessidade de manter uma perspectiva de longo prazo, tendo sido realizado um balanço das principais tendências na aplicação do Direito da Concorrência da União Europeia.

Seguidamente, foi abordado o tema *"Propriedade intelectual e concorrência: que complementaridades? O caso das indústrias de software e farmacêutica"*, onde intervieram Frank Lichtenberg (Graduate School of Business, Columbia University), Richard Gilbert (Department of Economics, University of California, Berkeley), Julia Holtz (Senior Competition Counsel – EMEA, China, India, Google UK Limited), Jean Yves Art (Associate General Counsel, Microsoft) e David R. Schmidt (Assistant Director, Bureau of Economics, US Federal Trade Commission), com moderação de Luís Cabral (IESE Business School). No que respeita ao sector farmacêutico, foi discutida a questão das patentes e da introdução de medicamentos genéricos no mercado. No âmbito da indústria de "software", foram abordadas questões relacionadas com patentes, modelos de negócio, inovação, interoperabilidade e normalização.

ACTUALIDADES | 397

O tema seguinte foi *"Abuso de posição dominante e condutas unilaterais: desenvolvimentos recentes na UE e nos EUA: que consequências a nível da aplicação do Direito da concorrência?"*, com intervenções de Bo Vesterdorf (Senior Consultant, Plesner, Copenhagen and Herbert Smith, LLP, London), Damien Neven (Economista Chefe, Comissão Europeia – DG Concorrência) e Thomas O. Barnett (Partner, Covington & Burling LLP), sob moderação de Luís Cabral (IESE Business School). Nesta sessão, foram discutidos meios alternativos de sanção em casos de abuso de posição dominante, as recentes prioridades da Comissão Europeia na aplicação do artigo 102.º TFUE e desenvolvimentos recentes quanto à aplicação da secção II do Sherman Act.

Na Cerimónia de Encerramento participaram Fernando Serrasqueiro, Secretário de Estado do Comércio, Serviços e Defesa do Consumidor, Eduardo Paz Ferreira, Presidente do IDEFF – Faculdade de Direito, Universidade de Lisboa, e Manuel Sebastião, Presidente da AdC, tendo sido realizado o lançamento da *Revista de Concorrência e Regulação*.

Nesta Conferência, intervieram cerca de duas dezenas de oradores e participaram mais de trezentos conferencistas de mais de vinte países e organizações internacionais.

Mais informação sobre a III Conferência de Lisboa pode ser encontrada no sítio *Web* da Autoridade da Concorrência, em www.concorrencia.pt.

Conferência "Direito Sancionatório e Sistema Financeiro"
Lisboa, 28 e 29 de Janeiro de 2010

A Procuradoria-Geral da República (PGR), o Banco de Portugal (BdP) e a Comissão do Mercado de Valores Mobiliários (CMVM) realizaram nos dias 28 e 29 de Janeiro, em Lisboa, uma Conferência subordinada ao tema *"Direito Sancionatório e Sistema Financeiro"*. A Conferência foi dividida em três grandes temas, a saber: a supervisão do sistema financeiro, os ilícitos financeiros e o processo sancionatório criminal e contraordenacional.

Sobre o primeiro tema, foram tratadas as *"Funções e poderes do Banco de Portugal"*, pela Dra. Adelaide Cavaleiro (BdP), as *"Funções e poderes da CMVM"*, pelo Mestre Jorge Costa Santos (CMVM) e os *"Principais traços do sistema nacional na área financeira e confronto com outros ordenamentos jurídicos"*, pelo Professor Doutor Eduardo Paz Ferreira.

Relativamente aos ilícitos financeiros, o Mestre Frederico Costa Pinto (CMVM) e o Juiz Conselheiro António Henriques Gaspar, vice-presidente do Supremo Tribunal de Justiça, intervieram sobre *"Os ilícitos financeiros: Código*

Penal e legislação extravagante", o Procurador Carlos Adérito Teixeira ocupou--se da *"Unidade e pluralidade de infracções e ne bis in idem"* e, finalmente, o Juiz de Instrução Fernando Martínez Pérez (Sevilha) tratou *"A adequação das sanções aplicáveis aos ilícitos financeiros: o regime português no quadro europeu"*.

O terceiro conjunto de temas abrangeu *"A articulação entre o processo crime e o processo contraordenacional"*, a cargo do Dr. José Gabriel Queiró e da Mestre Joana Amaral Rodrigues (BdP), *"Os segredos"*, pela Procuradora Teresa Almeida, *"Meios específicos de prova: obtenção de informação sobre off-shore"*, pelo Mestre José Pedro Fazenda Martins (CMVM), *"Direito à não auto-incriminação no contexto das actividades reguladas"*, pelos Procuradores Adjuntos Susana Figueiredo e Sérgio Pena, e *"A cooperação entre autoridades judiciárias e autoridades de supervisão"*, a cargo da Procuradora--Geral Adjunta Maria José Morgado.

A Conferência foi altamente participada, designadamente por profissionais das autoridades reguladoras e das entidades reguladas, magistrados judiciais e do Ministério Público, advogados e membros da Polícia Judiciária, entre outros. As intervenções, pelo seu inegável interesse e qualidade, originaram participados debates entre os oradores e a assistência.

Na sessão de encerramento intervieram o Senhor Procurador-Geral da República, Juiz Conselheiro Fernando Pinto Monteiro, o Governador do Banco de Portugal, Dr. Vítor Constâncio, e o Presidente do Conselho Directivo da CMVM, Dr. Carlos Tavares.

Após as referidas intervenções, e materializando um renovado espírito de colaboração, foi assinado, pelas referidas personalidades, em nome das respectivas instituições, um Protocolo de cooperação, que foi lido perante a assistência, e cujo conteúdo fundamental é o seguinte:

"Considerando:

a) As funções de supervisão e de autoridade em matéria contraordenacional, a cargo do Banco de Portugal e da Comissão do Mercado de Valores Mobiliários;

b) As competências do Ministério Público em matéria de investigação criminal e na fase de recurso do processo contraordenacional;

c) A existência de áreas de intersecção nas referidas atribuições e funções;

d) A tecnicidade de alguns dos conteúdos que integram a regulação e o funcionamento dos mercados;

e) O interesse público no bom funcionamento do mercado e no exercício eficiente dos poderes sancionatórios legalmente consagrados;

f) A necessidade de constituir uma plataforma de contacto e de interacção, propiciadora de um conhecimento recíproco mais profundo dos métodos e das experiências da actividade de regulação e supervisão e da actividade de investigação criminal;

é celebrado o presente protocolo entre as três entidades representadas neste acto, o qual se rege pelas seguintes cláusulas:

Cláusula 1.ª

A Procuradoria-Geral da República, o Banco de Portugal e a Comissão do Mercado de Valores Mobiliários comprometem-se a organizar, com periodicidade anual, um encontro de trabalho e estudo conjunto de questões jurídicas e financeiras, tidas como relevantes para o correcto exercício das respectivas funções.

Cláusula 2.ª

A Procuradoria-Geral da República, o Banco de Portugal e a Comissão do Mercado de Valores Mobiliários promoverão a realização de acções de formação recíproca e conjunta, nos domínios jurídico e financeiro, tendo em vista o melhor desempenho das suas competências.

Cláusula 3.ª

Na sua actividade regular, a comunicação entre as entidades signatárias será estabelecida, de forma expedita e articulada, através de pontos de contacto, designados pelas partes no prazo de 20 dias".

A Conferência terminou assim do melhor modo, uma vez que a assinatura do Protocolo veio dar expressão concreta aos anseios – partilhados pelas três instituições – de que fosse melhorada a sua interacção nos domínios em que isso se revele pertinente.

Curso de Formação para juízes em Direito Europeu da Concorrência

Lisboa, 4 e 5 de Fevereiro, 18 e 19 de Março e 20 e 21 de Maio de 2010
O Instituto de Direito Económico, Financeiro e Fiscal da Faculdade de Direito de Lisboa (IDEFF) prossegue, nestes primeiros meses do ano de 2010, a sua actividade lectiva, iniciada em Outubro de 2009, a uma parte da qual foi feita referência no número anterior. Neste contexto e neste primeiro semestre do ano, assume especial significado o Curso de Formação para Juízes em Direito

Europeu da Concorrência, que é assegurado, conjuntamente, pelo IDEFF e pelo Instituto Europeu da Faculdade de Direito de Lisboa e tem por organizadores os Professores Doutores Eduardo Paz Ferreira e Luís Morais e a Mestra Teresa Moreira.

O Curso, destinado a Magistrados nacionais, é pioneiro entre nós e procura aprofundar o conhecimento e a experiência dos juízes portugueses que já tenham aplicado os princípios básicos em matéria de Direito da Concorrência, desta feita através de uma abordagem mais dirigida e pragmática, que pretende potenciar os resultados de acções anteriores e a troca de experiências. Esta iniciativa, que mereceu pleno apoio do Conselho Superior da Magistratura e beneficiou também de co-financiamento pela Comissão Europeia, está a ter uma adesão muito significativa, o que revela a necessidade e a oportunidade do Curso, suprindo uma lacuna formativa junto da judicatura, e o valor acrescentado que os principais interessados contam nele encontrar.

O programa do Curso é composto por três sessões de seminários de dois dias cada: a primeira teve lugar a 4/5 Fevereiro; a segunda, a 18/19 de Março; e a terceira, ocorrerá a 20/21 de Maio. As sessões seguem idêntica metodologia – variando sobretudo as regras jurídicas sob análise – e estruturam-se ao longo de um "perfil" comum de seis tópicos fundamentais:

1. Análise do enquadramento jurídico da concorrência na União Europeia e em Portugal (Os princípios gerais do Direito Europeu da Concorrência estabelecidos pela jurisprudência do Tribunal de Justiça e pelos instrumentos de "soft law" da Comissão Europeia - comunicações e linhas de orientação; Análise comparativa dos princípios nucleares da ordem jurídica Portuguesa relevantes em matéria de Direito da Concorrência, consagrados na Constituição da República Portuguesa, no Código Penal, no Código do Processo Penal, no Regime Geral das Contra-Ordenações e Coimas e no Código do Procedimento Administrativo).

2. As regras substantivas – parte I (análise de casos).

3. As regras substantivas – parte II (análise de casos).

4. As regras processuais.

5. Controlo judicial em matéria de Direito Europeu da Concorrência (Apreciação geral e caracterização da evolução da jurisprudência do Tribunal de Justiça; Revisão formal e material - fundamentação jurídica e utilização de conceitos económicos; "Standards" de prova e critérios de revisão; A análise económica na aplicação do Direito Europeu da Concorrência e no controlo judicial das decisões da Comissão Europeia neste domínio; O papel de

ACTUALIDADES | 401

peritos económicos; O recurso à análise económica na apreciação dos danos causados por infracção de artigos relevantes do TFUE pelos tribunais nacionais; A experiência do controlo judicial das decisões de aplicação da Lei da Concorrência Portuguesa: principais tendências e conclusões).

6. "Breakout sessions" (Grupos de discussão de 7 a 10 participantes, reunidos para discutir dois casos de infracção de artigos relevantes do TFUE já concluídos, cujos elementos foram previamente distribuídos, bem como toda a jurisprudência a analisar, sendo o debate animado por alguns dos oradores).

A docência fica a cargo de um conjunto de académicos e práticos com larga experiência do domínio do Direito da Concorrência. Assim, Sir Christopher Bellamy, Advogado, Linklaters; Dr. Doris Hildebrand, advogada, EE&MC – European Economic & Marketing Consultants; Prof. Doutor Ioannis Lianos, University College London; Prof. Doutor Abel Mateus, Faculdade de Economia da Universidade Nova de Lisboa; Prof. Doutor Luís Morais, Faculdade de Direito da Universidade de Lisboa; Mestre Teresa Moreira, Faculdade de Direito da Universidade de Lisboa; Prof. Doutor Miguel Moura e Silva, Faculdade de Direito da Universidade de Lisboa e Autoridade da Concorrência; Prof. Doutor Paulo Pinto Albuquerque, Universidade Católica Portuguesa; Prof. Doutor Miguel Poiares Maduro, Faculdade de Direito da Universidade Nova de Lisboa e Instituto Universitário Europeu, Florença; Prof.ª Doutora Anne-Lise Sibony, Universidade de Liège, Bélgica; Prof. Doutor Piet Jan Slot, Universidade de Leiden, Países Baixos; Prof. Doutor Paulo Sousa Mendes, Faculdade de Direito da Universidade de Lisboa e Autoridade da Concorrência; Mestre Nuno Ruiz, advogado e Faculdade de Direito da Universidade de Lisboa; Dr.ª Maria José Costeira, Juíza do Tribunal do Comércio de Lisboa; Prof. Doutor Ioannis Kokkoris, Office of Fair Trading.

A realizar
  Nacionais

6th Banco de Portugal Conference on Monetary Economics
Lisboa, 10 e 11 de Junho de 2010
O Banco de Portugal organiza em Lisboa a *6th Conference on Monetary Economics*, que terá lugar em Lisboa, nos dias 10 e 11 de Junho de 2010. A Conferência visa reunir economistas para discutir investigação na área da teoria

e política monetária, com especial enfoque em assuntos relacionados com a recente crise financeira.

Mais informação disponível em: http://www.bportugal.pt/en-US/Estudos Economicos/Conferencias/Pages/2010MonetaryEconomics.aspx.

Internacionais

EU Banking and Financial Law: Adopting New Regulatory and Supervisory Rules
Bruxelas, 3 e 4 de Junho de 2010
O *European Institute of Public Administration* (EIPA) organiza um seminário que pretende sumariar as mais recentes iniciativas ao nível da União Europeia ("UE") sobre a arquitectura da regulação e supervisão dos Serviços Financeiros da UE, sem esquecer o seu contexto internacional.

Mais informação disponível em: http://seminars.eipa.eu/en/activities09/show/&tid=3649.

XVIIth St.Gallen International Competition Law Forum ICF
St. Gallen (Suíça), 20 e 21 de Maio de 2010
A Universidade de St. Gallen promove mais uma edição do *International Competition Law Forum*, onde se discutirá o futuro da política da concorrência, incluindo a intervenção estatal durante a crise e o papel do Direito da Concorrência na reestruturação do sector bancário, entre outros assuntos da actualidade.

Mais informação disponível em: http://www.sg-icf.com/.

The 5th Annual Advanced Review of Competition Economics 2010
Londres, 27 de Maio de 2010
No contexto de uma crescente utilização da economia pelas autoridades de concorrência e pelas empresas, esta Conferência visa discutir a teoria e análise económicas aplicadas ao Direito da Concorrência da UE, focando ainda os mais recentes desenvolvimentos em termos legislativos, de regulação e de política de concorrência.

Mais informação disponível em: http://www.informaglobalevents.com/event/economics.

Sixth Symposium on Trends in Retail Competition: Private Labels, Brands and Competition Policy

Oxford, 28 de Maio de 2010

Organizado pelo *Oxford Institute of European and Comparative Law* em conjunto com o *Competition Law & Policy Centre for Competition Law & Policy*, este simpósio pretende abordar tópicos relacionados com a utilização de marcas próprias por retalhistas e o seu impacto na concorrência.

Mais informação disponível em: http://denning.law.ox.ac.uk/competition/conferencedetail.php?events_ID=10223.

EU Banking and Financial Law: Adopting New Regulatory and Supervisory Rules

GCR'S The New Vertical Restraints Regime – The New Rules and How They Will Apply

Bruxelas, 8 de Junho de 2010

Atendendo à entrada em vigor do novo regulamento de isenção por categoria sobre restrições verticais em 1 de Junho de 2010, a Conferência organizada pela GCR será dedicada à análise do novo enquadramento jurídico aplicável às restrições verticais, dirigindo-se à comunidade jurídica e empresarial.

Mais informação disponível em: http://www.globalcompetitionreview.com/events/864/the-new-vertical-restraints-regime-new-rules-will-apply/.

8th Experts' Forum on New Developments in European State Aid Law

Bruxelas, 9 a 11 de Junho de 2010

A Conferência centrar-se-á nos mais recentes desenvolvimentos no domínio dos auxílios de Estado, incluindo a reforma das regras respeitantes aos SIEG, controlo de auxílios de Estado ao financiamento de habitação social e hospitais, medidas fiscais e aplicação do MEIP e a estratégia relativa à ajuda ao sector bancário. Destaca-se a participação do Comissário Europeu para a Concorrência, Joaquín Almunia.

Mais informação disponível em: http://www.lexxion.de/verlagsprogramm-konferenzen/8th-experts-forum-on-new-developments-in-european-state-aid-law.html.

The 5th Annual EU Merger Control 2010
Bruxelas, 16 de Junho de 2010
Nesta Conferência serão passados em revista os mais importantes casos de controlo de operações de concentração, bem como aspectos de política de concorrência e outras questões procedimentais e substantivas.

Mais informação disponível em: http://www.informaglobalevents.com/event/mergers.

Summer Course on European Competition Law
Trier, 28 de Junho a 2 de Julho de 2010
Este curso tem por objectivo proporcionar as bases do Direito da Concorrência da União Europeia, desde as suas origens às suas variadas vertentes de práticas restritivas da concorrência, auxílios de Estado e controlo de operações de concentração entre empresas.

Mais informação disponível em: http://www.era.int/cgi-bin/cms?_SID=31e399d09267bbc257d5efa19b61ddc0b243872400044946044912&_sprache=en&_bereich=artikel&_aktion=detail&idartikel=121002.

The 12th Annual Residential EU Competition Law Summer School
Cambridge, 9 a 13 de Agosto de 2010
IBC Legal Conferences organiza um curso intensivo sobre Direito da Concorrência da UE, desde os seus aspectos introdutórios a questões mais complexas.

Mais informação disponível em: http://www.informaglobalevents.com/event/eucompschool.

OUTRAS INFORMAÇÕES

Comissão Europeia: Adopção de novas regras de concorrência aplicáveis à distribuição de bens e serviços
A Comissão Europeia adoptou um novo Regulamento relativo à aplicação do artigo 101.º, n.º 3, do TFUE a determinadas categorias de acordos verticais e práticas concertadas e respectivas Orientações.

Os documentos podem ser encontrados no seguinte URL: http://ec.europa.eu/competition/antitrust/legislation/vertical.html.

Comissão Europeia: Publicação do novo regulamento de isenção por categoria para o sector dos seguros e comunicação da Comissão

Foram publicados no Jornal Oficial da União Europeia o novo Regulamento relativo à aplicação do artigo 101.º, n.º 3, do TFUE a certas categorias de acordos, decisões e práticas concertadas no sector dos seguros e respectiva Comunicação.

A versão em língua portuguesa dos documentos pode ser encontrada no seguinte URL: http://ec.europa.eu/competition/sectors/financial_services/legislation.html.

Comissão Europeia: Consulta pública sobre a revisão das regras aplicáveis aos acordos de cooperação horizontal

No dia 4 de Maio de 2010, a Comissão Europeia iniciou a consulta pública sobre os Regulamentos de isenção por categoria para acordos de investigação e de desenvolvimento e para acordos de especialização, bem como sobre as novas Orientações da Comissão sobre a aplicação do artigo 101.º TFUE aos acordos de cooperação horizontal. A consulta pública termina no próximo dia 25 de Junho.

Os documentos em português poderão ser encontrados no URL: http://ec.europa.eu/competition/consultations/2010_horizontals/index.html.

Rede Europeia de Concorrência (ECN): Publicação de Nova Newsletter "ECN Brief"

A Rede Europeia de Concorrência iniciou, em Janeiro de 2010, a publicação de uma "*newsletter*" intitulada "ECN Brief", que visa difundir informação sobre as actividades das autoridades da concorrência europeias e da própria rede ECN, incluindo notícias sobre casos, desenvolvimentos legislativos e outros assuntos de interesse. A "ECN Brief" terá cinco edições por ano e pode ser encontrada no seguinte URL: http://ec.europa.eu/competition/ecn/brief/index.html.

A Revista de Concorrência e Regulação aceita informação sobre actualidades para divulgação, que pode ser remetida através do endereço electrónico:
revista@concorrencia.pt.

NOTAS CURRICULARES

ANTÓNIO SOARES
Licenciatura, Faculdade de Direito da Universidade de Lisboa (1986). Assistente, Faculdade de Direito da Universidade de Lisboa (1988-1991). Consultor, Bolsa de Valores de Lisboa (1989-1991). Membro do Conselho Directivo da Comissão do Mercado de Valores Mobiliários (1991-1995). Sócio, Morais Leitão, J. Galvão Teles & Associados (1997-2001). Sócio, BSC & Associados (2001-2002). Sócio, Linklaters. Especialista em Direito do Mercado de Capitais e Direito Societário.

Law degree, University of Lisbon Law School (1986). Lecturer, University of Lisbon Law School (1988-1991). Advisor, Lisbon Stock Exchange (1989-1991). Member of the board of Comissão do Mercado dos Valores Mobiliários (1991-1995). Partner, Morais Leitão, J. Galvão Teles & Associados (1997-2001). Partner, BSC & Associados (2001-2002). Specialist in Capital Markets and Corporate Law. Partner, Linklaters.

CARLOS PINTO CORREIA
Licenciatura (1981) e Mestrado (1989), Faculdade de Direito da Universidade de Lisboa. Assistente, Faculdade de Direito da Universidade de Lisboa (1982-1987; 1998-2005). Administrador e assessor do Tribunal de Justiça das Comunidades Europeias (Tribunal de Primeira Instância) (1987-1998). Membro da Ordem dos Advogados portuguesa. Advogado, Morais Leitão & J. Galvão Teles & Associados (1998-2001). Sócio, BSC & Associados. Especialista em Direito da Concorrência e Direito Comunitário. Sócio, Linklaters.

Law (1981) and Masters degrees (1989), University of Lisbon Law School. Lecturer, University of Lisbon Law School (1982-1987; 1998-2005). Administrator and legal secretary, European Court of Justice (CFI; 1987-1998). Member of the Portuguese Bar. Lawyer, Morais Leitão & J. Galvão Teles & Associados (1998-2001). Partner, BSC & Associados (2001-2002). Specialist in Competition Law and European Law. Partner, Linklaters.

JAIME SERRÃO ANDREZ

Licenciado em Organização e Gestão de Empresas, em 1977/78, pelo ISEG (Instituto Superior de Economia e Gestão), da Universidade Técnica de Lisboa. É actualmente Vogal do Conselho da Autoridade da Concorrência e Professor Associado Convidado do ISEG. É ainda membro dos Conselhos Consultivos da ERSE (Entidade Reguladora dos Serviços Energéticos) e do ICP-ANACOM (ICP-Autoridade Nacional das Comunicações). Nos últimos anos foi Presidente do Conselho Directivo do IAPMEI (Instituto de Apoio às Pequenas e Médias Empresas e à Inovação), Presidente do Conselho de Administração da Inovcapital (Sociedade de Capital de Risco, SA), Presidente do Conselho de Administração do INPI (Instituto Nacional da Propriedade Industrial), Membro do Conselho Superior de Ciência, Tecnologia e Inovação, Membro do *Executive Board* do Conselho de Administração da OEP (Organização Europeia de Patentes), Vogal do Conselho de Administração do CTCOR (Centro Tecnológico da Cortiça), Vogal do Conselho Directivo do IFEA (Instituto de Formação Empresarial Avançada) e coordenador (subdirector-geral) do PEDIP e do PEDIP II. De 1996 a 1997 foi Secretário de Estado do Comércio e Turismo (XIII Governo Constitucional). Autor de diversos estudos e artigos publicados em revistas, jornais e outras publicações da especialidade, intervém habitualmente em diversos seminários nacionais e internacionais sobre áreas da sua especialidade.

Graduated in Organization and Business Management in 1977/1978, by the Economics and Management School (ISEG) of the Lisbon Technical University. He is currently a Member of the Board of the Portuguese Competition Authority and Guest Professor at the ISEG. He is also a member of the Advisory Boards of ERSE (Energy Services Regulatory Authority) and ICP-ANACOM (National Communications Authority). In the recent years, he was the chairman of the Board of Directors of IAPMEI (Portuguese Agency for SMEs and Innovation), the chairman of the Inovcapital Board (Society of Risk Capital), the chairman of the Directive Council of INPI (National Institute of Industrial Property), a Member of the High Council of Science, Technology and Innovation, a Member of the Executive Board of the Administrative Council of the European Patent Office (EPO), a Member of the Board of CTCOR (Technological Center of Cork), a Member of the Board of IFEA (Institute for Advanced Management Training) and the coordinator (Deputy Director-General) of PEDIP and PEDIP II. From 1996 to 1997 he was the Secretary of State of Trade and Tourism (XII

Constitutional Government). Author of several studies and papers published in journals, newspapers and other specialized publications, regularly participates in national and international seminars in his areas of expertise.

JOÃO PATEIRA FERREIRA

Licenciado em Direito pela Faculdade de Direito da Universidade de Lisboa em 2002, tendo realizado uma pós-graduação em Estudos Jurídicos e Económicos da União Europeia pela Universidade de Paris I Panthéon-Sorbonne, em 2006. Concluiu o seu mestrado em Direito pela Faculdade de Direito da Universidade de Lisboa, em 2007. Desde 2006, é Assistente da Faculdade de Direito de Lisboa, onde tem leccionado as disciplinas de Economia, Direito da Economia, Relações Económicas Internacionais, Direito da União Europeia e Finanças Públicas, entre outras. Até 2007 exerceu igualmente advocacia nas áreas de Direito da Concorrência, Regulação e Supervisão Financeira, e Direito Comercial. Desde 2007 desempenha funções na Autoridade da Concorrência, no Departamento de Práticas Restritivas.

Graduated in Law by the University of Lisbon Law School in 2002, he has obtained post-graduate studies in European Union Law and Economics by the University of Paris I Panthéon-Sorbonne, in 2006. In 2007, he concluded his master's degree in the University of Lisbon Law School, where he lectures Economics, Economic Law, International Economic Relations, European Union Law and Public Finances, among others, since 2006. Until 2007, he also practiced law in the fields of Competition Law, Securities, Exchange and Banking Law, and Corporate Law. In 2007 he joined the Portuguese Competition Authority as legal adviser for the restrictive practices department.

JOSÉ DANILO TAVARES LOBATO

Defensor Público do Estado do Rio de Janeiro e Professor de Direito Penal da EMERJ. Doutor em Direito pela UGF (Brasil), Mestre em Direito – Ciências Penais pela UCAM (Brasil) e Bacharel em Ciências Jurídicas e Sociais pela UFRJ (Brasil). Autor do livro *Teoria Geral da Participação Criminal e Ações Neutras* e Co-coordenador do livro *Temas de Direito Penal – Parte Geral.*

Public Defender of the State of Rio de Janeiro and Professor of Criminal Law of EMERJ. Doctor of Laws by UGF (Brazil), Master in Law – Criminal Science by UCAM (Brazil) and Bachelor of Law and Social Sciences, UFRJ (Brazil). Author of the book General Theory of Crime Participation and Neutral Actions. *Co-coordinator of the book* Topics of Criminal Law – General Part.

JOSÉ NUNES PEREIRA

Licenciado em Direito pela Faculdade de Direito da Universidade de Coimbra (1973), onde foi Assistente (Direito das Obrigações e Direito Comercial) entre 1973 e 1978. Advogado do Banco de Portugal (BdP) (1983 e 1989). Consultor Jurídico do Ministro das Finanças (1990-1993). Vice-Presidente (1995) e Presidente (1996-2000) da Comissão do Mercado de Valores Mobiliários (CMVM). Entre 1998 e 2000 foi Vice-Presidente do Comité Executivo da IOSCO. Membro do Conselho Consultivo da CMVM (2000-2003) e do Conselho Orientador do Instituto de Valores Mobiliários (2004-2007). Entre 2001 e 2009 foi Director do Departamento de Auditoria Interna do BdP e Membro do Comité dos Auditores Internos do Sistema Europeu de Bancos Centrais, tendo presidido à *"Audit Task Force on Banknotes"*. É desde Setembro de 2009 Director do Departamento de Supervisão Bancária do BdP. Participou nos grupos governamentais de especialistas encarregados da elaboração do Código do Mercado de Valores Mobiliários e do Regime Geral das Instituições de Crédito e Sociedades Financeiras. Tem várias publicações e tem feito conferências e leccionado em matérias de direito bancário e dos valores mobiliários.

Law graduate from the University of Coimbra Law School (1973), where he was Assistant Professor (Law of Obligations and Commercial Law) from 1973 to 1978. Lawyer in the Legal Department of the Banco de Portugal (Portuguese Central Bank) (1983-1989). Legal Consultant to the Minister of Finance (1990-1993). Vice-Chairman (1995) and Chairman (1996-2000) of the Comissão do Mercado de Valores Mobiliários – CMVM (Portuguese Securities and Exchange Commission). From 1998 to 2000, he was Vice-Chairman of the Executive Committee of IOSCO. Member of the Consultative Board of CMVM (2000-2003). Member of the Guiding Board of the Instituto de Valores Mobiliários (Portuguese Securities Institute) (2004-2007). From 2001 to 2009, he was Director of the Internal Audit Department at the Banco de Portugal, as well as a Member of the Internal Auditors Committee of the European System of Central Banks, where he chaired the Audit Task Force on Banknotes. Since September of 2009, he has been Director of the Banking Supervision Department at the Banco de Portugal. He was a member of the teams of experts appointed by the Finance Minister that drew up the first Portuguese Securities Act and the Portuguese Banking Act. He has published, lectured and spoken in conferences in the fields of banking and securities law.

JOSÉ RENATO GONÇALVES

Licenciado, Mestre e Doutor em Direito (Ciências Jurídico-Económicas) pela Faculdade de Direito da Universidade de Lisboa. Professor auxiliar da Faculdade de Direito da Universidade de Lisboa, onde tem ensinado as disciplinas de Direito Económico, Direito da Regulação, Direito da União Europeia, Finanças Públicas, União Económica e Monetária e Economia Internacional.

Graduate, Master and Doctor in Law (Law and Economics Sciences) from the University of Lisbon Law School. Auxiliary Professor at the University of Lisbon Law School, where he has taught Economic Law, Regulatory Law, European Union Law, Public Finance, Economic and Monetary Union and International Economics.

LUÍS MÁXIMO DOS SANTOS

Licenciado e Mestre em Direito, em ciências jurídico-económicas, pela Faculdade de Direito da Universidade de Lisboa (FDUL). Assistente da FDUL entre 1985 e 1999. Docente do Instituto Europeu e do Instituto de Direito Económico, Financeiro e Fiscal, ambos da FDUL. Consultor jurídico do Banco de Portugal. Membro de várias revistas científicas. Autor de diversas publicações nas áreas da sua especialidade.

Graduated and Master in Law, in legal-economic sciences, in the University of Lisbon Law School (FDUL). Lecturer in the FDUL since 1985 until 1999. Professor in the European Institute and in the Institute of Economic, Financial and Fiscal Law, both of FDUL. Legal Counsel of the Portuguese central bank (Banco de Portugal). Author of different works in the fields of his expertise, published in monographies and as articles in scientific reviews.

PAULO CÂMARA

Docente universitário na Faculdade de Direito da Universidade Católica de Lisboa, no Instituto dos Valores Mobiliários e no Instituto Superior de Economia e Gestão (ISEG). Sócio da Sérvulo e Associados, e Coordenador do respectivo Núcleo de Direito Financeiro, Mercado de Capitais e *Corporate Governance*. Mestre em Direito (1997). As anteriores posições profissionais incluem: Director da CMVM (1998-2008), Membro do *Steering Committee* do Conselho Nacional de Supervisores Financeiros (2006-2008), Membro do *European Securities Committee* (2006-2008) e Membro do OECD *Steering Group on Corporate Governance* (1998-2008). Publica regularmente na área do Corporate Governance, Direito dos Valores Mobiliários, Direito das Sociedades e Direito Financeiro e é nomeadamente autor do Manual de Direito dos Valores Mobiliários (2009).

Partner, Sérvulo & Associados, and Head of Financial Law, Capital Markets and Corporate Governance Department. Lecturer, Faculty of Law at the Catholic University of Lisbon, Portuguese Securities Law Institute (IVM) and Instituto Superior de Economia e Gestão (ISEG). Masters Degree by the Faculty of Law, University of Lisbon (1997). Former positions include: Director of the International Policy and Regulatory Department (2006-2008) and of the Corporate Finance Department (1998-2006) of the Portuguese Securities Commission (CMVM). Member of the Steering Committee of the National Council of Financial Supervisors *(2006-2008). Member of the* European Securities Committee *(2006-2008). Member of the* OECD Steering Group on Corporate Governance *(1998-2008). Publishes regularly in the fields of Corporate Governance, Securities Law, Company Law and Financial Law, and is namely the author of the Portuguese Securities Law Handbook (2009).*

PAULO DE SOUSA MENDES

Licenciado em Direito (1981), Mestre em Direito (1987) e Doutor em Direito (2006). Professor Auxiliar da Faculdade de Direito da Universidade de Lisboa. Ensina Direito Penal, Direito Processual Penal, Direito Probatório e Criminologia. Director do Departamento Jurídico e do Contencioso da Autoridade da Concorrência. Membro da Direcção do Instituto de Direito Penal e Ciências Criminais (IDPCC). Foi professor na Academia Militar (2006-2009). Foi membro do Conselho de Fiscalização dos Serviços de Informação da República Portuguesa (1998-1999). Foi membro do Conselho da Unidade de Missão para a Reforma Penal (2005-2007). Foi jurista na Comissão do Mercado de Valores Mobiliários (CMVM) (1998-2006).

Graduate in Law (1981), Master in Law (1987) and Doctor in Law (2006). Assistant Professor of the University of Lisbon Law School. Has taught Criminal Law, Criminal Procedural Law, Criminology and Evidence Law. Director of the Legal Department of the Portuguese Competition Authority. Member of the Board of Directors of the Portuguese Institute of Penal Law and Criminal Sciences. Former Professor at the Military Academy. Former Member of the Supervision Committee for the Portuguese Intelligence Services (1998-1999). *Former Member of the Portuguese Committee for the Reformation of the Penal Code and the Penal Procedural Code* (2005-2007). *Former Jurist of the Portuguese Securities & Exchange Commission* (1998-2006).

PEDRO GUSTAVO TEIXEIRA

Conselheiro no Secretariado do Conselho Europeu de Risco Sistémico no Banco Central Europeu (BCE). Lecciona Direito do Mercado Único dos Serviços Financeiros no Instituto de Direito e Finança (curso de Mestrado – LL.M.) na Universidade de Frankfurt am Main. Foi Conselheiro na Direcção-Geral de Estabilidade Financeira do BCE, onde ingressou em 1999 (depois de uma breve passagem pelos Serviços Jurídicos em 1998). Licenciado em Direito pela Universidade Católica Portuguesa (Centro do Porto) (1993) e Mestre em Ciências Jurídico-Empresariais pela Universidade de Coimbra (1997). Encontra-se em fase de finalização do doutoramento em Direito Europeu no Instituto Universitário Europeu, em Florença, onde foi investigador entre 1995 e 1998. Exerceu advocacia em Lisboa entre 1993 e 1995. Tem numerosas publicações na área do Direito e regulação dos serviços financeiros.

Adviser at the Secretariat of the European Systemic Risk Board based at the European Central Bank (ECB), and lecturer on the Regulation of the Single European Financial Market at the Institute for Law and Finance of the University of Frankfurt am Main. Previously, he was Adviser at the Directorate-General Financial Stability of the ECB, which he joined in 1999 (after a brief time at the Legal Services). He has worked and represented the ECB on issues relating to the EU's financial stability framework and financial services policy. He was Secretary of the ESCB Banking Supervision Committee, as well as of several high-level ECB and EU committees dealing with financial crisis management issues. He has a law degree from Universidade Católica Portuguesa (Centro do Porto) (1993) and a master's degree also in law from Universidade de Coimbra (1997). He is finalising his PhD dissertation at the European University Institute, in Florence, where he was a researcher between 1995 and 1998. He practised law in Lisbon between 1993 and 1995. He has a number of academic publications on EU law and financial regulation.

RENÉ SMITS

Professor em tempo parcial de Direito da União Económica e Monetária na Universidade de Amesterdão. *Visiting Professorial Fellow* em *Queen Mary*, Universidade de Londres. Membro do Comité de Direito Monetário Internacional da *International Law Association*. A sua tese de Doutoramento *"The European Central Bank – Institutional Aspects"* ("O Banco Central Europeu – Aspectos Institucionais") foi publicada em 1997. Desde 2004, é *Chief Legal Counsel* da *Nederlandse Mededingingsautoriteit* (Autoridade da Concorrência dos Países

Baixos) em Haia, onde anteriormente era Director do Serviço Jurídico. Antes disso, René Smits foi *general counsel* do *De Nederlandsche Bank N.V.*, o Banco Central dos Países Baixos, em Amesterdão. René Smits estudou Sociologia e Direito na *Vrije Universiteit* (Universidade Livre), Amesterdão (1977). Publicou numerosas obras nas áreas de bancos centrais, regulação bancária europeia e euro.

Part-time professor in the Law of the Economic and Monetary Union at the University of Amsterdam. Visiting Professorial Fellow at Queen Mary, University of London. Member of the Committee on International Monetary Law of the International Law Association. His PhD thesis "The European Central Bank – Institutional Aspects" was published in 1997. Since 2004, he has been Chief Legal Counsel of the Nederlandse Mededingingsautoriteit (Netherlands Competition Authority) in The Hague, where he previously was Director of its Legal Service. Prior to this, René Smits has been general counsel of De Nederlandsche Bank N.V., the central bank of the Netherlands, in Amsterdam. René Smits studied sociology and law at the Vrije Universiteit (Free University), Amsterdam (1977). He has extensively published in the area of central banking, European banking regulation and the euro.

Colaboração com a
REVISTA DE CONCORRÊNCIA E REGULAÇÃO

1. A *Revista de Concorrência e Regulação* (C&R) está aberta à colaboração dos seus Leitores, pelo que aceita para publicação artigos, estudos ou comentários de jurisprudência que se enquadrem na temática geral do Direito e Economia da concorrência e regulação e na temática específica de cada número, de acordo com um duplo critério de interesse informativo e qualidade científica.

2. Todos os textos a publicar na C&R são da responsabilidade exclusiva dos seus Autores. A publicação dos textos não significa a concordância da C&R com as posições neles expressas.

3. Os textos a publicar devem ser inéditos e podem ser apresentados em português, espanhol, francês ou inglês, sendo publicados na língua em que foram redigidos. Em casos excepcionais, poderão ser aceites textos não inéditos, devendo então o Autor indicar onde foram publicados anteriormente.

4. Os textos devem estar formatados em *Word* e não exceder, em regra, 70 mil caracteres (incluindo espaços). Devem também ser acompanhados de um resumo (*"abstract"*), com um máximo de 100 (cem) palavras, em inglês.

5. Aos textos, os Autores devem ainda juntar uma breve nota curricular em português e inglês, morada e endereço electrónico.

6. A informação sobre as normas formais aplicáveis aos textos a submeter à *Revista de Concorrência e Regulação* deve ser solicitada, antes do envio do texto, através do endereço electrónico revista@concorrencia.pt.

7. Os trabalhos devem ser remetidos em formato digital para o endereço electrónico revista@concorrencia.pt ou para a morada: Autoridade da Concorrência – Avenida de Berna, 19, 1050-037 Lisboa, ao cuidado de Catarina Anastácio.

8. As provas tipográficas dos textos aprovados para publicação serão enviadas ao Autor para a morada ou endereço electrónico por si indicados, para revisão.

Collaboration with
REVISTA DE CONCORRÊNCIA E REGULAÇÃO

1. *Revista de Concorrência e Regulação* (C&R) welcomes submissions for publication from its readers, including papers, studies or case comments, related to Competition and Regulation Law and Economics and the specific theme of each issue, according to the interest and scientific quality of each contribution.

2. Authors are exclusively responsible for their papers. Publication of papers does not mean that C&R endorses the views expressed therein.

3. Papers must not have been published elsewhere and can be submitted in Portuguese, Spanish, French or English. Papers will be published in the original language. In exceptional cases, papers that have already been published may be accepted. In such circumstances the Author will be required to indicate where the paper has been published previously.

4. Texts must be processed in Word, should not exceed 70,000 characters (including spaces) and must also be accompanied by an abstract, with a maximum of 100 words, in English.

5. Authors must provide a short CV in Portuguese and English, as well as mailing and email addresses.

6. Further information on the formal rules for submission of materials to the C&R must be requested in advance, by contacting revista@concorrencia.pt.

7. Contributions must be sent in digital format to the email address revista@concorrencia.pt or to the address: Autoridade da Concorrência – Avenida de Berna, 19, 1050-037 Lisboa – Portugal, to the attention of Ms. Catarina Anastácio.

8. Prior to publication, proofs will be sent to the Authors, to the mailing address or email address previously indicated.

ÓRGÃOS SOCIAIS

DIRECÇÃO
João Espírito Santo Noronha/Luís Silva Morais

CONSELHO CIENTÍFICO
Presidentes: Eduardo Paz Ferreira/Manuel Sebastião

Membros:

Augusto Silva Dias
António Avelãs Nunes
António Menezes Cordeiro
Bo Vesterdorf
Carlos Pinto Correia
David Berger
Donald Baker
Douglas Rosenthal
Eleanor Fox
Fernando Borges Araújo
François Souty
Frederic Jenny
Geraldo Prado
Gerhard Dannecker
Germano Marques da Silva
Giorgio Monti
Harry First
Heike Schweitzer
Ioannis Kokkoris
João Ferreira do Amaral
Jorge Braga de Macedo
Jorge de Figueiredo Dias
José António Veloso
José Danilo Lobato
José Luís da Cruz Vilaça
José de Faria Costa
José de Oliveira Ascensão
José Lobo Moutinho
José Manuel Sérvulo Correia
Jürgen Wolter

Keiichi Yamanaka
Klaus Rogall
Laurence Idot
Luís Cabral
Luís Greco
Manuel da Costa Andrade
Manuel Lopes Porto
Marco Bronckers
Maria Fernanda Palma
Mark Zöller
Miguel Moura e Silva
Miguel Poiares Maduro
Nicolas Charbitt
Oswald Jansen
Patrick Rey
Paulo Câmara
Paulo de Pitta e Cunha
Paulo Pinto de Albuquerque
Pedro Pais de Vasconcelos
Pedro Pitta Barros
Peter Freeman
Philip Marsden
Piet Jan Slot
René Smits
Richard Wish
Rosa Greaves
Vasco Pereira da Silva
Vito Tanzi
William Kovacic
Wouter Wils

CONSELHO REDACTORIAL

Presidente: Paulo de Sousa Mendes

Comissão Coordenadora:

Ana Perestrelo de Oliveira
André Forte
Catarina Anastácio
Cristina Camacho

Fernando Pereira Ricardo
Nazaré da Costa Cabral
José Renato Gonçalves
Sérgio Gonçalves do Cabo

Editores:

Concorrência e Regulação – Geral
Fernando Xarepe Silveiro/João Pateira Ferreira/Marco Ferreira

Direito comunitário e comparado da concorrência
Carlos Pinto Correia/Miguel Gorjão-Henriques

Concentrações
António Gomes

Direito contra-ordenacional e processual penal
João Matos Viana/Vânia Costa Ramos

Regulação e concorrência no sector financeiro
Luís Máximo dos Santos

Regulação e concorrência no sector das comunicações electrónicas
Ana Amante

Regulação e concorrência no sector energético
Gonçalo Anastácio

Regulação e concorrência no sector dos transportes terrestres
António Mendonça Mendes

Regulação e concorrência no sector da aviação civil
António Moura Portugal

Regulação no sector da protecção ambiental
António Sequeira Ribeiro/Carla Amado Gomes

Sector empresarial público/gestores públicos/privatizações
Tânia Cardoso Simões

Contratos económicos/contratos públicos
Nuno Cunha Rodrigues

Economia
António Pedro Santos/João Gata/Paulo Gonçalves

Econometria
Jorge Rodrigues

Secretariado Executivo:

Lurdes Morgado
Natália Leite